Direito das Obrigações

Direito das Obrigações

VOLUME II

TRANSMISSÃO E EXTINÇÃO DAS OBRIGAÇÕES

NÃO CUMPRIMENTO E GARANTIAS DO CRÉDITO

2018 • 12ª Edição

Luís Manuel Teles de Menezes Leitão

Doutor e Agregado em Direito

Professor Catedrático da Faculdade de Direito de Lisboa

Advogado e Jurisconsulto

ALMEDINA

DIREITO DAS OBRIGAÇÕES

AUTOR
Luís Manuel Teles de Menezes Leitão

EDITOR
EDIÇÕES ALMEDINA, S.A.
Rua Fernandes Tomás, nºs 76-80
3000-167 Coimbra
Tel.: 239 851 904 · Fax: 239 851 901
www.almedina.net · editora@almedina.net

DESIGN DE CAPA
FBA.

PRÉ-IMPRESSÃO
João Jegundo

IMPRESSÃO E ACABAMENTO

Fevereiro, 2018

DEPÓSITO LEGAL

ALMEDINA | GRUPOALMEDINA

BIBLIOTECA NACIONAL DE PORTUGAL – CATALOGAÇÃO NA PUBLICAÇÃO

LEITÃO, Luís Menezes, 1963-

Direito das obrigações. – 12ª ed. – 3 v. – (Manuais universitários)
V. 2: Transmissão e extinção das obrigações não cumprimento e garantias do crédito. – p. - ISBN 978-972-40-7354-5

CDU 347

ABREVIATURAS

AAFDL – Associação Académica da Faculdade de Direito de Lisboa
AcP – Archiv für die civilistische Praxis
ADC – Anuario de Derecho Civil
AnnDComm – Annales de Droit Commercial Français, Étranger et International,
Arch.Giur. – Archivio Giuridico "Filippo Serafini"
BFD – Boletim da Faculdade de Direito de Coimbra
BMJ – Boletim do Ministério da Justiça
CDP – Cadernos de Direito Privado
CIRE – Código da Insolvência e da Recuperação de Empresa
CJ – Colectânea de Jurisprudência
CPC – Código de Processo Civil
CPEREF – Antigo Código dos Processos Especiais de Recuperação de Empresa e da Falência.
CT – Código do Trabalho
D. – Digesto
Dir – O Direito
Inst – Institutiones, de JUSTINIANUS
JhJb – Jherings Jahrbücher für die Dogmatik des bürgerlichen Rechts, antigo Jahrbücher für die Dogmatik des heutigen römischen und deutscehn Privatrechts
JZ – Juristenzeitung
LUC – Lei Uniforme relativa ao Cheque
LULL – Lei Uniforme relativa às Letras e Livranças
NJW – Neue Juristische Wochenschrift
NRAU – Novo Regime do Arrendamento Urbano
RDComm – Rivista del Diritto Commerciale e del Diritto Generale delle Obbligazioni
RDProc – Rivista di Diritto Processuale
Reimp. – reimpressão
RFDUL – Revista da Faculdade de Direito da Universidade de Lisboa
RLJ – Revista de Legislação e Jurisprudência
s.e. – sem editor

PARTE II
DA TRANSMISSÃO DAS OBRIGAÇÕES

Secção I
A transmissibilidade dos créditos e das dívidas

Os créditos e as dívidas correspondem a situações jurídicas de natureza patrimonial, pelo que não deve haver obstáculos à sua transmissão, quer integrados num património (transmissão a título universal), quer isoladamente (transmissão a título singular), até por força do princípio constitucional que garante a transmissão da propriedade privada, em vida ou por morte (art. 62º da Constituição). Justamente por esse motivo, os créditos e as dívidas são objecto de transmissão por morte (art. 2024º) e podem ser transmitidos em vida em virtude da verificação de qualquer dos factos que produzem esse efeito, como a cessão de créditos (arts. 577º e ss.), a sub-rogação (arts. 589º e ss.), a assunção de dívidas (arts. 595º e ss.) e a cessão da posição contratual (arts. 424º e ss.).

Nem sempre, no entanto, esta situação se verificou, sendo ela antes o resultado de uma complexa evolução histórica[1]. No antigo Direito Romano, a transmissão de créditos ou de dívidas apenas se poderia verificar a título universal, como no caso paradigmático da transmissão por morte, que

[1] Cfr., sobre ela, especialmente NICOLA COVIELLO, "Della successione nei debiti a titolo particolare", no *Arch.Giur.* 56 (1895) pp. 287-343 e 57 (1896), pp. 89-200 e 334-386 (57, pp. 89 e ss., 110 e ss. e 129 e ss.), GUILHERME MOREIRA, *Instituições do Direito Civil Português, II – Das Obrigações*, Coimbra, s.e., 1911, pp. 193 e ss., ANTUNES VARELA, *Das Obrigações em Geral*, II, 7ª ed. (reimp.), Coimbra, Almedina, 1999, pp. 291 e ss., CARLOS MOTA PINTO, *Cessão da Posição Contratual* (reimp.), Coimbra, Almedina, 1982, pp. 126 e ss., MENEZES CORDEIRO, *Direito das Obrigações*, 2º, Lisboa, AAFDL, 1980, pp. 81 e ss., e *Tratado de Direito Civil Português, IX- Direito das Obrigações. Cumprimento e não cumprimento, transmissão, modificação e extinção*, 3ª ed., Coimbra, Almedina, 2017, pp. 725 e ss., e MENEZES LEITÃO, *Cessão de créditos*, Coimbra, Almedina, 2005, pp. 23 e ss.

aliás era vista como uma continuação da personalidade do *de cuius*. A título singular, essa transmissão era vedada com o argumento de que, uma vez que a obrigação consistia num vínculo pessoal entre duas pessoas, não se poderia admitir a sua transmissão para sujeitos distintos. Para além disso, o formalismo na constituição das obrigações, em que o Direito Romano se baseava, implicava que qualquer alteração na pessoa dos sujeitos da obrigação tivesse que passar pela repetição das fórmulas em relação ao novo sujeito e, portanto, pela constituição de uma nova obrigação.

No entanto, ainda na época romana, a expansão das trocas comerciais veio suscitar a necessidade de adopção de formas específicas para a alteração dos sujeitos no vínculo obrigacional. A primeira situação em que tal se verificou correspondeu à novação por substituição do credor ou do devedor, em que, por acordo de todos os interessados, se extinguia a obrigação anterior e se estabelecia uma diferente com alteração de um dos seus sujeitos. Porém, esse processo trazia dificuldades, uma vez que exigia o consentimento do devedor, que este normalmente só daria a troco de contrapartidas, o que se tornava inadequado para a negociação do crédito.

O esquema que então foi estabelecido para possibilitar a aquisição do crédito por terceiro foi o da *procuratio in rem suam*. O credor concederia uma procuração a terceiro para cobrar o crédito ao devedor, autorizando-o a guardar para si o que houvesse recebido. No entanto, este processo ainda tinha algumas deficiências, pois, além de a procuração poder ser revogada e se extinguir com a morte do representado, a sua outorga nem sequer impedia o credor de cobrar pessoalmente o crédito. Para evitar esses inconvenientes, o Direito justinianeu veio a admitir a possibilidade de o adquirente do crédito participar a situação ao devedor, através de uma *denuntiatio*, a partir da qual o devedor deixaria de poder pagar ao credor. Ao mesmo tempo, era concedida ao terceiro uma *actio utilis* para cobrar o crédito no seu próprio nome, e já não como representante do credor, subsistindo por isso essa acção, mesmo que a procuração fosse revogada ou se extinguisse por morte do representado. No entanto, em homenagem ao princípio da intransmissibilidade do crédito, considerava-se ainda o primitivo credor como o seu verdadeiro titular, já que o adquirente tinha ao seu dispor apenas uma *actio utilis* e não uma *actio directa*.

A partir dos sécs. XIV e XV, e em virtude do desenvolvimento das trocas comerciais, esse esquema foi abandonado, considerando-se admissível a transmissão das obrigações, com privação integral do direito por parte do transmitente. CARLOS MOTA PINTO aponta inclusivamente a hipótese de o Direito Português ter sido pioneiro nesse domínio, em virtude de numa passagem nas Ordenações Manuelinas (Livro IV, título XV) se admitir o "cedimento e trespassamento" das obrigações[2].

A cessão de créditos passou assim às diversas codificações, tendo sido consagrada nos arts. 1689º e ss. do Código Civil francês, bem como nos Códigos por ele influenciados, entre os quais o nosso Código Civil de 1867 (art. 703º).

A transmissão dos débitos levantou maiores objecções, mas a sua consagração definitiva no BGB em 1896 (§ 414 e ss.), por influência do trabalho da escola pandectista[3], levou à sua admissão generalizada nos Códigos que o sucederam, conforme veio a suceder no Código Civil italiano e no nosso actual código civil (art. 595º).

Finalmente, admitiu-se a possibilidade de se transmitirem não apenas créditos ou débitos enquanto situações jurídicas isoladas, mas a própria posição contratual, com o conjunto de situações jurídicas que a compõem. Denomina-se essa figura de cessão da posição contratual, a qual foi introduzida no Código italiano de 1942 (arts. 1406 e ss.) e, a partir daí, no nosso Código Civil (arts. 424º e ss.).

Examinar-se-ão em seguida as formas de transmissão de obrigações actualmente previstas na lei.

[2] Cfr. CARLOS MOTA PINTO, *Cessão*, pp. 143-144. Efectivamente, nas *Ordenaçoens do Senhor Rey D. Manuel*, IIII, Coimbra, Real Imprensa da Universidade, 1797, pp. 45 e s., referente à proibição da simulação ("Que non faça pessoa alguma contratos simulados"), determina-se não serem permitidas, caso sejam simuladas, "nem estipulações, obrigações, nem cedimento e trespassamento delas", determinando-se que, a ocorrer a simulação, ela determinará a perda da "obrigação e trespassamento", bem como o degredo para a Ilha de S. Tomé, por quatro anos.

[3] Salientam-se na escola pandectista como propugnadores da admissibilidade da assunção de dívidas SEUFFERT, BRINZ, DELBRÜCK, e WINDSCHEID. Cfr. JOHANN ADAM SEUFFERT, *Lehrbuch des praktischen Pandektenrechts*, II, Wurzburg, Stahelschen, 1825, § 297, pp. 120-121, ALOIS BRINZ, "Rezension von Buchka, Die Lehre von der Stellvertretung", em ID, *Kristische Blätter*, nº 2, Erlangen, Ferdinand Enke, 1852, p. 34, BERTHOLD DELBRÜCK, *Die Uebernahme fremder Schulden nach gemeinen und preussischem Rechte*, Berlin, Dümmler, 1853, pp. 7-10, e BERNHARD WINDSCHEID/THEODOR KIPP, *Lehrbuch des Pandektenrechts*, II, 9ª ed., Frankfurt a. M., 1906, reimp. Scientia Verlag Aalen, 1963, § 338, pp. 399 e ss., e nota (3). Entre nós, cfr. MOTA PINTO, *Cessão*, p. 139 e nota (2) e MENEZES LEITÃO, *Cessão de créditos*, pp. 178 e ss.

Secção II
A cessão de créditos

1. Generalidades

A cessão de créditos[4], prevista nos arts. 577º e ss., consiste numa forma de transmissão do crédito que opera por virtude de um negócio jurídico, normalmente um contrato celebrado entre o credor e terceiro. Por vezes, também se designa de cessão de créditos o próprio negócio jurídico que serve de base à cessão[5], mas essa designação deve, a nosso ver, ser evitada,

[4] Cfr. VAZ SERRA, "Cessão de créditos ou de outros direitos", no *BMJ* número especial (1955), pp. 5-374 = *BFD* 30 (1954), pp. 191-399 e 31 (1955), pp. 190-365, CARLOS MOTA PINTO, *Cessão*, pp. 161 e ss. e 225 e ss., ANTUNES VARELA, *Obrigações*, II, pp. 294 e ss., ALMEIDA COSTA, *Direito das Obrigações*, 12ª ed., Coimbra, Almedina, 2009, pp. 813 e ss, MENEZES CORDEIRO, *Obrigações*, 2º, pp. 89 e ss., e *Tratado*, vol. IX, pp. 735 e ss., RIBEIRO DE FARIA, *Direito das Obrigações*, II, Coimbra, Almedina, s.d. (mas 1987), pp. 501 e ss., MENEZES LEITÃO, *Cessão de créditos*, pp. 283 e ss. e passim e MARIA DE ASSUNÇÃO OLIVEIRA CRISTAS, *Transmissão Contratual do Direito de Crédito. Do carácter real do direito de crédito*, Coimbra, Almedina, 2005, pp. 47 e ss., 221 e ss., e passim. Na doutrina alemã, veja-se KARL LARENZ, *Lehrbuch des Schuldrechts*, I- *Allgemeiner Teil*, 14ª ed., München, Beck, 1987, § 34, pp. 575 e ss., WOLFGANG FIKENTSCHER / ANDREAS HEINEMANN *Schuldrecht*, 10ª ed., Berlin, De Gruyter, 2006, § 59, nºs 720 e ss., pp. 351 e ss., GÜNTHER H. ROTH, em AAVV, *Münchener Kommentar zum Bürgerlichen Gesetzbuch*, 2- *Schuldrecht, Allgemeiner Teil (§§ 241-432)*, 5ª ed., München, Beck, 2003, §§ 398 ss., pp. 2456 e ss., JAN BUSCHE, em AAVV, *J. von Staudingers Kommentar zum Bürgerlichen Gesetzbuch mit Einführungsgesetz und Nebengesetzen*, 2 – *Recht der Schuldverhältnisse*, Neubearbeitung, Berlin, Sellier - de Gruyter, 2005, §§ 398 e ss., pp. 63 e ss., KLAUS SCHREIBER, em HS. TH. SOERGEL (Begr.) / W. SIEBERT (org.), *Bürgerliches Gesetzbuch,, Band 5/3 Schuldrecht 3/3 (§§ 328-432)*, Stuttgart, Kohlhammer, 2010, §§ 398 e ss., pp. 439 e ss. e KNUT WOLFGANG NÖRR / ROBERT SCHEYING /WOLFGANG PÖGGELER, *Sukzessionen. Forderungszession, Vertragsübernahme, Schuldübernahme.*, 2ª ed., Tübingen, Mohr/Siebeck, 1999

[5] Cfr. ANTUNES VARELA, *Obrigações*, II, p. 296.

já que a expressão cessão de créditos designa a transmissão dos créditos com fonte negocial e não a própria fonte que a desencadeia[6]. Em consequência, o regime da cessão de créditos não constitui um tipo negocial autónomo, mas antes uma disciplina de efeitos jurídicos, que podem ser desencadeados por qualquer negócio transmissivo (cfr. art. 578º, nº 1)[7].

Conforme resulta do art. 577º, para a cessão de créditos não se exige o consentimento do devedor, nem ele tem que prestar qualquer colaboração para que esta venha a ocorrer. O crédito é efectivamente uma situação jurídica susceptível de transmissão negocial, sem que o devedor tenha que outorgar ou de alguma forma colaborar no negócio transmissivo.

2. Requisitos da cessão de créditos

2.1. Generalidades

São os seguintes os requisitos da cessão de créditos:

a) um negócio jurídico a estabelecer a transmissão da totalidade ou de parte do crédito;

b) a inexistência de impedimentos legais ou contratuais a essa transmissão;

c) a não ligação do crédito, em virtude da própria natureza da prestação, à pessoa do credor.

Examinemos sucessivamente estes requisitos:

2.2. Um negócio jurídico a estabelecer a transmissão da totalidade ou de parte do crédito

O primeiro requisito da cessão de créditos é a existência de um negócio jurídico a estabelecer a transmissão da totalidade ou de parte do crédito.

[6] Cfr. Menezes Cordeiro, *Obrigações*, 2º, p. 89, nota (18), e *Tratado*, IX, pp. 733, nota (2589), Menezes Leitão, *Cessão de créditos*, pp. 285 e ss., e Maria de Assunção Oliveira Cristas, "Dupla venda de um direito de crédito", em *Dir.* 132 (2000), I-II, pp. 197-254 (211) e *Transmissão*, pp. 211 e ss., e Luís Miguel D. P. Pestana de Vasconcelos, *A cessão de créditos em garantia e a insolvência. Em particular da posição do cessionário na insolvência do cedente*, Coimbra, Coimbra Editora, 2007, pp. 367 e ss., e passim.

[7] Discordamos, por isso, da qualificação de Antunes Varela, *Obrigações*, II, pp. 302 e ss., que configura a cessão de créditos como um tipo negocial autónomo, ainda que de causa variável, que denomina de contrato policausal ou polivalente. No sentido defendido, cfr. Pestana de Vasconcelos, *A cessão*, pp. 373 e ss.

Pode esse negócio jurídico consistir numa compra e venda (art. 874º), numa doação (art. 940º), numa sociedade (cfr. art. 984º *c)*), num contrato de *factoring*[8], numa dação em cumprimento (art. 837º) ou *pro solvendo* (cfr. art. 840º, nº 2) ou num acto de constituição de garantia[9].

A cessão de créditos apresenta-se como um efeito desse mesmo negócio, no qual se integra. Daí que a lei determine expressamente que os requisitos e os efeitos da cessão entre as partes se definem em função do tipo de negócio que lhe serve de base (art. 578º, nº 1), nos termos do qual se estabelece ainda a garantia quanto à existência e exigibilidade do crédito (art. 587º). Assim, será através do regime do negócio-base que se determinará qual a forma e o regime jurídico aplicável à cessão de créditos[10]. No entanto,

[8] O *factoring*, também denominado de cessão financeira, consiste num contrato pelo qual o credor transmite o seu crédito a um terceiro, denominado *factor*, para este o cobrar futuramente em seu próprio nome, pagando em contrapartida o valor do crédito descontado de uma remuneração pela sua prestação e riscos assumidos. Cfr. MÜNCHENER KOMMENTAR/ROTH, § 398, nºs 164 e ss., pp. 2497 e ss. Entre nós, veja-se MENEZES CORDEIRO, *Da cessão financeira (factoring)*, Lisboa, Lex, 1994 e *Manual de Direito Bancário*, 4ª ed., Coimbra, Almedina, 2010, pp. 685 e ss., MENEZES LEITÃO, *Cessão de créditos*, pp. 506 e ss., e LUÍS MIGUEL D.P. PESTANA DE VASCONCELOS, *Dos contratos de cessão financeira (factoring)*, Coimbra, Coimbra Editora, 1999

[9] A cessão de créditos em garantia constitui um negócio fiduciário através do qual o crédito é transmitido para terceiro a fim de garantir a cobrança de outro crédito deste sobre o cedente, devendo o cessionário retransmiti-lo àquele logo que conseguir a cobrança do seu próprio crédito. Apenas quando não é realizado o pagamento pelo cedente, é que o cessionário pode cobrar a prestação directamente do devedor.

A cessão distingue-se do penhor de créditos, apesar de sujeita em parte às mesmas regras (cfr. arts. 681º e 684º) uma vez que neste caso o credor pignoratício não adquire o próprio crédito, mas apenas a faculdade da sua cobrança (art. 685º, nº 1), tendo a prestação, no caso de coisas fungíveis, que ser efectuada aos dois credores conjuntamente (art. 685º, nº 2). Cfr. LARENZ, *Schuldrecht* I, § 34 V, pp. 594 e ss., MÜNCHENER KOMMENTAR/ROTH, § 398, nºs 100 e ss., pp. 2483 e ss., TOMMASO MANCINI, *La cessione dei crediti futuri a scopo di garantia*, Milano, Giuffrè, 1968, pp. 85 e ss., GIUSEPPE BOZZI, *Le garanzie atipiche*, I- *Garanzie personali*, Milano, Giuffrè, 1999, pp. 181 e ss. e, entre nós, ANTUNES VARELA, *Obrigações*, II, pp. 319-320, nota (2), RIBEIRO DE FARIA, *Obrigações*, II, p. 529, nota (2), MENEZES LEITÃO, *Cessão de créditos*, pp. 440 e ss., e LUÍS MIGUEL D. P. PESTANA DE VASCONCELOS, *A cessão de créditos em garantia e a insolvência. Em particular da posição do cessionário na insolvência do cedente*, Coimbra, Coimbra Editora, 2007.

[10] Em termos de forma, a compra e venda de um crédito estará sujeita ao regime da consensualidade (art. 219º e 875º *a contrario*). Já a doação terá que ser realizada por escrito, em virtude do disposto no art. 947º, nº 2. O contrato de *factoring* tem que ser celebrado por escrito, devendo a transmissão dos créditos ao abrigo dele ser acompanhada pelas correspondentes

o art. 578º, nº 2 (redacção do D.L. 116/2008, de 4 de Julho), exige, salvo o disposto em lei especial, a forma de escritura pública ou documento particular autenticado para a cessão de créditos hipotecários, quando esta não seja feita em testamento e a hipoteca recaia sobre bens imóveis.

Será também em função desta remissão para o negócio que serve de base à cessão que se deverá resolver a questão da admissibilidade da cessão de créditos futuros[11]. Efectivamente, prevendo genericamente a prestação de coisa futura (art. 399º), a lei admite que os bens futuros possam ser objecto de venda (art. 880º), mas não de doação (art. 942º, nº 1). Assim, desde que esteja preenchido o requisito da determinabilidade (cfr. art. 280º, nº 1), é possível a cessão onerosa de créditos futuros, podendo estes resultar quer de negócio jurídico já celebrado (ex: rendas futuras relativas a um arrendamento vigente), quer de negócio ainda não celebrado (ex: preço das mercadorias que o cedente irá vender). Já não parece, porém, possível admitir a cessão gratuita de créditos futuros[12].

É ainda discutido na doutrina se, na cessão de créditos futuros, o crédito surge directamente na esfera do cessionário (*Unmittelbarkeitstheorie*, ou teoria da imediação) ou vem a passar primariamente pelo património do cedente (*Durchgangstheorie*, ou teoria da transmissão). De acordo com a posição de LARENZ[13], seguida entre nós por ANTUNES VARELA[14], haverá que distinguir entre os créditos futuros resultantes de relações já constituídas e os que resultam de relações a constituir. No primeiro caso, o cedente transmitiria não apenas o crédito futuro, mas também uma expectativa da sua aquisição que já possuiria, pelo que o crédito acabaria por se constituir na esfera do cessionário. No segundo caso, uma vez que não há qualquer negócio celebrado de onde o crédito possa resultar, não poderia ocorrer qualquer transmissão de expectativas, pelo que o crédito adviria ao ces-

facturas ou suporte documental equivalente, nomeadamente informático, ou título cambiário (art. 7º do D.L. 171/95, de 18 de Julho).

[11] Cfr. sobre ela, ANTUNES VARELA, *Obrigações*, II, pp. 316 e ss., ALMEIDA COSTA, *Obrigações*, p. 814, e nota (3) e MENEZES LEITÃO, *Cessão de créditos*, pp. 414 e ss.

[12] No mesmo sentido, VAZ SERRA, *BMJ* número especial (1955), pp. 35 e ss. = *BFD* 30 (1954), pp. 221 e ss., ANTUNES VARELA, *Obrigações*, II, p. 316, nota (3) e RIBEIRO DE FARIA, *Obrigações*, II, pp. 521 e ss. Cfr. ainda MÜNCHENER KOMMENTAR/ROTH, § 398, nºs 79 e ss., pp. 2477 e ss.

[13] Cfr. LARENZ, *Schuldrecht* I, § 34 III, pp. 585 e ss. No mesmo sentido, SOERGEL/SCHREIBER, § 398, nº 11, p. 446.

[14] Cfr. ANTUNES VARELA, *Obrigações*, II, pp. 317 e ss.

sionário por via da titularidade do cedente, e apenas no momento em que se constituiria. Assim, se neste último caso o cedente já tivesse perdido a possibilidade de disposição do crédito (v.g., por se encontrar em situação de insolvência) a situação do cessionário não seria tutelada, sendo-o sempre na outra situação.

Apesar da lógica da solução defendida, a verdade, porém, é que se opõem a este entendimento duas importantes disposições. A primeira é a norma do art. 1058º que declara inoponíveis ao sucessor entre vivos do locador a liberação ou cessão de rendas ou alugueres não vencidos, na medida em que tais rendas respeitem a períodos de tempo não decorridos à data da sucessão. A segunda é a norma do art. 821º, que declara inoponíveis ao exequente a liberação ou cessão, antes da penhora, de rendas e alugueres não vencidos, que respeitem a períodos de tempo posteriores à data da penhora. Destas normas parece resultar claramente que, mesmo relativamente a relações já constituídas, é de aplicar a teoria da transmissão, uma vez que a posição do cessionário é sempre sacrificada no confronto com o novo locador ou com o exequente. Efectivamente, conforme refere Carlos Mota Pinto[15], seguido por Ribeiro de Faria[16], a teoria da imediação implicaria que os requisitos de aquisição do crédito se deveriam antes verificar na pessoa do cessionário, enquanto destas normas resulta claramente que, pelo contrário, o cessionário só virá a adquirir o direito, se o cedente, sem a cessão, o tivesse igualmente adquirido, ficando assim o crédito sujeito ao mesmo regime que aquele que teria na esfera do cedente. Tal corresponde manifestamente à doutrina da transmissão, que é assim a solução consagrada relativamente à transmissão de créditos futuros.

Normalmente, o negócio jurídico que serve de base à cessão será um contrato, pelo que será necessário para a sua formação tanto a declaração negocial do cedente como do cessionário. Não há, porém, obstáculos a que a cessão de créditos resulte de negócio jurídico unilateral[17], nos casos em que este é admitido (cfr. arts. 457º e ss.) prevendo a lei expressamente essa situação a propósito do negócio jurídico unilateral *mortis causa*, que é o testamento (art. 2261º e 2262º). Efectivamente, a lei prevê igualmente

[15] Cfr. Carlos Mota Pinto, *Cessão*, pp. 227 e ss.

[16] Cfr. Ribeiro de Faria, *Obrigações*, II, pp. 525 e ss.

[17] Em sentido contrário, Vaz Serra, *BMJ* número especial (1955), pp. 8 e 164 e ss. = *BFD* 30 (1954), p. 194 e *BFD* 31 (1954), pp. 355 e ss.

a possibilidade de a cessão de créditos resultar de contrato a favor de terceiro (art. 443º, nº 2), caso em que a aquisição do crédito também se verificará sem a declaração do cessionário (art. 444º, nº 1).

No nosso sistema jurídico, o negócio que serve de base à cessão é sempre causal, pelo que a cessão de créditos não constitui entre nós uma forma de transmissão abstracta do crédito. Esta conclusão resulta, em primeiro lugar, da remissão do art. 578º, nº 1, para o tipo negocial que serve de base à cessão, com base no qual se molda o regime da cessão de créditos, e, em segundo lugar, do art. 585º, que, ao permitir ao devedor opor ao cessionário todas as excepções que possuía contra o cedente, determina que a posição jurídica inicial do cedente delimite a posição jurídica obtida pelo cessionário através do negócio transmissivo[18]. Assim, se o negócio transmissivo vier a ser declarado nulo ou anulado, é manifesto que tal determinará a anulação da transmissão do crédito, de acordo com as regras do arts. 289º a 291º[19].

2.3. A inexistência de impedimentos legais ou contratuais a essa transmissão

O segundo requisito para a cessão de créditos é a inexistência de impedimentos legais ou contratuais à transmissão do crédito.

Relativamente aos impedimentos legais à transmissão do crédito, verifica-se que, em certos casos, a lei proíbe que o crédito seja cedido. Estão nesta situação créditos como o direito de preferência (art. 420º) ou o direito a alimentos (art. 2008º).

[18] Esta solução é contrária ao regime da abstracção, já que nele as excepções derivadas das relações causais são inoponíveis ao adquirente do direito transmitido. Cfr., no âmbito da transmissão dos títulos de crédito, os arts. 17º LULL e 22º LUC.

[19] Pelo contrário, no direito alemão, a cessão de créditos opera através de um negócio jurídico abstracto. Entre nós, a doutrina é preponderante no sentido da causalidade do negócio, ainda que se sustente ter este uma causa variável. Cfr. Vaz Serra, *BMJ* número especial (1955), pp. 10 e ss. = *BFD* 30 (1954), p. 196 e ss., Antunes Varela, *Obrigações*, II, pp. 300 e ss. No entanto, Ribeiro de Faria, *Obrigações*, II, pp. 507 e ss., aponta elementos no sentido de alguma abstracção existente na cessão de créditos, como seja o facto de o devedor se exonerar com o pagamento ao cessionário, ainda que o negócio venha posteriormente a ser declarado nulo ou anulado (art. 583º) e o facto de não lhe ser permitido invocar contra o cessionário excepções derivadas do próprio negócio de cessão, ao qual é estranho. Não parece, porém, que destes elementos resulte alguma abstracção na cessão de créditos, já que o primeiro é uma simples expressão da tutela da boa fé do devedor e, quanto ao segundo, não parece que a lei vede em absoluto ao devedor averiguar da validade da cessão de créditos.

Um caso específico em que essa situação também sucede diz respeito à cessão de créditos e direitos litigiosos, prevista nos arts. 579º e ss. Os direitos consideram-se litigiosos, quando tiverem sido contestados em juízo contencioso, ainda que arbitral, por qualquer interessado (art. 579º, nº 3). Ora, numa solução que já vem do antigo direito[20], a lei dispõe que "a cessão de créditos ou outros direitos litigiosos feita, directamente ou por interposta pessoa, a juízes ou magistrados do Ministério Público, funcionários de justiça ou mandatários judiciais é nula, se o processo decorrer na área em que exercem habitualmente a sua actividade ou profissão; é igualmente nula a cessão desses créditos ou direitos feita a peritos ou outros auxiliares de justiça que tenham intervenção no respectivo processo" (art. 579º, nº 1). A lei define ainda amplamente a cessão por interposta pessoa, já que nela abrange tanto o cônjuge do inibido, como a pessoa de que este seja herdeiro presumido e qualquer terceiro que tenha acordado com o inibido a posterior transmissão da coisa ou do direito cedido (art. 579º, nº 2). Fora destes casos, a cessão de créditos litigiosos é plenamente admitida, devendo processar-se a substituição processual do cedente pelo cessionário[21].

A razão especial para esta proibição é o receio de as entidades *supra* referidas poderem actuar com fins especulativos, levando os titulares a ceder-lhe os créditos por baixo preço, a pretexto da sua influência no processo[22]. Daí que a proibição cesse em determinadas situações em que não existe esse receio de especulação, como no caso da cessão ao titular do direito de preferência ou remição sobre o crédito, da cessão em defesa dos bens

[20] Cfr., na legislação anterior, os arts. 785º § único e 1563 do Código Civil de 1867. Nesse código era ainda admitida em relação aos créditos litigiosos a denominada *providência anastasiana*, que permitia que, no caso de cessão onerosa de crédito ligitioso, o devedor ficasse liberado da sua obrigação pagando ao credor, em lugar do montante em dívida, apenas o preço de aquisição do crédito, acrescido de juros e despesas suportadas com essa aquisição (art. 786º C.C. 1867). Essa providência, cuja origem remonta ao imperador romano Anastásio, desapareceu, porém, no Código actual.

[21] Cfr. o art. 263º CPC, e na doutrina, PAULA COSTA E SILVA, *A transmissão da coisa ou direito em litígio. Contributo para o Estudo da Substituição Processual*, Coimbra, Coimbra Editora, 1992 e *Repensando a transmissão da coisa ou direito em litígio. Ainda um contributo para o Estudo da Substituição Processual*, Coimbra, Coimbra Editora, 2009. A substituição opera-se através de habilitação (art. 356º CPC). No entanto, para evitar que a transmissão prejudique o decurso do processo, a lei determina que, até à substituição, o transmitente continua a ter legitimidade para a causa, produzindo a sentença efeitos em relação ao adquirente, mesmo que este não intervenha no processo.

[22] Cfr. VAZ SERRA, *BMJ* número especial (1955), pp. 46 e ss. = *BFD* 30 (1954), pp. 233 e ss.

possuídos pelo cessionário, ou da cessão ao credor em cumprimento do que lhe é devido (art. 581º).

Se, apesar da proibição, vier a ser realizada a cessão, é esta considerada nula (art. 580º, nº 1). A lei prevê, porém, que a nulidade não pode ser invocada pelo cessionário (art. 580º, nº 2), solução que bem se compreende, já que, se tal fosse permitido, o adquirente celebraria um negócio que poderia sempre declarar nulo se a operação especulativa não lhe corresse de feição.

A cessão de créditos pressupõe ainda que não tenha sido convencionado entre devedor e credor que o crédito não seria objecto de cessão (art. 577º). Trata-se do denominado *pactum de non cedendo*, o qual pode ser estipulado expressa ou tacitamente[23]. No entanto, a nossa lei restringe bastante a eficácia prática desse pacto, uma vez que faz depender a sua oponibilidade ao cessionário do seu conhecimento no momento da cessão (art. 577º, nº 2). É, por isso, pelo menos questionável qual o vício que atinge o negócio de cessão de créditos realizado contra esta convenção. Na doutrina alemã tem prevalecido a posição de que esta convenção coloca o crédito fora do comércio jurídico, o que implica a nulidade do negócio celebrado, que pode ser invocada por qualquer pessoa (art. 286º), inclusivamente pelos credores do cedente (cfr. art. 605º)[24], parecendo essa posição ser igualmente defendida entre nós por ANTUNES VARELA[25]. Parece, porém, que entre nós o *pactum de non cedendo* não coloca o crédito fora do comércio jurídico, mas apenas gera uma obrigação para o credor de não o transmitir a outrem, cuja oponibilidade ao adquirente depende do facto de este conhecer essa convenção no momento da cessão. Assim, só o devedor poderá reagir contra o incumprimento dessa convenção, podendo inclusivamente optar por não o fazer, reconhecendo a transmissão. Não se trata de um caso de nulidade da cessão, pelo que não podem outros pretender a sua anulação com esse fundamento.

[23] Tem-se entendido existir uma estipulação tácita de um *pactum de non cedendo* relativamente a créditos incluídos num contrato de conta corrente. Cfr. SOERGEL/SCHREIBER, § 399, nº 5, p. 452.

[24] Cfr. LARENZ, *Schuldrecht* I, § 34 II, p. 581, e MÜNCHENER KOMMENTAR/ROTH, § 399, nº 36, p 2514.

[25] Cfr. ANTUNES VARELA, *Obrigações*, II, pp. 304, nota (1).

2.4. O crédito não esteja, em virtude da própria natureza da prestação, ligado à pessoa do credor

O último requisito para a cessão de créditos é o de que o crédito não esteja, pela própria natureza da prestação, ligado à pessoa do credor, uma vez que, se tal suceder, não faria sentido obrigar o devedor a prestar perante pessoa diferente. Estão nessa situação os créditos que se constituem para satisfação das necessidades pessoais do credor, como o direito a alimentos (art. 2003º) ou o apanágio do cônjuge sobrevivo (art. 2018º), os créditos de onde resulte uma dependência pessoal entre credor e devedor, como o contrato de serviço doméstico, e ainda os créditos em que se tomem em especial consideração as qualidades ou condições do credor, como a prestação de serviço dos médicos ou dos advogados[26].

Em todas estas situações a prestação encontra-se intimamente ligada à pessoa do credor, não sendo assim admitida a cessão, uma vez que ela implicaria sujeitar o devedor a ter que realizar a prestação a pessoa diferente daquela em relação à qual a prestação se encontra, por natureza, intimamente ligada. Neste caso, a natureza da prestação constitui um obstáculo à cessão do crédito, pelo que, se ela apesar disso for realizada, deverá considerar-se nula (art. 294º).

3. Efeitos da cessão de créditos

3.1. Generalidades

Relativamente à cessão de créditos, deveremos distinguir os seus efeitos em relação às partes dos seus efeitos em relação ao devedor e em relação a terceiros.

Examinemos sucessivamente estes efeitos:

3.2. Efeitos em relação às partes

a) A transmissão do crédito do cedente para o cessionário

Em relação às partes, a cessão opera apenas por efeito do contrato, determinando logo este a transmissão do crédito para o cessionário. No entanto, essa transmissão não é imediatamente oponível a terceiros, uma vez que a lei dispõe que a cessão só produz os seus efeitos em relação ao devedor após a sua notificação, aceitação (art. 583º, nº 1) ou conhecimento (art. 583º, nº 2), sendo também a notificação ou aceitação pelo devedor que decide

[26] Cfr. GUILHERME MOREIRA, *Instituições*, II, pp. 199-200 e VAZ SERRA, *BMJ* número especial (1955), p. 90 = *BFD* 30 (1954), p. 278.

qual a cessão que vai prevalecer em caso de dupla alienação do mesmo crédito (art. 584º). Verifica-se assim uma diferenciação temporal na eficácia da cessão de créditos que, em relação às partes opera no momento da celebração do contrato, mas em relação ao devedor ou a terceiros só ocorre em momento posterior, quando o devedor é notificado da cessão, a aceita, ou dela tem conhecimento.

A ideia da diferenciação dos planos de eficácia da cessão de créditos, em relação às partes ou em relação ao devedor e a terceiros, corresponde à forma clássica de explicação deste regime. Ela veio, no entanto, a ser contestada por MANCINI, que sustentou que, devido à importância desempenhada pelo devedor na obrigação seria um verdadeiro absurdo lógico defender que o crédito pode ser transmitido para outrem, sem que a posição do devedor seja logo afectada. O autor defendeu por isso que a transmissão do crédito ocorre apenas com a notificação, aceitação ou conhecimento pelo devedor, permanecendo até essa data o cedente como titular do crédito, o que explicaria a eficácia liberatória do pagamento que a este venha a ser feito, bem como a possibilidade de o cedente continuar a poder dispor do crédito, celebrando outros contratos de alienação[27].

Apesar do carácter sedutor desta argumentação, ela não pode manifestamente proceder. Efectivamente, a tese que refere a perfeição do contrato apenas ao momento da notificação, aceitação ou conhecimento pelo devedor é manifestamente incompatível com a remissão do art. 578º para o negócio que serve de base à cessão, uma vez que quer na compra e venda (art. 879º *a)*) , quer na doação (art. 954º *a)*) se consagra a solução da transmissão do direito por mero efeito do contrato. Após a sua celebração, é assim o cessionário o verdadeiro titular do direito, podendo exercer perante o cedente as faculdades que a ele correspondem como, por exemplo, a entrega dos documentos respeitantes ao crédito (art. 586º), da mesma forma que o cedente pode, por sua vez, exigir-lhe que cumpra as suas obrigações. A ineficácia do contrato em relação ao devedor ou terceiros adquirentes constitui assim um mero limite à tutela do direito de crédito, que não prejudica o facto de o cessionário passar logo a ser perante o cedente o efectivo titular do direito transmitido[28].

[27] Cfr. MANCINI, *op. cit.*, pp. 29 e ss. e 36 e ss.

[28] Neste sentido, ANTUNES VARELA, *Obrigações*, II, p. 313. Na nota (1), o autor salienta ainda que, em coerência, logo após a celebração do contrato, os credores do cedente deixam de poder executar o crédito, o qual ingressa no património do cessionário, ficando assim antes

A transmissão pode ocorrer em relação à totalidade, ou apenas em relação a parte do crédito[29], sendo que, neste último caso, ambos os créditos terão o mesmo grau, pelo que nenhum deles terá preferência no pagamento.

b) A transmissão das garantias e acessórios do crédito

A transmissão do crédito verifica-se com todas as vantagens e defeitos que o crédito tinha, abrangendo, portanto, garantias e outros acessórios (art. 582º)[30].

Relativamente às garantias, a lei determina que se transmitem as que não forem inseparáveis da pessoa do cedente, excepto se este as tiver reservado ao consentir na cessão (art. 582º, nº 1). Assim, parece claro que as garantias do crédito como a fiança (arts. 627º e ss.), a consignação de rendimentos (arts. 656º e ss.), o penhor (arts. 666º e ss.), a hipoteca (arts. 686º e ss.) se transmitem para o cessionário, a menos que o cedente as reserve ao consentir na cessão. Neste último caso, as garantias extinguir-se-ão, já que não ficarão a garantir qualquer crédito.

Quanto aos privilégios creditórios (arts. 733º e ss.), a sua concessão atende especificamente à causa do crédito, pelo que sempre que não constituam uma garantia inseparável da pessoa do cedente, parece deverem poder ser transmitidos para o cessionário[31].

Já relativamente ao direito de retenção (arts. 754º e ss.), a questão apresenta-se controvertida, defendendo a maioria da doutrina que se trata de

sujeito ao concurso de credores deste. Cfr. ainda Menezes Cordeiro, *Obrigações*, 2º, p. 96 e *Tratado*, IX, pp. 791 e ss.

[29] A nossa lei admite, à semelhança do direito alemão, tanto a cessão total como a cessão parcial do crédito, podendo assim o credor efectuar várias cessões parciais a diversas pessoas. Conforme salientam Antunes Varela, *Obrigações*, II, p. 296 e Ribeiro de Faria, *Obrigações*, II, p. 503, esta situação pode ser prejudicial para o devedor, já que não é indiferente alguém que devia uma quantia a uma pessoa passar a dever o mesmo a dois, três, quatro ou mais credores. Vaz Serra, *BMJ*, número especial (1955), p. 107, e nota (221) = *BFD* 30 (1954), p. 296 e nota (1), argumenta, porém, que se o credor pode exigir a prestação parcial, também deve poder dispor apenas de parte do crédito, só não lhe sendo lícito, à luz do princípio da boa fé, agravar desmesuradamente a posição do devedor.

[30] Cfr. Vaz Serra, *BMJ*, número especial (1955), pp. 109 e ss. = *BFD* 30 (1954), pp. 298 e ss. e Antunes Varela, *Obrigações*, II, pp. 323 e ss.

[31] Neste sentido, Vaz Serra, *BMJ*, número especial (1955), pp. 117 e ss. = *BFD* 30 (1954), pp. 306 e ss. e Antunes Varela, *Obrigações*, II, p. 324.

uma garantia ligada intimamente à pessoa do cedente, pelo que só poderá ser transmitida por acordo expresso entre cedente e cessionário[32].

Também quanto à reserva de propriedade (art. 409º) é duvidoso que esta possa ser transmitida com a cessão do crédito[33], uma vez que para o seu exercício seria necessária a resolução do contrato por falta de pagamento do preço, e este é um poder que apenas no âmbito da cessão da posição contratual poderia ser transmitido.

A lei considera também admissível a cessão do penhor ou da hipoteca sem o crédito (cfr. arts. 676º e 727º e ss.) para garantia de outro crédito sobre o mesmo devedor, mas já não do direito de retenção (art. 760º).

Para além das garantias, transmitem-se para o cessionário os outros acessórios do crédito. Assim, se o crédito vence juros, parece claro que o crédito a juros vincendos se transmite para o cessionário. Já relativamente aos juros vencidos, o art. 561º determina a sua autonomia em relação ao crédito principal, designadamente para efeitos de cessão, pelo que parece que não deverá considerar-se abrangido pela transmissão do crédito principal, a menos que tal seja expressamente estipulado[34]. Também as cláusulas penais estipuladas para a hipótese de incumprimento são transmitidas para o cessionário.

c) A transmissão das excepções

A transmissão abrange ainda as excepções que o devedor possuía contra o cedente (art. 585º). Efectivamente a cessão do crédito não pode colocar o devedor em pior situação do que aquela que se encontrava antes de ela se ter realizado, pelo que é lógico que ele conserve todas as excepções que possuía contra o cedente e as possa invocar perante o cessionário, mesmo que este as ignorasse[35]. Assim, se o devedor pode opor ao cedente excepções que impedissem o nascimento do crédito (v.g., invalidade do negócio constitutivo), produzissem a sua extinção (v.g., resolução do contrato,

[32] Neste sentido, ANTUNES VARELA, *Obrigações*, II, p. 324 e RIBEIRO DE FARIA, *Obrigações*, II, p. 532. Em sentido contrário, VAZ SERRA, *BMJ*, número especial (1955), p. 112 = *BFD* 30 (1954), p. 300.

[33] VAZ SERRA, *BMJ*, número especial (1955), p. 113 = *BFD* 30 (1954), p. 301 admite-o apenas se tal for convencionado.

[34] Cfr. SOERGEL/SCHREIBER, § 401, nº 3, p. 456.

[35] Não é, assim, tutelada a boa fé do cessionário, antes se aplicando plenamente a regra *nemo pluris iuris in alienum transferre potest quam ipse habet*.

cumprimento, prescrição[36], compensação ou outra causa de extinção), ou paralisassem o seu exercício (prazo da prestação, excepção de não cumprimento do contrato, direito de retenção) continua naturalmente a poder invocá-las perante o cessionário. Exceptuam-se, porém, as que resultem de facto posterior à cessão ou, no caso do cumprimento e outros negócios relativos ao crédito, do seu conhecimento pelo devedor (art. 583º, nº 2).

d) A garantia prestada pelo cedente

É elemento essencial da cessão a transmissão do crédito, pelo que a lei determina que o cedente tenha que prestar ao cessionário a garantia da existência e exigibilidade do crédito ao tempo da cessão, nos termos aplicáveis ao negócio gratuito ou oneroso em que a cessão se integra (art. 587º, nº 1). No entanto, o cedente só garante a solvência do devedor se a tanto se tiver expressamente obrigado (art. 587º, nº 2)[37].

A garantia a prestar pelo cedente diz assim, regra geral, apenas respeito à existência e exigibilidade do crédito, consistindo numa garantia por vícios do direito, que compreende o assegurar da subsistência e accionabilidade do crédito ao tempo da cessão[38], com todas as suas garantias e acessórios, a qualidade de credor no cedente e a faculdade de dispor do crédito[39]. Naturalmente que essa garantia varia consoante o negócio que serve de base à cessão seja uma compra e venda ou uma doação. No primeiro caso, o incumprimento da garantia dá lugar à aplicação do regime dos arts. 892º e ss., enquanto no segundo caso a situação será regulada pelos arts. 956º e 957º[40]. Assim, no caso de se estar perante uma venda, o cedente terá que restituir ao cessionário o preço do crédito (art. 894º) e responde objectivamente pelos danos emergentes (art. 899º), podendo ainda constituir-se em responsabilidade pelo incumprimento da obrigação de convalidação (art. 900º, nº 1). Havendo, porém, dolo da sua parte, o

[36] No caso de o prazo de prescrição já se ter iniciado, mas ainda não ter integralmente decorrido, a transmissão do crédito não prejudica o seu decurso normal (art. 308º, nº 1).

[37] No âmbito do contrato de sociedade, e face ao disposto no art. 984º *c)*, entende-se que o cedente garante a solvência do devedor.

[38] O cedente não responde assim por causas extintivas do crédito posteriores à cessão, a menos que a sua verificação lhe seja imputável, como, por exemplo, não ter avisado o cessionário de que o crédito se encontrava na iminência de prescrição.

[39] Cfr. Guilherme Moreira, *Instituições*, II, nº 56, p. 211 e Vaz Serra, *BMJ* número especial (1955), pp. 290 e ss. = *BFD* 31 (1955), pp. 277 e ss.

[40] Cfr. Antunes Varela, *Obrigações*, II, p. 331 e Ribeiro de Faria, *Obrigações*, II, p. 543.

cedente responderá por lucros cessantes, que podem ter por base o interesse contratual negativo (art. 898º) ou o incumprimento da obrigação de convalidação, no caso de o cessionário pretender optar por essa solução (art. 900º, nº 2). No caso de doação, o cedente não responde objectivamente pela existência da referida posição contratual, apenas tendo que responder se se tiver expressamente responsabilizado ou houver actuado com dolo (arts. 956º e 957º).

Pode, porém, além da garantia da existência e exigibilidade do crédito, o cedente ainda assegurar a solvência do devedor, desde que o faça por declaração expressa (art. 217º). Esta situação distingue-se quer da solidariedade, quer da assunção cumulativa de dívida, uma vez que nelas o credor pode exigir de qualquer dos obrigados o cumprimento da obrigação, enquanto nesta garantia o cedente só responde uma vez comprovada a insolvência do devedor e apenas nos limites do prejuízo sofrido pelo cessionário, limitando-se a ter que indemnizar o prejuízo que lhe cause essa insolvência[41]. No entanto, ao contrário do que se prevê noutros ordenamentos, não existe entre nós qualquer limitação da garantia da solvência ao preço recebido pelo cedente[42], podendo assim a garantia prestada por este extravasar daquilo que recebeu do cessionário[43].

e) Obrigação de entrega de documentos e outros elementos probatórios do crédito
A lei determina ainda que o cedente deve entregar ao cessionário os documentos e outros meios probatórios do crédito, em cuja conservação não tenha interesse legítimo (art. 586º). Trata-se de uma solução que bem se compreende já que, uma vez verificada a transmissão do crédito, devem ser entregues ao cessionário todos os elementos necessários para que ele possa ser accionado. Daí que só havendo interesse legítimo (como no caso da cessão parcial), poderá o cedente conservar esses elementos.

[41] VAZ SERRA, *BMJ* número especial (1955), pp. 307 e ss. = *BFD* 31 (1955), pp. 294 e ss..

[42] A limitação da garantia ao preço recebido pelo cedente existe tanto no Código Francês (art. 1694), como no Código italiano (art. 1267). Já o Código das Obrigações suíço (art. 173, I) estende essa limitação por forma a abranger ainda os juros do preço, as despesas da cessão e as diligências inúteis contra o devedor. Era esta a proposta de VAZ SERRA, *BMJ* número especial (1955), pp. 304 e ss. = *BFD* 31 (1955), pp. 291 e ss.

[43] Neste sentido, ANTUNES VARELA, *Obrigações*, II, pp. 331-332, que conclui em consequência ser entre nós a função da garantia pela solvência mais satisfatória do crédito do cessionário do que ressarcitória. Cfr. também RIBEIRO DE FARIA, *Obrigações*, II, pp. 544-545.

3.3. Efeitos em relação ao devedor

A cessão de créditos apenas produz efeitos em relação ao devedor, desde que lhe seja notificada, ainda que extrajudicialmente, ou desde que ele a aceite (art. 583º, nº 1). A notificação e a aceitação não estão sujeitas a forma especial (cfr. art. 219º)[44], podendo inclusivamente a aceitação ser efectuada tacitamente (art. 217º), como acontecerá no caso de o devedor combinar com o cessionário qualquer alteração na obrigação (lugar e tempo do cumprimento, garantias, etc.).

Se o devedor, antes da notificação ou aceitação, por ignorar a cessão de créditos, pagar ao cedente ou celebrar com ele algum negócio relativo ao crédito, quer o pagamento, quer o negócio têm efeitos sobre o crédito, podendo inclusivamente produzir a sua extinção, e esses efeitos são oponíveis ao cessionário, excepto se ele demonstrar que o devedor tinha conhecimento da cessão (art. 583º, nº 2). A razão para esta restrição reside na má fé do devedor que, sabendo que ocorreu a cessão, decide pagar ao cedente ou celebrar com ele qualquer negócio relativo ao crédito. A alegação desse conhecimento por parte do cessionário equivale assim a uma *exceptio doli*. É, por isso, necessário que tenha ocorrido um conhecimento efectivo, não bastando o desconhecimento por negligência[45]. Verificando-se, no entanto, esse conhecimento, ele terá o mesmo efeito que a notificação ao devedor.

A posição do cessionário que veja o seu direito afectado resume-se à possibilidade de instaurar uma acção de enriquecimento sem causa contra o cedente (neste caso, enriquecimento por intervenção através da dispo-

[44] Não se pode, no entanto, considerar equivalente à notificação o facto de o cessionário se limitar a instaurar contra o devedor acção de cobrança do crédito. Neste sentido, cfr. MENEZES LEITÃO, *Cessão de créditos*, p. 361, e na jurisprudência, Ac. STJ 9/11/2000 (QUIRINO SOARES), em *CJ-ASTJ* 8 (2000), 3, p. 121, e em *CDP* nº 14 (Abril/Junho 2006), pp. 58-59. Em sentido contrário, Ac. STJ 3/6/2004 (NORONHA DO NASCIMENTO), em *CDP* nº 14 (Abril/Junho 2006), pp. 59-62, com anotação favorável de ASSUNÇÃO CRISTAS, a pp. 62-65

[45] Cfr., neste sentido, VAZ SERRA, *BMJ* número especial (1955), p. 261 = *BFD* 31 (1955), p. 237. Em sentido contrário, veja-se, porém, ASSUNÇÂO CRISTAS, *Dir.* 132º (2000), I-II, pp. 233 e ss., que defendendo uma configuração ética da boa fé subjectiva, sustenta que a ignorância culposa pelo devedor é suficiente para tornar a cessão eficaz em relação a ele. É manifesto, porém, que o devedor não tem qualquer dever de averiguar, no interesse de terceiros, se o crédito já foi transmitido para outrem, pelo que, não ocorrendo notificação nem aceitação, o desconhecimento da cessão, culposo ou não, tornará liberatório o pagamento efectuado ao cedente,

sição eficaz de um direito alheio)[46]. É por isso do interesse do cessionário fazer a notificação ao devedor. Sendo a obrigação solidária, parece que a notificação deve ser efectuada a todos os devedores, já que um devedor não notificado poderia cumprir perante o credor, sendo o efeito extintivo comunicado a todos os devedores, mesmo notificados, por força do art. 523º.

Conforme se referiu, o devedor pode opor ao cessionário, ainda que este o ignorasse, todos os meios de defesa que lhe era lícito invocar contra o cedente, com ressalva dos que provenham de facto posterior ao conhecimento da cessão (art. 585º)[47]. Efectivamente, se a cessão dispensa o consentimento do devedor, não o pode colocar em pior situação do que aquela em que ele anteriormente se encontrava. Assim toda e qualquer excepção, seja ela temporária ou definitiva, que o devedor, antes da cessão, possuísse contra o cedente (v.g., prazo da prestação, excepção de não cumprimento do contrato, prescrição ou compensação) é oponível ao cessionário, permitindo ao devedor recusar-se a efectuar-lhe o cumprimento[48].

3.4. Efeitos em relação a terceiros

Em relação a terceiros, a cessão produz efeitos independentemente de qualquer notificação, pelo que, a partir da sua verificação, os credores do cessionário podem executar o crédito ou exercer a acção sub-rogatória.

Há, no entanto, um caso em que a eficácia da cessão em relação a terceiros depende da notificação ao devedor ou da sua aceitação por este, o que consiste na situação de o crédito ser cedido a mais de que uma pessoa. Neste caso, a lei determina que prevalece a cessão que primeiro tiver sido notificada ao devedor ou por este tiver sido aceite (art. 584º), sendo assim a notificação ou aceitação pelo devedor o factor que determina qual

[46] Cfr. MENEZES LEITÃO, *O Enriquecimento sem Causa no Direito Civil (Estudo Dogmático sobre a viabilidade de configuração unitária do instituto face à contraposição entre as diferentes categorias de enriquecimento sem causa)*, Lisboa, C.E.F., 1996, pp. 785 e ss., reed., Coimbra, Almedina, 2005, pp. 757 e ss., e *Cessão de créditos*, pp. 410 e ss.

[47] Não é, portanto, o devedor obrigado a avisar o cessionário da existência de excepções, nem a sua não invocação no documento de aceitação da cessão implica renúncia às mesmas, só ocorrendo esta se o devedor declarar que o crédito não está sujeito a quaisquer excepções. Discordamos, por isso, da decisão do Ac. STJ 4/5/2010 (HÉLDER ROQUE), em *CJ-ASTJ* 18 (2010), 2, pp. 52-55.

[48] Caberá neste caso ao cessionário exercer a garantia de que eventualmente disponha contra o cedente, ao abrigo do art. 587º.

dos diversos cessionários irá efectivamente adquirir o crédito[49]. Em consequência, se algum dos cessionários decide notificar o devedor da cessão, parece que ele perderá a possibilidade de efectuar o pagamento, quer ao cedente, quer a qualquer outro cessionário, sendo essa a cessão que irá prevalecer.

Pode, porém, perguntar-se o que sucede se o devedor conhecer a prioridade da primeira cessão e decidir aceitar a segunda. A questão é legítima, uma vez que não foi estabelecida nesse domínio a ressalva da possibilidade de o cessionário provar o conhecimento do devedor da sua prioridade, à semelhança do previsto no art. 583º, nº 2[50]. ASSUNÇÃO CRISTAS vem, no entanto defender a mesma solução, considerando que se o devedor conhece a prioridade da primeira cessão e decide pagar ao segundo cessionário não realizará um pagamento liberatório[51]. Já PIRES DE LIMA e ANTUNES VARELA pronunciam-se no sentido da rigidez da solução estabelecida no art. 584º, que se afastaria do regime do art. 583º, nº 2, por uma razão de certeza e de segurança, tanto em benefício do devedor como dos próprios cessionários[52].

Cabe tomar posição neste debate. Em primeiro lugar, deve-se salientar que resulta da redacção do art. 584º que este resolve a questão da prevalência das cessões de créditos, não com base na prioridade do negócio celebrado, mas na notificação que venha a ser realizada ao devedor ou na aceitação da cessão por ele emitida. O primeiro cessionário do crédito vem assim a perdê-lo, se o segundo se adianta na notificação, já que o devedor não a pode rejeitar, mesmo que conhecesse a prioridade de uma cessão anterior[53].

[49] Trata-se de uma solução estranha, já que pode fazer prevalecer a cessão gratuita do crédito perante a sua cessão onerosa, e que nem sequer é justificada pela boa fé do devedor, já que para a sua tutela bastaria considerar-se eficaz o pagamento ao credor aparente.

[50] Ao contrário do que fora propugnado por VAZ SERRA, no seu anteprojecto. Cfr. VAZ SERRA, *BMJ* número especial (1955), pp. 238-239.

[51] Cfr. ASSUNÇÃO CRISTAS, *Dir* 132 (2000), I-II, p. 239 e *Transmissão*, pp. 174 e ss.. A autora estende essa solução ao desconhecimento culposo pelo devedor em relação à primeira cessão, o que não nos parece fazer qualquer sentido, já que não será seguramente imputável ao devedor o facto de o cedente ter efectuado uma dupla alienação do mesmo crédito, nem se vê que culpa possa ele ter no desconhecimento de uma situação desse tipo.

[52] Cfr. PIRES DE LIMA/ANTUNES VARELA, *Código Civil Anotado*, I, 4ª ed., Coimbra, Coimbra Editora, 1987, p. 600, sub art. 584º.

[53] Em sentido contrário, ASSUNÇÃO CRISTAS, *Dir* 132 (2000), I-II, p. 238, e *Transmissão*, p. 180, defende que o devedor não deve pagar ao cessionário que o notifica, quando sabe não

Se não ocorrer a notificação é a aceitação que produz os mesmos efeitos, resolvendo-se por essa via a questão da prevalência entre as cessões.

Este regime não é, porém, incompatível com a solução do art. 583º, nº 2, uma vez que esta norma se refere à inoponibilidade ao cessionário do pagamento ou de outros negócios jurídicos de disposição do crédito, ocorridos *antes* da notificação ou aceitação. Se ocorre uma dupla alienação do crédito e o devedor tem conhecimento positivo da situação, ele já não pode pagar ao cedente, uma vez que o cessionário poderia invocar contra ele a *exceptio doli* do art. 583º, nº 2. Mas nesse enquadramento, que sentido faz admitir que o cessionário não possa usar da mesma *exceptio doli*, se o devedor, antes de qualquer notificação, paga a um segundo cessionário que sabe não ser o efectivo titular do crédito? Não nos parece que haja quaisquer razões de segurança jurídica que obstem à sua invocação[54].

Mas, nesse enquadramento, fará sentido admitir que o devedor, tendo conhecimento positivo da dupla alienação possa, antes da notificação, escolher a seu bel-prazer qual o cessionário que pretende ter como credor, através da aceitação de qualquer uma das cessões? Não nos parece que a lei possa consagrar uma situação deste tipo, uma vez que a escolha do devedor seria sempre determinada por conveniências pessoais, que não merecem tutela legal. Deve, por isso, interpretar-se restritivamente o art. 584º e considerar-se que a aceitação pelo devedor de uma das cessões só releva para escolha do cessionário, nos casos em que o devedor desconhece a existência de várias cessões[55]. No caso contrário, o primeiro cessionário pode sempre, ao abrigo do art. 583º, nº 2, considerar inoponível a aceitação da segunda cessão, demonstrando que o devedor conhecia a prioridade do negócio que este celebrara. Efectivamente, neste caso, a aceitação é realizada dolosamente, pelo que deve ser sujeita à mesma *exceptio doli*.

Assim se consegue compatibilizar os arts. 583º, nº 2 e 584º. No caso de dupla alienação do mesmo crédito, a prioridade é atribuída com base na notificação que primeiro vier a ser efectuada ao devedor, salvo se ele

ser ele o primeiro cessionário. Esta solução, porém, implicaria fazer interpretação ab-rogante do art. 584º.

[54] Até porque a solução contrária abre as portas à fraude. Efectivamente, o devedor conhecedor da cessão antes da notificação, não podendo pagar ao cedente, poderia convencê-lo a celebrar nova cessão do crédito e depois fazer eficazmente esse pagamento ao segundo cessionário.

[55] O conceito de aceitação do art. 584º é idêntico ao do art. 583º, nº 1, e refere-se a uma única cessão de que se teve conhecimento, não correspondendo a uma escolha entre várias cessões.

antes, desconhecendo a dupla alienação, tiver aceite alguma das cessões. Tendo, porém, o devedor conhecimento positivo de quem é o verdadeiro titular do crédito, este pode considerar inoponível qualquer pagamento ou negócio jurídico a este respeitante, celebrado pelo devedor com qualquer falso titular, aqui se incluindo naturalmente a própria aceitação desse falso titular como cessionário.

Secção III
A sub-rogação

1. Conceito de sub-rogação

A sub-rogação, prevista nos arts. 589º e ss., consiste na situação que se verifica quando, cumprida uma obrigação por terceiro, o crédito respectivo não se extingue, mas antes se transmite por efeito desse cumprimento para o terceiro que realiza a prestação ou forneceu os meios necessários para o cumprimento[56].

A origem do instituto da sub-rogação tem sido atribuída às figuras romanas da *sucessio in locum creditoris* e do *beneficium cedendarum actionum*[57].

[56] Sobre a sub-rogação, cfr. VAZ SERRA, "Sub-rogação nos direitos do credor", em BMJ, nº 37 (1953), pp. 5-66 e "Sub-rogação do segurador (a propósito do acórdão do S.T.J. de 8-1-1960)" em *RLJ* 94º (1961), pp. 177-180, 193-196, 209-211, 225-228, 241-245, 257-261, 273-279, MANUEL MARQUES DA SILVA ALMEIDA, "Sub-rogação por pagamento", na *ROA* 14-16 (1954-1956), pp. 210-239, CARLOS MOTA PINTO, *Cessão*, pp. 137 e ss., GALVÃO TELLES, *Direito das Obrigações*, 7ª ed., Coimbra, Coimbra Editora, 1997, pp. 280 e ss., ANTUNES VARELA, *Obrigações*, II, pp. 334 e ss., ALMEIDA COSTA, *Obrigações*, pp. 821 e ss., MENEZES CORDEIRO, *Obrigações*, 2º, pp. 99 e ss., e *Tratado*, IX, pp. 805 e ss., RIBEIRO DE FARIA, *Obrigações*, II, pp. 547 e ss., MANUEL JANUÁRIO DA COSTA GOMES, *Assunção fidejussória de dívida. Sobre o sentido e o âmbito da vinculação como fiador*, Coimbra, Almedina, 2000, pp. 884 e ss., e JÚLIO MANUEL VIEIRA GOMES, "Do pagamento com sub-rogação, mormente na modalidade da sub-rogação voluntária", em ANTÓNIO MENEZES CORDEIRO/LUÍS MENEZES LEITÃO/JANUÁRIO DA COSTA GOMES (org.), *Estudos em Homenagem ao Professor Doutor Inocêncio Galvão Telles*, I - *Direito privado e vária*, Coimbra, Almedina, 2002, pp. 107-169.

[57] A *sucessio in locum creditoris*, prevista em D.20.4.12.9. e em D.20.4.16. consistia na situação em que um credor hipotecário adquiria a posição de outro, preferencialmente graduado, pagando o crédito respectivo. Já o *beneficium cendendarum actionum*, previsto em D.46.1.36. e D.46.3.76 residia na situação de os devedores acessórios poderem exigir ao credor que

A sua construção deve-se, no entanto, essencialmente ao direito francês (C.C., arts. 1249-1252)[58]. Por influência desse direito, a sub-rogação é recebida no actual Código Italiano (arts. 1201 e ss.)[59], parecendo ser essa a fonte principal dos arts. 589º e ss. do Código Português. A sub-rogação encontra-se ainda prevista no art. 110 do C.O. suíço, ainda que limitada à sub-rogação pelo devedor e à sub-rogação legal.

Já o BGB não prevê a sub-rogação como figura geral, embora determine em certas situações uma cessão legal (*Übergang*) do crédito, que corresponde manifestamente à mesma figura[60].

Pode igualmente considerar-se semelhante à nossa sub-rogação o instituto da *subrogation*, existente nos direitos da *common law*. No entanto, apesar da sua assumida inspiração continental, a *subrogation* nestes ordenamentos desempenha funções restitutórias, sendo concebida como um remédio para prevenir o *unjust enrichment*[61].

Tanto a sub-rogação como a cessão de créditos são formas de transmissão do crédito. Distinguem-se entre si, porque, enquanto a cessão tem por base um negócio jurídico (cfr. art. 578º), a sub-rogação resulta de um acto não negocial, que é o cumprimento, sendo a medida deste que determina a medida da sub-rogação (art. 593º, nº 1). Por esse motivo, a cessão de créditos desempenha a função de assegurar a circulação jurídica dos créditos, enquanto a sub-rogação visa antes compensar o sacrifício suportado pelo terceiro que cumpriu uma obrigação alheia[62]. Dado que pressupõe o cumprimento de uma obrigação alheia, a sub-rogação é insusceptível de

lhes cedesse as suas acções contra o devedor principal. Cfr. Emilio Betti, *Teoria generale delle obbligazioni. III,2- Vicende dell'obbligazione.* IV – *Difesa preventiva e successiva dell'obbligazione*, Milano, Giuffrè, 1955, pp. 65 e ss. e, entre nós, Menezes Cordeiro, *Obrigações*, 2º, p. 100 e *Tratado*, vol. IX, pp. 806-807.

58 No Direito francês a sub-rogação é qualificada como a substituição nos direitos do credor em proveito de uma terceira pessoa que paga a dívida (art. 1249), podendo derivar de acordo com o credor ou o devedor (*subrogation conventionelle:* art. 1250) ou por força da lei (*subrogation légale:* art. 1251, a qual pressupõe genericamente que o terceiro seja responsável pela dívida ou que tenha um interesse no pagamento).

59 Cfr. Betti, *op. ult. cit.*, pp. 61 e ss.

60 Efectivamente, os § 268, 426, 774, 1143 e 1225 BGB, admitem esta cessão em certos casos de pagamento efectuado por um terceiro para evitar uma execução que o poderia prejudicar, determinando ainda que ela não pode fazer-se em prejuízo do credor, o que se identifica com o regime da nossa sub-rogação.

61 Cfr., Menezes Leitão, *O enriquecimento*, pp. 383-384, reed., p. 372.

62 Cfr. Antunes Varela, *Obrigações*, II, p. 336.

se verificar em relação a prestações futuras[63], ao contrário do que vimos suceder com a cessão de créditos. Para além disso, enquanto na cessão de créditos o cedente tem que garantir a existência e a exigibilidade do crédito (art. 587º, nº 1), semelhante garantia não se verifica na sub-rogação (cfr. art. 594º), limitando-se a ocorrer a transmissão para o sub-rogado dos direitos que cabiam ao sub-rogante, sejam eles quais forem[64].

A sub-rogação não deve ser confundida com o direito de regresso, existente no âmbito das obrigações solidárias (art. 524º). Efectivamente, enquanto que na sub-rogação se verifica uma transmissão dos direitos do credor, no direito de regresso essa transmissão não ocorre, surgindo antes um direito novo em virtude de uma relação especial já existente entre o autor do pagamento e o devedor.

2. Modalidades de sub-rogação

2.1. Generalidades

A lei admite as seguintes modalidades de sub-rogação:

- sub-rogação pelo credor
- sub-rogação pelo devedor
- sub-rogação em consequência de empréstimo efectuado ao devedor
- sub-rogação legal.

Examinemos sucessivamente estas modalidades:

2.2. A sub-rogação pelo credor

A sub-rogação pelo credor, prevista no art. 589º, verifica-se através da declaração deste, de que pretende que o terceiro que cumpre a obrigação venha, por virtude desse cumprimento, a adquirir o crédito.

[63] Neste sentido, o Assento STJ-Pleno 9/11/1977 (Alves Pinto), no *BMJ* 271 (1977), pp. 100-104.

[64] Conforme refere Guilherme Moreira, *Instituições*, II, pp. 223, "no caso de sub-rogação, o credor não garante a quem paga o crédito a existência e legitimidade dele. Quando haja recebido o que não lhe era devido, não é pela acção de garantia, mas pela de repetição, que se poderá proceder contra ele". No mesmo sentido, Antunes Varela, *Obrigações*, II, p. 337. Em sentido diferente, Ribeiro de Faria, *Obrigações*, II, p. 574, entende, porém, que a garantia da existência e exigibilidade do crédito se deve manter na sub-rogação, sempre que esta apareça como um procedimento ordenado à transmissão do crédito.

A sub-rogação pelo credor pressupõe assim sempre dois requisitos:

a) o cumprimento da obrigação por terceiro;
b) a declaração expressa anterior do credor a determinar a sub-rogação.

Faltando qualquer destes requisitos, não se verifica a sub-rogação pelo credor. Assim, se o terceiro se limita a cumprir a obrigação, sem que o credor nada declare, o que se verifica é apenas um cumprimento por terceiro, sem que este venha a adquirir o crédito por via da sub-rogação. Igualmente se o credor declarar a sub-rogação, esta não ocorrerá enquanto o terceiro não efectuar o cumprimento.

A declaração de sub-rogação pelo credor tem que ser expressa (art. 217º), embora para ela não se exija forma especial (art. 219º)[65]. Essa declaração tem que ser, porém, emitida até ao momento do cumprimento para evitar que a obrigação se extinga em lugar de se transmitir. Ultrapassado este prazo, a sub-rogação não é mais possível, já que não se permite ao credor vir qualificar *a posteriori* como sub-rogação o que não passou de um simples cumprimento por terceiro. Efectivamente, esta situação prejudicaria tanto os outros credores do devedor, que viriam renascer um crédito que julgavam já extinto, como os garantes da obrigação extinta, que de boa fé se julgaram exonerados com o cumprimento feito por terceiro.

Havendo declaração expressa do credor a determinar a sub-rogação, esta também não se verifica enquanto o terceiro não cumprir a obrigação. Efectivamente, a sub-rogação só ocorre com o cumprimento, não sendo a declaração do credor só por si eficaz para determinar a transmissão do crédito[66]. Conforme refere Ribeiro de Faria, a declaração pelo credor "apenas pode valer como promessa até ser efectuado o pagamento"[67].

2.3. A sub-rogação pelo devedor

A sub-rogação pelo devedor, prevista no art. 590º, verifica-se igualmente através da declaração deste de que pretende que o terceiro que cum-

[65] A sub-rogação pode, consequentemente, ser feita verbalmente. Cfr. Vaz Serra, *BMJ* 37 (1953), p. 21.

[66] Conforme salienta Cunha Gonçalves, *Tratado de Direito Civil em Comentário ao Código Civil Português*, V, Coimbra, Coimbra Editora, 1932, p. 47, nº 626, "de contrário, teríamos dois credores de um mesmo crédito integral".

[67] Cfr. Ribeiro de Faria, *Obrigações*, II, p. 557, nota (2).

pre a obrigação adquira o respectivo crédito. Essa declaração tem igualmente que ser expressa (art. 590º, nº 2) e deve também ser efectuada até ao momento do cumprimento, para evitar a extinção da dívida em lugar da sua transmissão.

A sub-rogação pelo devedor coloca algumas dificuldades de natureza dogmática, uma vez que o devedor não é detentor do crédito, pelo que dificilmente se compreende que possa dispor dele e inclusivamente determinar que as garantias prestadas por terceiro (fiança, penhor ou hipoteca) passem para o novo credor, em lugar de se extinguirem com o cumprimento. A lei veio, no entanto, admiti-la por razões de ordem prática, já que se considerou merecedor de tutela o interesse do devedor em obter a intervenção de terceiro em ordem a satisfazer o crédito reclamado, que sem a possibilidade de sub-rogação dificilmente poderia ser conseguida. Para além disso, considerou-se que o interesse dos garantes não vem a ser prejudicado pela admissibilidade desta sub-rogação, já que as garantias acompanham o crédito, independentemente do seu titular, e se a lei permite a cessão e a sub-rogação por iniciativa do credor, não se vê por que razão se deveria vedar esta possibilidade ao devedor[68].

Também na sub-rogação pelo devedor se exige a declaração expressa dele até ao momento do cumprimento, para evitar que o crédito se extinga, não se admitindo igualmente que o devedor pudesse retroactivamente qualificar como sub-rogação o que tinha sido apenas um cumprimento por terceiro, prejudicando assim os seus outros credores ou os terceiros que garantiram o cumprimento.

2.4. A sub-rogação em consequência de empréstimo efectuado ao devedor

Um caso particular de sub-rogação é a sub-rogação em consequência de empréstimo efectuado ao devedor (art. 591º). Nesse caso, não é o terceiro que cumpre a obrigação, mas antes o próprio devedor. Porém, como este vem a efectuar o cumprimento com dinheiro ou outra coisa fungível emprestada por terceiro, é admitida a sub-rogação, desde que haja declaração expressa, no documento do empréstimo, de que a coisa se destina ao cumprimento da obrigação e de que o mutuante fica sub-rogado nos direitos do credor.

[68] Cfr. Antunes Varela, *Obrigações*, II, p. 340 e Ribeiro de Faria, *Obrigações*, II, p. 555.

A fonte desta norma reside no art. 1250-2 do *Code Civil*, tendo por sua vez este uma origem histórica precisa[69]. Durante as guerras religiosas francesas o preço do dinheiro tornou-se elevado já que, embora fosse proibido o empréstimo a juros, essa proibição era torneada mediante a celebração de contratos de renda perpétua como contrapartida de capital, que poderiam ser remidos pelo devedor com a restituição deste. Em 1576 a taxa da renda anual era de 1/12 avos do capital ou seja de 8,33%. Com o retorno à prosperidade, no reinado de Henrique IV, essa taxa baixou para 1/16 avos do capital, ou seja, 6,25%, o que levou imensos devedores a querer remir as rendas antigas e substituí-las por novos contratos de renda perpétua à referida taxa. No entanto, para celebrarem esses novos contratos, teriam que fornecer garantias aos novos credores, o que não podiam, uma vez que os seus prédios já se encontravam hipotecados aos primitivos credores, que naturalmente se recusavam a permitir a sub-rogação. Para facilitar a transmissão dessas garantias, o rei Henrique IV estabeleceu, numa declaração de Maio de 1609, que o devedor poderia proceder ele mesmo à sub-rogação, quando efectuasse o pagamento das dívidas. Só que, para evitar as fraudes que o devedor poderia praticar nesse caso, favorecendo com a sub-rogação nas garantias a posição de uns credores em prejuízo de outros exigiram-se formalidades rigorosas, completadas pelo Parlamento francês no "Arrêt de réglement" de 6 de Julho de 1690, que estiveram posteriormente na origem do art. 1650-2 do *Code Civil*, fonte deste artigo 591º.

Nesta situação, a sub-rogação não deriva de um pagamento por terceiro, mas antes de um acto do devedor, conforme resulta do art. 591º, nº 1. Por esse motivo, e conforme refere GALVÃO TELLES, este caso de sub-rogação levanta dificuldades especiais, uma vez que em consequência do mútuo o terceiro já adquire um crédito sobre o devedor, não fazendo sentido que fique com dois créditos após a sub-rogação. Este autor considera, por isso, que neste caso a sub-rogação substitui o primeiro crédito pelo segundo[70], solução que merece igualmente a nossa adesão.

Em qualquer caso, a lei exige para se proceder a esta sub-rogação um requisito de forma especial que é o de que conste do documento do emprés-

[69] Cfr., sobre ela, HENRI MAZEAUD / LÉON MAZEAUD / JEAN MAZEAUD / FRANÇOIS CHABAS, *Léçons de Droit Civil*, II-1- *Obligations. Théorie générale*, 9ª ed., por François Chabas, Paris, Montchrestien, 1998, nº 851, p. 948.

[70] Cfr. GALVÃO TELLES, *Obrigações*, pp. 285-286.

timo que a coisa se destina ao cumprimento da obrigação e que o mutuante fica sub-rogado nos direitos do credor. A razão desta exigência é a mesma dos casos anteriores com a agravante de que neste caso uma mera declaração posterior bastaria para converter um simples mutuante num credor de uma obrigação extinta com as garantias de que ela beneficiava, com prejuízo dos outros credores e dos terceiros garantes. Daí que se exija que tanto o fim de cumprimento da obrigação, como a declaração de sub-rogação tenham que constar do documento de empréstimo. A declaração de sub-rogação tem assim neste caso que constar de um documento escrito, o qual não tem, porém, actualmente que consistir num documento autêntico[71].

2.5. A sub-rogação legal

Finalmente a sub-rogação pode resultar de determinação da lei, independentemente, portanto, de qualquer declaração do credor ou do devedor. Nos termos do art. 592º, nº 1, essa situação verifica-se sempre que o terceiro tiver garantido o cumprimento ou estiver por qualquer outra causa directamente interessado na satisfação do crédito. O requisito geral da sub-rogação legal é, assim, o de que o terceiro tenha interesse directo no cumprimento, o que sucederá sempre que a não realização da prestação lhe possa acarretar prejuízos patrimoniais próprios, independentes das consequências do incumprimento para o devedor ou o cumprimento se torne necessário para acautelar o seu próprio direito.

O caso mais comum de interesse directo no cumprimento é o de o terceiro ser garante da obrigação, uma vez que nesse caso a não realização do cumprimento implica a execução dos seus bens pelo credor. Assim, se o terceiro for fiador do devedor ou tiver constituído um penhor ou hipoteca sobre bens seus para garantia do cumprimento, a lei determina a sub-rogação como efeito directo do cumprimento, independentemente de outros requisitos (cfr. para a fiança, o art. 644º).

[71] Cfr. Vaz Serra, *BMJ* 37 (1953), pp. 26 e ss. e Antunes Varela, *Obrigações*, II, pp. 342-343 e nota (1). No âmbito do Código de Seabra, o art. 780º exigia expressamente um documento autêntico, o que era justificado por Guilherme Moreira, *Instituições*, II, p. 218 com a necessidade de certificação da data da declaração de sub-rogação. O nosso legislador considerou, porém, ser suficiente para o efeito a exigência de documento escrito, o que não deixa de suscitar a crítica de Ribeiro de Faria, *Obrigações*, II, p. 560, e nota (1) que exige, pelo menos, que para contrôle da data da sub-rogação na quitação se mencione a declaração do devedor de que a coisa entregue para pagamento é proveniente daquele empréstimo.

Para além dessa hipótese, outros casos de interesse directo poderão ocorrer, como por exemplo, a situação de o terceiro ser subarrendatário de um prédio, já que o não pagamento da renda ao senhorio pelo arrendatário pode acarretar a extinção também do subarrendamento, nos termos do art. 1089º. Nesse caso, o terceiro que realizar a prestação em lugar do devedor, para evitar essa lesão, ficará também sub-rogado nos direitos do credor, nos termos do art. 592º. Haverá, também, sub-rogação legal nos casos em que um credor decida pagar a outro credor que tenha preferência no pagamento, por forma a evitar uma execução em termos que consideraria desvantajosos para si.

Os exemplos referidos demonstram que o interesse directo do terceiro no cumprimento tem que corresponder a um interesse próprio com conteúdo económico prático, não bastando um interesse meramente jurídico[72]. Não haverá, assim, sub-rogação legal sempre que o pagamento seja realizado exclusivamente no interesse do devedor (ex: o cumprimento efectuado por gestor de negócios ou por administrador de interesses alheios com bens próprios seus, ou por alguém que pretende efectuar uma liberalidade ao devedor) ou quando o interesse do terceiro no cumprimento seja meramente moral ou afectivo (ex: o pai que paga a dívida do filho, atendendo ao bom-nome da família, ou o comproprietário que paga a dívida do outro, para evitar a execução da quota deste)[73].

3. Efeitos da sub-rogação

3.1. Transmissão do crédito na medida da sua satisfação

Os efeitos da sub-rogação encontram-se previstos no art. 593º, onde se determina que a sub-rogação constitui uma modalidade de transmissão do crédito, pelo que o terceiro adquire, na medida da satisfação dada ao direito do credor, os poderes que a este competiam[74]. Conforme se referiu, a sub-rogação pressupõe sempre um cumprimento, sendo a medida

[72] Cfr. ROSARIO NICOLÓ, *L'adempimento dell'obbligo altrui*, Milano, Giuffrè, 1936, p. 19.

[73] Cfr. ANTUNES VARELA, *Obrigações*, II, p. 344. O anteprojecto de VAZ SERRA, *BMJ* 37 (1953), pp. 64-65 admitia, porém, a sub-rogação legal em termos bastantes mais amplos do que os que ficaram consagrados no Código.

[74] O regime do crédito permanece integralmente idêntico, pelo que, se for transmitido por sub-rogação um crédito resultante de responsabilidade civil delitual, o mesmo permanecerá sujeito ao prazo de prescrição do art. 498º. Cfr. Ac. RL 8/5/2008 (FERNANDO BAPTISTA), em *CJ* 33 (2008), 3, pp. 164-168.

deste que determina a medida da sub-rogação. Assim, se o terceiro, numa dívida de 1000 euros, apenas paga ao credor 600, não fica sub-rogado na totalidade do crédito, mas apenas no montante que foi por ele satisfeito, e isto mesmo que o credor preste quitação pela totalidade. Pretendendo o credor alienar todo o crédito por um montante inferior ao seu valor (ou mesmo gratuitamente), terá que recorrer à figura da cessão de créditos e não à da sub-rogação[75].

Ocorre assim uma sub-rogação parcial sempre que o terceiro que cumpre a obrigação, não o faz totalmente. Nesse caso, como a aquisição do direito de crédito só se verifica na medida da satisfação dada ao direito do credor (art. 593º, nº 1), o resultado é a divisão do crédito em dois, um do credor originário e outro do sub-rogado.

Nesse caso, a lei vem prever que a sub-rogação não prejudica os direitos do credor originário (ou do seu cessionário), quando outra coisa não for estipulada (art. 593º, nº 2). Numa formulação não muito feliz o que a lei pretende dizer é que o crédito do sub-rogado não concorre com o crédito do credor originário (ou de um cessionário deste), uma vez que este crédito tem preferência sobre aquele, pelo que em caso de insolvência do devedor, será satisfeito em primeiro lugar. O fundamento desta regra baseia-se na presunção de que, ao aceitar um pagamento parcial do crédito por terceiro, o credor não quererá conceder ao terceiro a faculdade de com ele concorrer na cobrança do remanescente, uma vez que ninguém concede uma sub-rogação em seu próprio prejuízo (*nemo contra se subrogasse censetur*). Daí o estabelecimento da preferência do credor em relação ao terceiro na cobrança do remanescente do crédito[76]. Ao contrário do sustentado por alguma doutrina[77], não é de estranhar que a mesma regra se aplique nos casos de sub-rogação pelo devedor ou sub-rogação legal,

[75] Cfr. Guilherme Moreira, *Obrigações*, II, pp. 222-223.

[76] Cfr. Vaz Serra, *BMJ* número especial (1955), pp. 321 e ss. = *BFD* 31 (1955), pp. 309 e ss. O autor chama a atenção para o facto de, não existindo esta regra, a sub-rogação poder prejudicar o credor, já que se este tivesse um crédito de 2.000 euros com a hipoteca sobre um bem de 1000 euros e uma fiança até 1000 euros e aceitasse do fiador o pagamento de 1000 euros, o fiador, como sub-rogado, adquiriria também a garantia da hipoteca em relação à parte do crédito por si satisfeita, pelo que sendo o devedor insolvente o credor acabaria por receber apenas 1500 euros, em vez dos 2.000 a que teria direito.

[77] Cfr. Antunes Varela, *Obrigações*, II, p. 349 e Ribeiro de Faria, *Obrigações*, II, p. 567.

uma vez que também nestes casos cabe sempre ao credor a possibilidade de recusar a prestação parcial (art. 763º)[78].

Esta preferência, no entanto, só se verifica em relação ao credor originário ou seu cessionário, não em relação aos sub-rogados entre si. Assim, se houver vários sub-rogados por satisfações parciais do crédito, ainda que em momentos diferentes, nenhum deles tem preferência sobre os demais (art. 593º, nº 3)[79].

3.2. Transmissão das garantias e acessórios do crédito

O art. 594º manda aplicar a esta transmissão as disposições dos arts. 582º a 584º, relativas à cessão de créditos, pelo que a transmissão do crédito acarreta igualmente a transmissão de todas as suas garantias e acessórios (art. 582º). Transmitem-se assim para o sub-rogado as garantias não inseparáveis da pessoa do credor, como a fiança, consignação de rendimentos, penhor, hipoteca e alguns privilégios creditórios. No caso de sub-rogação parcial parece que as garantias passarão a beneficiar ambos os créditos (o do credor originário e o do sub-rogado ou dos sub-rogados), ainda que, por força da sua indivisibilidade, cada credor tenha que exercer o direito real de garantia por inteiro, estabelecendo-se, no entanto, a preferência de acordo com as já referidas regras do art. 593º, nºs 2 e 3[80].

Também por força da mesma disposição os acessórios do crédito, como a obrigação de juros e a cláusula penal, se transmitirão para o sub-rogado, com excepção daqueles que sejam inseparáveis da pessoa do credor.

3.3. A questão da transmissão das excepções

O art. 594º não efectua, porém, qualquer remissão para o art. 585º, onde se determina que as excepções que o devedor tinha contra o cedente podem ser também invocáveis contra o cessionário, a não ser que provenham de facto posterior à cessão. Para Galvão Telles, esta norma aplica-se igualmente à sub-rogação, apesar da não indicação da lei, por se tratar de algo

[78] Aplicando esta regra à sub-rogação legal do Fundo de Garantia Salarial, cfr. Ac. STJ 23/11/2011 (Fernando Bento), em *CJ-ASTJ* 19 (2011), 3, pp. 139-143.

[79] Solução diversa constava, porém, do art. 784º do Código Civil de 1867 que dispunha que "o pagamento aos subrogados em diversas porções do mesmo crédito, não podendo ser todos pagos ao mesmo tempo, será feito pela ordem sucessiva das diversas sub-rogações".

[80] Cfr. Antunes Varela, *Obrigações*, II, p. 350, e nota (2) e Ribeiro de Faria, *Obrigações*, II, p. 568, e nota (1).

inerente ao próprio conceito de transmissão do direito[81]. No entanto, conforme referem ANTUNES VARELA e RIBEIRO DE FARIA, a cessão de créditos tem por base um negócio celebrado entre o cedente e o cessionário, a que o devedor é estranho, enquanto a sub-rogação pode ser desencadeada pelo próprio devedor, nos termos dos arts. 590º e 591º. Ora, pareceria neste caso contrário ao princípio da boa fé, nos termos do art. 227º e 762º, nº 2, que o devedor, quando é ele a determinar a sub-rogação, fosse opor ao sub-rogado excepções relativas ao credor originário, que ele ignorava. Daí que o art. 585º apenas deva poder ser aplicável aos casos de sub-rogação pelo credor ou de sub-rogação legal[82].

Efectivamente, apenas nos casos em que a sub-rogação se realiza sem intervenção do devedor é que se justifica defender que ela não o possa colocar em pior situação do que aquela em que ele se encontrava antes da transmissão, aplicando-se o regime da cessão de créditos (art. 585º), não por remissão, mas antes por analogia. Assim, tanto na sub-rogação pelo credor como na sub-rogação legal, o devedor poderá continuar a invocar contra o sub-rogado os meios de defesa que lhe era lícito invocar contra o credor com ressalva daqueles que provenham de facto posterior ao conhecimento. No caso de a sub-rogação provir do próprio devedor, já lhe será, porém, vedada a invocação de qualquer excepção que tinha contra o credor originário, a menos que a tivesse comunicado ao terceiro antes de ele proceder ao pagamento.

3.4. Eficácia da sub-rogação em relação ao devedor e a terceiros

Por força da remissão do art. 594º, aplicam-se à sub-rogação também as disposições dos arts. 583º e 584º. Assim, a sub-rogação deve ser notificada ao devedor, ou por este aceite, para que produza efeitos em relação a ele (art. 583º, nº 1), sob pena de não lhe ser oponível, a não ser demonstrando o seu conhecimento da sub-rogação (art. 583º, nº 2). Assim, caso o devedor, ignorando a sub-rogação, vier a pagar ao credor originário, esse pagamento será eficaz perante o sub-rogado, restando a este apenas a possibilidade de instaurar uma acção de enriquecimento sem causa contra o

[81] Cfr. GALVÃO TELLES, *Obrigações*, p. 291.

[82] Cfr. ANTUNES VARELA, *Obrigações*, II, p. 352 e nota (1), e RIBEIRO DE FARIA, *Obrigações*, II, p. 572.

primitivo credor (neste caso, enriquecimento por intervenção através da disposição eficaz de um direito alheio)[83].

Para além disso, em caso de vários pagamentos do mesmo crédito por terceiro, prevalece a sub-rogação que primeiro for levada ao conhecimento do devedor ou que por este seja aceite (art. 584º, aplicável por força do art. 594º). Assim, se o credor, por necessitar de dinheiro, sub-rogar sucessivamente dois terceiros por pagamentos que estes tenham feito em relação ao mesmo crédito, só aquele que notificar primeiro o devedor poderá prevalecer-se da transmissão do crédito[84]. Esta regra, no entanto, deve ser objecto de alguma restrição relativamente à sub-rogação determinada pelo devedor, uma vez que, em relação a esta, faz pouco sentido a exigência de qualquer notificação a ele pelo credor originário ou pelo sub-rogado[85], já que este pode sempre provar que o devedor conhecia – já que determinou – a sub-rogação (art. 583º, nº 2, aplicável por força do art. 594º).

4. Natureza da sub-rogação

É discutida na doutrina a natureza da sub-rogação. A solução tradicional é a de que ela corresponde sempre a uma situação de transmissão legal do crédito, em virtude de um facto jurídico que é o cumprimento. Isto porque, mesmo nos casos em que a lei exige uma declaração do devedor ou do credor, essa declaração não é a fonte da sub-rogação, mas antes uma circunstância que leva a lei a considerá-la justificada[86]. Teríamos assim uma transmissão legal do crédito, que teria como pressuposto o cumprimento. No entanto, esta configuração tem levantado algumas objecções, já que

[83] Cfr. Menezes Leitão, *O enriquecimento*, pp. 785 e ss., reed., pp. 757 e ss. Esta solução encontra-se expressamente prevista no art. 645º para a hipótese de sub-rogação do fiador, sem que este avise o devedor (cfr. art. 644º), ainda que a lei erradamente qualifique a situação como repetição do indevido.

[84] Essa doutrina será igualmente aplicável no caso de o credor, depois de sub-rogar um terceiro, resolver ceder o seu crédito a outrem, sendo assim a regra do art. 584º aplicável a todos os casos de sucessivas transmissões de créditos, resultem elas de cessão ou de sub-rogação. Diferentemente, Guilherme Moreira, *Instituições*, II, p. 224 sustentava que a sub-rogação, ao contrário da cessão de créditos, deveria produzir os seus efeitos em relação a terceiros independentemente da notificação ao devedor, uma vez que o crédito se extinguiria, em relação ao credor, pelo pagamento.

[85] Neste sentido, Ribeiro de Faria, *Obrigações*, II, p. 570.

[86] Cfr. Galvão Telles, *Obrigações*, pp. 288 e ss.

se o cumprimento é um fenómeno extintivo da obrigação, não se vê como poderia produzir simultaneamente a sua transmissão para o sub-rogado[87].

Surgiram por isso na doutrina inúmeras teses que, partindo do pressuposto comum de que na sub-rogação se verificava a extinção da obrigação, procuraram conciliar essa situação com a aquisição do crédito pelo sub-rogado. Essas teses correspondem às seguintes[88]:

a) extinção do crédito, ocorrendo, porém, uma ficção da sua manutenção, a fim de possibilitar a sua transmissão;
b) extinção do crédito, subsistindo apenas os seus acessórios;
c) extinção do crédito, que seria substituído por um direito a indemnização;
d) extinção relativa do crédito, que ocorreria apenas em relação ao credor, mantendo-se este, porém, em relação ao devedor e ao sub-rogado;
e) configuração da sub-rogação como um prémio atribuído ao sub-rogado, em virtude da cooperação prestada.

A primeira tese foi defendida por Pothier, que considerou existir na sub-rogação uma ficção, através da qual se considerava que um crédito pago por terceiro se mantinha subsistente, por forma a ser transferido para esse mesmo terceiro[89].

A segunda tese surgiu aquando da entrada em vigor do Código Civil francês. Sustentou-se então que com o pagamento por terceiro ocorreria uma efectiva extinção do crédito, ainda que se mantivessem os acessórios do mesmo, os quais iriam acrescer a um crédito novo do *solvens* sobre o devedor, que por isso não revestiria as mesmas características do crédito extinto[90].

A terceira tese foi defendida entre nós por Vaz Serra, que sustentou que, uma vez que o terceiro tinha efectivamente extinto o crédito ante-

[87] Cfr. Menezes Cordeiro, *Obrigações*, 2º, p. 106 e *Tratado*, IX, p. 821.

[88] Cfr. Antunes Varela, *Obrigações*, II, pp. 353 e ss. e Menezes Cordeiro, *Obrigações*, 2º, pp. 106-107, e *Tratado*, IX, pp. 821-822.

[89] Cfr. Pothier, *Coutumes des Duché, Bailliage et Prévoté d'Orléans* em *Oeuvres de R.-J. POTHIER contenant les traités du Droit Français*, nova edição por M. Dupin, VII, Bruxelles, H. Tarlier, 1833, p. 489.

[90] Cfr. a referência a este tese em François Terré / Philippe Simler / Yves Lequette, *Droit Civil. Les Obligations*, 7ª ed., Paris, Dalloz, 1999, nº 1288, p. 1152.

rior ao satisfazer o interesse do credor, não se poderia considerar ter ele adquirido o mesmo crédito, sendo antes investido num crédito novo com conteúdo idêntico, como indemnização pelo prejuízo sofrido com o pagamento ao credor. A sub-rogação legal destinar-se-ia, assim a atribuir ao sub-rogado uma indemnização pelo dano a ele causado pelo pagamento[91].

A quarta tese foi defendida no âmbito da pandectística por NICOLAI HARTMANN. De acordo com esta concepção, a realização da prestação pelo terceiro ao credor provocaria a extinção do crédito, ainda que não em termos absolutos, uma vez que este seria conservado nas relações entre o devedor e o sub-rogado. Verificar-se-ia, assim, um fenómeno de extinção relativa do crédito, já que esta ocorreria apenas em relação ao credor[92].

A quinta tese foi defendida por BETTI, que sustenta que na sub-rogação, embora sobreviva a primitiva relação obrigacional, surge um novo direito de crédito na esfera do terceiro, o qual consiste num prémio atribuído ao terceiro em virtude da sua cooperação gestória, a título oneroso, destinado a reaver do devedor tudo quanto tenha prestado para satisfazer o credor[93].

Nenhuma destas posições se apresenta, porém, como uma correcta qualificação dogmática do instituto jurídico da sub-rogação. Quanto à tese da ficção, a sua defesa implica renunciar à atribuição de qualquer qualificação jurídica ao instituto, o que não se apresenta como dogmaticamente adequado. Relativamente à tese da substituição do crédito originário por um novo crédito, subsistindo apenas os acessórios, trata-se de uma tese que se apresenta como contraditória com o regime da sub-rogação, onde se verifica uma absoluta continuidade entre as posições jurídicas do credor originário e do sub-rogado. A tese da indemnização apresenta-se como incorrecta, já que esta pressupõe a verificação de um dano, imputável a outra pessoa, que é por isso onerada com o correspondente dever de indemnizar, enquanto na sub-rogação o que se verifica é a subsistência do dever de prestar originário em benefício do terceiro que cumpriu a obrigação. A tese da extinção relativa parte de uma verdadeira impossibilidade lógica que é a extinção do crédito com a subsistência do débito, o que se

[91] Cfr. VAZ SERRA, *BMJ* 37 (1953), p. 6, nota, e "Anotação ao Ac. STJ 18/6/1965", na *RLJ* 99 (1966), pp. 12-16 e 20-21 (15).

[92] Citado *apud* ANTUNES VARELA, *Obrigações*, II, p. 354. Esta tese parece ter sido igualmente defendida entre nós por GUILHERME MOREIRA, *Instituições*, II, p. 215, acusando ainda a sua influência ANTUNES VARELA, *Obrigações*, II, pp. 356 e ss.

[93] Cfr. BETTI, *op. cit.*, pp. 66 e ss.

apresenta contrário à alteridade que caracteriza o vínculo obrigacional. Finalmente, a qualificação da sub-rogação como um prémio à colaboração gestória é contraditória com o facto de que a sub-rogação legal pressupõe o próprio interesse do terceiro, nada tendo assim que ver com uma colaboração desinteressada na satisfação do crédito.

Por estes motivos, manifestamos a nossa adesão à tese clássica que qualifica a sub-rogação como uma transmissão legal do crédito baseada num acto jurídico não negocial que é o cumprimento. Efectivamente, o cumprimento por terceiro normalmente produz a extinção do crédito com a consequente liberação do devedor, mas pode tal não acontecer sempre que ocorra uma circunstância que determine, em lugar dessa extinção, a transmissão do crédito para o *solvens*. Conforme se verificou, essa circunstância pode ser a declaração prévia de sub-rogação pelo credor ou devedor, ou o facto de o próprio *solvens* ter interesse directo na satisfação do crédito.

Secção IV
A assunção de dívida

1. Conceito e evolução histórica da assunção de dívida

Da mesma forma que admite a transmissão dos créditos, o nosso Código prevê nos arts. 595º e ss. a transmissão a título singular de dívidas através da figura denominada de "assunção de dívida"[94]. Esta consiste na transmissão singular de uma dívida através de negócio jurídico celebrado com terceiro.

A admissibilidade da transmissão a título singular de uma dívida – as transmissões universais *mortis causa* nunca levantaram qualquer problema – é fruto de uma evolução complexa no âmbito da História do Direito[95]. Efectivamente, no Direito Romano, era atribuído à *obligatio* um cariz estritamente personalista, não se admitindo por isso qualquer alteração nos seus sujeitos. Assim, quando se quisesse substituir um devedor por outro, haveria que extinguir a obrigação e constituir, pelas formas habituais, uma nova, recorrendo-se assim à figura da novação (*novatio*).

[94] Cfr. António Faria Carneiro Pacheco, *Da Sucessão singular nas dívidas*, Coimbra, Imprensa da Universidade, 1912, Vaz Serra, "Assunção de dívida (Cessão de dívida – Sucessão singular na dívida)", no *BMJ* 72 (1958), pp. 189-257, José Carlos Ney Ferreira, *Da Assunção de dívidas*, Lourenço Marques, Minerva Central, 1973, Carlos Mota Pinto, *Cessão*, pp. 49 e ss., 166 e ss., e 269 e ss., Antunes Varela, *Obrigações*, II, pp. 358 e ss., Almeida Costa, *Obrigações*, pp. 828 e ss., Menezes Cordeiro, *Obrigações*, 2º, pp. 109 e ss., e e *Tratado*, IX, pp. 823 e ss., Ribeiro de Faria, *Obrigações*, II, pp. 575 e ss., Luiz Roldão de Freitas Gomes, *Da Assunção de Dívida e sua Estrutura Negocial*, 2ª ed., Rio de Janeiro, Lumen Juris, 1998 e Alessandro Tomassetti, *L'assunzione del debito altrui*, Milano, Giuffrè, 2001.

[95] Cfr. sobre ela, Carneiro Pacheco, *op. cit.*, pp. 8 e ss., Ney Ferreira, *op. cit.*, pp. 8 e ss., e Menezes Cordeiro, *Tratado*, IX, pp. 825 e ss.

No âmbito do direito intermédio, foi-se, porém, admitindo outros expedientes para alteração da posição jurídica do devedor, como a *assignatio*, a *delegatio*, a *expromissio* e a simples *acollatio* ou *cessio actiones passivae*. Inicialmente consideradas como modalidades de novação, estas figuram evoluiram no sentido da dispensa da *stipulatio* novativa, assumindo-se então como formas de sucessão na dívida. Na *assignatio* (indicação), o devedor concedia ao seu credor a faculdade de cobrar de um terceiro o crédito, sem que, no entanto, esse terceiro ficasse vinculado à dívida nem o devedor exonerado da sua obrigação antes do pagamento. Na *delegatio* (delegação), o devedor (delegante), que era ao mesmo tempo credor de um terceiro, ordenava a esse terceiro (delegado) que satisfizesse directamente a prestação ao seu credor (delegatário), autorizando este a recebê-la em nome próprio. Na *expromissio* (expromissão) dispensava-se mesmo a relação de débito entre o devedor e o terceiro, prevendo-se que o terceiro poderia espontaneamente, e através de acordo com o credor, assumir a dívida que outrem tinha para com ele. Neste caso, o credor poderia decidir exonerar o devedor (expromissão liberatória) ou mantê-lo obrigado em termos solidários com o novo devedor (expromissão cumulativa, ou *adpromissio*). Na *acollatio*, ou *cessio actiones passivae*, o devedor estipulava com um terceiro, em benefício do credor, que esse terceiro adquiriria a mesma posição jurídica que possuía o devedor, sem que no entanto se verificasse a liberação deste último.

Estas figuras do Direito Comum, não foram porém, recebidas pelo Código Civil francês de 1804, que não consagrou o instituto da assunção de dívidas. No Código Civil Austríaco, de 1811, apenas a *assignatio* (*Anweisung*) vem a ser recebida (§§ 1400 e ss.). O nosso Código Civil de 1867, seguindo o exemplo francês também não consagrou o instituto da assunção de dívidas[96]. Porém, a escola pandectística alemã acabou, após algum debate, por reconhecer o instituto[97], levando à sua consagração nos §§ 414

[96] A maioria da nossa doutrina admitia, porém, a sua estipulação com base na autonomia privada. Cfr. GUILHERME MOREIRA, *Instituições*, II, p. 193, CARNEIRO PACHECO, *op. cit.*, pp. 83 e ss., e JOSÉ TAVARES, *Os princípios fundamentais de Direito Civil*, I, Coimbra, Coimbra Editora, 1922, p. 579. Apenas CUNHA GONÇALVES, *Tratado de Direito Civil em Comentário ao Código Civil Português*, Coimbra, Coimbra Editora, 1931, sustentou inicialmente posição contrária, (vol. IV, pp. 488-489), a qual viria posteriormente a rever (vol. V, p. 100).

[97] Inicialmente, a posição da escola pandectística foi contrária ao instituto da assunção de dívidas. Assim, mesmo FRIEDRICH KARL VON SAVIGNY, *System des heutigen römischen Rechts*,

e ss. BGB. A partir daqui estava aberto o caminho para o reconhecimento do instituto da assunção de dívidas nos diversos ordenamentos, o que veio a ser efectuado pelo Código italiano, que contempla sucessivamente a delegação passiva nos arts. 1268-1271, a expromissão no art. 1272, e o *acollo* no art. 1273. O nosso direito, a partir de 1967, também veio a reconhecer a assunção de dívidas nos arts. 595º e ss. do Código Civil, os quais se baseiam especificamente no regime do Código alemão.

2. Modalidades da assunção de dívida

2.1. Assunção interna e assunção externa

O art. 595º, nº 1 refere-nos que a assunção de dívida pode verificar-se:

a) por contrato entre o antigo e o novo devedor, ratificado pelo credor;
b) por contrato entre o novo devedor e o credor, com ou sem consentimento do antigo devedor.

Denominaremos a primeira situação de *assunção interna*, qualificando a segunda como *assunção externa*.

Na *assunção interna*, a transmissão de dívidas resulta do efeito conjugado de dois negócios jurídicos: um contrato entre o antigo e o novo devedor, determinando a transmissão, e um negócio unilateral do credor a ratificar esse mesmo contrato. Se não existir a ratificação, o contrato entre o antigo e o novo devedor não é eficaz em relação ao credor, pelo que não pode valer como assunção de dívida. As partes são, aliás, livres de distratar o negócio enquanto o credor não o ratificar (art. 596º, nº 1), podendo inclusivamente qualquer delas fixar ao credor um prazo para a ratificação, findo o qual esta se considerará recusada (art. 596º, nº 2)[98]. A ratificação,

3, Berlin, 1840, reimp. Scientia Verlag Aalen, 1981, § 105, p. 15, nota (f), considerava que em relação às obrigações não poderia ocorrer qualquer sucessão singular, mas apenas sub-rogados da mesma de que seriam exemplo a susbtituição da obrigação por outra do mesmo valor (novação) e a execução do pagamento por um representante (*cessio actionis*). É apenas em 1853 com a obra de DELBRÜCK, *Die Übernahme fremden Schulden*, passim, maxime, pp. 34 e ss., que vem a ser consagrada a doutrina da transmissibilidade da obrigação, tendo essa doutrina sido imediatamente seguida por WINDSCHEID/KIPP, *Lehrbuch*, II, § 338, pp. 399 e ss., e nota (3)

[98] A possibilidade de qualquer das partes fixar um prazo para a ratificação pelo credor pode levar à fixação de dois prazos distintos. Neste caso, e conforme refere VAZ SERRA, *BMJ* 72 (1958), p. 204, deverá atender-se ao prazo mais curto, uma vez que cada uma das partes tinha a possibilidade de fixar o prazo em atenção ao seu interesse. Exige-se, porém, que, de acordo com as regras da boa fé, o prazo fixado seja razoável.

que pode ser expressa ou tácita nos termos gerais[99], podendo ser declarada a qualquer das partes, é assim essencial para que se possa produzir a assunção de dívidas, uma vez que sem ela o contrato celebrado não é eficaz perante o credor, não ficando o novo devedor vinculado em face dele. Só a partir do momento em que ocorre a ratificação, é que a assunção de dívidas se torna definitiva, deixando as partes de a poder distratar.

Suscita-se, porém, a questão de averiguar se, apesar da não ratificação pelo credor, o negócio celebrado entre as partes não poderá valer como promessa de liberação, também denominada assunção de cumprimento, vinculando-se assim o assuntor perante o primitivo devedor a liquidar a dívida deste (art. 444º, nº 3)[100]. No § 415, III, BGB, estabelece-se que, caso o credor não conceda ou negue a ratificação, na dúvida o assuntor continua obrigado perante o devedor a satisfazer a prestação dentro do prazo, o que leva a doutrina a sustentar existir uma regra interpretativa de que qualquer assunção de dívida não ratificada vale, em princípio, como assunção de cumprimento[101]. Entre nós, semelhante solução tem sido igualmente defendida pela doutrina com base na vontade presumível ou conjectural das partes, por referência aos arts. 239º e 293º do Código Civil[102], e parece efectivamente de sufragar.

Uma vez realizada, a ratificação terá, em regra, eficácia retroactiva, considerando-se a dívida transmitida no momento da celebração do contrato, uma vez que será essa normalmente, quer a vontade do credor, quer a das partes outorgantes do contrato de transmissão[103].

Pires de Lima e Antunes Varela vêm, no entanto, sustentar que essa retroactividade não implicará a inutilização dos actos conservatórios do crédito, praticados no período que medeia entre a ratificação e o contrato de assunção de dívida. Assim se, por exemplo, o credor nesse período interpelasse o antigo devedor para o cumprimento da obrigação, a

[99] Haverá ratificação tácita sempre que o credor interpele o novo devedor para o cumprimento, lhe conceda uma moratória no prazo ou aceite dele qualquer pagamento, designadamente quanto a juros. Cfr. Pires de Lima / Antunes Varela, *op. cit.*, I, *sub* art. 595º, p. 611 e Antunes Varela, *Obrigações*, II, p. 374, nota (4).

[100] Cfr. o volume I desta obra, pp. 268-269.

[101] Cfr. Larenz, *Schuldrecht* I, § 35 I, p. 605, e Fikentscher/Heinemann, *Schuldrecht*, § 61 II, nº 755, p. 369.

[102] Cfr. Vaz Serra, *BMJ* 72 (1958), p. 203, Ney Ferreira, *op. cit.*, pp. 68 e 74, Antunes Varela, *Obrigações*, II, p. 364 e Ribeiro de Faria, *Obrigações*, II, p. 583.

[103] Vaz Serra, *BMJ* 72 (1958), p. 203.

interpelação realizada deveria considerar-se eficaz perante o novo devedor[104]. RIBEIRO DE FARIA adopta, porém, uma posição diferente. Para este autor, na assunção liberatória o efeito retroactivo deve ser considerado como pleno, considerando-se ineficazes os actos conservatórios praticados pelo credor em face do devedor primitivo. Na assunção cumulativa já não será necessariamente assim. Nesta, "o que se passa é que o assuntor responde pela obrigação com o conteúdo que esta tinha no momento do contrato (em que a interpelação ainda não tinha ocorrido) e, logo, não responde pelos danos moratórios imputáveis ao primitivo devedor, sendo a mora posterior à assunção (o que se verifica por força do fenómeno de retroacção da ratificação)"[105].

A nosso ver, a razão está com RIBEIRO DE FARIA. Efectivamente, sendo a assunção liberatória, é manifesto que a retroactividade atribuída à ratificação – acrescida, neste caso, da exoneração – tem que ser plena, sendo assim naturalmente ineficazes os actos conservatórios do crédito, uma vez que não foram dirigidos ao verdadeiro devedor. Relativamente à assunção cumulativa, a lei estabelece neste caso uma solidariedade imperfeita entre o antigo devedor e o novo obrigado (art. 595º, nº 2), pelo que a interpelação realizada pelo credor ao primitivo devedor terá os efeitos previstos no art. 519º, não sendo o novo devedor responsável naturalmente pelos danos moratórios imputáveis ao primitivo devedor.

Na *assunção externa* a transmissão da dívida resulta apenas de um único negócio jurídico: o contrato entre o novo devedor e o credor, ao qual o antigo devedor pode ou não dar o seu consentimento. Nesta forma de assunção de dívidas o consentimento do devedor é assim irrelevante, sendo apenas o acordo entre o credor e o novo devedor que desencadeia a transmissão da dívida para este último, com ou sem exoneração do antigo devedor.

Tem sido, porém, questionado se, em virtude do princípio do contrato, poderá ser determinada a liberação da obrigação do primitivo devedor, sem que ele dê o seu acordo. Efectivamente, uma solução deste tipo apresenta-se como contrária ao princípio *invito beneficium non datur*, que é tutelado pela atribuição de carácter contratual à remissão, conforme determina o art. 863º, nº 1. No entanto, não parece ser de tutelar a oposição do devedor à sua liberação na assunção externa, já que, se o credor pode aceitar a pres-

[104] Cfr. PIRES DE LIMA / ANTUNES VARELA, *op. cit.*, I, *sub* art. 596º, p. 613.
[105] Cfr. RIBEIRO DE FARIA, *Obrigações*, II, pp. 597-598, nota (2).

tação de terceiro (art. 767º), que determina necessariamente essa liberação, naturalmente que também poderá celebrar com ele uma assunção externa, independentemente da oposição do devedor (cfr. art. 595º, nº 1 *b)*)[106].

2.2. Assunção cumulativa e assunção liberatória de dívida

Uma outra classificação na assunção de dívida respeita à distinção entre a assunção cumulativa e a assunção liberatória de dívida. Esta distinção baseia-se no art. 595º, nº 2 que refere que "em qualquer dos casos previstos no número anterior, a transmissão só exonera o antigo devedor, havendo declaração expressa do credor; de contrário, o antigo devedor responde solidariamente com o novo obrigado". Distingue-se, assim, consoante falte ou ocorra a exoneração pelo credor, entre *assunção cumulativa de dívida*, em que o antigo devedor não é liberado da sua obrigação, mantendo-se solidariamente obrigado perante o credor e *assunção liberatória de dívida*, em que se verifica a extinção da obrigação do antigo devedor, ficando exclusivamente obrigado o novo devedor.

Nestes termos, ao verificar-se a transmissão da dívida, o novo devedor pode vir a substituir integralmente o antigo devedor, que fica assim exonerado (assunção liberatória), ou, pelo contrário, ficar vinculado por essa obrigação exactamente nos mesmos termos e em simultâneo com o primitivo devedor, sem que a vinculação deste seja afectada (assunção cumulativa). A diferença entre estas duas situações jurídicas depende apenas da declaração de exoneração do primitivo obrigado, que compete ao credor, e que a lei exige que resulte de declaração expressa, ou seja, declaração feita por palavras ou outro meio directo de expressão da vontade (art. 217º)[107]. A exoneração pelo credor é assim essencial para que o antigo devedor fique liberado perante ele. Sem essa declaração, o novo devedor responderá solidariamente para com o antigo obrigado[108].

[106] Cfr. Carneiro Pacheco, *op. cit.*, p. 44.

[107] No âmbito dos trabalhos preparatórios do Código, Vaz Serra, *BMJ* 72 (1958), p. 259, propôs uma solução diversa, considerando que bastaria que a exoneração fosse clara, podendo esta inclusivamente resultar da ratificação de um contrato donde claramente se veja que se pretendia essa exoneração.

[108] Ney Ferreira, *op. cit.*, p. 69, vem contestar que na assunção cumulativa exista uma transmissão da dívida, considerando que, se o devedor não é liberado, não se verifica qualquer transmissão do vínculo obrigacional, sendo a assunção cumulativa realizada *pro solvendo* e não *in soluto*. Parece, porém, resultar do art. 595º que, pelo menos, nas relações internas se verifica neste caso uma transmissão do antigo para o novo devedor.

Conforme resulta do art. 595º, nº 2, a declaração expressa do credor a exonerar o primitivo devedor é exigível tanto na assunção externa como na assunção interna. Por esse motivo, em relação a esta última, a exoneração não se confunde com a ratificação nem resulta automaticamente desta. Através da ratificação, o credor limita-se a dar o seu acordo à transmissão, impedindo as partes de a distratarem. Com a declaração expressa de exoneração, o credor extingue a vinculação do primitivo obrigado (art. 595º, nº 2), sem prejuízo, porém, de esta poder renascer em caso de ser declarada inválida a transmissão (art. 597º), ou o credor haver ressalvado a responsabilidade do primitivo devedor para o caso de insolvência do novo devedor (art. 600º).

3. Requisitos da assunção de dívida

3.1. O consentimento do credor

Da análise das várias modalidades de assunção de dívida resulta que para a transmissão de dívidas é sempre necessário o consentimento do credor, o que bem se compreende já que o credor só conta em princípio com o património do devedor para garantir a realização do seu crédito, pelo que, se fosse permitido ao devedor transferir para terceiro a sua obrigação sem consentimento do credor, tal poderia envolver prejuízo para este, que poderia confrontar-se com um novo devedor com uma situação patrimonial muito pior do que aquela que possuía o antigo devedor. Daí a exigência do consentimento do credor para a transmissão de dívidas que, na assunção interna, é prestado mediante a ratificação do contrato celebrado entre o antigo e o novo devedor e, na assunção externa, através da celebração pelo próprio credor do contrato com o novo devedor, além de se exigir em qualquer dos casos a declaração expressa de exoneração do credor para que o primitivo devedor possa ficar liberado.

A necessidade do consentimento do credor para qualquer forma de assunção de dívida veio, porém, a ser objecto de contestação por parte de CARLOS MOTA PINTO, que salientou que a assunção cumulativa de dívida poderia ser desencadeada por contrato a favor de terceiro em que as partes, derrogando a regra do art. 444º, nº 3, atribuíssem directamente ao credor o direito de exigir o cumprimento do promitente. Nesse caso, o credor adquiriria esse direito sem necessidade de aceitação (art. 444º, nº 1), a qual só serviria para tornar irrevogável a convenção (art. 448º)[109].

[109] Cfr. CARLOS MOTA PINTO, *Cessão*, pp. 149 e ss., nota (2).

A sua tese foi, porém, objecto de contestação por ANTUNES VARELA[110], e NEY FERREIRA[111], que reiteraram que no nosso sistema a assunção de dívida nunca pode realizar-se sem o consentimento do credor. Efectivamente, deve-se referir que entre os efeitos que as partes podem prosseguir por contrato a favor de terceiro, o art. 444º, nº 2, não inclui a transmissão de dívidas.

Como não poderia deixar de ser é igualmente necessário o consentimento do novo devedor para que a assunção de dívidas possa ocorrer, já que não faria sentido impor a alguém a assunção de uma dívida contra a sua vontade. O novo devedor é, por isso, sempre uma das partes no contrato de assunção de dívida, sendo a sua contraparte o antigo devedor na assunção interna e o próprio credor na assunção externa.

Já, pelo contrário, não vem a ser necessário o consentimento do primitivo devedor para a assunção de dívidas, sendo este claramente dispensado na assunção externa. Conforme se referiu, tal solução compreende-se, uma vez que se o terceiro pode cumprir a obrigação, mesmo com a oposição do devedor (art. 768º, nº 2), justifica-se que possa igualmente assumir as suas dívidas sem o seu consentimento.

3.2. A existência e validade do contrato de transmissão

O segundo requisito que nos surge para a assunção de dívida é a existência e validade do contrato de transmissão. Efectivamente, para que possa ocorrer a transmissão da dívida, a lei exige que esta decorra de um contrato transmissivo da obrigação que exista e que não seja nulo ou anulável. À semelhança do que sucede com a cessão de créditos, parece não existirem obstáculos legais à transmissão de dívidas futuras, desde que esteja preenchido o requisito da sua determinabilidade (cfr. art. 280º), quer estas resultem de negócio já celebrado (ex: assunção da obrigação de pagamento das rendas devidas pelo locatário no próximo ano) quer de negócio a celebrar (ex: assunção da dívida resultante de um empréstimo bancário a contrair por outrem). Neste caso, naturalmente que a assunção apenas produzirá efeitos com a constituição efectiva da obrigação.

É igualmente discutido na doutrina se, na assunção de dívidas futuras, deve adoptar-se a teoria da imediação (*Unmittelbarkeitstheorie*), segundo a

[110] Cfr. ANTUNES VARELA, *Obrigações*, II, p. 374.

[111] Cfr. NEY FERREIRA, *op. cit.*, p. 74.

qual a dívida surge depois directamente na esfera do assuntor, ou antes a teoria da transmissão (*Durchgangstheorie*), segundo a qual a dívida ainda vem a passar primariamente pelo património do transmitente durante uma *scintilla temporis*, só após ocorrendo a mudança de devedor. Mais uma vez, estamos de acordo com MOTA PINTO, quando este refere que "a «doutrina da transmissão», a que alguns oporão a objecção conceptualista de considerar efeitos jurídicos num simples átomo de tempo, é o único enquadramento para o fenómeno representado pela circunstância de os pressupostos de constituição da dívida terem de ocorrer na pessoa do devedor originário"[112].

Caso o contrato de transmissão não venha a ser celebrado, seja nulo por impossibilidade legal (como, v.g., será o caso se a dívida não chegar a existir ou já se tiver extinto) ou seja anulado por qualquer motivo (v.g., incapacidade de uma das partes), a lei determina que renasce a obrigação anterior, mesmo que o credor tenha exonerado o primitivo obrigado. Apenas ficam extintas as garantias prestadas por terceiro, excepto se este conhecia o vício na altura em que teve notícia da transmissão (art. 597º).

A oposição da invalidade do contrato de transmissão ao credor pode, porém, ser questionada perante a disposição do art. 598º, que determina que o novo devedor não tem o direito de opor ao credor as excepções derivadas das relações entre ele e o primitivo devedor, norma que se apresenta em certa medida em contradição com a disposição anterior. MOTA PINTO, propugnando a denominada teoria da oferta ou teoria contratual (*Angebotstheorie*), vem sustentar que, tanto na assunção interna como na externa, há uma proposta ao credor, que na primeira ocorre por parte do antigo e do novo devedor em conjunto, e na segunda apenas por parte do novo devedor. Assim sendo, a assunção interna consistiria num contrato trilateral, o que legitimaria a não extensão automática em relação ao credor dos motivos de invalidade ocorridos nas relações entre o antigo e o novo devedor (relação de cobertura), estendendo-se, em relação ao credor, a protecção do declaratário no comum dos negócios jurídicos (v.g., em caso de dolo de terceiro, ou outros vícios como a incapacidade acidental ou erro sobre o objecto)[113].

ANTUNES VARELA, opõe-se a esta solução defendendo a teoria da disposição (*Verfügungstheorie*), segundo a qual a assunção interna da dívida

[112] Cfr. MOTA PINTO, *Cessão*, p. 271.

[113] Cfr. MOTA PINTO, *Cessão*, pp. 513 e ss., nota (1).

implica sempre a disposição do património do credor por quem não tem legitimidade para o fazer, a qual por isso apenas se torna eficaz com a ratificação por ele. O autor entende que a conjugação dos arts. 597º e 598º implica que o novo devedor possa opor ao credor os vícios na formação da vontade que o afectarem relativamente ao contrato de assunção de dívida, desde que esses vícios procedessem igualmente contra o devedor originário, mas não pode invocar contra o credor a nulidade ou a anulação do contrato que serviu de *fundamento* à assunção[114]. Esta tese parece vir igualmente a ser sustentada por MENEZES CORDEIRO[115].

Já RIBEIRO DE FARIA adopta uma posição intermédia, defendendo que a teoria contratual dificilmente pode ser aceite entre nós, dada a forma como se contrapõem ambas as alíneas do art. 595º, o que o leva a preferir a teoria da disposição. Entende, porém, na esteira de FIKENTSCHER, que as diversas teorias não devem levar a um resultado diferenciado, uma vez que qualquer das formas de assunção traduz a mesma realidade económica, pelo que em ambas o credor deve ser protegido na sua confiança na validade do contrato de assunção. A distinção entre a teoria contratual e a teoria da disposição corresponderá, por isso, apenas a uma opção das partes, que poderão optar por qualquer das modalidades[116].

Por nosso lado, cremos que é a teoria da disposição que se apresenta como estranha ao nosso direito, uma vez que do contrato entre o antigo e o novo devedor não resulta qualquer afectação do direito do credor, que tivesse que ser por este ratificada. Efectivamente, o antigo devedor permanece obrigado, a menos que o credor o exonere. Por outro lado, o grande argumento apresentado contra a teoria contratual – a autonomia entre ambas as alíneas do art. 595º – não se apresenta como decisivo, uma vez que conforme se referiu, quer num caso quer noutro, sem a declaração negocial do credor não se pode considerar realizada a assunção de dívida. Parece, assim, que em caso de invalidade do contrato de transmissão se poderão aplicar as regras gerais relativas à protecção do credor como declaratário, evitando que lhe sejam opostas causas de invalidade relativas à relação de cobertura, e que o credor ignorasse e não devesse conhecer. Esta é a solução

[114] Cfr. ANTUNES VARELA, *Obrigações*, II, pp. 376 e ss.

[115] Cfr. MENEZES CORDEIRO, *Obrigações*, 2º, p. 115, e e *Tratado*, IX, p. 870.

[116] Cfr. RIBEIRO DE FARIA, *Obrigações*, II, pp. 606 e ss. Cfr. ainda FIKENTSCHER/HEINEMANN, *Schuldrecht*, § 61 II 2, nº 755, p. 368.

que melhor permite a harmonização entre os arts. 597º e 598º, evitando-se assim a contradição que representaria não poder o novo devedor opor ao credor excepções resultantes do contrato, mas poder opor-lhe vícios na formação da vontade relativos a esse contrato, bastando que eles pudessem ser opostos ao primitivo devedor[117]. Por outro lado, não se vê razão para estabelecer a este propósito, uma distinção entre os arts. 595º *a)* e *b)*, uma vez que é manifesto que o art. 597º se aplica a ambas as situações. Defendemos, por isso, a teoria contratual[118].

4. Regime da assunção de dívida

4.1. Generalidades

O regime da assunção de dívida varia naturalmente, consoante se trate de uma assunção cumulativa ou de uma assunção liberatória de dívida. Examinar-se-ão, por isso, separadamente as duas situações.

4.2. O regime específico da assunção cumulativa

Na assunção cumulativa de dívidas é necessário estabelecer uma distinção entre os seus efeitos na relação interna entre o antigo e o novo devedor e na relação externa dos devedores para com o credor[119]. Na relação interna entre os devedores parece claro que se verifica a transmissão da dívida do antigo para o novo devedor, uma vez que é este o objecto do negócio celebrado, o qual não depende da exoneração concedida pelo credor (art. 595º, nº 2). Entre o antigo e o novo devedor verifica-se por isso o fenómeno da transmissão da dívida.

[117] Assim, por exemplo, se o antigo devedor usou de dolo (art. 253º) para levar o novo devedor a subscrever o contrato de assunção de dívida, essa situação não deverá poder ser oposta ao credor com base no art. 597º. O credor deverá ser antes protegido como declaratário ao abrigo do art. 254º, nº 2.

[118] Antunes Varela, *op. cit.*, p. 376, nota (2) argumenta ainda contra a teoria contratual com a situação da simulação por acordo entre o antigo e o novo devedor, já que o credor não poderia deixar de se considerar terceiro em relação a esse acordo, para efeitos do art. 243º. Mas, como o próprio autor reconhece, a teoria contratual resolve cabalmente esse questão, qualificando essa situação como um caso de reserva mental irrelevante (cfr. art. 244º), já que lhe falta o acordo do declaratário, no caso, o credor. Cfr. Mota Pinto, *Cessão*, p. 518.

[119] Para mais desenvolvimentos sobre o regime da assunção cumulativa de dívidas, enquanto garantia pessoal das obrigações, cfr. Menezes Leitão, *Garantias das Obrigações*, 5ª ed., Coimbra, Almedina, 2016, pp. 159 e ss.

Já na relação externa para com o credor, a lei determina que, na ausência de exoneração, ambos os devedores respondem solidariamente, o que se destina a permitir que o credor possa exigir o cumprimento da obrigação indistintamente a qualquer um dos devedores. No entanto, parece claro que a solidariedade aqui consagrada não se ajusta ao regime legal da solidariedade perfeita, consagrada nos arts. 512º e ss., constituindo antes um caso de solidariedade imperfeita, pelas razões que se irá indicar.

Efectivamente, começa por se referir que, uma vez que nas relações internas apenas o novo devedor será efectivamente devedor da obrigação, o direito de regresso só se poderá realizar num só sentido. Assim, se o novo devedor efectuar ao credor o pagamento, não lhe assistirá qualquer direito de regresso sobre o antigo devedor. Se, porém, for o antigo devedor a efectuar esse pagamento terá direito de regresso sobre o novo devedor pela totalidade do crédito. Efectivamente, as relações internas entre ambos são definidas pelo contrato que serve de base à assunção, não lhe sendo por isso aplicável a presunção do art. 516º[120].

Para além disso, ao contrário do que sucede no regime da obrigação solidária, a obrigação do novo devedor decorre de uma transmissão por parte do antigo, o que permite que o novo devedor possa aproveitar dos meios de defesa dessa obrigação, em termos mais amplos do que aqueles que goza o devedor solidário[121].

Assim, em primeiro lugar, na obrigação solidária, se o credor for impedido de exigir a prestação de um dos devedores, por ele lhe opor um meio de defesa pessoal, não fica inibido de exigir a prestação dos restantes (art. 519º, nº 2). Na assunção cumulativa, se o antigo devedor invocar contra o credor um meio de defesa pessoal[122], parece claro que esse meio de defesa aproveitará ao novo devedor, extinguindo a sua obrigação.

Em segundo lugar, e uma vez que o direito de regresso se exerce num só sentido, não seria admissível que, prescrita a obrigação do primitivo devedor, o segundo gozasse contra ele do direito de regresso a que se refere o art. 521º.

[120] Cfr. Menezes Cordeiro, *Obrigações*, 2º, p. 117, e *Tratado*, IX, p. 760, e Ney Ferreira, *op. cit.*, pp. 72 e ss.

[121] Conforme demonstrou Antunes Varela, *Obrigações*, II, pp. 378 e ss., cujos exemplos seguiremos neste ponto.

[122] A invocação dos meios de defesa pessoal do antigo devedor é, no entanto, vedada ao novo devedor pelo art. 598º.

Finalmente, o caso julgado obtido pelo credor contra o primitivo obrigado é naturalmente extensível ao segundo, ao contrário do que dispõe o art. 522º, podendo, no entanto, ele invocar ainda contra o credor os meios de defesa pessoais de que seja titular.

4.3. O regime específico da assunção liberatória

Específico da assunção liberatória é o facto de, com a exoneração pelo credor do primitivo obrigado, o novo devedor se tornar agora o exclusivo devedor, ficando o primitivo obrigado totalmente liberado da sua obrigação. No entanto, o novo devedor permanece vinculado à mesma prestação que era devida pelo antigo devedor, uma vez que o conteúdo da obrigação não se altera em virtude da sua transmissão. Conforme refere LARENZ, ao contrário do que sucede na novação, neste caso não ocorre uma extinção do direito do crédito e a sua substituição por um outro, mas antes um redireccionamento do mesmo crédito, que antes era dirigido contra o primitivo devedor e passa a ser dirigido contra o assuntor. O crédito permanece, por isso, o mesmo, não se alterando o seu conteúdo, mas apenas a sua direcção, através da substituição da pessoa do devedor, em virtude da transmissão da obrigação para este[123].

Operando-se a transmissão da dívida para o assuntor, e sendo o antigo devedor exonerado pelo credor, naturalmente que este deixará de o poder demandar, caso se verifique a insolvência do assuntor, quer como devedor quer como garante da obrigação (cfr. art. 600º). Essa solução aplica-se quer a insolvência ocorra posteriormente à assunção de dívida, quer já se verificasse naquele momento. Efectivamente, a exoneração visa precisamente a extinção da responsabilidade do primitivo obrigado, em virtude de o credor considerar suficiente a garantia conferida pelo património do assuntor, produzindo assim a liberação integral do primitivo devedor. Não faria, por isso, sentido que esta decisão do credor em considerar suficiente o seu crédito sobre o assuntor não acarretasse igualmente a assunção do risco de insolvência deste, e isto quer essa insolvência seja anterior, quer posterior à exoneração. Por esse motivo, mesmo que a assunção de dívida resulte de contrato entre o antigo e o novo devedor (art. 595º, nº 1 *a)*), este não pode ser responsabilizado pela insolvência do primitivo obrigado, já

[123] Cfr. LARENZ, *Schuldrecht*, § 35 I, p. 603.

que do contrato de transmissão não resulta qualquer garantia relativamente a essa solvência[124].

Admite-se, porém, a possibilidade de o credor ressalvar expressamente a responsabilidade do primitivo obrigado aquando da exoneração (art. 600º, *in fine*). Nesse caso, a exoneração não produzirá a extinção da responsabilidade do primitivo devedor, mas torná-la-á subsidiária, só podendo o credor demandar o primitivo devedor em caso de insolvência do novo obrigado.

4.4. Transmissão das garantias e acessórios

Conforme resulta do art. 599º, a transmissão da dívida envolve em princípio igualmente a transmissão das garantias e acessórios, nos termos que a seguir se referirão.

Relativamente às obrigações acessórias do primitivo devedor, que não sejam inseparáveis da pessoa deste, estas transmitem-se, em princípio, para o novo devedor (art. 599º, nº 1). Efectivamente, o novo devedor assume todo o vínculo obrigacional como realidade complexa, abrangendo assim não apenas o dever de prestar principal, mas também os deveres de prestação secundários e os deveres acessórios de informação, lealdade e protecção. Assim, por exemplo, se se transmite a obrigação de entrega de uma coisa, o assuntor fica igualmente vinculado à entrega das partes integrantes, frutos pendentes e documentos respeitantes à coisa ou direito (cfr. arts. 882º, nº 2 e 955º, nº 2) e terá, por força do princípio da boa fé (art. 762º, nº 2), que prestar ao credor todas as informações relativas aos riscos de utilização dessa coisa.

Relativamente às garantias que acompanhavam o crédito, a lei determina que elas se mantêm, com excepção das que tiverem sido constituídas por terceiro ou pelo antigo devedor, que não haja consentido na transmissão da dívida (art. 599º, nº 2). Ao contrário do que parece indicar a redac-

[124] Ao contrário do que sucede, por exemplo, no mandato de crédito (art. 629º), uma vez que nesse caso a concessão de crédito é realizada em nome e por conta do mandante, enquanto que a exoneração resulta de uma decisão do próprio credor. Não foi, por isso, seguida a proposta de Vaz Serra, *BMJ* 72, p. 215, que considerava existir na assunção interna de dívida uma indicação dada pelo antigo devedor ao credor em relação ao assuntor, devendo, por isso, responsabilizar-se o antigo devedor, caso se verificasse a insolvência do assuntor no momento da exoneração, sendo esse facto ignorado pelo credor. No sentido da solução legal, cfr. Pires de Lima/Antunes Varela, *op. cit.*, sub art. 600º, p. 606, Antunes Varela, *Obrigações*, II, p. 383, e Ribeiro de Faria, *Obrigações*, II, p. 621.

ção da lei, a regra será a não transmissão das garantias do crédito para o novo devedor, a menos que haja consentimento do garante. Efectivamente, se alguém se decide a garantir uma obrigação, fá-lo especificamente em razão da pessoa e da situação patrimonial do devedor, que lhe transmite a confiança de que irá cumprir a sua obrigação. Daí que qualquer alteração da pessoa do devedor corresponda a uma alteração dos pressupostos que estiveram na base da concessão da garantia e, consequentemente, das condições em que a mesma é prestada. Assim, se, por exemplo, o antigo devedor constituiu um penhor ou hipoteca sobre bens seus para garantia da sua própria obrigação, não seria correcto impor-lhe que passasse posteriormente a garantir com esses bens a obrigação de um terceiro, no caso de a assunção resultar de contrato entre ele e o credor, sem o seu consentimento (art. 595º, nº 1 *b)*), uma vez que o antigo devedor pode não ter confiança no cumprimento da obrigação por parte do assuntor. Da mesma forma, se for um terceiro a prestar uma fiança em relação à obrigação do primitivo devedor seria inaceitável que essa fiança se mantivesse sem o seu consentimento em relação ao novo devedor, não só porque a situação patrimonial deste poderia ser diferente, mas também porque a pessoa em questão pode não lhe dar a mesma segurança de que irá cumprir a obrigação. Por esse motivo, a transmissão da dívida só poderá acarretar a manutenção das garantias prestadas pelo antigo devedor ou por terceiro, se o garante consentir nessa manutenção, o que corresponde a garantir exactamente nos mesmos termos a realização da prestação por outro devedor. O credor deverá, por isso, assegurar a existência desse consentimento do garante, antes de permitir a transmissão da dívida.

Solução diferente ocorre, porém, em relação às garantias que já tivessem sido constituídas pelo assuntor antes da transmissão da dívida ou que resultem directamente da lei. Efectivamente, se o assuntor já era garante da mesma obrigação por ser, por exemplo, proprietário da coisa onerada com o penhor ou a hipoteca, não faria sentido que visse extinta essa garantia em virtude do facto de ter passado a ser o próprio devedor. Igualmente, se a garantia é conferida por lei, como no caso da hipoteca legal (arts. 704º e ss.) ou do direito de retenção (arts. 754º e ss.), ela toma por base o crédito em questão, independentemente da própria pessoa do devedor, o que implica a sua manutenção, apesar da transmissão da dívida. Assim, se, por exemplo, alguém gozar do direito de retenção sobre certa coisa, continua a poder reter essa coisa até efectivo pagamento, mesmo que a dívida em questão tenha sido transmitida para outrem. Efectivamente, as garantias legais são conservadas, apesar de se ter verificado a alteração na pessoa do devedor, salvo se naturalmente o credor concordar em renunciar a elas.

4.5. Os meios de defesa do novo devedor

O art. 598º vem referir quais os meios de defesa a que pode recorrer o novo devedor, após a celebração do contrato de transmissão. Nos termos desta disposição "na falta de convenção em contrário, o novo devedor não tem o direito de opor ao credor os meios de defesa baseados nas relações entre ele e o antigo devedor, mas pode opor-lhe os meios de defesa derivados das relações entre o antigo devedor e o credor, desde que o seu fundamento seja anterior à assunção de dívida e se não trate de meios de defesa pessoais do antigo devedor".

Verifica-se, assim, que o novo devedor não pode, em primeiro lugar, opor ao credor quaisquer meios de defesa que resultem da relação entre o antigo e o novo devedor, a qual se apresenta como causal em relação à assunção de dívida. Assim, por exemplo, se o antigo devedor prometeu ao novo devedor uma prestação como contrapartida da assunção de dívida é vedado a este último opor ao credor, quer a excepção de não cumprimento, quer a resolução do contrato fundadas no não cumprimento daquela prestação. Nesse sentido, pode dizer-se que a assunção de dívidas é um acto abstracto, dado que dela resulta a protecção do credor contra quaisquer excepções derivadas da relação causal entre o antigo e o novo devedor[125].

Pelo contrário, não há qualquer dúvida que o novo devedor pode opor ao credor os meios de defesa derivados da relação entre ele próprio e o credor. Assim, se, por exemplo, o credor, aquando da assunção de dívida, concedeu ao novo devedor uma moratória no prazo de pagamento ou uma remissão parcial da sua obrigação, naturalmente que o novo devedor poderá opor essas excepções ao credor.

Relativamente aos meios de defesa que existem na relação entre o antigo devedor e o credor, estes poderão, em princípio, ser opostos pelo novo devedor, uma vez que ao assumir a dívida ele passa a responder exactamente

[125] Cfr. Larenz, *Schuldrecht*, § 35 I, p. 608 e Fikentscher/Heinemann, *Schuldrecht*, § 61 III 3, nº 657, pp. 369-370. Entre nós, veja-se Menezes Cordeiro, *Obrigações*, 2º, p. 115 e *Tratado de Direito Civil Português*, II- *Parte Geral. Negócio Jurídico*, 4ª ed., Coimbra, Almedina, 2017, pp. 102-103, nota (288), e IX, pp. 863-864.

nos mesmos termos em que respondia o antigo devedor. Há, no entanto, uma restrição a essa possibilidade de invocação. É que o fundamento dessas excepções tem que ser anterior à assunção de dívida e não podem constituir meios de defesa pessoais do antigo devedor.

Assim, por exemplo, o novo devedor poderá opor ao credor, quer a nulidade do contrato constitutivo da obrigação (por exemplo, por vício de forma ou simulação), quer a sua ineficácia (por exemplo, por não verificação da condição ou termo), quer a verificação de causas objectivas de extinção do crédito (como, por exemplo, a impossibilidade da prestação ou a prescrição[126]). Já não poderá, porém, opor ao credor meios de defesa pessoais do antigo devedor, que apenas podem ser utilizados pelo seu titular, como a anulabilidade do contrato por erro, dolo, coacção ou incapacidade (cfr. art. 287º) e a compensação (art. 847º)[127], ou os direitos potestativos que extravasem da dívida transmitida, abrangendo a própria relação contratual[128]. Se, no entanto, o antigo devedor tivesse invocado previamente esses meios de defesa perante o credor, parece que essa invocação continua a aproveitar ao novo devedor[129].

[126] O art. 308º, nº 2, vem estabelecer que a assunção da dívida, após o início do prazo de prescrição, não impede que este continue a correr em benefício do assuntor, ressalvando-se, porém, a hipótese de a assunção implicar reconhecimento interruptivo da prescrição.

[127] Em relação à compensação, mesmo que os créditos se tivessem tornado previamente compensáveis, ela deixa de poder ser invocada após a transmissão da dívida, uma vez que o requisito da reciprocidade de créditos desaparece (cfr. arts. 847º e 851º).

[128] Assim, por exemplo, o novo devedor poderá, em caso de transmissão da dívida exercer a faculdade de determinação da prestação que coubesse ao antigo devedor (v.g. a escolha nas obrigações genéricas e alternativas), mas já não lhe será permitido proceder à denúncia, resolução ou modificação do contrato, uma vez que esses direitos potestativos têm por base a posição contratual globalmente considerada e não a dívida transmitida independentemente dela. Ora, a posição jurídica do assuntor delimita-se exclusivamente em face desta última e não em face do próprio contrato, sendo-lhe, por isso, naturalmente vedada a invocação de direitos potestativos ligados a um fim contratual, ao qual o assuntor é estranho. Exceptuar-se, porém, a esta regra a situação da excepção de não cumprimento do contrato, dado que, apesar de baseada no contrato, o facto de ser deduzida pelo assuntor em nada prejudicará o primitivo devedor. Cfr. MOTA PINTO, *Cessão*, pp. 272 e ss., esp. p. 274, nota, ANTUNES VARELA, *Obrigações*, II, p. 381 e RIBEIRO DE FARIA, *Obrigações*, II, pp. 617-618. e notas.

[129] Cfr. ANTUNES VARELA, *Obrigações*, II, pp. 380-381 e RIBEIRO DE FARIA, *Obrigações*, II,p. 618.

5. Natureza da assunção de dívida

A natureza da figura da assunção de dívidas tem levantado igualmente alguma controvérsia na doutrina. Para a explicação da figura têm sido apontadas as seguintes posições[130]:

a) teoria da substituição nos direitos de crédito (STROHAL, PACCHIONI);
b) teoria da cessão, do património passivo (DELBRÜCK) ou da qualidade de devedor (SALEILLES);
c) teoria do contrato a favor de terceiro (LAMBERT);
d) teoria da sub-rogação convencional (GAUDEMET);
e) teoria da disposição do direito do credor (WINDSCHEID);
f) teoria da oferta colectiva ou do contrato com o credor (MENZEL e COVIELLO).

Examinemos sucessivamente estas soluções:

a) teoria da substituição nos direitos de crédito

A teoria da substituição nos direitos de crédito nega a possibilidade de transmissão do vínculo obrigacional. Efectivamente, apesar do reconhecimento do instituto da assunção de dívidas no direito moderno, têm-se mantido posições que negaram que neste instituto exista um fenómeno de transmissão da obrigação, o que levou à sua configuração como um caso de substituição nos direitos de crédito. Foi o caso de autores que expressaram uma concepção realista ou, pelo menos, mista, do vínculo obrigacional, como STROHAL[131], na Alemanha, e PACCHIONI[132], na Itália.

[130] Cfr. CARNEIRO PACHECO, *op. cit.*, pp. 43 e ss., NEY FERREIRA, *op. cit.*, pp. 81 e ss., e FREITAS GOMES, *op. cit.*, pp. 169 e ss., que neste ponto seguiremos de perto.

[131] Citado *apud* MOTA PINTO, *Cessão*, p. 59, nota (2)). Segundo a sua informação, para este autor, defensor da doutrina da *Schuld und Haftung*, seria uma incompatibilidade lógica com esta doutrina a admissibilidade da manutenção da relação, após a alteração do sujeito passivo. Defende, por isso, a configuração ainda da assunção de dívidas como um caso de novação subjectiva da obrigação.

[132] Cfr. PACCHIONI, "La Successione Singolare nei Debiti e le Teorie Germanistiche sul Concetto dell'Obbligazione", na *RDComm* IX (1911), 1ª parte, pp. 1045-1050 e "La Successione Singolare nei Debiti", na *RDComm* XI (1913), 1ª parte, pp. 81-85. Conforme já referimos (cfr. MENEZES LEITÃO, *Direito das Obrigações*, vol. I, 8ª ed., Coimbra. Almedina, 2009, pp. 80-81), trata-se de um autor defensor de uma concepção realista do direito de crédito, vizinha das doutrinas da *Schuld und Haftung*. Neste enquadramento, o autor considera o débito como um valor negativo no património do devedor, considerando contraditório que um não-valor

b) teoria da cessão

A teoria da cessão pretende, no fundo moldar o instituto da assunção de dívidas a partir da cessão de créditos, constituindo aquela o reverso desta. Esta concepção conheceu duas formulações: a doutrina da cessão do património passivo e a doutrina da cessão da qualidade de devedor. A teoria da cessão do património passivo foi defendida por DELBRÜCK. Para este autor, apesar do carácter pessoal da obrigação, é possível dela dissociar objectivamente o crédito e a dívida e transmiti-los isoladamente como elementos do património do sujeito, dotados de existência jurídica própria e distinta do vínculo obrigacional. A obrigação seria, em virtude da sua natureza pessoal como relação subjectiva, intransmissível, mas ela produz o crédito e a dívida, os quais, como realidades objectivas, poderiam ser transmitidos. A assunção seria, assim, uma tradição da dívida, uma transferência de valor passivo entre os patrimónios, sendo pelo autor admitida exactamente nos mesmos termos do que a cessão de créditos, de que seria o reverso, pelo que dispensaria mesmo o consentimento do credor, que só seria requerida para a exoneração do devedor originário. Daí que o credor adquira logo com o negócio a possibilidade de agir contra o novo devedor[133].

Já a tese da cessão da qualidade de devedor é defendida por SALEILLES. Para este autor, a assunção de dívida, admitida em França com base no princípio da liberdade negocial, seria um instituto análogo da cessão de créditos, correspondendo aquela a uma cessão da qualidade de devedor, da mesma forma que esta é uma cessão da qualidade de credor. Assim, a assunção de dívidas tem na sua base apenas um contrato entre o antigo e o novo devedor, sendo a participação do credor uma mera condição de eficácia do contrato em relação a ele, da mesma forma que a notificação ao devedor na cessão de créditos[134].

pudesse ser transmitido de um património para outro. Por outro lado, uma vez que o direito do credor incidiria essencialmente sobre o património do devedor, quando se alterasse o património que responde pela obrigação, alterar-se-ia igualmente o próprio direito. O autor defende, por isso, que na denominada assunção de dívidas o que existe é tão só uma substituição nos direitos de crédito, única forma de se proceder à alteração de devedores.

[133] Cfr. DELBRÜCK, *op. cit.*, pp. 16 e ss., e passim. Cfr. ainda as recensões de EUGÈNE GAUDEMET, *Étude sur le transport des dettes à titre particulier*, Paris, Arthur Rousseau, 1898, pp. 456 e ss., CARNEIRO PACHECO, *op. cit.*, pp. 23 e ss. e NEY FERREIRA, *op. cit.*, pp. 41 e ss.

[134] Cfr. RAYMOND SALEILLES, "La cession des dettes", em *Annales de Droit Commercial Français, Étranger et International*, IV (1890), doctrine, pp. 1-47 (11 e ss.) e *Étude sur la théorie*

c) teoria do contrato a favor de terceiro

Uma outra concepção, defendida por STOBBE e DANZ, na Alemanha, e por LAMBERT, na França[135], defende que na assunção de dívidas o que existe é um contrato a favor de terceiro, já que por força do negócio celebrado entre o antigo e o novo devedor, o credor adquire um direito novo contra o assuntor, idêntico ao crédito que detinha sobre o antigo devedor. Para STOBBE, os princípios desenvolvidos para o contrato a favor de terceiro têm aplicação no âmbito da assunção de dívidas, porque o assuntor se obriga perante o devedor a pagar ao credor, o que constitui um contrato a favor deste, através do qual ele adquire um novo devedor, que responde por aquela dívida[136]. Da mesma forma, DANZ sustenta que o facto de o antigo e o novo devedor celebrarem um contrato de transmissão implica que o assuntor assuma a qualidade de promitente perante o credor, nos termos de um contrato a favor de terceiro, uma vez que a intenção de contrair a dívida constitui uma estipulação em benefício de terceiro[137]. O autor rejeita a objecção da doutrina dominante de que a exoneração do antigo devedor implica que não haja um novo benefício para o credor, uma vez que sustenta ter que se considerar a situação apenas do ponto de vista do assuntor, cuja promessa atribui um claro benefício ao credor[138].

d) teoria da sub-rogação convencional

A teoria da sub-rogação convencional foi defendida na França por GAUDEMET. Este autor considera que a transmissão de dívidas é uma verdadeira sub-rogação convencional da obrigação considerada do ponto de vista passivo. Para este autor, a assunção resulta do contrato entre o antigo e o novo devedor, mas não pode ser oposta ao credor sem a sua aceitação. No entanto, antes desta, na relação entre o antigo devedor e o assuntor, este é considerado como devedor, o que justifica considerar que já houve uma

génerale de l'obligation d'aprés le premier projet de Code Civil por l'Empire Alemande, Paris, 3ª ed., L.G.D.J., 1914, pp. 74 e ss.

135 Cfr. OTTO STOBBE, *Handbuch des deutschen Privatrechts*, III – *Urheberrecht. Forderungsrecht*, 2ª ed., Berlin, Wilhelm Hertz, 1885, § 181, pp. 216 e ss., e ERICH DANZ, *Die Forderungsüberweisung, Schuldüberweisung un die Verträge zugunsten Dritter nach gemeinem Recht*, Leipzig, Breitkopf und Härtel, 1886, § 56, pp. 126 e ss. LAMBERT é referido *apud* CARNEIRO PACHECO, *op. cit.*, pp. 54 e ss..

136 Cfr. STOBBE, *op. cit.*, § 181, p. 218

137 Cfr. DANZ, *op. cit.*, § 56, p. 126.

138 Cfr. DANZ, *op. cit.*, § 56, p. 128.

substituição do devedor na obrigação, sendo a adesão do credor uma mera condição de eficácia desta[139]. A esta posição veio aderir expressamente, entre nós, CARNEIRO PACHECO[140].

e) teoria da disposição

Para a tese da disposição, defendida por WINDSCHEID, o devedor, ao negociar a assunção interna de dívidas, dispõe de um direito que não lhe pertence, actuando de forma análoga à daquele que cede um crédito de que não é credor. O negócio de assunção de dívidas seria assim um acto de disposição de um direito de terceiro. No entanto, e conforme é regra geral, os actos de disposição de direitos alheios, que são ineficazes em relação ao verdadeiro titular sem a sua ratificação, tornam-se eficazes quando este os vem a ratificar. Seria assim a ratificação que tornaria eficaz a assunção de dívida e fá-lo-ia com eficácia retroactiva, de acordo com as regras gerais, impedindo o antigo e o novo devedor de distratarem o negócio. Assim, a transmissão da dívida resulta de um contrato entre o antigo e o novo devedor, onde se dispõe de um direito do credor, que se tornaria eficaz em relação a ele com a ratificação[141].

f) teoria da oferta ou teoria contratual

A teoria da oferta ou teoria contratual foi defendida na Alemanha por MÜNZEL[142] e na Itália por COVIELLO[143]. De acordo com a sua concepção, a assunção de dívidas corresponderia a uma delegação, que actualmente se faria através de um contrato envolvendo três pessoas, o delegante que pretenderia que a sua obrigação passasse para o delegado, este último, e o credor delegatário, que aceitaria essa transmissão. Delegante e delegado fariam assim uma oferta colectiva ao credor, propondo a substituição do

[139] Cfr. GAUDEMET, *op. cit.*, pp. 473 e ss. É, no entanto, de referir que, uma vez que defendia a concepção da obrigação como relação entre patrimónios, o autor contestava que se mantivesse a mesma obrigação na assunção de dívidas, já que, mudando o património, mudava naturalmente a relação obrigacional.

[140] Cfr. CARNEIRO PACHECO, *op. cit.*, pp. 70-71.

[141] Cfr. WINDSCHEID/KIPP, *op. cit.*, § 338, pp. 400 e ss., e nota (6). Cfr. ainda as referências de RAYMOND SALEILLES, *AnnDComm* IV (1890), pp. 14 e ss., *Étude*, pp. 98 e ss. e de CARNEIRO PACHECO, *op. cit.*, pp. 60 e ss.

[142] Referido em CARNEIRO PACHECO, *op. cit.*, p. 65.

[143] Cfr. NICOLA COVIELLO, "Della successione nei debiti a titolo particolare", no *Arch.Giur.* 56 (1895) pp. 287-343 e 57 (1896), pp. 89-200 e 334-386 (57, pp. 356 e ss.).

delegante pelo delegado no vínculo obrigacional, a qual seria aceite pelo credor, produzindo-se com a aceitação a liberação do primitivo devedor e a constituição do vínculo com o novo obrigado. A assunção de dívidas teria assim a sua fonte num contrato trilateral, formado através de uma oferta colectiva do primitivo devedor e do assuntor e de uma aceitação dessa mesma oferta pelo credor. Uma vez que a aceitação do credor é elemento essencial para a constituição do contrato de transmissão, naturalmente que a sua celebração não poderia ter efeitos retroactivos.

Cabe tomar posição neste debate. Em primeiro lugar, não parece mais possível dispensar o conceito de transmissão das dívidas, conforme pretende fazer a teoria da substituição nos direitos de crédito. Esta concepção baseia-se num preconceito nominalista de cariz lógico, que é o de afirmar a impossibilidade de continuação do vínculo obrigacional, após a mudança dos seus sujeitos, sem se atender que em termos axiológicos é o próprio Direito que vem estabelecer essa continuidade de efeitos[144].

Já a tese da cessão, quer na modalidade de DELBRÜCK, quer na de SALEILLES, não parece proceder. Efectivamente, quanto à primeira modalidade, além do absurdo lógico de distinguir, como se fossem três realidades distintas, a obrigação, o crédito e a dívida, a consideração da dívida em si como um valor susceptível de tradição nos mesmos moldes que a cessão de créditos não tem base, pois sendo a dívida um valor passivo, naturalmente que os interesses que necessitam de ser acautelados na assunção de dívidas tornam os requisitos desta completamente diferentes dos da cessão de créditos[145].

Relativamente à qualificação da assunção de dívidas como contrato a favor de terceiro, esta igualmente não procede, já que o contrato a favor de terceiro implica a constituição de uma nova obrigação em benefício do terceiro, enquanto que na assunção de dívidas ocorre uma mera transmissão da obrigação.

A tese de WINDSCHEID, que considera a assunção de dívidas um acto de disposição dos direitos do credor alcançou grandes adeptos, quer na doutrina alemã, quer mesmo entre nós. No entanto, esta tese é igualmente susceptível de críticas, uma vez que se o credor tem, para se poder operar uma assunção liberatória de dívida, não apenas que ratificar, mas também

[144] Cfr. MOTA PINTO, *Cessão*, p. 58, nota (2) e NEY FERREIRA, *op. cit.*, p. 11, nota.

[145] Cfr. CARNEIRO PACHECO, *op. cit.*, pp. 38 e ss. e 48 e ss.

que exonerar o primitivo obrigado, não se vê como se poderá defender que, com a mera celebração do contrato de transmissão, o antigo devedor e o assuntor efectuaram uma ingerência nos direitos do credor[146]. Efectivamente, necessitando a transmissão do consentimento deste, conforme se verificou, é manifesto que o contrato de assunção tem que ser entendido como uma mera proposta ao credor, não havendo qualquer ingerência se a mesma for recusada. A isto acresce que os dados legislativos em que a doutrina alemã se baseia para defender a teoria da disposição não são transponíveis facilmente para outros direitos[147].

Por esses motivos, damos a nossa adesão à teoria da oferta ou teoria contratual.

[146] Cfr. Carneiro Pacheco, *op. cit.*, p. 61 e Menezes Cordeiro, *Obrigações*, 2º, p. 118, e *Tratado*, IX, p. 869-870.

[147] Nicoló, *op. cit.*, p. 273 demonstra esta asserção com a forma como na Alemanha é entendida a assunção de dívidas. Esta é considerada um negócio abstracto, que no entanto não dá lugar a uma obrigação abstracta como a promessa de cumprimento (§ 780 BGB) e reconhecimento de dívida (§ 781 BGB), mas antes a uma disposição (*Verfügung*) não sendo assim um negócio obrigacional (*Verpflichtungsgeschäft*), mas antes um negócio de disposição (*Verfügungsgeschäft*). Assim, a intervenção do credor, exigida pelo § 415 é vista como a aprovação de uma disposição sobre coisa alheia efectuada pelos devedores, ao abrigo da norma de carácter geral do § 185 BGB.
Entre nós, é, porém, manifesto, face ao art. 595º, nº 2, que a sucessão no débito exige, para se operar, a declaração unilateral do credor a exonerar o primitivo devedor, não se podendo assim considerar que o acordo entre os dois devedores implique qualquer disposição dos direitos do credor. Antes pelo contrário, o que dele resulta é apenas a assunção da obrigação pelo novo devedor, apenas se verificando a disposição do crédito sobre o primitivo obrigado com a declaração de exoneração deste.

Secção V
Cessão da posição contratual

1. Generalidades

Nas páginas anteriores tem-se vindo a fazer referência aos fenómenos de transmissão dos créditos (por cessão ou sub-rogação) ou das dívidas (assunção de dívida). No entanto, normalmente os créditos e as dívidas não constituem situações jurídicas absolutamente independentes, mas antes se encontram enquadrados numa situação jurídica mais vasta correspondente ao conjunto de direitos e deveres, faculdades, poderes, ónus e sujeições que resultam para uma parte da celebração de determinado contrato. Essa situação jurídica mais vasta é designada por posição contratual, sendo a sua transmissão denominada de cessão da posição contratual[148].

O facto de se encontrarem enquadrados no âmbito de uma posição contratual não impede que os créditos ou as dívidas venham a ser isoladamente transmitidos, podendo mesmo transmitir-se por negócios isolados de cessão de créditos e assunção de dívida o crédito e a dívida integrantes da mesma posição contratual. No entanto, esse tipo de transmissão quebraria as ligações que existem entre as diversas situações integrantes da posição contratual, as quais pode haver interesse em conservar.

[148] Cfr., sobre ela, Galvão Telles, "Cessão do contrato", na *RFDUL* 6 (1949), pp. 148-169, e *Manual dos Contratos em Geral*, 4ª ed., Coimbra, Coimbra Editora, 2002, pp. 451 e ss., Vaz Serra, "Cessão da posição contratual" no *BMJ* 49 (1955), pp. 5-30, Antunes Varela, *Obrigações*, II, pp. 383 e ss., Almeida Costa, *Obrigações*, pp. 833 e ss., Mota Pinto, *Cessão*, *passim*, Menezes Cordeiro, *Obrigações*, 2º, pp. 121 e ss., e *Tratado*, IX, pp. 871 e ss., Ribeiro de Faria, *Obrigações*, II, pp. 621 e ss. Na doutrina italiana, veja-se Raffaele Cicala, "Cessione del contratto", na *ED* VI (1960), pp. 878-900 e *Il negozio di cessione del contratto*, Napoli, Jovene, 1962, e Alberto Maria Benedetti, *La cessione del contratto*, Milano, Giuffrè, 1998.

Admitiu-se, por isso, outra forma de transmissão das obrigações, que consiste na cessão da posição contratual. Nesta, o que se transmite já não são créditos ou dívidas individualmente, mas antes a própria posição contratual globalmente considerada, a qual como se compreende, tem um alcance mais vasto do que o conjunto de situações jurídicas que a compõem, em virtude de permitir a conservação de todas as conexões e dependências entre elas. A cessão da posição contratual corresponde assim à transmissão por via negocial da situação jurídica complexa que de que era titular o cedente em virtude de um contrato celebrado com outrem[149].

2. Figuras afins da cessão da posição contratual

2.1. Generalidades

A cessão da posição contratual apresenta manifestas afinidades com outras figuras como o subcontrato, a adesão ao contrato e a sub-rogação legal forçada. Nas páginas seguintes, ir-se-ão examinar essas figuras.

2.2. O subcontrato

Ocorre uma situação de subcontrato sempre que alguém celebra determinado contrato com base na posição jurídica que lhe advém de outro contrato do mesmo tipo, já previamente celebrado com outrem. O subcontrato depende assim da existência de um contrato anterior do mesmo tipo, em relação ao qual se apresenta em situação de dependência[150].

A lei refere várias hipóteses de subcontrato, como a sublocação (arts. 1060º e ss. e 1088º e ss.), a subempreitada (art. 1213º) ou o submandato (cfr. arts. 1165º e 264º). Em todas essas situações um dos contraentes, com base na posição jurídica que lhe é atribuída por um contrato já existente, contrata com terceiro um contrato com conteúdo total ou parcialmente idêntico, de onde resultará necessariamente uma sua substituição total ou

[149] Não está em causa, portanto, a transmissão do próprio contrato, o qual como facto jurídico situado em determinado momento histórico é instransmissível. Cfr. Galvão Telles, *RFDUL* 6 (1949), p. 148, nota (1).

[150] Alguma doutrina, onde se incluem os nomes de Galvão Telles, *Contratos*, p. 461, Almeida Costa, *Obrigações*, p. 836, nota (1), Ribeiro de Faria, *Obrigações*, II, p. 632, considera igualmente como subcontratos os contratos de tipo diferente que tenham sido celebrados com base num contrato anterior, como o contrato de comodato celebrado pelo locatário relativamente à coisa locada. Seguindo Romano Martinez, *O subcontrato*, Coimbra, Almedina, 1989, pp. 97 e ss., entendemos, porém, que a identidade de tipo negocial é um dos requisitos necessários para se estar perante um subcontrato.

parcial no exercício da referida posição jurídica, que passará a caber ao subcontratante. É, no entanto, clara a relação de dependência do subcontrato em relação ao contrato principal, expressa, por exemplo, na circunstância de a extinção deste provocar a extinção daquele (cfr. art. 1089º).

Naturalmente que esta situação se distingue da cessão da posição contratual, uma vez que nesta se verifica a transmissão da posição adveniente de um contrato de um sujeito para o outro, sendo assim alterados os sujeitos da relação contratual. No subcontrato, pelo contrário, a primitiva relação contratual permanece inalterada, apenas se verificando a constituição de um novo vínculo que se coloca em relação ao anterior numa situação de dependência.

2.3. A adesão ao contrato

Distingue-se ainda da cessão da posição contratual a denominada adesão ao contrato. Nesta, o que se verifica é que um terceiro vem a constituir-se como parte numa relação contratual existente entre duas pessoas, participando da posição jurídica já atribuída a uma delas, sem que esta perca, por sua vez, a titularidade dessa mesma posição. Assim, o aderente torna-se co-titular dos créditos do seu parceiro contratual, e assume da mesma forma as obrigações que a este competem, instituindo-se assim uma pluralidade de sujeitos na relação obrigacional, cujo regime jurídico (solidariedade ou conjunção) depende do estipulado no negócio de adesão. Quanto aos poderes potestativos, passa a ser exigido o seu exercício conjunto pelos dois titulares, sendo também conjunta a sujeição correspondente, pelo que o exercício de poderes potestativos pela outra parte tem que ser comunicado a ambos[151].

Uma vez que não é indiferente para a outra parte ter um ou mais parceiros contratuais, designadamente em relações contratuais duradouras como a sociedade ou o arrendamento, entende-se que a adesão ao contrato tem que resultar de um negócio trilateral ou, pelo menos, que o outro contraente, antes ou depois, dê o seu consentimento à adesão[152].

Conforme se pode verificar, a adesão ao contrato apresenta grandes semelhanças com a cessão da posição contratual, dela se distinguindo apenas em virtude de a cessão implicar que o cedente deixe de ser parte no contrato, em virtude da sua transmissão para outrem, enquanto que na

[151] Cfr. Carlos Mota Pinto, *Cessão*, p. 453.

[152] Cfr. Larenz, *Schuldrecht* I, § 35 III, p. 619.

adesão não ocorre qualquer transmissão, mas apenas a agregação de outro sujeito a uma posição contratual que é conservada[153].

2.4. A sub-rogação legal forçada

Uma outra figura que se pode confundir com a cessão da posição contratual é a denominada sub-rogação legal forçada[154], de que podemos encontrar manifestações no art. 1057º do Código Civil e no art. 285º do CT[155].

Efectivamente, o art. 1057º , em obediência ao princípio *emptio non tollit locatum*, vem determinar que "o adquirente do direito com base no qual foi celebrado o contrato sucede nos direitos e obrigações do locador, sem prejuízo das regras do registo". Desta norma resulta que o contrato de locação não é prejudicado em virtude da alienação a terceiros da coisa locada, pelo que o novo proprietário da coisa vem a suceder na posição jurídica de locador que possuía o anterior proprietário.

Também o art. 285º, nº 1, do CT vem determinar que "em caso de transmissão, por qualquer título, da titularidade da empresa, ou estabelecimento ou ainda de parte de empresa ou estabelecimento que constitua uma unidade económica, transmitem-se para o adquirente a posição do empregador nos contratos de trabalho dos respectivos trabalhadores...". Visando proteger a unidade do estabelecimento, esta norma determina que a sua transmissão para outrem determina que o adquirente ocupe a posição de entidade patronal nos contratos de trabalho abrangidos pelo estabelecimento[156].

153 O que não quer dizer que a posição contratual não seja alterada em virtude da adesão, designadamente por se exigir o exercício conjunto dos poderes potestativos que a integram.

154 Cfr. Carlos Mota Pinto, *Cessão*, pp. 84 e ss.

155 Não parece aceitável a qualificação como sub-rogação legal forçada dos casos de transmissão da posição de arrendatário referidos no art. 1112º, uma vez que aí, embora se dispense o consentimento do outro contraente, a transmissão não se impõe obrigatoriamente às partes, mas antes resulta de um negócio jurídico de que constitui apenas elemento natural. Estamos, por isso, ainda perante casos de cessão da posição contratual, embora com um regime especial. Cfr. Orlando de Carvalho, *Conceito e estrutura do estabelecimento comercial*, I – *O problema da empresa como objecto de negócios*, Coimbra, Atlântida Editora, 1967, pp. 613 e ss. e Carlos Mota Pinto, *Cessão*, pp. 84-85 e nota (2). Em sentido contrário, veja-se, porém, Antunes Varela, *Obrigações*, II, p. 391, nota (2) e Ribeiro de Faria, *Obrigações*, II, pp. 634-635, que defendem que sempre que não se exija o consentimento do contraente cedido se estará perante casos de sub-rogação legal forçada.

156 Sobre esta situação específica, veja-se especialmente Menezes Cordeiro, *Manual de Direito do Trabalho*, Coimbra, Almedina, 1991, pp. 773 e ss., Romano Martinez, *Direito*

Conforme se pode verificar, o regime assim estabelecido distancia-se bastante da figura da cessão da posição contratual, uma vez que neste caso a transmissão da posição contratual não resulta de um negócio jurídico entre cedente e cessionário, nem sequer se exige o consentimento do outro contraente. Trata-se antes de uma transmissão imposta por determinação legal, que é independente da estipulação das partes, e que por isso se baseia num facto jurídico *stricto sensu*.

3. Requisitos da cessão da posição contratual

3.1. Generalidades

No nosso direito, a cessão da posição contratual encontra-se prevista no art. 424º que dispõe que "no contrato com prestações recíprocas, qualquer das partes tem a faculdade de transmitir a terceiro a sua posição contratual, desde que o outro contraente, antes ou depois da celebração do contrato, consinta na transmissão".

De acordo com esta disposição, a cessão da posição contratual teria assim os seguintes requisitos:

a) um contrato a estabelecer a transmissão da posição contratual, celebrado entre o cedente e um terceiro
b) o consentimento a essa cessão por parte do outro contraente;
c) a inclusão da referida posição contratual no âmbito dos contratos com prestações recíprocas;

Examinemos sucessivamente estes requisitos, questionando especialmente se se justifica ou não a restrição do segundo:

3.2. Um contrato a estabelecer a transmissão da posição contratual, celebrado entre o cedente e um terceiro

O primeiro requisito da cessão da posição contratual é a existência de um negócio jurídico a estabelecer a transmissão da posição contratual, celebrado entre o cedente e um terceiro. Para que de cessão da posição

do Trabalho, 8ª ed., Coimbra, Almedina, 2017, pp. 784 e ss., MARIA DO ROSÁRIO PALMA RAMALHO, *Tratado de Direito do Trabalho*, II- *Situações laborais individuais*, 5ª ed., Coimbra, Almedina, 2014, pp. 801 e ss. JÚLIO GOMES, *Direito do Trabalho*, I- *Relações Individuais de Trabalho*, Coimbra, Coimbra Editora, 2007, pp. 808 e ss., e MENEZES LEITÃO, *Direito do Trabalho*, 5ª ed., Coimbra, Almedina, 2016, pp. 382 e ss.

contratual se possa falar, o referido negócio terá que ser um negócio unitário, tendo por objecto a transmissão da posição contratual em globo, não sendo assim um mero somatório de cessões de créditos ou de assunções de dívida[157].

Um vez que envolve necessariamente a assunção de obrigações por parte do cessionário, a transmissão da posição contratual não se pode fazer sem acordo dele, sendo por isso qualificável como contrato o negócio em questão. Pode esse contrato consistir numa compra e venda (art. 874º), numa doação (art. 940º)[158], numa sociedade (cfr. art. 984º *c*)), numa dação em cumprimento (art. 837º) ou *pro solvendo* (art. 840º) ou num acto de constituição de garantia, uma vez que não existem limitações de ordem causal à transmissão da posição contratual. No entanto, é manifesto que qualquer destes negócios que serve de base à cessão da posição contratual tem necessariamente carácter causal, não constituindo assim a cessão da posição contratual um negócio abstracto[159].

A cessão da posição contratual apresenta-se como um efeito desse mesmo negócio, no qual se integra. Daí que a lei determine expressamente que a forma da transmissão, a capacidade de dispor e de receber, a falta e vícios da vontade e as relações entre as partes se definem em função do tipo de negócio que lhe serve de base (art. 425º), nos termos do qual se estabelece ainda a garantia quanto à existência da posição contratual transmitida (art. 426º).

[157] Cfr. LARENZ, *Schuldrecht*, § 35 III, p. 618.

[158] Poderia eventualmente discutir-se a qualificação do negócio base como doação com a afirmação de que a cessão da posição contratual teria necessariamente que envolver a aquisição das obrigações emergentes do contrato, não sendo assim a título gratuito. Como, porém, a posição contratual transmitida pode representar um enriquecimento para o cessionário, e ser feita a título de liberalidade, não há obstáculo à sua qualificação como doação com encargos. Cfr. VAZ SERRA, *BMJ* 49 (1955), p. 22

[159] Cfr. MENEZES CORDEIRO, *Obrigações*, 2º, pp. 124-125, e *Tratado*, IX, p. 889, e RIBEIRO DE FARIA, *Obrigações*, II, p. 639. Já ANTUNES VARELA, *Obrigações*, II, p. 395 qualifica a cessão como um negócio policausal, um contrato de causa variável, atendendo à variedade de tipos negociais referida. Não vemos, porém, necessidade dessa fórmula, já que a cessão se refere à disciplina da transmissão da posição contratual, a qual não corresponde a um negócio autónomo a que falte parcialmente a causa, sendo antes um efeito possível de vários tipos negociais.

3.3. O consentimento do outro contraente

A cessão da posição contratual não é, porém, admissível sem o consentimento do outro contraente, prestado antes ou depois da celebração do contrato, resultando assim do efeito conjugado das declarações negociais do cedente, cessionário, e da outra parte no contrato transmitido. Conforme refere LARENZ, todos eles vêem a sua situação jurídica afectada pela cessão da posição contratual pelo que todos terão que consentir na transmissão. Em relação às primitivas partes no contrato, a cessão resulta de um negócio de disposição sobre a relação obrigacional complexa, enquanto em relação ao cessionário ela resulta de um negócio obrigacional[160].

Normalmente o negócio de cessão da posição contratual é celebrado primeiro entre cedente e cessionário, ficando depois a sua eficácia dependente da aceitação do outro contraente, mas este pode igualmente dar previamente o seu consentimento a toda e qualquer cessão da posição contratual, consentimento esse que é irrevogável[161]. Neste último caso, o contrato entre cedente e cessionário não produzirá efeitos logo que celebrado, mas apenas com a notificação ou reconhecimento da transmissão da posição contratual pelo outra parte no contrato (art. 424º, nº 2)[162].

O consentimento do outro contraente constitui um requisito constitutivo do negócio da cessão da posição contratual, pelo que este não se poderá ter por concluído enquanto esse consentimento não se verificar. A cessão da posição contratual não se pode assim considerar como um produto de dois negócios coligados, sendo antes um contrato trilateral, para cuja perfeição se exige o concurso de três declarações negociais[163]. Esta solução não se altera no caso de o consentimento ter sido dado previamente à cessão,

[160] Cfr. LARENZ, *Schuldrecht*, § 35 III, p. 618.

[161] Neste sentido, cfr. BENEDETTI, *op. cit.*, p. 70.

[162] Ao contrário do que sucede com a cessão de créditos em que a notificação ao devedor serve apenas para tornar o negócio eficaz em relação a ele (art. 583º), o regime do art. 424º, nº 2, parece indicar que a cessão previamente consentida apenas produz efeitos, mesmo entre as partes, após a notificação ou reconhecimento pelo cedido. Esse reconhecimento pode ser, aliás, tácito, como no caso de esse contraente realizar qualquer prestação ao cessionário. Cfr. PIRES DE LIMA/ANTUNES VARELA, *op. cit.*, I, sub art. 424º, p. 403 e ALMEIDA COSTA, *Obrigações*, p. 835.

[163] Neste sentido, cfr. BENEDETTI, *op. cit.*, pp. 44 e ss. Não parecem, por isso, de aceitar as posições que sustentam que o consentimento constitui uma mera condição de eficácia do negócio, como a de CICALA, ED VI (1960), pp. 894 e ss., e *Il negozio*, pp. 245-246, para quem o consentimento do outro contraente não se insere na composição estrutural do negócio

uma vez que o mesmo continua a ser uma declaração negocial necessária à perfeição do negócio, ocorrendo neste caso um requisito suplementar de eficácia, que é a notificação ou reconhecimento da cessão (art. 424º, nº 2)[164].

Ao contrário do que se prevê na assunção de dívidas, se o outro contraente não der o seu acordo à transmissão, o negócio não pode valer como assunção de cumprimento das obrigações do cedente, já que a assunção das obrigações pelo cessionário está intrinsecamente ligada à aquisição dos direitos resultantes do contrato, pelo que não pode vigorar independentemente desta[165]. Tem sido, porém, questionado na doutrina se, perante a recusa do contraente cedido, o negócio não poderá converter-se, ao abrigo do art. 293º, num contrato misto de cessão de créditos sobre o cedido e assunção cumulativa das dívidas do cedente[166], numa adesão ao contrato, ou numa cessão da posição contratual que excluísse a liberação do cedente[167]. A resposta tem sido, porém, maioritariamente negativa, dado que, para além do facto de entre nós nem a assunção cumulativa se poder fazer sem o consentimento do credor (art. 595º, nº 1 *a)*), não faria sentido admitir uma transmissão dos créditos do cedente para o cessionário sem que aquele fosse simultaneamente liberado das suas obrigações e que, sendo a cessão da posição contratual um negócio trilateral, a recusa do consentimento do cedido implica que não se tenha formado o negócio, que não chega assim a produzir quaisquer efeitos[168].

de cessão nem influi nos seus efeitos, servindo apenas para aceitar a cessão dos créditos e a assunção de dívidas realizada pelo cessionário e eventualmente exonerar o cedente.

164 Cfr. BENEDETTI, *op. cit.*, pp. 66 e ss. Em sentido contrário, veja-se, porém, ALESSIO ZACCARIA,"Cessione del contratto e garanzia della sua validità", em *RDC* 31 (1985), I, pp. 241-316 (258-259), sustenta que, ocorrendo consentimento prévio, a cessão da posição contratual deixa de ser um negócio trilateral, passando a ser um negócio bilateral, associado a um negócio unilateral autorizativo prévio.

165 Cfr. LARENZ, *Schuldrecht*, § 35 III, p. 618.

166 Neste sentido, VAZ SERRA, *BMJ* 49 (1955), pp. 16-17, nota (19), SOERGEL/SCHREIBER, Vor § 398, nº 4, p. 441.

167 Esta é a tese de PLEYER, "Rezension Karl Larenz, Lehrbuch des Sculdrechts", no *JZ* 1964, p. 778-779 (779).

168 Cfr. MOTA PINTO, *Cessão*, pp. 474 e ss., ANTUNES VARELA, *Obrigações*, II, pp. 400 e ss., RIBEIRO DE FARIA, *Obrigações*, II, pp. 647 e ss.

3.4. A questão da inclusão da referida posição contratual no âmbito dos contratos com prestações recíprocas

O art. 424º parece restringir, à semelhança do que faz o art. 1406 do Código italiano, a cessão da posição contratual aos contratos com prestações recíprocas, ou seja, aos contratos bilaterais ou sinalagmáticos. Esta corresponde igualmente à posição da maioria da doutrina, onde se incluem os nomes de Galvão Telles[169], Vaz Serra[170], Antunes Varela[171], Almeida Costa[172], e Ribeiro de Faria[173], que consequentemente defendem que se pode transmitir a posição contratual de comprador ou de arrendatário, mas já não a de mutuário ou de doador, já que as posições resultantes dos contratos unilaterais apenas se poderiam transmitir através dos institutos da cessão de créditos ou da assunção de dívidas. Em coerência com esse entendimento, tem-se defendido igualmente a exclusão da aplicação da cessão da posição contratual aos contratos bilaterais em que uma das prestações já tenha sido executada, dado que nesse caso se estaria perante um contrato bilateral tornado unilateral.

Esta posição veio a ser, no entanto, objecto da crítica de Carlos Mota Pinto[174], tendo a posição deste autor sido igualmente sufragada por Menezes Cordeiro[175]. Para estes autores, a orientação anterior só pode ser compreendida no âmbito de uma concepção que considere a posição contratual como um simples somatório de créditos e dívidas, sem tomar em consideração a situação jurídica complexa que ela representa, e que inclui ainda situações de outra ordem como os direitos potestativos e os deveres acessórios. Quem considere a posição contratual como algo mais do que a simples transmissão de créditos e dívidas terá que reconhecer que os negócios de cessão de créditos ou transmissão de dívidas não são suficientes para a transmissão da posição jurídica global resultante dos contratos unilaterais ou dos contratos bilaterais já parcialmente executados, que terá que resultar assim antes da cessão da posição contratual.

[169] Cfr. Galvão Telles, *RFDUL* 6 (1949), p. 148-149, nota (2).

[170] Cfr. Vaz Serra, *BMJ* 49 (1955), p. 10.

[171] Cfr. Antunes Varela, *Obrigações*, II, p. 385, e nota (2). O autor argumenta ainda com a localização sistemática dos arts. 424º e ss., que antecedem o regime da excepção de não cumprimento do contrato (arts. 428º e ss.), restrita, como se sabe aos contratos sinalagmáticos.

[172] Cfr. Almeida Costa, *Obrigações*, p. 834.

[173] Cfr. Ribeiro de Faria, *Obrigações*, II, p. 628.

[174] Cfr. Carlos Mota Pinto, *Cessão*, pp. 437 e ss.

[175] Cfr. Menezes Cordeiro, *Obrigações*, 2º, pp. 125 e ss., e *Tratado*, IX, pp. 884-885.

Pensamos que a razão está com esta última posição. Efectivamente, por exemplo, um contrato de compra e venda executado apenas pelo vendedor atribui a este não apenas um direito de crédito ao preço, mas também, entre outros efeitos, uma imposição de garantia contra vícios da coisa vendida (arts. 913º e ss.) e, eventualmente, a resolução do contrato por incumprimento do comprador (art. 886º). Ora, este conjunto de situações não pode ser transmitido por cessão de créditos, havendo que recorrer antes à figura da cessão da posição contratual. A mesma coisa se pode dizer quanto a contratos unilaterais como o mútuo ou a doação, já que uma mera assunção de dívida em relação à obrigação do mutuário ou do doador impediria no primeiro caso o assuntor de exigir a responsabilidade do mutuante por vícios das coisas (cfr. art. 1151º) e no segundo caso de recorrer à revogação por ingratidão do donatário (art. 970º), sendo assim para estes casos igualmente admissível a cessão da posição contratual.

Entendemos, por isso, que, ao contrário do que a lei parece pressupor, não há razões para restringir a cessão da posição contratual aos contratos bilaterais ainda não executados, sendo igualmente admissível a sua celebração nos contratos unilaterais ou nos contratos bilaterais já executados por uma das partes[176]. Aliás, mesmo que se entendesse que a norma do art. 424º não os poderia abranger estaria sempre aberta a via da sua aplicação por analogia (art. 10º).

Suscitou, porém, ainda alguma controvérsia a questão de saber se a cessão da posição contratual poderia abranger contratos reais, em que a entrega da coisa e o efeito translativo do direito real já se tivessem verificado, faltando apenas o cumprimento da obrigação do adquirente. Para uma posição, sustentada por NICOLÒ, tendo-se verificado a aquisição do direito real na esfera do adquirente, essa situação só poderia ser alterada com um autónomo acto de disposição desse direito por parte deste, o que vedaria a possibilidade de cessão da posição contratual, apenas sendo possível a assunção de dívidas ou a cessão de créditos em relação à prestação ainda não satisfeita[177]. Mas a posição preferível é a de que não exclui a cessão da posição contratual nesta situação, uma vez que um acto de disposição da posição contratual é naturalmente diferente de um acto de disposi-

[176] Esta posição tem vindo igualmente a ser seguida na doutrina italiana, apesar da restrição legal existente no art. 1406 do *Codice*. Cfr. BENEDETTI, *op. cit.*, pp. 115 e ss.
[177] Cfr. NICOLÒ, *op. cit.*, p. 291.

ção do direito real. Por outro lado, mesmo que a transferência do direito e a entrega da coisa estejam realizadas, mantêm-se na posição contratual outras situações jurídicas como a responsabilidade do alienante pelos vícios da coisa, que nunca poderia ser abrangida numa cessão de créditos ou assunção de dívidas. Defendemos por isso não haver obstáculos à cessão da posição contratual nessa situação. No caso de envolver bens imóveis, a cessão da posição contratual do adquirente estará sujeita a registo, nos termos gerais do art. 2º, nº 1, *a)* CRP[178].

4. Efeitos da cessão da posição contratual

4.1. Generalidades

Conforme se referiu, a cessão da posição contratual resulta de um negócio celebrado entre cedente e cessionário, a que o outro contraente dá o seu consentimento. Convém por isso estabelecer, no exame dos seus efeitos, uma distinção entre a relação entre cedente e cessionário, a relação entre o cessionário e o contraente cedido e a relação entre o cedente e o contraente cedido.

Examinemos, assim, sucessivamente estas três situações:

4.2. Relação entre cedente e cessionário

Relativamente à relação entre cedente e cessionário, a cessão da posição contratual abrange os seguintes efeitos:

a) Transmissão da posição contratual do cedente para o cessionário;
b) Garantia prestada pelo cedente relativamente à posição contratual transmitida.

Examinemos sucessivamente esses efeitos:

a) Transmissão da posição contratual do cedente para o cessionário

O primeiro efeito da cessão da posição contratual é a transmissão da posição contratual do cedente para o cessionário. Como a posição contratual é transmitida em globo, ela abrangerá todo o complexo de situações jurídicas de que era titular o cedente em relação ao contrato, levando a que o cessionário adquira todos os créditos, poderes potestativos e excepções e fique vinculado pelas obrigações, deveres acessórios e sujeições resultan-

[178] Neste sentido, cfr. BENEDETTI, *op. cit.*, pp. 125 e ss.

tes desse contrato. Assim, se alguém vendeu um equipamento industrial a outrem e o comprador resolve transmitir a terceiro a sua posição contratual, o cessionário pode exigir a entrega do equipamento, a prestação de informações sobre o seu funcionamento, exercer a garantia edilícia, resolver o contrato por incumprimento ou recorrer à excepção de não cumprimento do contrato. Mas fica por sua vez vinculado a pagar o preço respectivo e colaborar no cumprimento que a outra parte realize.

No entanto, se o contrato era de execução continuada ou periódica, em princípio, a cessão da posição contratual apenas abrangerá as situações jurídicas correspondentes ao período de tempo posterior à celebração do negócio de transmissão. Assim, se por exemplo existe um contrato de arrendamento e o arrendatário resolve transmitir a sua posição contratual para outrem, é manifesto que a cessão terá apenas efeitos *ex nunc* não abrangendo os direitos e obrigações das partes referentes ao período de tempo anterior à cessão[179].

Tem sido controvertida na doutrina a questão de saber se a cessão da posição contratual pode abranger a transmissão da faculdade de anulação do negócio, v.g., no caso de o cedente ter celebrado o negócio a que se refere a posição contratual transmitida por erro, dolo ou coacção. A questão, naturalmente, só se porá no caso de a cessão não poder ser vista como uma situação de confirmação tácita do negócio, designadamente por ser anterior à cessação do vício ou ao seu conhecimento pelo cedente (cfr. art. 288º).

Uma posição frequentemente defendida na doutrina estrangeira, onde se inclui o nome de FICKER tem sustentado que a faculdade de anulação do contrato, como poder potestativo que é, se inclui na posição contratual transmitida, podendo assim ser exercido pelo cessionário. De acordo com esta concepção, a cessão da posição contratual implicaria uma efectiva sucessão integral no contrato, pelo que abrangeria inclusivamente os efeitos desencadeados por vícios na declaração negocial, os quais embora

[179] Conforme refere LARENZ, *Schuldrecht*, § 35 III, p. 618, saber se o cessionário pretende igualmente assumir obrigações correspondentes a um período antecedente (v.g. pagamento de rendas vencidas antes da cessão) é uma questão de interpretação do contrato de transmissão, mas a que na dúvida deve ser dada resposta negativa. No mesmo sentido, CARLOS MOTA PINTO, *Cessão*, pp. 487 e ss. e RIBEIRO DE FARIA, *Obrigações*, II, p. 641. Na jurisprudência, veja-se a decisão sumária da RC de 16/6/2011 (JORGE ARCANJO), na *CJ* 36 (2011), 3, pp. 47-49.

sejam referentes à pessoa do cedente, se encontram em conexão objectiva com o contrato, sendo assim abrangidos em caso de transmissão[180].

Esta concepção tem vindo, porém, a ser rejeitada pela nossa doutrina, que sustenta que a posição contratual transmitida abrange o conjunto de situações jurídicas constituídas pelo contrato, mas não pode abranger as consequências dos vícios intrínsecos das declarações negociais, os quais se referem ao momento da sua génese e que, por isso, não podem ser transmitidos para o cessionário[181].

Pensamos igualmente ser esta última a melhor posição. Efectivamente, a faculdade de anulação do negócio é estabelecida no especial interesse daquele que viu a sua declaração negocial viciada, sendo, por isso, uma faculdade inseparável da pessoa do cedente, que não pode assim ser objecto de transmissão (cfr. por analogia o art. 582º, nº 1, *in fine*). O argumento de que esta estaria em conexão objectiva com a posição contratual, pelo que seria abrangida em virtude de ocorrer uma sucessão no contrato, não procede, uma vez que o que se transmite não é o contrato, mas a posição contratual e nesta não se integra a faculdade de anulação, que não resulta do contrato, mas antes é uma consequência de um vício ocorrido no momento da sua formação. Ora, não faria qualquer sentido que o cessionário pudesse exercer essa faculdade, já que em relação a ele não se verifica o vício que determina a sua atribuição.

Assim, se o cedente celebrou o contrato a que se refere a posição transmitida por erro, dolo ou coacção, e não requereu a sua anulação, essa faculdade não se transmite para o cessionário, já que em relação a ele não se verificaria qualquer fundamento de anulabilidade. O cedente pode, por isso, mesmo após a cessão, solicitar a anulação do negócio que originou a posição contratual transmitida, caso em que a cessão da posição contratual se tornará nula por impossibilidade do objecto (art. 280º, nº 1). O exercício do direito de anulação pelo cedente não fica neste caso dependente de autorização do cessionário, nem a sua confiança na validade do

[180] Cfr. Hans Claudius Ficker, "Vertragsübernahme und droits relatifs au bien (Ein Beitrag zur Lehre von der Relativität des Schuldverhältnisses)", em *AcP* 165 (1965), pp. 31-45 (37-38). Esta posição parece ser hoje seguida por Menezes Cordeiro, *Tratado*, IX, p. 891, revendo posição anteriormente defendida em *Obrigações*, 2º, p. 130.

[181] Cfr. Carlos Mota Pinto, *Cessão*, pp. 500 e ss., Antunes Varela, *Obrigações*, II, pp. 408 e ss., e Ribeiro de Faria, *Obrigações*, II, pp. 642 e ss. Na doutrina alemã, cfr. Herman Roquette, "Grundstückserwerb und Mietverhältnisse" na *NJW* 1962, pp. 1551-1553 (1553).

negócio é tutelada, uma vez que não se verifica neste caso nenhuma das situações como as dos arts. 243º e 291º em que a lei tutela a situação dos terceiros de boa fé que confiaram na validade do negócio[182]. Admite-se, porém, que o cedente se possa constituir em responsabilidade civil, ou por ter tido culpa na celebração do contrato de cessão que veio a ser invalidado (art. 227º)[183], ou por abuso de direito (art. 334º), no caso em que o seu interesse na anulação do contrato seja de muito menor importância do que o prejuízo causado ao cessionário.

b) Garantia prestada pelo cedente relativamente à posição contratual transmitida

À semelhança do que se prevê para a cessão de créditos (art. 587º), o art. 426º, nº 1, vem determinar, no âmbito da cessão da posição contratual que o cedente garante ao cessionário, no momento da cessão, a existência da posição contratual transmitida nos termos aplicáveis ao negócio, gratuito ou oneroso, em que a cessão se integra[184]. A garantia do cumprimento das obrigações é que só existe se for expressamente convencionada, nos termos gerais (art. 426º, nº 2).

Do art. 426º, nº 1, resulta, portanto, que a lei assegura ao cessionário uma garantia legal, relativa à existência da posição contratual transmitida. Assim, se essa posição contratual não existe – por não ter sido celebrado o negócio em questão ou este ser inválido – ou se encontra na titularidade de outrem que não o cedente, este torna-se responsável perante o cessionário. Como sucede também na cessão de créditos, essa garantia varia consoante o negócio que serve de base à cessão da posição contratual seja uma compra e venda ou uma doação. No primeiro caso, o incumprimento da garantia dá lugar à aplicação do regime dos arts. 892º e ss., enquanto no segundo caso a situação será regulada pelos arts. 956º e 957º.

Assim, no caso de se estar perante uma venda, o cedente terá que restituir ao cessionário o preço da posição contratual transmitida (art. 894º) e responde objectivamente pelos danos emergentes (art. 899º), podendo ainda constituir-se em responsabilidade pelo incumprimento da obrigação de convalidação (art. 900º, nº 1). Havendo, porém, dolo da sua parte, o cedente responderá por lucros cessantes, que podem ter por base o inte-

[182] Cfr. CARLOS MOTA PINTO, *Cessão*, pp. 503 e ss. e ANTUNES VARELA, *Obrigações*, II, p. 409.

[183] Neste sentido, CARLOS MOTA PINTO, *Cessão*, p. 504.

[184] Cfr., sobre esta, ZACCARIA, *RDC* 31 (1985), I, pp. 278 e ss.

resse contratual negativo (art. 898º) ou o incumprimento da obrigação de convalidação, no caso de o lesado pretender optar por essa solução (art. 900º, nº 2). No caso de doação, o cedente não responde objectivamente pela existência da referida posição contratual, apenas tendo que responder se se tiver expressamente responsabilizado ou houver actuado com dolo (arts. 956º e 957º).

Em princípio, o cedente apenas responde pela existência e titularidade da posição contratual transmitida, pelo que não poderá ser responsabilizado se o contraente cedido deixa de cumprir as suas obrigações contratuais perante o cessionário, ou se torna insolvente, uma vez que este assume o risco desse incumprimento ou insolvência ao celebrar o contrato de cessão[185]. Pode, porém além da garantia legal de existência e titularidade da posição contratual transmitida, ser estipulada uma garantia relativa ao cumprimento das obrigações pelo contraente cedido (art. 426º, nº 2). Os termos dessa garantia resultarão naturalmente do que se determinou no contrato de cessão, podendo, por exemplo, as partes estipular que o cedente responderá como fiador, como principal pagador, como devedor solidário, ou mesmo que garantirá um certo resultado económico a obter pelo cessionário em resultado do contrato de cessão. A opção entre essas alternativas será, por isso, sempre uma questão de interpretação do contrato, ainda que a doutrina se incline para considerar que a opção primordial das partes será por uma garantia de cumprimento situada a meio termo entre a fiança normal e a solidariedade passiva, podendo o cessionário optar por exigir a prestação do cedente, logo que o contraente cedido entre em mora, não tendo aquele direito à invocação do benefício da excussão[186].

4.3. Relação entre o cessionário e o contraente cedido

Conforme acima se referiu, a cessão da posição contratual implica a transmissão, do cedente para o cessionário, do conjunto de situações jurídicas

[185] Conforme refere Carlos Mota Pinto, *Cessão*, p. 468, "a garantia prestada *ex lege* pelo cedente refere-se à *veritas nominis*, mas não, em princípio, à *bonitas nominis*; assegura-se ser a relação contratual um *nomen verum*, não necessariamente um *nomen bonum*".

[186] Cfr., neste sentido, Carlos Mota Pinto, *Cessão*, pp. 469 e ss., e Antunes Varela, *Obrigações*, II, pp. 403-404. Ribeiro de Faria, *Obrigações*, II, pp. 646-647, parece inclinar-se para considerar que supletivamente estará em causa uma simples situação de fiança. Já Vaz Serra, *BMJ* número especial (1955), pp. 308-309 = *BFD* 31 (1955), pp. 296, defendia que, à semelhança da garantia na cessão de créditos, a garantia do cumprimento na cessão da posição contratual consistiria simplesmente na obrigação de reparar os danos causados ao cessionário.

que integravam a posição contratual transmitida à data da celebração do contrato. O cessionário torna-se, a partir desse momento, no único titular daquela posição contratual, sendo, portanto, perante ele que o contraente cedido deve exercer os seus direitos e cumprir as respectivas obrigações. Consequentemente, se após a transmissão o contraente cedido efectuar o cumprimento das suas obrigações ao cedente, esse cumprimento não terá efeito liberatório, a menos que, tendo o contraente cedido dado o seu consentimento antes da transmissão, não tenha ainda ocorrido a sua notificação ou reconhecimento (art. 424º, nº 2).

A posição do cessionário perante o contraente cedido pode, porém, não coincidir integralmente com a posição que anteriormente teve o cedente, uma vez que a cessão da posição contratual pode não abranger todos os direitos e obrigações que foram originados por aquele contrato. Efectivamente, se esta tem lugar após ter sido cumprida alguma das obrigações dele resultantes, é manifesto que o direito que por essa via se extinguiu não pode já ser transmitido, mesmo que as partes pretendam atribuir eficácia *ex tunc* à cessão. Porém, o facto de o contrato já ter sido integralmente executado não é obstáculo a que as partes celebrem uma cessão da posição contratual, uma vez que esta pode pretender abranger outras situações jurídicas, como por exemplo, as garantias contra vícios das coisas ou direitos transmitidos[187].

Conforme acima se referiu, nas relações contratuais duradouras, a cessão da posição contratual apenas abrangerá, em princípio, as situações jurídicas referentes ao período posterior à transmissão, presumindo-se, por isso, salvo estipulação em contrário, que os créditos e obrigações, já vencidos mas que ainda não tenham sido satisfeitos, se mantêm na titularidade do cedente, não assumindo o cessionário qualquer responsabilidade pelo seu cumprimento. Efectivamente, não corresponderá normalmente à vontade das partes fazer abranger na cessão da posição contratual os direitos de crédito e as obrigações que, embora ainda não estejam extintos, já o deveriam estar, em virtude de ter ocorrido o respectivo vencimento[188].

Integram-se na posição contratual transmitida os poderes potestativos e as correspondentes sujeições, pelo que naturalmente eles serão transmitidos para o cessionário. Assim, poderá o cessionário invocar a excepção

[187] Cfr. Carlos Mota Pinto, *Cessão*, p. 487.

[188] Cfr. Carlos Mota Pinto, *Cessão*, pp. 487-488, Ribeiro de Faria, *Obrigações*, II, p. 654.

de não cumprimento ou o direito de retenção e resolver o contrato com base em incumprimento ou em alteração das circunstâncias. Pode, porém, questionar-se se o cessionário poderá invocar como fundamento do exercício desses poderes potestativos, situações que ocorreram anteriormente à cessão da posição contratual. A doutrina tem distinguido consoante o fundamento do direito potestativo em questão. Assim, no caso da resolução do contrato, se estiver em causa o incumprimento de obrigações pelo cedente (ex: rendas não pagas pelo cedente, ou incumprimento por este da obrigação de realização de fornecimentos) não poderá o contraente cedido exercer esses direitos perante o cessionário, não só porque estas obrigações não se transmitem normalmente para ele, mas também porque a ameaça da resolução não produzirá qualquer efeito de coerção ao cumprimento. Se, porém, se tratar do incumprimento de uma obrigação duradoura, que persista após a cessão (ex: vícios da coisa locada, a que se refere o art. 1032º), naturalmente que o contraente cedido poderá exercer perante o cessionário os direitos correspondentes, mesmo que o seu fundamento tenha ocorrido em data anterior à cessão[189].

Relativamente às garantias das obrigações de que o contraente cedido é titular, parece que se deverá aplicar analogicamente o regime do art. 599º, relativo à assunção de dívida. Assim, parece que as garantias se manterão se tiverem sido prestadas pelo cedente ou pelo cessionário, salvo se o contraente cedido consentir na sua extinção. Efectivamente, em relação ao cessionário, não deve a cessão da posição contratual implicar automaticamente a extinção das garantias que ele tinha constituído quando a obrigação lhe era alheia e, em relação ao cedente, ele tem que consentir na cessão, pelo que se verifica necessariamente a manutenção das garantias determinada pelo art. 599º, nº 2[190]. Já, porém, se a garantia tiver sido prestada por terceiro (fiança, penhor ou hipoteca sobre bens deste), a regra será a sua extinção, salvo se o terceiro tiver dado o seu acordo à transmissão da posição contratual (art. 599º, nº 2)[191].

[189] Cfr. Carlos Mota Pinto, *Cessão*, pp. 492 e ss., Antunes Varela, *Obrigações*, II, pp. 406-407 e e Ribeiro de Faria, *Obrigações*, II, pp. 655 e ss.

[190] Em sentido contrário, sustentando a extinção das garantias prestadas pelo cedente, como um efeito natural da liberação do cedente em resultado da cessão da posição contratual, veja-se Benedetti, *op. cit.*, pp. 162-163.

[191] Cfr. Carlos Mota Pinto, *Cessão*, pp. 489-490, Antunes Varela, *Obrigações*, II, pp. 404-405, e Ribeiro de Faria, *Obrigações*, II, p. 654.

Quanto às excepções, refere o art. 427º que "a outra parte no contrato tem o direito de opor ao cessionário os meios de defesa provenientes desse contrato, mas não os que provenham de outras relações com o cedente, a não ser que os tenha reservado ao consentir na cessão". Daqui resulta que, ao contrário do que sucede na cessão de créditos (art. 585º), a cessão da posição contratual não implica que a outra parte conserve integralmente as excepções que possuía contra o cedente (v.g. a compensação), apenas passando a poder invocar contra o cessionário as excepções que resultam da própria relação contratual. Esta solução compreende-se, no entanto, pela circunstância de o contraente cedido ter que consentir na cessão e não se justificar, por esse motivo, sujeitar o cessionário a excepções com que ele não poderia contar, por dizerem respeito a outras relações com o cedente, o que acabaria por se traduzir num desequilíbrio contratual em prejuízo do cessionário, já que este nunca poderia opor ao contraente cedido outras excepções, que não fossem as resultantes da posição contratual transmitida[192]. Admite-se, porém, que o contraente cedido possa reservar outros meios de defesa de que disponha como condição para consentir na cessão, caso em que o cessionário já saberá de antemão que terá que contar com o exercício dessas excepções. Aliás, também o cessionário poderá eventualmente reservar excepções resultantes de outras relações com o cedente, antes de prestado ou requerido o consentimento do cedido[193].

Pergunta-se, porém, se, não havendo essa reserva, o cessionário poderá opor ao contraente cedido excepções resultantes do próprio contrato que determinou a cessão da posição contratual. A resposta deverá ser negativa, não apenas porque o art. 427º não exclui o próprio contrato de cessão da posição contratual do que denomina "outras relações com o cedente", mas também porque o art. 598º, cuja doutrina se deve considerar igualmente aplicável à cessão da posição contratual, determina expressamente a inoponibilidade à outra parte das excepções resultantes do contrato que determinou a aquisição das obrigações. Outra solução não faria, aliás, sentido, uma vez que não seria correcto que o contraente cedido, que se limitou a consentir na transmissão, pudesse ficar sujeito a ver recusado o cumprimento ou resolvido o contrato, com o fundamento de que o cedente não

[192] Cfr. Carlos Mota Pinto, *Cessão*, pp. 491-492, Antunes Varela, *Obrigações*, II, p. 406, Ribeiro de Faria, *Obrigações*, II, p. 655.

[193] Vaz Serra, *BMJ* 49 (1955), p. 27 e nota (33).

cumpriu perante o cessionário alguma das obrigações que determinaram a transmissão[194].

Poderá, porém, o cessionário opor ao contraente cedido a invalidade do próprio contrato de cessão, como, por exemplo, no caso de ter havido erro da sua parte, dolo do cedente, incapacidade acidental ou simulação? CARLOS MOTA PINTO resolve a questão, defendendo que, sendo o contrato de cessão da posição contratual um contrato trilateral, haverá que aplicar ao contraente cedido as regras relativas à protecção do declaratário, que exigem para a procedência do pedido de invalidade determinados estados subjectivos na sua pessoa. Assim, o cessionário só poderá invocar o erro na formação da vontade ou na declaração, se o contraente cedido conhecesse ou não devesse ignorar a essencialidade para o declarante do elemento sobre que incidiu o erro; só pode invocar o dolo se o cedido o conhecia ou deveria conhecer; e só pode invocar a incapacidade acidental, no caso de esta ser conhecida ou cognoscível pelo cedido. Quanto à simulação, se esta se referir apenas ao acordo entre cedente e cessionário, funcionará perante o cedido como simples reserva mental irrelevante. Apenas quando a lei não tutelasse a posição do declaratário, como no caso da ausência de capacidade de gozo ou de exercício pelo declarante e ainda na hipótese de coacção física, é que se deveria considerar que a invalidade do contrato de cessão da posição contratual poderia ser oposta ao contraente cedido[195].

ANTUNES VARELA veio, porém, opor-se a esta posição, considerando ser conceptualista uma posição que pretenda resolver questões não tratadas por lei com base na natureza trilateral do contrato. O autor pretende, por isso, resolver antes a questão com base na especial posição que o contraente cedido tem em relação ao contrato de cessão, uma vez que este não estipula com o cedente ou cessionário as condições do contrato, mas se limita a autorizar ou ratificar a sua celebração. Nesse entendimento, o autor defende que os requisitos subjectivos na pessoa do declaratário legalmente exigidos para proceder a anulação do negócio nem sempre se aplicarão ao contraente cedido. Aplicar-se-á o regime da exigência do conhecimento da reserva mental, pois não faria sentido que o negócio pudesse ser anulado quando o contraente cedido desconhecesse essa reserva, mas já não se aplicarão os requisitos do conhecimento da essencialidade no erro sobre a

194 Cfr. MOTA PINTO, *Cessão*, pp. 509 e ss.

195 Cfr. CARLOS MOTA PINTO, *Cessão*, pp. 517 e ss.

declaração ou no erro-vício, nem os requisitos de que o declaratário conhecesse ou não devesse ignorar o dolo de terceiro, uma vez que esses requisitos só se compreendem em relação a quem participou na negociação e não a quem se limitou a autorizar ou a ratificar o negócio, podendo assim ser opostos sem constrangimentos ao contraente cedido[196]. Esta posição foi posteriormente aceite por RIBEIRO DE FARIA[197].

A nosso ver, a razão está com CARLOS MOTA PINTO. Independentemente da discussão sobre a natureza bilateral ou trilateral do negócio de cessão da posição contratual, é manifesto que, se o contraente cedido tem que consentir na cessão para que ela tenha lugar, não se vê como podem deixar de lhe ser aplicadas as disposições relativas à protecção do declaratário, quer nos casos de reserva mental, quer nos casos de anulação do contrato por erro ou dolo. Não deve, assim, admitir-se que possa proceder a anulação da cessão da posição contratual, sem que se verifiquem em relação ao contraente cedido os requisitos subjectivos exigidos para protecção da confiança do declaratário.

4.4. Relação entre o cedente e o contraente cedido

A transmissão da posição contratual do cedente para o cessionário, nos termos dos arts. 424º e ss., liberará em princípio aquele de todas as obrigações, deveres acessórios e sujeições emergentes do contrato. Há, no entanto, algumas excepções a considerar. Assim, se o cedente já tiver causado danos à outra parte no contrato em virtude do incumprimento da obrigação principal ou de deveres acessórios dele emergentes, naturalmente que a obrigação de indemnização por esses danos se mantém na sua titularidade[198].

Podem, porém, as partes estipular que a cessão da posição contratual se fará sem que o cedente seja liberado das suas obrigações. Essa cláusula encontra-se expressamente referida no art. 1408, 2 do *Codice Civile* e, apesar do silêncio da nossa lei, deve considerar-se igualmente admitida entre nós com base na autonomia privada. Essa exclusão da liberação do cedente poderá implicar que ele responda como fiador, como principal pagador ou como devedor solidário, embora na dúvida se deva entender que a responsabilidade é a título de principal pagador, ou seja a meio termo entre a fiança

[196] Cfr. ANTUNES VARELA, *Obrigações*, II, pp. 411 e ss.

[197] Cfr. RIBEIRO DE FARIA, *Obrigações*, II, pp. 659 e ss.

[198] Cfr. LARENZ, *Schuldrecht*, § 35 III, p. 618.

e a solidariedade passiva. Efectivamente, embora se pudesse questionar a aplicação analógica do art. 595º, nº 2, de onde resultaria a responsabilidade solidária do cedente e cessionário perante o contraente cedido[199], a verdade é que esse regime da responsabilidade solidária se apresentaria como inadequado à situação do cedente não liberado, parecendo o regime da fiança sem benefício da excussão adaptar-se bastante melhor a essa situação. Efectivamente, e conforme refere CARLOS MOTA PINTO, o cedente não exonerado deve responder pelas consequências legais e contratuais da mora ou culpa do cessionário (art. 634º); o cedente poderá fazer valer contra o cedido as excepções pertencentes ao cessionário (art. 637º); pode ainda recorrer a outros meios de defesa próprios do cessionário, tais como invocar a compensação com um crédito do cessionário sobre o cedido, e suscitar a impugnabilidade pelo cessionário do negócio donde provém a sua obrigação (art. 642º); finalmente, no caso de o cessionário transmitir a um terceiro a sua posição contratual ou a sua dívida, o cedente deve poder invocar a extinção da sua garantia (art. 599º, nº 2, por analogia). Ora, todas estas soluções são manifestamente incompatíveis como o regime da solidariedade passiva, sendo assim o regime da fiança sem benefício da excussão muito mais adequado à situação[200].

Mesmo que se convencione a não liberação do cedente perante o cessionário, não deixa de se considerar ter ocorrido uma cessão da posição contratual, o que justifica concluir-se que o cedente perde a sua qualidade de parte no contrato, assumindo perante o cedido um novo vínculo de garantia de cumprimento de uma obrigação alheia. Deixa, por isso, o cedente de poder exercer os direitos e os poderes potestativos que lhe advinham do contrato ou de possuir as correspondentes sujeições, que passam a caber integralmente ao cessionário. A cessão da posição contratual sem liberação do cedente distingue-se, por isso, claramente da figura

[199] CARLOS MOTA PINTO, *Cessão*, p. 481 chega a equacionar essa solução, referindo que "se, num caso em que o credor consente na entrada dum novo devedor e não acautela expressamente a perduração da responsabilidade do devedor anterior, ainda assim a lei mantém essa responsabilidade, segundo um regime de solidariedade e não apenas de subsidiariedade, por maioria de razão se impõe aquele regime e não este, numa hipótese em que a persistência da responsabilidade do cedente se baseia numa expressa convenção não exoneradora".

[200] Cfr. VAZ SERRA, *BMJ* 49 (1955), p. 19 e *BFD* número especial (1955), p. 308 = *BFD* 31 (1955), p. 296, MOTA PINTO *Cessão*, pp. 484-485, PIRES DE LIMA/ANTUNES VARELA, *op. cit.*, I, sub art. 424º, p. 402, ANTUNES VARELA, *Obrigações*, II, p. 404 e RIBEIRO DE FARIA, *Obrigações*, II, p. 653

da adesão ao contrato onde, conforme se referiu, se verifica a participação de um terceiro na posição contratual atribuída a uma das partes, sem que esta perca, por sua vez, a titularidade dessa mesma posição. Neste caso, o cedente perde a sua qualidade de parte, limitando-se a assumir uma nova obrigação de garantia de cumprimento das obrigações do cessionário[201].

5. Natureza

A natureza da cessão da posição contratual tem sido objecto de discussão na doutrina, tendo sido apontadas as seguintes soluções doutrinais:

a) teoria da cessão de créditos e da novação das dívidas (FERRARA e REDENTI);
b) teoria da *renovatio contractus* (NICOLÓ)
c) teoria da cessão de créditos e da assunção de dívidas (STAMMLER e GIERKE, na Alemanha, e FINZI, FONTANA e CICALA, na Itália)
d) teoria da transmissão unitária (SIBER, e MOSSA).

A primeira concepção, seguida por FERRARA e REDENTI[202] é apenas explicável em virtude da rejeição da transmissão a título singular de obrigações que durante tanto tempo existiu, o que levava a que os autores considerassem que enquanto haveria uma transmissão dos créditos, já quanto às obrigações teria que ocorrer a extinção da obrigação antiga e a constituição de uma nova. Sendo hoje em dia, porém, pacífica, como se viu, a transmissão dos débitos, esta tese perdeu utilidade.

A teoria da *renovatio contractus*, seguida por NICOLÓ[203], contesta que exista na cessão da posição contratual a transmissão dos elementos activos e passivos que compunham a relação contratual, considerando antes que o que ocorre nesta figura é a reprodução no confronto com outra pessoa de um dado mecanismo contratual preexistente. Assim, para este autor, a relação contratual originária não se transmite, mas antes se extingue, sendo que o outro contraente vem a reproduzir em face do cessionário a

[201] Cfr. MOTA PINTO, *Cessão*, p. 482, ANTUNES VARELA, *Obrigações*, II, p. 403 e RIBEIRO DE FARIA, *Obrigações*, II, p. 652.

[202] Cfr. FRANCESCO FERRARA, *Teoria dei contratti*, Napoli, Jovene, 1940, pp. 304 e ss. e ENRICO REDENTI, *Dei contratti nella pratica commerciale*, I- *Dei contratti in generale*, reimp. Padova, CEDAM, 1934, pp. 149 e ss.

[203] Cfr. NICOLÓ, *op. cit.*, pp. 290 e ss. (300).

mesma declaração negocial que tinha vindo a celebrar perante o cedente, o que leva à constituição de uma relação negocial de conteúdo idêntico, mas com fonte distinta da anterior relação entre cedente e cessionário. A cessão da posição contratual seria assim apenas a renovação de uma declaração negocial por parte de um sujeito distinto do contraente originário, ou seja, uma *renovatio contractus.*

A teoria da cessão de créditos e da assunção de dívidas, também denominada teoria atomística (*Zerlegungstheorie*), foi defendida na Alemanha por STAMMLER[204] e GIERKE[205] e na Itália por FINZI[206], FONTANA[207] e CICALA[208]. Entre nós, esta tese foi igualmente defendida por GALVÃO TELLES e por VAZ SERRA, que qualificam a cessão como um contrato misto de transmissão de créditos e de assunção de dívidas[209]. Esta tese contestava que o ordenamento jurídico pudesse admitir um negócio unitário de cessão da posição contratual, que permitisse a sua transmissão em globo para um terceiro. Sustentava-se por isso a necessidade de uma decomposição do contrato nos seus elementos activos e passivos, transmitindo-se os créditos através da cessão de créditos e as dívidas através da assunção de dívidas, assim se conseguindo resultados análogos aos que resultariam de um negócio de cessão da posição contratual.

A teoria unitária (*Einheitstheorie*) foi defendida inicialmente por SIBER[210] na Alemanha e por MOSSA[211] na Itália. Actualmente, esta constitui a posição maioritária na doutrina, dando-lhe a sua adesão LARENZ[212] e FIKENTS-

[204] Cfr. RUDOLF STAMMLER, *Das Recht der Schuldverhältnisse in seinen allgemeinen Lehren. Studien zum Bürgerlichen Gesetzbuche für das Deutsche Reich*, Berlin, Guttentag, 1897, § 51, pp. 186-187.

[205] Cfr. OTTO VON GIERKE, *Deutsches Privatrecht*, III- *Schuldrecht*, München und Leipzig, Duncker & Humblot, 1917, § 180, p. 185, nota (26).

[206] Cfr. ENRICO FINZI, "La riassicurazione e la cessione del portafoglio (A proposito di recenti sentenze)" em *RDComm* 30 (1932), I, pp. 656-684 (660 e ss.)

[207] Cfr. GIOVANNI FONTANA, "Cessione di contratto", em *RDComm* 32 (1934), I, pp. 173-216 (201 e ss.).

[208] Cfr. CICALA, *ED* VI (1960), pp. 884 e ss. e *Il negozio*, pp. 48 e ss, e 243.

[209] Cfr. GALVÃO TELLES, *RFDUL* 6 (1949), p. 164 e VAZ SERRA, *BMJ* 49 (1955), p. 19.

[210] Cfr. HEINRICH SIBER, "Die schuldrechtliche Vertragsfreiheit" , no *Jhjb* 70 (1920), pp. 223-299 (294 e ss.)

[211] Cfr. LORENZO MOSSA, "Vendita di contratto", na *RDComm*, 26 (1928), II, pp. 633-643 (638 e ss.).

[212] Cfr. LARENZ, *Schuldrecht* I § 35 III, p. 618.

CHER[213] e, entre nós, CARLOS MOTA PINTO[214], ANTUNES VARELA[215], MENEZES CORDEIRO[216] e RIBEIRO DE FARIA[217]. De acordo com esta tese, o crédito e a dívida não surgem isoladamente no âmbito da posição contratual, mas antes esta constitui uma situação jurídica complexa cuja transmissão constitui precisamente o objecto do negócio de cessão da posição contratual.

Pensamos que é a teoria unitária que se apresenta correcta.

Efectivamente, a teoria da renovação do contrato esquece que o fundamental na cessão da posição contratual é o negócio de disposição celebrado entre cedente e cessionário e não o consentimento do contraente cedido, nunca se podendo qualificar esse negócio de disposição como uma renovação do contrato, uma vez que não é celebrado entre os contraentes originários[218].

Já as teorias atomísticas pretendem estabelecer uma decomposição da cessão da posição contratual num conjunto de cessões de créditos e transmissões de dívidas, mas essa operação analítica esquece que a posição contratual é algo mais de que a soma dos direitos e vinculações das partes[219], abrangendo toda uma outra série de situações jurídicas a eles ligados (poderes potestativos, sujeições, ónus e faculdades) que integram o conteúdo da relação obrigacional complexa[220]. Ora, naturalmente que uma situação desse tipo não se deixa transmitir por negócios isolados de cessão de créditos e transmissão de dívidas, exigindo a celebração de um negócio unitário que transmita a posição contratual em globo.

Conclui-se assim que a cessão da posição contratual implica a transmissão do complexo unitário que constitui a posição contratual, levando à aquisição pelo terceiro da posição jurídica do cedente e ao consequente ingresso deste como parte contratual[221]. Nas palavras de LARENZ, "a cessão da posição contratual, uma vez que abrange a transmissão da posição

[213] Cfr. FIKENTSCHER/HEINEMANN, *Schuldrecht*, § 61 IV, nº 759, p. 370.

[214] Cfr. CARLOS MOTA PINTO, *Cessão*, pp. 191 e ss., 281 e ss. e 429 e ss.

[215] Cfr. ANTUNES VARELA, *Obrigações*, II, pp. 415 e ss.

[216] Cfr. MENEZES CORDEIRO, *Obrigações*, 2º, p. 131, e *Tratado*, IX, p. 894.

[217] Cfr. RIBEIRO DE FARIA, *Obrigações*, II, pp. 664 e s.

[218] Neste sentido, cfr. BENEDETTI, *op. cit.*, p. 24.

[219] Cfr. FIKENTSCHER/HEINEMANN, *Schuldrecht*, § 59 IV, nº 759, p. 370.

[220] Cfr. CARLOS MOTA PINTO, *Cessão*, p. 281 e ss. e RIBEIRO DE FARIA, *Obrigações*, II, p. 668.

[221] Cfr. BENEDETTI, *op. cit.*, p. 32.

contratual em globo, constitui um *negócio jurídico unitário*, que não pode ser decomposto num conjunto de cessões de crédito e de assunções de dívida. Ela é uma *disposição sobre a relação obrigacional complexa* por parte do cedente e do contraente cedido e um negócio obrigacional em relação ao cessionário"[222].

[222] Cfr. LARENZ, *Schuldrecht* I § 35 III, p. 618.

PARTE III
DA EXTINÇÃO DAS OBRIGAÇÕES

Secção I
As causas de extinção dos negócios jurídicos

1. Generalidades

Quando as obrigações resultam da autonomia privada, a sua extinção verifica-se sempre que o negócio que lhes serve de fonte vem a ser posteriormente destruído, ou por um outro negócio jurídico posterior (a revogação, resolução e a denúncia) ou através de um facto jurídico *stricto sensu* (a caducidade) ou ainda por um efeito conjugado dos dois (a oposição à renovação)[223]. Infelizmente, no entanto, o nosso legislador não foi muitas vezes preciso no emprego que faz destes termos, cabendo por isso ao intérprete distinguir claramente estas situações, mesmo quando empregues impropriamente na lei. Distinguiremos, assim, sucessivamente entre a revogação, resolução, denúncia, caducidade e oposição à renovação.

2. Revogação

A revogação consiste na extinção do negócio jurídico por virtude de uma manifestação da autonomia privada em sentido oposto àquela que o constituiu. Consequentemente, se estiver em causa um contrato, a revogação – que nesse caso é também denominada de distrate – é necessariamente bilateral, assentando no mútuo consenso dos contraentes em relação à extinção do contrato que tinham celebrado (cfr. art. 406º, nº 1)[224]. Se, no

[223] Cfr. Galvão Telles, *Contratos*, pp. 380 e ss., Antunes Varela, *Obrigações*, II, pp. 273 e ss., Menezes Cordeiro, *Obrigações*, 2º, pp. 162 e ss., e *Tratado*, IX, pp. 901 e ss., e Romano Martinez, *Da cessação do contrato*, 2ª ed., Coimbra, Almedina, 2006, pp. 41 e ss., 91 e ss., e passim.

[224] Por vezes, a lei chama revogação a certas formas unilaterais de extinção dos contratos, que não correspondem a esta figura. Assim, a "revogação" da doação prevista no art. 970º é

entanto, estiver em causa um negócio jurídico unilateral, a revogação é igualmente unilateral, baseando-se unicamente numa segunda declaração negocial do seu autor, contrária à primeira. Como exemplo, temos a revogação da promessa pública (art. 461º) ou do testamento (arts. 2311º e ss.).

Sendo baseada na autonomia privada, a revogação é de exercício livre, ficando os seus efeitos na disponibilidade das partes, que podem inclusivamente estipular ou não a sua retroactividade[225]. A revogação retroactiva deixa, no entanto, de ser possível sempre que se tenha criado uma situação em benefício de terceiro ou quando o acto esteja sujeito a registo e este tenha sido realizado. Nesse caso, restará às partes realizar um novo negócio de sentido inverso, como na hipótese de o comprador revender ao vendedor o bem comprado.

3. Resolução

A resolução do contrato vem prevista nos arts. 432º e ss.[226], e consiste na extinção da relação contratual por declaração unilateral de um dos contraentes, baseada num fundamento ocorrido posteriormente à celebração do contrato.

Efectivamente, ao contrário da revogação, a resolução processa-se sempre através de um negócio jurídico unilateral. Consequentemente, nesta

um caso de resolução, enquanto a "revogação" do mandato referida no art. 1170º constitui uma hipótese de denúncia. Cfr., sobre esta última, MANUEL JANUÁRIO DA COSTA GOMES, *Em tema de revogação do mandato civil*, Coimbra, Almedina, 1989, pp. 103 e ss. e *passim*, PAULO ALBERTO VIDEIRA HENRIQUES, *A desvinculação unilateral ad nutum nos contratos civis de sociedade e mandato*, Coimbra, Coimbra Editora, 2001, pp. 99 e ss. e ADELAIDE MENEZES LEITÃO, "«Revogação unilateral do mandato», pós-eficácia e responsabilidade pela confiança", em ANTÓNIO MENEZES CORDEIRO / LUÍS MENEZES LEITÃO / JANUÁRIO DA COSTA GOMES (coord.), *Estudos em Homenagem ao Professor Doutor Inocêncio Galvão Telles*, I – *Direito privado e vária*, Coimbra, Almedina, 2002, pp. 305-346

[225] Cfr. GALVÃO TELLES, *Contratos*, p. 380 e ROMANO MARTINEZ, *Da cessação*, pp. 112 e ss. Em caso de não retroactividade, o devedor continuará naturalmente a responder pelo incumprimento verificado antes da extinção do contrato. Neste sentido, em relação aos defeitos de uma obra parcialmente construída, verificados após as partes terem revogado o respectivo contrato de empreitada, cfr. Ac. STJ 7/2/2008 (MÁRIO CRUZ), em *CJ-ASTJ* 16 (2008), 1, pp. 71-77.

[226] Cfr., principalmente, BRANDÃO PROENÇA, *A resolução do contrato no Direito Civil. Do enquadramento e do regime*, Coimbra, Coimbra Editora, 1996 (reimp. 1982), *passim*, e ROMANO MARTINEZ, *Da cessação*, pp. 66 e ss. e 125 e ss.

situação a extinção do contrato ocorre por decisão unilateral de uma das partes, não sujeita ao acordo da outra.

A resolução caracteriza-se ainda por ser normalmente de exercício vinculado (e não discricionário)[227], no sentido de que só pode ocorrer se se verificar um fundamento legal ou convencional que autorize o seu exercício (art. 432º, nº 1). Assim, se ocorrer esse fundamento, o contrato pode ser resolvido. Se não ocorrer, a sua resolução não é permitida (cfr. art. 406º, nº 1). O fundamento legal mais comum para a resolução do contrato é o incumprimento da outra parte (cfr. art. 801º, nº 2), admitindo-se, no entanto, por vezes, fundamentos mais latos de resolução como sucede no âmbito da resolução do comodato, baseada na justa causa (art. 1140º), que pode inclusivamente consistir numa mera razão de conveniência justificada do comodante[228]. Quanto aos fundamentos contratuais é livre a sua estipulação, através das denominadas cláusulas resolutivas expressas, pelas quais se indicam circunstâncias cuja verificação eventual permite o recurso à resolução do contrato[229].

A lei, no entanto, exclui o direito de resolução nos casos em que não haja possibilidade de restituir o que se houver recebido (art. 432º, nº 2), uma vez que se assim não fosse, ocorreria um enriquecimento da parte que exerce a resolução. Efectivamente, dado que a impossibilidade extingue a sua obrigação de restituir, a parte que exercesse a resolução obteria a restituição da prestação realizada à outra parte sem ser onerada com qualquer contrapartida.

O art. 433º determina que a resolução é equiparada, na falta de disposição especial, à nulidade ou anulabilidade do contrato. Aplica-se, portanto, o art. 289º que, ao estabelecer uma ineficácia superveniente do contrato com eficácia retroactiva, visa colocar as partes na situação em que estariam se o contrato não tivesse sido celebrado. Para esse efeito, institui-se uma

[227] Admitem-se, porém, excepcionalmente casos de resolução de exercício discricionário, como a resolução na venda a retro (cfr. art. 927º do Código Civil)

[228] Cfr. Antunes Varela, *Obrigações*, II, p. 276.

[229] A cláusula resolutiva expressa não se confunde com a condição resolutiva, a que fazem referência os art. 270º e ss., uma vez que a condição resolutiva é de verificação automática, implicando, quando verificada, a imediata ineficácia do contrato. Já a cláusula resolutiva expressa limita-se a constituir um fundamento para o exercício do direito de resolução, continuando o seu titular a poder decidir se o exerce ou não. Constitui um exemplo de cláusula resolutiva a cláusula de resolução do contrato se a coisa não agradar ao comprador (*pactum displicentiae*), referida no art. 924º do Código Civil.

relação de liquidação através da qual se restituem as prestações já efectuadas, que devem ser realizadas simultaneamente (art. 290º).

A equiparação com o regime da invalidade do negócio é, no entanto, quebrada em dois aspectos:

- possibilidade de a resolução não ter eficácia retroactiva;
- tutela de terceiros.

Quanto ao primeiro aspecto, a regra é que a resolução do contrato é de eficácia retroactiva, o que implica que esta determine, não apenas a extinção para o futuro das obrigações das partes, mas também o surgimento de obrigações de restituição, destinadas a colocar as partes no mesmo estado em que se encontravam antes da celebração do contrato. Admite-se, porém, que essa retroactividade possa não ocorrer se ela contrariar a vontade das partes ou a finalidade da resolução (art. 434º, nº 1). Assim, se as partes estipularam que a resolução do contrato não envolve a restituição de prestações já recebidas, essa cláusula é válida, desde que estabelecida dentro dos limites da lei (cfr., por exemplo, o art. 935º, nº 2). Já quanto à finalidade da resolução, ela parece dever referir-se genericamente à situação prevista no nº 2. Efectivamente, nos contratos de execução continuada ou periódica seria contrário ao fim da resolução admitir a restituição de prestações já pagas, uma vez que estas tinham como contrapartida uma troca com outras prestações, já definitivamente realizada. Por isso, apenas no caso de essa troca ainda não se ter verificado (como, por exemplo, no caso de serem pagas rendas sem se verificar o gozo da coisa locada) é que se justifica determinar a restituição das prestações já efectuadas.

Quanto ao segundo aspecto, ao contrário da invalidade do negócio, que permite em certos casos a afectação de terceiros (cfr. o art. 291º), a resolução não pode, mesmo que expressamente convencionada, prejudicar terceiros (art. 435º, nº 1). Apenas no caso de bens imóveis ou móveis sujeitos a registo, é possível, através do registo da acção de resolução, tornar o direito oponível a terceiro, que não tenha registado o seu direito antes do registo da acção.

Relativamente à forma de exercício da resolução do contrato, encontram-se duas soluções diversas no Direito Comparado:

1) A primeira, correspondente ao sistema francês, é a de que a resolução é necessariamente judicial, só podendo, portanto, resolver-se o

contrato através do recurso ao Tribunal (cfr. art. 1184, III do *Code Civil*).

2) A segunda, correspondente ao sistema alemão, é a de que a resolução se efectua mediante simples declaração da parte, dispensando-se assim o recurso ao Tribunal (cfr. § 349 B.G.B.).

A nossa lei adoptou o sistema da resolução por declaração (art. 436º, nº 1). Uma vez que, no entanto, a resolução tem por base um fundamento que a permita, é sempre possível à parte que a pretende contestar, recorrer ao Tribunal para esse efeito. Neste caso, no entanto, o Tribunal será chamado, não a decretar a resolução, mas a verificar se estavam preenchidas as condições necessárias para o seu exercício[230].

Uma vez verificado o fundamento resolutivo, a parte pode decidir livremente se exerce ou não a resolução. No entanto, para evitar a situação de indefinição que se pode verificar no contrato, se essa parte não optar pelo exercício do direito de resolução ou pela renúncia ao mesmo, a outra parte pode fixar ao titular do direito de resolução um prazo razoável para que o exerça, sob pena de caducidade (art. 436º, nº 2). Assim se evita que o titular do direito de resolução adquira a faculdade de se desvincular do contrato a todo o tempo, pondo em crise a sua estabilidade.

4. Denúncia

A denúncia do contrato, à semelhança da resolução, resulta igualmente de um negócio unilateral, bastando-se, por isso, com a decisão de apenas uma das partes[231].

No entanto, ao contrário da resolução não se baseia em fundamento algum, sendo, por isso, de exercício livre. O seu campo de aplicação é limitado aos contratos de execução continuada ou duradoura (fornecimento, sociedade ou mandato), em que as partes não estipulam um prazo fixo de vigência. Como a vigência do contrato ilimitada no tempo seria contrária à liberdade económica das pessoas, que não se compadece com a criação de vínculos perpétuos ou de duração indefinida, admite-se neste caso a sua denúncia a todo o tempo.

[230] Conforme refere GALVÃO TELLES, *Obrigações*, pp. 460-461 nesse caso a acção correspondente não é constitutiva da resolução (art. 10º, nº 3 *c)* CPC), mas de simples apreciação (art. 10º, nº 3 *a)*) ou eventualmente de condenação (art. 10º, nº 3 *c)*).

[231] Cfr. ROMANO MARTINEZ, *Da cessação*, pp. 58 e ss. e 116 e ss.

A denúncia caracteriza-se ainda por ser não retroactiva, limitando-se a extinguir o contrato para o futuro sem permitir a restituição das prestações entretanto realizadas com base nele.

A denúncia não se encontra regulada genericamente na lei, mas constitui um seu exemplo a livre exoneração do sócio, quando a sociedade não é estipulada por tempo determinado (cfr. art. 1003º), bem como a livre revogação do mandato (art. 1170º, nº 1) e a denúncia do mandato de crédito (art. 629º, nº 2).

5. Caducidade

A caducidade do contrato consiste na sua extinção em virtude da ocorrência de um facto jurídico *stricto sensu* (e não de um negócio jurídico ou, sequer, de um acto jurídico)[232]. O exemplo mais comum é o decurso do tempo. Assim, se um contrato for estipulado com um prazo de vigência de seis meses, caducará decorrido esse prazo. Constituirão ainda exemplos de caducidade do contrato a verificação da condição resolutiva, a morte ou extinção de uma das partes nos contratos *intuitu personae* e a extinção do objecto do contrato, o que a lei refere expressamente a propósito da locação (art. 1051º, *b), d)* e *e)*).

Apesar de referentes à caducidade como causa de extinção dos direitos, e não como causa de extinção do próprio negócio, são igualmente aplicáveis à caducidade dos negócios jurídicos os arts. 328º e ss. Assim, os prazos de caducidade são contínuos, não se suspendendo nem interrompendo, a não ser quando a lei o determine (art. 328º). As partes podem, por outro lado, estabelecer negócios pelos quais se criem casos especiais de caducidade, se modifique o regime legal desta ou se renuncie a ela, contanto que não se trate de matéria subtraída à disponibilidade das partes ou de fraude às regras legais da prescrição (art. 330º, nº 1), sendo aplicáveis aos casos convencionais de caducidade, na dúvida acerca da vontade dos contraentes as disposições relativas à suspensão da prescrição (art. 330º, nº 2).

A caducidade é de verificação automática, resultando imediatamente do facto jurídico *stricto sensu* que a desencadeia, pelo que não depende de declaração negocial das partes. A caducidade é apreciada oficiosamente pelo Tribunal e pode ser declarada em qualquer estado do processo, se for estabelecida em matéria excluída da disponibilidade das partes (art.

[232] Cfr. ROMANO MARTINEZ, *Da cessação*, pp. 41 e ss. e 105 e ss.

333º, nº 1), tendo no caso contrário que ser invocada judicial ou extrajudicialmente por aquele a quem aproveita, tal como sucede com a prescrição (art. 333º, nº 2).

A caducidade não tem, em princípio, eficácia retroactiva, apenas determinando a extinção do negócio jurídico para o futuro. Exceptua-se, no entanto, a caducidade resultante da verificação de uma condição resolutiva, a qual é normalmente de eficácia retroactiva (art. 276º). Nos outros casos, a extinção da relação apenas ocorrerá para o futuro, podendo, no entanto, as partes, salvo quando a lei o vede, estipular a eficácia retroactiva da caducidade, nos termos do art. 330º, nº 1.

6. A oposição à renovação

A oposição à renovação pode ser considerada como uma figura mista, conjugando as figuras da caducidade e da denúncia[233]. Um exemplo será a oposição à renovação do contrato de locação (arts. 1054º e 1055º C.C.). Neste caso, as partes convencionam que o contrato vigora por períodos limitados de tempo, mas simultaneamente prevêem a sua renovação tácita, se não houver declaração em contrário. A oposição à renovação consiste precisamente nessa declaração, e caracteriza-se por ser de exercício livre (não vinculado), ser não retroactiva, mas só poder ser exercida num certo lapso de tempo antes de ocorrer a renovação do contrato. Neste aspecto distingue-se da denúncia que pode ser exercida a todo o tempo.

Dizemos que a oposição à renovação conjuga as figuras da caducidade e da denúncia, uma vez que o contrato é previsto para um certo lapso de tempo, cujo decurso é necessário para que se possa ocorrer a sua extinção, à semelhança do que ocorre com a caducidade. No entanto, essa extinção fica dependente de uma declaração negocial contrária à renovação, a qual é de exercício livre e de eficácia não retroactiva, à semelhança do que acontece com a denúncia.

[233] Em sentido contrário, incluindo a oposição à renovação num conceito amplo de denúncia, veja-se ALMEIDA COSTA, *Obrigações*, p. 322 e ROMANO MARTINEZ, *Da cessação*, pp. 112 e ss. No sentido defendido, MENEZES CORDEIRO, *Obrigações*, 2º, pp. 166, e *Tratado*, IX, p. 978, e JANUÁRIO GOMES, *Em tema*, p. 77.

Secção II
A prescrição

1. Generalidades

Entre as causas de extinção do direito de crédito deve incluir-se a prescrição[234]. Uma vez que se entendeu não ser esta figura privativa dos direitos de crédito, ela encontra-se prevista na Parte Geral do Código Civil juntamente com a caducidade e o não uso, no capítulo relativo ao tempo e à sua repercussão sobre as relações jurídicas (arts. 296º e 327º). É, no entanto, como causa de extinção das obrigações que a prescrição tem maior relevância, daí que lhe façamos referência neste âmbito.

Ocorre a prescrição quando alguém adquire a possibilidade de se opor ao exercício de um direito, em virtude de este não ter sido exercido durante um determinado lapso de tempo (art. 304º, nº 1). A prescrição é, por isso, juridicamente qualificável como uma excepção, na medida em que permite ao seu titular paralisar eficazmente um direito da contraparte.

A prescrição não deve ser confundida com a caducidade e o não uso, existindo diferenças significativas de regime entre estas figuras[235]. O seu

[234] Sobre a prescrição, cfr. especificamente FERNANDO AUGUSTO CUNHA DE SÁ, "Modos de extinção das obrigações", em ANTÓNIO MENEZES CORDEIRO / LUÍS MENEZES LEITÃO / JANUÁRIO DA COSTA GOMES (coord.), *Estudos em Homenagem ao Professor Doutor Inocêncio Galvão Telles*, I – *Direito privado e vária*, Coimbra, Almedina, 2002, pp. 171-262 (241 e ss.)

[235] Salienta-se, principalmente, que a prescrição não opera de pleno direito nem é do conhecimento oficioso, tendo que ser invocada por aquele a quem aproveita (art. 303º). Pelo contrário, a caducidade opera de pleno direito e é susceptível de conhecimento oficioso, salvo se for estabelecida em matéria não excluída da disponibilidade das partes (art. 333º). Para além disso, o prazo de prescrição pode ser objecto de suspensão ou de interrupção (arts. 318º e ss. e 323º e ss.), ao contrário do que sucede com a caducidade (art. 328º).
Em relação, ao não uso, são-lhe aplicáveis das regras da caducidade (art. 298º, nº 3), pelo que tem as mesmas diferenças de regime em relação à prescrição.

campo de aplicação encontra-se expresso no art. 298º. Em relação à caducidade, estabelece-se que quando, por lei ou vontade das partes, um direito deva ser exercido dentro de um certo lapso de tempo, a situação é primordialmente qualificável como caducidade, a menos que a lei se refira expressamente à prescrição (art. 298º, nº 2). Em relação ao não uso, ele constitui uma causa de extinção privativa dos direitos reais de gozo, em relação aos quais não se aplica o regime da prescrição (art. 298º, nº 3).

Assim, sempre que não exista um prazo especial de exercício, resultante da lei ou da vontade das partes (art. 298º, nº 2), e não se esteja perante um direito real de gozo (art. 298º, nº 3) ou perante um direito que a lei considere indisponível ou imprescritível (art. 298º, nº 1), aplicam-se ao caso as regras da prescrição (arts. 300º e ss.), o que significa que o direito pode prescrever se não for exercido dentro do prazo de prescrição, que é ordinariamente fixado em vinte anos (art. 309º).

2. Modalidades: prescrição comum e prescrições presuntivas

Em relação à prescrição, é possível efectuar-se uma distinção entre o que se denomina a prescrição comum e as prescrições presuntivas.

A prescrição comum funda-se simplesmente no não exercício do direito durante um certo lapso de tempo, pelo que o decurso desse prazo dá automaticamente ao devedor a faculdade de recusar o cumprimento (art. 304º, nº 1).

Já pelo contrário as prescrições presuntivas fundam-se na presunção de que, após um certo lapso de tempo, já se deve ter verificado o cumprimento da obrigação (art. 312º), visando assim apenas dispensar o devedor de provar que já efectuou esse cumprimento[236], o qual deve ser por isso alegado pelo devedor[237]. Por esse motivo, estas prescrições são destruídas pela confissão do devedor de que ainda não realizou o cumprimento, a qual deve

[236] Salienta Cunha Gonçalves, *Tratado de Direito Civil em comentário ao Código Civil Português*, III, Coimbra, Coimbra Editora, 1930, p. 726, respeitarem estas prescrições a dívidas que "costumam ser pagas, ora na época dos seus vencimentos, ora sem demora alguma, já por assim o exigir a natureza das obrigações (...) já por ser essa a imposição das praxes sociais". Também Menezes Cordeiro, *Tratado de Direito Civil Português*, V – *Parte Geral. Exercício Jurídico*, 2ª ed., Coimbra, Almedina, 2015, p. 217, escreve que as prescrições presuntivas "reportam-se a débitos marcados pela oralidade ou próprios do dia-a-dia. Qualquer discussão a seu respeito ou ocorre imediatamente, ou é impossível de dirimir com consciência".

[237] No sentido de que a invocação da prescrição presuntiva pressupõe a alegação do pagamento, cfr. Ac. RL 29/5/2003 (António Valente), na *CJ* 28 (2003), 3, pp. 95-97, Ac. RE 15/5/2003 (Ana Luísa Geraldes), na *CJ* 28 (2003), 3, pp. 241-242, Ac. STJ 24/6/2008 (Azevedo

ser efectuada no processo, pelo devedor originário ou por aquele a quem a dívida tiver sido transmitida por sucessão (art. 313º, nº 1), só relevando extrajudicialmente se for efectuada em documento escrito (art. 313º, nº 2). A lei considera, no entanto, ocorrer confissão tácita da dívida, se o devedor se recusar a depor ou a prestar juramento no tribunal, ou praticar em juízo actos incompatíveis com a presunção de cumprimento (art. 314º)[238]. Serão actos incompatíveis com a presunção do cumprimento, nomeadamente, a impugnação da existência da obrigação, ou a invocação da compensação, ainda que a título subsidiário[239].

Em tudo o mais, aplicam-se às prescrições presuntivas as regras da prescrição ordinária (art. 315º).

Entre as prescrições presuntivas encontramos uma prescrição de seis meses para os créditos de estabelecimentos de alojamento, comidas ou bebidas, pelo alojamento, comidas ou bebidas que forneçam (art. 316º). Existem também prescrições presuntivas de dois anos para os créditos dos estabelecimento que forneçam alojamento, ou alojamento e alimentação a estudantes, bem como os créditos dos estabelecimentos de ensino, educação, assistência ou tratamento relativamente aos serviços prestados (art. 317º *a)*); para os créditos dos comerciantes pelos objectos vendidos a quem não seja comerciante ou os não destine ao seu comércio[240], e bem assim os créditos daqueles que exerçam profissionalmente uma indústria, pelo fornecimento de mercadorias ou produtos, execução de trabalhos ou gestão de negócios alheios, incluindo as despesas que hajam efectuado, a menos que a prestação se destine ao exercício industrial do devedor (art. 317º *b)*[241]);

Ramos), em *CJ-ASTJ* 16 (2008), 2, pp. 125-126 e Ac. RP 23//2016 (Fernando Samões), processo 598/15.9T8PVZ.P1, na *CJ* 41 (2016), 1, pp. 182-185.

[238] Daí que, conforme refere o Ac. STJ 13/11/2001 (Silva Freitas), na *CJ* 26 (2001), 5, pp. 21-24, o tribunal não possa decidir sobre a excepção da prescrição presuntiva sem dar ao autor ter oportunidade de solicitar o depoimento de parte do devedor.

[239] Sobre esta última hipótese, cfr. Ac. RG 20/9/2007 (Maria Rosa Tching), na *CJ* 32 (2007), 4, pp. 287-289.

[240] Deixa de se aplicar a prescrição presuntiva, caso o adquirente seja comerciante, podendo a qualificação como tal resultar do art. 2º ou do art. 230º CCom. Cfr., neste sentido, Ac. RL 29/11/2007, na *CJ* 32 (2007), 5, pp. 108-111. No sentido de que a qualidade de não comerciante ou de não destino ao comércio tem que ser provada pelo devedor, cfr. Ac. RC 23/6/2009 (Isaías Pádua), em *CJ* 34 (2009), 3, pp. 25-28.

[241] Nos termos do Ac. RP 30/5/2011 (Catarina Gonçalves), em *CJ* 36 (2011), 3, pp. 191-194, para esta exclusão se aplicar é necessário que os bens, produtos, serviços ou trabalhos

e ainda para os créditos pelos serviços prestados no exercício de profissões liberais e pelo reembolso das despesas correspondentes (art. 317º *c*)).

Desta enumeração parece resultar claramente que a prescrição presuntiva destina-se essencialmente a proteger aqueles devedores que adquiram e pagam produtos e serviços fora da sau actividade profissional, sendo por isso qualificáveis como consumidores. Não poderão por isso prevalecer-se desta presunção aqueles que adquiram os produtos ou serviços em qualquer actividade económica, seja ela comercial, industrial, ou mesmo de simples prestação de serviços, uma vez que disporão naturalmente de meios idóneos para provar que realizaram o pagamento das suas obrigações[242].

3. Regime da prescrição

Cabe agora examinar o regime da prescrição. Nos termos do art. 300º, esse regime tem carácter absolutamente imperativo, pelo que "são nulos os negócios jurídicos destinados a modificar os prazos legais de prescrição ou a facultar ou dificultar por outro modo as condições em que a prescrição opera os seus efeitos".

Resulta do art. 303º que a prescrição não pode ser conhecida *ex officio*, necessitando, para ser eficaz, de ser invocada judicial ou extrajudicialmente, por aquele a quem aproveita[243]. A prescrição não resulta assim automaticamente do decurso do prazo sendo necessária a sua invocação pelo devedor, para que possa ocorrer a extinção da obrigação. Se o devedor não invocar a prescrição quando demandado judicialmente pelo credor, o tribunal condená-lo-á necessariamente no cumprimento da obrigação.

A prescrição atribui assim ao devedor a faculdade de recusar o cumprimento da obrigação ou de se opor, por qualquer modo, ao exercício do direito prescrito (art. 304º, nº 1). Na medida em que a sua invocação permite extinguir um direito de crédito, a prescrição é juridicamente qualificável como excepção peremptória (cfr. art. 576º, nº 3, CPC). No entanto, caso o devedor venha a cumprir a obrigação prescrita, não pode recorrer ao instituto da repetição do indevido, uma vez que a lei estabelece, no art.

fornecidos não se destinem a qualquer actividade profissional lucrativa (comercial ou industrial) do devedor.

[242] Neste sentido, cfr. o Ac. RC 3/5/2011 (Carlos Moreira), em *CJ* 36 (2011), 3, 8-12.

[243] Nos termos do art. 301º, "a prescrição aproveita a todos os que dela possam tirar benefício, sem excepção dos incapazes". Em relação a estes últimos, pode o Ministério Público invocar a prescrição (art. 303º *in fine*).

304º, nº 2, que não poderá "ser repetida a prestação realizada espontaneamente em cumprimento de uma obrigação prescrita, ainda quando feito com ignorância da prescrição", sendo o mesmo regime "aplicável a quaisquer formas de satisfação do direito prescrito, bem como ao seu reconhecimento ou à prestação de garantias"[244].

Por razões de tutela do equilíbrio contratual, não se admite que a extinção da obrigação por prescrição tivesse por efeito permitir ao devedor adquirir o exercício pleno de direitos sobre a contraparte, que anteriormente se encontravam dependentes do cumprimento da obrigação que se extinguiu. Assim, quando a contraparte tenha invocado a excepção do não cumprimento, a prescrição da sua obrigação não prejudica essa invocação, a menos que se trate de prescrição presuntiva (art. 430º). Também, se um bem for vendido com reserva de propriedade, a prescrição do crédito do preço não impede o vendedor de continuar a reclamar a restituição da coisa quando o preço não seja pago (art. 304º, nº 3).

A prescrição é renunciável, mas apenas após decorrido o prazo prescricional (art. 302º, nº 1), tendo legitimidade para renunciar à prescrição quem puder dispor do benefício que a prescrição tenha criado (art. 302º, nº 3). A renúncia não carece naturalmente de aceitação e pode ser efectuada tacitamente (art. 302º, nº 2).

[244] Para CARLOS MOTA PINTO, *Teoria Geral do Direito Civil*, 3ª ed., Coimbra, Coimbra Editora, 1985, p. 174, nota (1), e PAULO MOTA PINTO, *Declaração tácita e comportamento concludente no negócio jurídico*, Coimbra, Almedina, 1995, p. 830 e nota (231), o art. 304º, nº 2, só se pode aplicar se a obrigação tiver sido cumprida depois de invocada a prescrição, uma vez que, se ainda não tivesse ocorrido essa invocação, esta não produz efeitos (art. 303º), pelo que haveria um cumprimento de obrigação civil, que representaria uma renúncia à prescrição (art. 302º), e não um cumprimento de obrigação natural.
Não parece, porém, que esta argumentação proceda. Efectivamente, do art. 303º apenas resulta que a prescrição tem que ser invocada para paralizar o direito de crédito, mas o decurso do prazo prescricional faz logo surgir uma excepção peremptória à exigência do cumprimento da obrigação (cfr. art. 304º, nº 1). Ora, a não invocação das excepções peremptórias deve ser equiparada à inexistência da obrigação para efeitos de repetição do indevido, ao abrigo do art. 476º, nº 1 (cfr. PIRES DE LIMA/ANTUNES VARELA, *op. cit.*, I, p. 453 e MENEZES LEITÃO, *O enriquecimento*, pp. 486-487 e notas, reed., pp. 470-471, e notas), sendo assim equiparado a indevido o cumprimento da obrigação após o decurso do prazo de prescrição, mesmo que esta não seja invocada. A exclusão da repetição do indevido só se pode assim explicar pelo facto de essa actuação corresponder ao cumprimento de uma obrigação natural (art. 304º, nº 2), e não com uma renúncia à prescrição que seria manifestamente inconcebível em caso de ignorância desta.

A lei admite que, além do devedor, possam invocar a prescrição os seus credores e quaisquer terceiros com legítimo interesse na sua declaração, ainda que o devedor a ela tenha renunciado (art. 305º, nº 1), ficando, no entanto, em caso de renúncia, a invocação da prescrição pelos credores dependente da demonstração dos requisitos da impugnação pauliana (art. 305º, nº 2). Se o devedor não invocar a prescrição e vier a ser condenado, o caso julgado nessa acção não afecta o direito reconhecido aos seus credores (art. 305º, nº 3).

4. Prazo da prescrição

Conforme se referiu, a prescrição consiste na possibilidade de alguém se opor ao exercício de um direito, em virtude de este não ter sido exercido durante um certo lapso de tempo. Esse lapso de tempo denomina-se prazo de prescrição e está sujeito a regras rígidas quanto à sua duração, início, suspensão e interrupção.

Em relação à *duração do prazo de prescrição*, o seu prazo ordinário é de vinte anos (art. 309º). Existe, porém, um prazo especial de cinco anos para as anuidades de rendas perpétuas ou vitalícias, rendas e alugueres devidos pelo locatário, ainda que pagos de uma só vez; foros, juros convencionais ou legais, ainda que ilíquidos e os dividendos de sociedades; quotas de amortização do capital pagáveis com os juros[245]; pensões alimentícias vencidas e quaisquer outras prestações periodicamente renováveis[246] (art. 310º). As prescrições presuntivas estão, como se referiu, sujeitas a prazos ainda mais curtos, de seis meses (art. 316º) e dois anos (art. 317º). Os prazos especiais de prescrição, mesmo os da prescrição presuntiva, deixam, porém, de se aplicar, passando a vigorar o prazo da prescrição ordinária, a partir do momento em que o direito esteja reconhecido por sentença transitada em julgado ou outro título executivo (art. 311º, nº 1), salvo se esse título se referir a prestações ainda não devidas (art. 311º, nº 2).

[245] Incluem-se nestas as amortizações de capital resultantes de empréstimos bancários que são liquidadas simultaneamente com os juros dos empréstimos. Cfr. Ac. STJ 27/3/2014 (Silva Gonçalves), processo 189/12.6TBHRT-A.L1.S1, e Ac. STJ 29/9/2016 (Lopes do Rego), processo 201/13.1TBMIR-A.C1.S1, na *CJ-ASTJ* 24 (2016), 3, pp. 63-64.

[246] Incluem-se nestas as comissões devidas ao agente pela celebração de contratos, atenta a sua periodicidade. Cfr. Ac. RC 1/7/2008 (Barateiro Martins), em *CJ* 33 (2008), 3, pp. 39-40.

Em relação ao *início do prazo de prescrição*, a lei determina que este só se verifica a partir do momento em que o direito puder ser exercido (art. 306º, nº 1), ou seja, a partir do momento em que o credor tem a possibilidade de exigir do devedor que realize a prestação devida, o que ocorre a todo o tempo nas obrigações puras ou com prazo em benefício do credor, e após o decurso do prazo nas obrigações com prazo estipulado em benefício do devedor. Se a lei atribuir ao devedor um prazo de cumprimento posterior à verificação da interpelação (ex: art. 1148º, nº 1), o prazo de prescrição só se inicia após o decurso desse prazo (art. 306º, nº 1 *in fine*). Nas obrigações *cum potuerit* ou *cum voluerit* (cfr. art. 778º), a prescrição só se inicia após a morte do devedor (art. 306º, nº 3). No caso de o direito estar sujeito a condição suspensiva ou termo inicial, naturalmente que o prazo de prescrição só se inicia após a verificação da condição ou do termo (art. 306º, nº 3). No caso de se tratar de renda perpétua ou vitalícia ou outras prestações periódicas do mesmo tipo, a prescrição do direito unitário do credor só se inicia com a exigibilidade da primeira prestação que não for paga (art. 307º).

É de referir que a iliquidez da dívida não impede o início do prazo de prescrição, se cabia ao credor promover a liquidação e não o fez. Se o credor promover a liquidação, só após o apuramento do respectivo quantitativo por acordo ou sentença transitada em julgado, é que se verifica a respectiva prescrição (art. 306º, nº 4).

A lei prevê a possibilidade de ocorrer a *transmissão do prazo de prescrição*, sempre que se verificar uma transmissão do crédito ou da dívida. Efectivamente, o art. 308º, nº 1, vem estabelecer que a transmissão do direito, após o início do prazo de prescrição, não impede que este continue a correr. A mesma situação ocorre em caso de assunção de dívida, ressalvando-se, porém, a hipótese de a assunção implicar reconhecimento interruptivo da prescrição (art. 308º, nº 2).

O prazo da prescrição pode ser objecto de *suspensão* ou de *interrupção*. Ocorre a *suspensão do prazo da prescrição* quando a sua contagem é paralisada durante a verificação de certos factos ou situações a que a lei atribui esse efeito, contando-se no entanto após a sua cessação o lapso de tempo anteriormente decorrido (cfr. arts. 318º e ss.). Ocorre a *interrupção do prazo de prescrição* quando não apenas a sua contagem é paralisada em virtude de certos factos ou situações que a lei atribui esse efeito, mas também se inutiliza o prazo anteriormente decorrido (cfr. arts. 323º e ss.).

As causas suspensivas da prescrição podem dizer respeito a todo o curso da prazo da prescrição ou apenas ao seu termo. No primeiro caso, essas causas impedem que o prazo de prescrição se inicie ou continue a correr; no segundo caso apenas que se complete. Regra geral, a suspensão verifica-se em relação ao curso do prazo (arts. 318º, 319º, 320º, nº 1, *in principio* e nº 3, parte correspondente, e 321º), mas em certos casos prevê-se que ela se verifique apenas em relação ao seu termo (art. 320º, nº 1, *in fine* e nº 3, parte correspondente e 322º).

Entre as causas suspensivas relativas ao curso do prazo da prescrição temos em primeiro lugar as relações de casamento (art. 318º *a)*); poder paternal, tutela e curatela (art. 318º *b)*); administração de bens imposta por lei, determinação judicial ou de terceiro (art. 318º *c)*); administração de pessoa colectiva (art. 318º *d)*); contrato de trabalho doméstico (art. 318º *e)*); e ser o devedor titular de direito de usufruto ou penhor sobre o crédito (art. 318º *f)*). Para além disso, suspendem ainda a prescrição a prestação de serviço militar ou adstrição às forças militares (art. 319º); o estado de menoridade, interdição ou inabilitação (art. 320º); a ocorrência de força maior ou dolo por parte do obrigado nos últimos três meses do prazo (art. 321º)[247] e a indeterminação do titular da herança (art. 322º).

Entre as causas interruptivas da prescrição situa-se em primeiro lugar a citação ou notificação judicial de qualquer acto que exprima, directa ou indirectamente a intenção de exercer o direito, seja qual for o processo a que o acto pertence e ainda que o tribunal seja incompetente (art. 323º, nº 1)[248], sendo equiparada à citação ou notificação qualquer outro meio judicial pelo qual se dê conhecimento do acto àquele contra quem o direito

[247] No Ac. TC 105/2014 (Fernando Vaz Ventura), considerou-se "inconstitucional, por violação do direito a uma tutela jurisdicional efetiva em matéria administrativa, contido no nº 4 do artigo 268º, em articulação com o disposto no nº 2 do artigo 18º, ambos da Constituição, a interpretação normativa, extraída do nº 1 do artigo 321º do Código Civil, segundo a qual se inicia e corre um prazo prescricional, referente a uma pretensão indemnizatória, no momento em que são cognoscíveis pelo lesado os pressupostos do seu direito à indemnização, embora nesse momento ele esteja legalmente impedido de efetivá-lo, por inexistência de meio processual idóneo, apenas se suspendendo a prescrição nos últimos três meses do prazo".

[248] Pelo AUJ 3/98, de 26/3/1998, no D.R., I Série-A nº 109, de 12 de Maio de 1998, foi estabelecido o entendimento de que "a notificação judicial avulsa pela qual se manifesta a intenção do exercício de um direito é meio adequado à interrupção da prescrição desse direito, nos termos do nº 1 do art. 323º do Código Civil".

pode ser exercido (art. 323º, nº 4)[249]. Se, no entanto, a citação ou a notificação não se fizerem no prazo de cinco dias após terem sido requeridas, por causa não imputável ao requerente, a prescrição é interrompida logo que decorram os cinco dias (art. 323º, nº 2)[250]. Para além da citação ou notificação judicial, interrompem ainda a prescrição o compromisso arbitral, e, no caso de cláusula compromissória ou julgamento arbitral legalmente imposto, a citação ou notificação para o respectivo processo arbitral (art. 324º), bem como o reconhecimento do direito, efectuado pelo devedor perante o credor, o qual pode ser tácito, desde que resulte de factos que inequivocamente o exprimam (art. 325º). No caso de a interrupção da prescrição resultar de citação, notificação ou compromisso arbitral, o novo prazo de prescrição só se inicia após o trânsito em julgado da decisão que ponha termo ao processo (art. 327º).

5. Natureza da prescrição

Dissemos já que a prescrição constitui, face ao art. 304º, nº 1, uma excepção peremptória, uma vez que permite paralisar definitivamente um direito da contraparte, que deixa de poder ser exigido, ficando a tutela do credor limitada ao facto de a prestação realizada espontaneamente em cumprimento da obrigação prescrita não poder ser repetida (art. 304º, nº 2). Não parece, porém, adequado considerar que a obrigação prescrita se manteria vigente, ocorrendo apenas uma excepção que funcionaria para o devedor como uma causa de justificação do não cumprimento de carácter permanente, como pareceria resultar do art. 304º, nº 1. Efectivamente, como a situação jurídica do credor da obrigação prescrita é semelhante à do credor da obrigação natural, parece adequado antes qualificar a prescrição como uma hipótese de transformação da obrigação civil em obrigação natural, qualificação essa que tem importância para efeitos de aplicar ao cumprimento da obrigação prescrita as disposições dos arts. 403º e 615º,

[249] Nos termos do (hoje) art. 221º CPC devem ser aqui incluídas as notificações entre mandatários, como bem se decidiu no Ac. STJ 2/3/2011 (Salazar Casanova), em *CJ-ASTJ* 19 (2011), 1, pp. 106-107.

[250] Conforme se salienta no Ac. STJ 29/11/2016 (Garcia Calejo), processo 448/11.5TBSSB-AE1.S1, na *CJ-ASTJ* 24 (2016), III, pp. 118-121, só se pode considerar causa imputável ao requerente impeditiva de que a prescrição se interrompa ao fim de cinco dias se ele tiver infringido alguma regra processual, da qual resulte a não verificação da citação.

nº 2 C.C.[251]. Na medida em que recusámos atribuir a natureza de verdadeiras obrigações jurídicas às obrigações naturais[252], entendemos que a prescrição deve ser incluída entre as causas de extinção das obrigações.

[251] Neste sentido, vide VAZ SERRA, "Obrigações naturais", no *BMJ* 53 (1956), pp. 5-172 (58 e ss.), PESSOA JORGE, *Direito das Obrigações*, 1º, Lisboa, AAFDL, 1975-1976, pp. 641 e ss. e MENEZES CORDEIRO, *Obrigações*, 1º, p. 323 e 2º, p. 159. Há, no entanto, uma especialidade de regime da dívida prescrita relativamente às restantes obrigações naturais, consistente na necessidade de invocação da prescrição, que não pode ser suprida oficiosamente pelo tribunal (art. 303º).

[252] Cfr. o volume I desta obra, a pp. 127 e ss.

Secção III
A impossibilidade superveniente da prestação e o problema do risco nos contratos bilaterais e nos contratos reais

1. O regime da impossibilidade casual da prestação

Constitui igualmente uma causa de extinção das obrigações a impossibilidade da prestação, que nos surge referida nos arts. 790º e segs. No entanto, para que a impossibilidade da prestação possa acarretar a extinção da obrigação ela tem que ser superveniente, objectiva (salvo nas obrigações de prestação infungível), absoluta e definitiva.

Efectivamente, em primeiro lugar, a impossibilidade da prestação só extingue o vínculo obrigacional se for **superveniente**, ou seja, ocorrer após a constituição da dívida, uma vez que, se a impossibilidade for originária, o negócio considera-se nulo por impossibilidade do objecto (arts. 401º, nº 1 e 280º, nº 1), pelo que a obrigação não chega sequer a constituir-se[253].

[253] Esta solução tradicional foi posta em causa no Direito Alemão pela *Schuldrechtsmodernisierung* de 2001, passando agora o § 311a BGB a estabelecer que a validade do negócio não é prejudicada pela impossibilidade originária, a qual passa assim a ser sujeita ao mesmo regime da impossibilidade superveniente (cfr. neste âmbito ANDREA FEHRE, *Unmöglichkeit und Unzumutbarkeit der Leistung. Voraussetzung und Rechtsfolgen nach Inkrafttreten des Sculdrechtsmodernisierungsgesetz*, Berlin, Duncker & Humblot, 2005, pp. 24 e ss.. Idêntica solução foi igualmente adoptada em textos de harmonização dos diversos ordenamentos jurídicos, como o art. 3.3. dos Princípios UNIDROIT relativos aos Contratos Comerciais Internacionais, e o art. 4:102 dos *Principles of European Contract Law* (PECL). Defendendo solução senelhante no Direito Português, NUNO PINTO OLIVEIRA, *Direito das Obrigações*, Coimbra, Almedina, 2005, p. 140, e PAULO MOTA PINTO, *Interesse contratual negativo e interesse contratual positivo*, II, Coimbra, Coimbra Editora, 2008, pp. 1242 e ss. (1248) consideram o

Pode, no entanto, o negócio ser válido se a obrigação é assumida para o caso de a prestação se tornar possível, ou se, estando o negócio dependente de condição suspensiva ou de termo inicial, a prestação se tornar possível até à verificação da condição ou ao vencimento do termo (art. 401º, nº 2). Inversamente, a impossibilidade não deixa de ser superveniente e, por isso, não afecta a validade do negócio, quando, sendo o negócio celebrado sob condição ou a termo, a prestação é possível na data da conclusão do negócio, mas torna-se impossível à data da verificação da condição ou do vencimento do termo (art. 790º, nº 2).

Para produzir a extinção da obrigação, a impossibilidade tem igualmente que ser **objectiva**, ou seja, dizer respeito à prestação em si, independentemente da pessoa que a realizar. Se, por exemplo, alguém se obriga a rebocar um barco e este entretanto naufraga, a prestação impossibilita-se, uma vez que nem o devedor nem qualquer pessoa está em condições de realizar a prestação. Pelo contrário, se a impossibilidade for **subjectiva**, ou seja, disser respeito ao devedor, por apenas este estar impossibilitado de prestar, em princípio não ocorre a extinção da obrigação, já que, existindo uma legitimidade genérica para o cumprimento (art. 767º, nº 1), o devedor tem o dever de se fazer substituir por outrem nesse cumprimento[254]. Assim, por exemplo, um advogado que adoeça no dia do julgamento deve providenciar a sua substituição por um colega, podendo responder por incumprimento se o não fizer. Pode, porém, acontecer que o devedor não possa fazer-se substituir por terceiro no cumprimento, ou porque a prestação é infungível (art. 767º, nº 2) ou porque o facto que impossibilitou o devedor de realizar a prestação o impossibilitou igualmente de providenciar pela sua substituição (ex: doença súbita altamente incapacitante). Nestes casos, a impossibilidade relativa à pessoa do devedor produz igualmente a extinção da obrigação (art. 791º). Em todos os outros casos, porém, a impossibilidade de cumprimento que seja apenas relativa ao devedor não importa a extinção da obrigação[255].

requisito da possibilidade da prestação dos arts. 280º e 401º como direito dispositivo, o que não podemos acompanhar, pois é manifesto que o regime legal da validade dos negócios jurídicos é de natureza injuntiva.

[254] No Direito Alemão, a nova redacção do § 275 BGB aboliu igualmente a distinção entre impossibilidade objectiva e subjectiva, ao referir a impossibilidade ao devedor ou a qualquer outra pessoa. Cfr. Andrea Fehre, *op. cit.*, pp. 22 e ss.

[255] Por esse motivo, não se considera impossibilidade de cumprimento das obrigações pecuniárias a ausência de meios económicos por parte do devedor, uma vez que enquanto

A impossibilidade da prestação tem igualmente que ser **absoluta**, no sentido de que a prestação se torne efectivamente irrealizável, não bastando uma impossibilidade relativa, correspondente à maior dificuldade de realização da prestação. A impossibilidade relativa ou *difficultas praestandi* não importa a extinção da obrigação, embora possa desencadear a aplicação do instituto da alteração das circunstâncias, verificados os respectivos pressupostos[256].

Finalmente, para provocar a extinção da obrigação, a impossibilidade tem que ser **definitiva**. Efectivamente, se se verificar uma situação de impossibilidade temporária o devedor não responde pelo atraso no cum-

existir dinheiro em circulação não se pode considerar que se impossibilitou a prestação. Cfr. GALVÃO TELLES, *Obrigações*, p. 365, nota (1).

[256] É esta a solução genericamente aceite nos vários ordenamentos. No entanto, na doutrina alemã chegou a ser defendida por, HEINRICH STOLL, *Die Lehre von der Leistungsstörungen*, Tübingen, Mohr, 1936, pp. 17 e ss., 30 e ss., e 36 e ss. e HECK, *Grundriß des Schuldrechts*, Tübingen, Mohr, 1929, pp. 85 e ss., e posteriormente por LUDWIG ENNECCERUS / HEINRICH LEHMANN, *Recht der Schuldverhältnisse. Ein Lehrbuch* (vol. II do *Lehrbuch des Bürgerlichen Rechts*, de LUDWIG ENNECCERUS / THEODOR KIPP / MARTIN WOLFF), 15ª ed., Tübingen, Mohr, 1958, § 46 I 2 (*trad. esp.* de Blas Perez Gonzalez e José Alguer, sob o título *Derecho de Obligaciones*, Barcelona, Bosch, 1966, p. 241) e JAKOBS, *Unmöglichkeit und Nichterfüllung*, Bohn, Röhrscheid, 1969, p. 70, uma solução diferente, designada por doutrina do limite do sacrifício (*Opfergrenze*). Nos termos desta doutrina, se ocorresse um agravamento das condições da realização da prestação, que excedesse o que seria exigível como sacrifício ao devedor, à luz do princípio da boa fé, a situação seria equiparável à impossibilidade da prestação. Assim, casos de impossibilidade relativa ou económica poderiam igualmente determinar a extinção da obrigação, como na hipótese de as mercadorias a entregar pelo vendedor terem aumentado incomensuravelmente de preço, ou os custos de realização da empreitada se terem extraodinariamente elevado. Esta doutrina veio ser seguida entre nós por VAZ SERRA, "Anotação Ac. STJ 27/10/1970" na *RLJ* 104 (1971), pp. 214-215 e "Anotação Ac. STJ 21/12/1973", na *RLJ* 108 (1975), pp. 7-16 (9 e ss.).
A grande maioria da doutrina alemã sempre esteve, porém, contra a doutrina do limite do sacrifício, considerando que o agravamento das condições de realização da prestação só pode relevar como alteração das circunstâncias, não como impossibilidade da prestação, já que esta é entendida em sentido físico ou jurídico e não em sentido económico (cfr. LARENZ, *Schuldrecht* I, § 21, I *e)*, pp. 318 e ss., e WOLFGANG FIKENTSCHER, *Schuldrecht*, 9ª ed., Berlin, De Gruyter, 1997, § 42 IV 1, nº 315, p. 318; em FIKENTSCHER/HEINEMANN, *Schuldrecht* § 42 III 2, p. 369, após a reforma do Direito das Obrigações alemão essa posição deixa de ser referida). Esta foi também a posição da maioria da nossa doutrina (cfr. MANUEL A. DOMINGUES DE ANDRADE, *Teoria Geral das Obrigações*, com a colaboração de Rui de Alarcão, Coimbra, Almedina, 1966, pp. 405 e ss., ANTUNES VARELA, *Obrigações*, II, pp. 68 e ss., ALMEIDA COSTA, *Obrigações*, p. 1075 e nota (2), MENEZES CORDEIRO, *Obrigações*, 2º, pp. 174-175 e RIBEIRO DE FARIA, *Obrigações*, II, pp. 346 e ss.).

primento (art. 792º, nº 1), mas continua adstrito à realização da prestação. A impossibilidade temporária é, porém, convertida em definitiva, logo que o credor perca o interesse na realização da prestação (art. 792º, nº 2).

Se a impossibilidade revestir estas características, determina a extinção da obrigação (art. 790º, nº 1), ficando em consequência o devedor exonerado e suportando o credor o risco, através da perda do seu direito de crédito, pelo que deixa de poder exigir do devedor a prestação. Pode, porém, suceder, no âmbito das obrigações divisíveis, que a impossibilidade diga respeito, não à totalidade da prestação, mas apenas a uma parte dela. Neste caso, a lei determina que o devedor se exonera mediante a prestação do que for possível, devendo, neste caso, ser proporcionalmente reduzida a contraprestação a que a outra parte estiver vinculada (art. 793º, nº 1). No entanto, se o credor não tiver justificadamente interesse na prestação parcial pode resolver o negócio (art. 793º, nº 2).

A lei admite, porém, que, se o devedor adquirir, em consequência do facto que tornou impossível a prestação, um direito sobre certa coisa ou contra terceiro em substituição do objecto da prestação, o credor possa exigir a prestação dessa coisa, ou substituir-se ao devedor na titularidade do direito que este tiver adquirido contra o terceiro (art. 794º, nº 1). É o denominado *commodum* de representação, que se destina a corrigir o enriquecimento do devedor que obtém, através do facto que torna impossível a prestação, simultaneamente a extinção da sua obrigação e outro benefício, determinando-se a atribuição desse benefício ao credor[257].

2. Situações equiparáveis à impossibilidade da prestação: a frustração do fim da prestação e a realização do interesse do credor por outra via

Cabe agora examinar uma outra questão, que é a de determinar qual o regime aplicável às situações em que ainda é possível realizar a conduta a que o devedor se vinculou, mas já não é possível através desta a satisfação do interesse do credor, uma vez que ou a prestação se tornou inidónea para esse fim, ou o interesse do credor já se encontra satisfeito por outra

[257] Assim, por exemplo, se o devedor se compromete a entregar ao credor os frutos da sua propriedade e estes perecem, fica exonerado da sua obrigação. Se, porém, vier a receber o seguro da colheita ou um subsídio para compensar a sua perda, deve atribuí-los ao credor, uma vez que foi este que suportou o prejuízo da perda do seu crédito, enquanto o devedor não sofre prejuízos, já que ficou exonerado da sua obrigação.

via[258]. Pense-se, por exemplo, no caso em que o cirurgião se compromete a realizar uma operação cirúrgica, mas verifica-se que a doença alastrou de tal forma que a realização da operação já não é susceptível de implicar melhorias ao doente, ou, na hipótese inversa, de o doente já se ter curado antes da operação. Nestes casos, a conduta a que o devedor se comprometeu ainda é possível, mas, uma vez que dela não pode resultar qualquer utilidade para o credor, não faria qualquer sentido que o devedor a realizasse.

A via ensaiada por alguma doutrina alemã para resolver esta questão passou pelo seu enquadramento no âmbito da impossibilidade da prestação, considerando-se que esta abrangeria tanto as situações em que já não fosse possível a realização da conduta devida, como aquelas em que a conduta devida fosse insusceptível de permitir a satisfação do interesse do credor. Defendeu-se, por isso, um conceito alargado de prestação, aplicável no âmbito do direito da impossibilidade, que abrangeria tanto a acção de prestar (*Leistungshandlung*) como o próprio resultado da prestação (*Leistungserfolg*)[259]. A esta posição opuseram-se, porém outros autores que consideram que este tipo de situações não se pode reconduzir à impossibilidade da prestação, correspondendo antes a casos de desaparecimento da base do negócio[260].

A doutrina portuguesa tem igualmente hesitado na forma de resolver esta questão. Vaz Serra parece inclinar-se para a integração dos casos de

[258] Cfr. João Baptista Machado, "Risco contratual e mora do credor (Risco da perda do valor-utilidade ou do rendimento da prestação e de desperdício da capacidade de prestar vinculada)", na *RLJ* 116 (1983-1984), pp. 166-171, 194-198, 225-227, 258-263, 334-337, 357-360, e 117 (1984-1985), pp. 13-16 e 41-45 (168 e ss.), e em ID, *Obra dispersa*, I, Braga, Scientia Iuridica, 1991, pp. 257-343 (264 e ss.), Antunes Varela, *Obrigações*, II, pp. 74 e ss., Ribeiro de Faria, *Obrigações*, II, pp. 359 e ss., Calvão da Silva, *Cumprimento e Sanção Pecuniária Compulsória*, Separata do *BFD* 30, Coimbra, 1987, pp. 82 e ss. e Maria de Lurdes Pereira, *Conceito de prestação e destino da contraprestação*, Coimbra, Almedina, 2001, pp. 11 e ss., 27 e ss., 35 e ss. e *passim*.

[259] O primeiro autor a sustentar esta posição é Franz Wieacker, "Leistungshandlung und Leistungserfolg im bürgerlichen Schuldrecht", em AAVV, *Festschrift für Hans Carl Nipperdey zum 70. Geburtstag*, I, München/Berlin, Beck, 1965, pp. 783-813. Posteriormente, veja-se Beuthien, *Zweckerreichung und Zweckstörung im Schuldverhältnis*, Tübingen, Mohr, 1969, pp. 16 e ss. , 159 e ss., 245 e ss., 251 e ss. e *passim*.

[260] Cfr. Helmut Köhler, *Unmöglichkeit und Gestchäftsgrundlage bei Zweckstörungen im Schuldverhältnis*, München, Beck, 1971, pp. 22 e ss., 84 e ss., 176 e ss., 197 e ss. e *passim* e Karl Larenz, *Schuldrecht* I, § 21 I 1, pp. 327-328.

frustração do fim no âmbito da alteração das circunstâncias[261]. Já ANTUNES VARELA, embora sustente que o conceito de prestação não pode abranger o interesse do credor, defende que a prestação pode ser igualmente aferida em relação a condicionalismos externos à conduta do devedor, cuja falta geraria uma verdadeira situação de impossibilidade[262]. Também RIBEIRO DE FARIA defende que os casos de frustração do fim da prestação e de obtenção do interesse do credor por outra via significam sempre, ou trazem em si contida, a impossibilidade da prestação (art. 790º)[263].

A nosso ver, estes casos não se reconduzirão a hipóteses de impossibilidade de prestação, uma vez que a acção abstracta de prestar se mantém como possível. No entanto, o facto de o credor não vir a retirar qualquer benefício da acção do devedor torna disfuncional a realização da prestação, que deve corresponder necessariamente a um interesse do credor (art. 398º, nº 2). Justifica-se, por isso, plenamente a equiparação dessas situações à impossibilidade para efeitos de exoneração do devedor.

3. O risco nos contratos sinalagmáticos

3.1. A distribuição do risco em caso de verificação da impossibilidade da prestação

O regime da impossibilidade da prestação apresenta especialidades no caso dos contratos bilaterais ou sinalagmáticos, uma vez que, em relação a eles, o princípio da interdependência das prestações, que está na base do sinalagma funcional, impede que uma prestação possa ser realizada sem que a outra o seja, o que implica uma distribuição do risco em termos diferentes do que aqueles que resultariam da simples atribuição ao credor respectivo do risco do perecimento da prestação que lhe era devida. Por força do sinalagma, a impossibilidade da prestação vai afectar não apenas o seu credor, mas ambas as partes do contrato, o que implica a solução prevista no art. 795º: o credor fica desobrigado da contraprestação, e tem o direito, se já a tiver realizado, de exigir a sua restituição nos termos previstos para o enriquecimento sem causa.

Assim, nos contratos sinalagmáticos a impossibilidade de uma das prestações não é apenas causa de extinção do direito do credor (art. 790º),

[261] Cfr. VAZ SERRA, "Anotação ao Ac. STJ 6/4/1978", na *RLJ* 111 (1979), pp. 345-352 e 354-356 (348, e nota (3)).

[262] Cfr.. ANTUNES VARELA, *Obrigações*, p. 76.

[263] Cfr. RIBEIRO DE FARIA, *Obrigações*, II, p. 364.

mas antes causa de extinção de todo o contrato, acarretando a caducidade deste, sendo distribuído o risco por ambas as partes através da extinção recíproca das suas obrigações. Neste caso, se uma das prestações já estivesse realizada, poderia ser pedida a restituição por enriquecimento sem causa, com fundamento no desaparecimento superveniente da causa para a recepção da prestação (*condictio ob causam finitam*; cfr. art. 473º, nº 2)[264].

A extinção do direito do credor à contraprestação não se verificará, porém, no caso em que a impossibilidade da prestação determine o surgimento do *commodum* de representação (art. 794º) e o credor pretenda exercer esse direito. Nesse caso, e uma vez que se mantém a vinculação do devedor, ainda que com diferente objecto, não se pode considerar que o credor fique exonerado da contraprestação. Como, porém, o credor não é obrigado a exercer o seu direito ao *commodum* de representação, deve-se considerar que nestes casos o credor tem o direito de optar entre a exoneração da sua obrigação ou o exercício do *commodum* de representação mantendo a sua vinculação[265].

Pode, porém, suceder que a impossibilidade da prestação seja imputável ao credor. Neste caso, não deixa de se verificar a exoneração do devedor em relação à sua obrigação, mas já não pareceria correcto que essa exoneração viesse a acarretar também a extinção da correspondente obrigação do credor, uma vez que lhe é imputável a situação. Daí que a lei disponha que, quando a prestação se torna impossível por causa imputável ao credor, este não fica desobrigado da contraprestação, sucedendo apenas que, se o devedor tiver algum benefício com a exoneração, pode esse benefício vir a ser descontado na contraprestação (art. 795º, nº 2).

[264] Cfr. MENEZES LEITÃO, *O enriquecimento*, pp. 510 e ss., reed., pp. 492 e ss.

[265] A aplicação do *commodum* de representação à hipótese prevista no art. 795º é reconhecida pela doutrina, dependendo nesta situação a extinção da contraprestação de o credor não vir a exigir o *commodum*. Se o credor optar pelo recebimento do *commodum* de representação não fica desobrigado da contraprestação, nem pode exigir a restituição do enriquecimento, na hipótese de a já ter realizado. Cfr. VAZ SERRA, "Impossibilidade superveniente por causa não imputável ao devedor e desaparecimento do interesse do credor" em *BMJ* 46, pp. 5-152 (67 e ss.), PIRES DE LIMA / ANTUNES VARELA, *op. cit.*, II, pp. 49-50, ANTUNES VARELA, *Obrigações*, II, pp. 84-85 e MENEZES LEITÃO, *O Enriquecimento*, p. 512, reed., pp. 494-495. Na Alemanha esta solução consta expressamente do hoje § 326, III BGB (anteriormente § 323 II BGB). Cfr. LARENZ, *Schuldrecht* I, § 21 I, p. 310.

3.2. O problema da frustração do fim da prestação ou da realização do interesse do credor por outra via

Também no âmbito do contrato sinalagmático pode ocorrer a impossibilidade de obtenção do fim visado com a prestação, ou a satisfação do interesse do credor por outra via, como na hipótese de o credor contratar um pintor para pintar a sua casa, e esta vir a ruir, ou um reboque para transportar o seu carro avariado, que de repente começa a funcionar. Nestes casos, a doutrina alemã tem discutido se, independentemente da exoneração do devedor – que é indubitável – se deve ou não admitir que o credor fique totalmente desonerado da contraprestação, já que o devedor neste caso se desloca efectivamente perante ele a oferecer-lhe a prestação que só por um factor externo à sua conduta não vem a ser realizada[266]. A solução propugnada neste ordenamento tem sido restringir a previsão da exoneração simultânea do credor em caso de impossibilidade da prestação (§ 326 BGB, anteriormente §323 BGB), a partir das normas sobre os contratos de locação, prestação de serviços e empreitada (§§ 537 – anteriormente 552 –, 615 e 645 BGB) que admitem que, quando a prestação não se realize por factores relativos à esfera do credor, mesmo que não lhe sejam imputáveis, o devedor continue com a possibilidade de exigir a contraprestação, ou, pelo menos uma compensação pelo que já realizou[267].

A nossa doutrina tem igualmente equacionado este problema. ANTUNES VARELA sustentou que repugnaria ao espírito do art. 795º a solução de obrigar o credor a realizar a contraprestação, mas que também seria injusto deixar o devedor sem qualquer compensação, pelo que propugna a aplicação analógica do regime da gestão de negócios, reconhecendo ao devedor da prestação de serviços que, sem culpa sua, se tornou impossível, o direito a ser indemnizado, quer das despesas que fez, quer do prejuízo que sofreu (art. 468º)[268]. BAPTISTA MACHADO e RIBEIRO DE FARIA vieram igualmente defender a não aplicação do art. 795º a esta situação, prevendo antes o seu enquadramento no art. 1227º, com a solução de que o

[266] Conforme refere HELMUT KÖHLER, *op. cit.*, p. 30, a exoneração total do credor faz sentido nos casos em que o devedor de uma prestação de coisa, se desloca perante o credor, de mãos vazias, a exigir a contraprestação, mas já não quando o devedor se desloca perante o credor, pronto a realizar a prestação, e é informado que, em virtude de factores relacionados com a esfera do credor, já não tem que o fazer.

[267] Cfr. LARENZ, *Schuldrecht* I, § 21 I, pp. 313-314.

[268] Cfr. ANTUNES VARELA, *Obrigações*, II, p. 85.

devedor suporta a perda da sua remuneração, mas tem direito a ser indemnizado pelo trabalho efectuado e despesas realizadas[269].

Por nosso lado, entendemos que a situação corresponde efectivamente a uma lacuna da lei, havendo que proceder à integração analógica da regra cuja aplicação ao caso omisso se apresente como mais adequada. Parece-nos, porém, que será mais correcta a utilização para o efeito do art. 1227º, atento o carácter singular do instituto da gestão de negócios.

3.3. O risco nos contratos reais de alienação

Nos contratos reais, é igualmente estabelecida uma distribuição do risco distinta do que a que resultaria da aplicação do regime da impossibilidade da prestação, ou mesmo do regime dos contratos sinalagmáticos[270]. Efectivamente, não está aqui em causa apenas a distribuição do risco pela impossibilidade de prestações, mas igualmente o risco pelo perecimento ou deterioração da coisa que é objecto de transmissão. Ora, a regra geral, resultante do brocardo *res perit domino*, é a de que o risco pelo perecimento ou deterioração da coisa cabe ao que for proprietário dela, no momento em que tal evento se verifica. Daí que, se já houve transmissão da propriedade sobre a coisa objecto da obrigação de entrega, o seu perecimento não possa importar a extinção do direito à contraprestação, já que, conforme resulta do art. 796º, nº 1, "nos contratos que importem a transferência do domínio sobre certa coisa ou que constituam ou transfiram um direito real sobre ela, o perecimento ou deterioração da coisa por causa não imputável ao alienante corre por conta do adquirente"[271]. O devedor fica assim exonerado da sua obrigação, mas o credor, uma vez que suporta o risco, continua onerado com a sua contraprestação[272].

[269] Cfr. Baptista Machado, *RLJ* 116 (1984), p. 334 = *Obra dispersa*, I, p. 306 e Ribeiro de Faria, *Obrigações*, II, p. 306.

[270] Cfr. Nuno Aureliano, *O risco nos contratos de alienação. Contributo para o estudo do Direito Privado Português*, Coimbra, Almedina, 2009.

[271] Não têm, por isso, razão Pedro Múrias / Maria de Lurdes Pereira, "Prestações de coisa: transferência do risco e obrigações de *reddere*", em *CDP* nº 23 (Julho/Setembro 2008), pp. 3-16, quando pretendem relacionar a questão do risco com a prestação de coisa. Efectivamente nos contratos reais, o que determina a distribuição do risco é antes a transferência da propriedade (art. 796º, nº 1).

[272] Assim, por exemplo, se alguém vender um objecto, que todavia permanece na casa do devedor, à espera que o credor o vá buscar, o facto de o objecto ser posteriormente furtado não exonera o credor do pagamento do preço respectivo. Esta regra já se encontrava expressa

Este regime explica-se em virtude de, após a alienação da propriedade, e mesmo que não ocorra logo a entrega da coisa, a posição do devedor em relação à coisa se alterar, já que ele passa a funcionar como mero depositário da mesma, não retirando qualquer benefício pela sua guarda, pelo que não seria correcto que suportasse o risco pela sua perda ou deterioração. Efectivamente, o risco pelo perecimento ou deterioração da coisa é legalmente associado ao proveito que dela se retira, o qual compete, em princípio, ao proprietário, que após a transmissão passa a poder exigir do devedor a sua entrega.

A transferência da propriedade acarreta, assim, a transferência do risco pela perda ou deterioração da coisa. Conforme se salientou[273], em relação a coisas determinadas a transferência da propriedade ocorre com a celebração do contrato (art. 408º, nº 1), pelo que neste caso o adquirente suporta imediatamente o risco pela perda ou deterioração da coisa. Se, porém, o contrato respeitar a coisas futuras, indeterminadas, frutos naturais ou partes componentes e integrantes de uma coisa, a transferência da propriedade dá-se em momento posterior ao da celebração do contrato (art. 408º, nº 2), pelo que é também só nesse momento que ocorre a transferência do risco. No caso de coisas futuras, esse momento consiste na aquisição da coisa pelo alienante. No caso de coisas indeterminadas, esse momento verifica-se com a determinação da coisa com conhecimento de ambas as partes, salvo na hipótese das obrigações genéricas em que a transferência ocorre com a concentração da obrigação (arts. 540º e 541º). Finalmente, no caso de frutos naturais ou partes componentes ou integrantes, a transferência da propriedade, e consequentemente do risco, ocorre no momento da colheita ou da separação.

A lei regula ainda no art. 796º, nºs 2 e 3, bem como no art. 797º, regras especiais de distribuição do risco, que não deixam de corresponder ao princípio previsto no art. 796º, nº 1.

Assim, o art. 796º, nº 2, vem estabelecer que "se, porém, a coisa tiver continuado em poder do alienante em consequência de termo estabelecido a seu favor, o risco só se transfere com o vencimento do termo ou a entrega da coisa, sem prejuízo do disposto no art. 807º". Será, por exemplo,

no Direito Romano em Inst.3.23.3.: "*Cum autem emptio et venditio contracta sit (quod effici diximus simulatque de pretio convenerit, cum sine scriptura res agitur), periculum rei venditae statim ad emptorem pertinet, tametsi adhuc ea res emptori tradita non sit*".

[273] Cfr. o vol. I desta obra, Parte I, Secção II, nº 1.2.3.1., a pp. 199 e ss.

o caso de alguém vender um quadro, mas estabelecer que a sua entrega só ocorrerá passado um mês, em virtude de o pretender exibir numa exposição. Se o quadro vier a ser destruído fortuitamente dentro desse prazo, é o vendedor que suporta o risco. Efectivamente, o facto de o termo ter sido estabelecido a favor do alienante significa que este não se pode considerar como mero depositário da coisa, mas antes que se encontra a utilizá-la em seu próprio proveito, o que justifica que suporte o risco pela sua perda ou deterioração. Se, apesar da transferência da propriedade, o alienante ainda se encontra a tirar proveito da coisa, não faria sentido que a lei fizesse correr por conta do adquirente o risco pela sua perda ou deterioração. Assim, o risco só se transfere para o adquirente, ou com o vencimento do termo – caso em que o alienante deixa de beneficiar do prazo para a utilização da coisa, passando a funcionar como mero depositário da mesma – ou com a entrega da coisa, caso em que passa a ser o adquirente a utilizar a coisa. Naturalmente que, porém, se o alienante se constituir em mora quanto à obrigação de entrega, a mora acarreta a inversão do risco, nos termos do art. 807º.

O art. 796º, nº 3 estabelece ainda que "quando o contrato estiver dependente de condição resolutiva, o risco do perecimento durante a pendência da condição corre por conta do adquirente se a coisa lhe tiver sido entregue; quando for suspensiva a condição, o risco corre por conta do alienante durante a pendência da condição". A primeira solução é facilmente explicável, em virtude de a condição resolutiva, apesar da sua eficácia retroactiva (art. 276º), não impedir a transmissão da propriedade durante a pendência da condição (art. 1307º, nº 1), o que, associado à entrega da coisa, faz supor que é o adquirente que se encontra a tirar proveito dela, justificando-se assim que seja ele a suportar o risco. Já quanto à condição suspensiva, a sua aposição ao contrato significa que a propriedade não se transmitiu, sendo apenas eventual a possibilidade da sua transmissão, pelo que não se justifica que seja o adquirente a suportar o risco pela perda ou deterioração da coisa, mesmo que esta lhe seja entregue, já que sem a transmissão da propriedade, a situação corresponde à de mera detenção[274].

[274] Conforme já se referiu, este regime não é aplicável à venda com reserva de propriedade, onde é o comprador que suporta o risco pela perda ou deterioração da coisa. Cfr. o vol. I desta obra, Parte I, Secção II, nº 1.2.3.2., a pp. 202 e ss., bem como o vol. III, Parte VI, Secção I, nº 6.3.2., a pp. 58 e ss.

A lei prevê ainda o caso especial da promessa de envio no art. 797º. Nos termos desta disposição, "quando se trate de coisa que, por força da convenção, o alienante deva enviar para local diferente do lugar do cumprimento, a transferência do risco opera-se com a entrega ao transportador ou expedidor da coisa ou à pessoa indicada para execução do envio". Esta norma é manifestamente apenas aplicável às obrigações genéricas (art. 541º), já que em relação às obrigações que têm por objecto coisa determinada, a transferência do risco ocorre com a celebração do contrato e, portanto, muito antes do envio[275]. A norma dispõe que quando o devedor se obriga a enviar a coisa para local diferente do local do cumprimento (dívida de envio), a transferência do risco ocorre antes da entrega ao credor no destino, operando-se logo que se efectua a sua entrega ao transportador.

[275] Neste sentido, vide expressamente RIBEIRO DE FARIA, *Obrigações*, II, p. 384, nota (1), PAULO MOTA PINTO, *Declaração*, pp. 594 e ss., em nota, e LURDES PEREIRA, *Conceito*, pp. 205-206, nota (556). Em sentido contrário, veja-se, porém, NUNO AURELIANO, *Risco*, pp. 329 e ss.

Secção IV
A alteração das circunstâncias

1. O debate jurídico em torno da questão da alteração das circunstâncias e a sua recepção no direito português

A alteração das circunstâncias corresponde a uma situação em que se verifica a contradição entre dois princípios jurídicos: o princípio da autonomia privada, que exige o pontual cumprimento dos contratos livremente celebrados, e o princípio da boa fé, nos termos do qual não será lícito a uma das partes exigir da outra o cumprimento das suas obrigações sempre que uma alteração do estado de coisas posterior à celebração do contrato tenha levado a um desequilíbrio das prestações gravemente lesivo para essa parte.

A doutrina tem vindo, por isso, a tentar ensaiar soluções que permitam a uma das partes libertar-se do contrato, sempre que se verifique essa alteração das circunstâncias gravemente lesiva[276]. A primeira solução ensaiada foi a da *clausula rebus sic stantibus*, proposta por Bartolus e que veio a admitir condicionar o contrato à manutenção do estado de coisas subjacente à sua celebração, extinguindo-se este, portanto, sempre que se verificasse alteração desse estado de coisas. No entanto, esta doutrina tem o defeito

[276] Para uma análise detalhada sobre esta evolução doutrinária cfr. Menezes Cordeiro, *Da Boa Fé no Direito Civil*, Coimbra, Almedina, 1984, pp. 903 e ss., *Da alteração das circunstâncias. A concretização do art. 437º do Código Civil à luz da jurisprudência posterior a 1974*, Lisboa, Separata dos Estudos em Memória do Prof. Doutor Paulo Cunha, 1987, e e *Tratado*, IX, pp. 549 e ss. e Menezes Leitão, *O enriquecimento*, pp. 350-352 e nota (70), e pp. 519-522 e notas (72) a (76), reed., pp. 340-341, e nota (958), e pp. 501-504, e notas (1438) a (1442), que seguiremos nas páginas seguintes. Cfr. ainda Mario Bessone, *Adempimento e rischio contratuale*, Milano, Giuffrè, 1975, pp. 56 e ss.

de exigir uma prévia estipulação desta cláusula pelas partes, sem o que o princípio *pacta sunt servanda* exigiria o integral cumprimento das obrigações assumidas na contratação. Assim, a tutela da alteração das circunstâncias ficaria exclusivamente dependente das prévias cautelas negociais das partes, deixando estas totalmente desprotegidas contra as alterações das circunstâncias que não tiveram o cuidado de prever, as quais são justamente as mais lesivas. Neste termos, a doutrina da *clausula rebus sic stantibus* apresenta-se como inadequada.

Nos meados do séc. XIX veio WINDSCHEID procurar resolver o problema da alteração das circunstâncias através do que denominou de teoria da pressuposição (*Voraussetzung*). De acordo com a sua tese, a pressuposição pertence às autolimitações da vontade, devendo colocar-se a par da condição, do termo e do modo. A pressuposição seria uma condição não desenvolvida (uma autolimitação da vontade, que não se desenvolveu a ponto de constituir uma condição), expressa ou tacitamente manifestada, mas cognoscível pela outra parte, que determinaria que a declaração de vontade ficasse dependente de um determinado estado de coisas, o qual, se não existisse, não se concretizasse, ou deixasse de existir, levaria a que a relação jurídica constituída através dessa declaração de vontade se tornasse ineficaz, podendo, em consequência, ser recusado o cumprimento dessa obrigação, ou exigida a sua restituição[277].

A doutrina alemã, no entanto, rejeitou claramente a doutrina da pressuposição de WINDSCHEID, por considerar que ela punha em causa a segurança jurídica na contratação. Essa rejeição da doutrina levou à busca de outras soluções para resolver o problema da alteração das circunstâncias. Surge assim em 1921 a teoria da base do negócio, da autoria de PAUL

[277] Cfr. WINDSCHEID/KIPP, *Lehrbuch*, II, §§ 423 e ss., pp. 880 e ss. A teoria da pressuposição de WINDSCHEID aparece pela primeira vez no estudo *Zur Lehre des Code Napoleon von der Ungültigkeit der Rechtsgeschäfte*, Düsseldorf, Buddeus, 1847, pp. 271-297 e é desenvolvida com apoio nos textos romanos na obra *Die Lehre des römischen Rechts von der Voraussetzung*, Düsseldorf, Julius Buddeus, 1850, reimp. Napoli, Jovene, 1982, *passim*, maxime pp. 1-11, tendo o autor ainda escrito o artigo "Die Voraussetzung" em *AcP* 78 (1892), pp. 161-202 = BERNHARD WINDSCHEID, *Gesammelte Reden und Abhandlungen*, Leipzig, Duncker & Humblot, 1904, pp. 375-409, em resposta a críticas que lhe foram efectuadas, essencialmente por LENEL. Cfr. ainda WILHELM SIMSHÄUSER, "Windscheids Voraussetzungslehre rediviva", em *AcP* 172 (1972), pp. 19-38, HELMUT COING, *Europäisches Privatrecht*, II- *19. Jahrhundert*, München, Beck, 1989, p. 445, MENEZES CORDEIRO, *Da Boa Fé*, II, pp. 969 e ss., e MENEZES LEITÃO, *O Enriquecimento*, pp. 350-352 e nota (70), reed., pp. 340-341, e nota (958).

OERTMANN. Para este autor, a base do negócio pode ser definida em termos subjectivos como a representação de uma das partes, manifestada no momento da conclusão do negócio, cujo conteúdo é reconhecido e não rejeitado pela contraparte ou a representação comum de ambas as partes sobre a existência ou sobre a verificação de determinadas circunstâncias, com base nas quais é construída a vontade negocial[278]. A base do negócio distinguir-se-ia da pressuposição, em virtude de esta ser fundamento ou elemento de uma única declaração negocial, enquanto a base do negócio não se refere a uma declaração negocial, mas a todo o negócio em globo[279] e de a pressuposição pressupor apenas a sua cognoscibilidade pela outra parte, enquanto relativamente à base do negócio se exigiria o conhecimento positivo. A fundamentação da relevância jurídica da base do negócio estaria no princípio da boa fé, previsto no § 242 BGB.

A tese de OERTMANN teve grande sucesso na doutrina alemã, que ainda hoje fala em desaparecimento da base do negócio (*Wegfall des Geschäftsgrundlage*) para designar o problema da alteração das circunstâncias. No entanto, o subjectivismo que lhe estava subjacente, veio suscitar críticas por parte de autores que defenderam uma concepção objectiva da base do negócio. Foi o caso de EUGEN LOCHER, que defendeu não poder assentar a base do negócio na representação das partes sobre determinadas circunstâncias, mas antes no carácter causal dessas circunstâncias para a obtenção do fim negocial[280]. A base do negócio seria assim constituída pelas "circunstâncias necessárias para a obtenção do fim negocial com os meios negociais"[281].

Este debate entre uma concepção subjectiva ou objectiva veio a ter reflexos na doutrina alemã. Inicialmente, e devido à influência de OERTMANN, a jurisprudência alemã veio a seguir a formulação subjectiva da base do negócio[282]. No entanto, a sua difícil delimitação relativamente aos

[278] Cfr. PAUL OERTMANN, *Die Geschäftsgrundlage, ein neuer Rechtsbegriff*, Leipzig/Erlangen, Deichert/Scholl, 1921, p. 37.

[279] Cfr. OERTMANN, *Die Geschäftsgrundlage*, pp. 29-31.

[280] Cfr. EUGEN LOCHER, "Geschäftsgrundlage und Geschäftszweck" em *AcP* 121, pp. 1-111 (6 e ss.)

[281] Cfr. LOCHER, *op. cit.*, pp. 71-72.

[282] Cfr. "RG 14/4/1937" em *JW 1937*, pp. 2036-2037, "RG 15/12/1941" em *RGZ* 168 (1942), pp. 121-128, ""BGH 14/7/1953" em *NJW* 1953, pp. 1585-1586; e "BGH 23/10/1957" em *BGHZ* 25 (1958), pp. 390-395.

motivos da declaração, juridicamente irrelevantes, levou a jurisprudência alemã desde muito cedo a atribuir peso decisivo à execução do contrato, exigindo-se que a falta ou desaparecimento da base do negócio provocasse ao devedor desvantagens graves e insuportáveis, como seriam exemplo os casos de guerra e desvalorização monetária[283]. Desta forma, a base do negócio abandona a fundamentação contratual e passa a ter antes uma fundamentação no princípio da boa fé (§ 242 BGB), nos termos do qual o princípio do cumprimento dos contratos deixa de se aplicar, quando o seu respeito levaria a resultados intoleráveis, de acordo com o direito e a justiça.

Seguidamente, KARL LARENZ, assumidamente influenciado por essas correntes jurisprudenciais[284] veio defender uma concepção mista da base do negócio que abrangesse tanto a base do negócio objectiva como a subjectiva. A base do negócio subjectiva corresponderia à representação comum ou expectativa de ambas as partes, que as levou à conclusão do negócio e que, se fosse conhecida a sua inexactidão, ele não teria sido celebrado com esse conteúdo, ou não teria honestamente sido obtido da contraparte. A base do negócio objectiva abrangeria qualquer circunstância cuja verificação ou manutenção seja objectivamente necessária para que o contrato possa subsistir como uma regulação que faça sentido. Em consequência verificar-se-ia o seu desaparecimento nas hipóteses de perturbação da equivalência contratual ou quando no contrato se estabeleceu um fim essencial que posteriormente se verifica como inatingível[285].

Mais tarde FIKENTSCHER veio colocar a questão da base do negócio no âmbito da tutela da confiança e da distribuição do risco contratual, entendendo que ela reside numa base de confiança de uma das partes em determinadas circunstâncias, que não fazendo parte da distribuição do risco contratual, têm, no entanto, um significado tão grande no risco do contrato, que o desvio da realidade em relação à representação das partes relativamente ao fim contratual torna insuportável a manutenção do contrato[286].

[283] Cfr. "RG 6/1/1923" em *RGZ* 106 (1923), pp. 7-11, "RG 29/10/1923" em *RGZ* 107 (1924), pp. 124-129; "RG 1/12/1936" em *RGZ* 152 (1937), pp. 403-404; "RG 16/2/1937" em *RGZ* 153 (1937), p. 356-366, "RG 3/8/1968" em *RGZ* 158 (1939), pp. 166-176; "BGH 15/2/1951" em *BGHZ* 1 (1951), pp. 170-176 e "BGH 23/10/1951" em *JZ* 1952, pp. 145-147.

[284] Cfr. KARL LARENZ, *Geschäftsgrundlage und Vertragserfüllung*, 3ª ed., München/Berlin, Beck, 1963, pp. 20 e ss., 52 e ss. e 109 e ss.

[285] Cfr. KARL LARENZ, *Geschäftsgrundlage*, pp. 156 e ss., *maxime* pp. 184 e ss.

[286] Cfr. FIKENTSCHER, *Die Geschäftsgrundlage als Frage des Vertragsrisikos*, München, Beck, 1971, *maxime*, pp. 35 e ss.

Posteriormente na reforma do Direito das Obrigações alemão, instituída pela Lei da Modernização do Direito das Obrigações (*Schuldrechtsmodernisierungsgesetz*) veio expressamente a incluir-se no B.G.B. uma disposição contemplando a alteração das circunstâncias (§ 313), assim se consagrando legislativamente os avanços doutrinários e jurisprudenciais neste âmbito.

A discussão em torno do problema da alteração das circunstâncias veio desde cedo a ter reflexos em Portugal, desde o princípio do século XX, altura em que é recebida entre nós a doutrina da pressuposição. Efectivamente, apesar da sua rejeição integral na Alemanha, curiosamente, e em virtude da tradução da obra de WINDSCHEID para italiano, essa doutrina veio a ser recebida nos países latinos com bastante sucesso, e principalmente em Portugal, onde foi defendida por GUILHERME MOREIRA, JOSÉ GABRIEL PINTO COELHO e TABORDA FERREIRA[287].

Posteriormente, a elaboração alemã sobre a base do negócio vem também a ser recebida entre nós, primeiro por LUÍS CABRAL DE MONCADA, que chamou a atenção para a rejeição integral dos termos amplos em que WINDSCHEID tinha configurado a sua pressuposição, incompatíveis com a segurança jurídica, sustentando que a pressuposição só poderia ter relevância quando se verificasse que ela constitui a base negocial evidente do negócio jurídico[288]. O conceito de base do negócio é depois sucessivamente utilizado por MANUEL DE ANDRADE[289], ANTUNES VARELA[290] e VAZ SERRA[291]. Já outros autores como ROCHA DE GOUVEIA e LUÍS CARVALHO

[287] Cfr. GUILHERME MOREIRA, *Instituições do Direito Civil Português*, I- *Parte geral*, Coimbra, Imprensa da Universidade, 1907, pp. 496 e ss. e JOSÉ GABRIEL PINTO COELHO, *Das cláusulas acessórias dos negócios jurídicos, II- Termo. Modo-Pressuposição*, Coimbra, Imprensa da Universidade, 1910, pp. 169 e ss. e VASCO TABORDA FERREIRA, *Do conceito de causa nos actos jurídicos*, Lisboa, s.e., 1946, pp. 141 e ss.

[288] Cfr. LUÍS CABRAL DE MONCADA, *Lições de Direito Civil*, 4ª ed., Coimbra, Almedina, 1995 (mas 1962), pp. 703 e ss.

[289] Cfr. MANUEL DE ANDRADE, *Teoria Geral da Relação Jurídica*, II- *Facto Jurídico, em especial Negócio Jurídico*, reimp., Coimbra, Almedina, 1974, pp. 403 e ss.,

[290] Cfr. ANTUNES VARELA, "Notas breves sobre o conceito de causa no Código civil português" em *RDES 2* (1946-1947), pp. 103-130 (126-127), sendo depois desenvolvida em *Ineficácia do Testamento e Vontade Conjectural do Testador*, Coimbra, Coimbra Editora, 1950, pp. 263 e ss. e 323 e ss.

[291] Cfr. VAZ SERRA, "Resolução ou modificação dos contratos por alteração das circunstâncias", no *BMJ* 68 (1957), pp. 293-385 (308 e ss.).

FERNANDES preferiram uma outra formulação do problema, correspondente à teoria da imprevisão[292].

Em consequência, o actual Código Civil consagra uma disposição sobre a alteração das circunstâncias, o art. 437º, onde se dispõe o seguinte:

> "1. Se as circunstâncias em que as partes fundaram a decisão de contratar tiverem sofrido uma alteração anormal, tem a parte lesada direito à resolução do contrato, ou à modificação dele segundo juízos de equidade, desde que a exigência das obrigações por ela assumidas afecte gravemente os princípios da boa fé e não esteja coberta pelos riscos próprios do contrato.
>
> 2. Requerida a resolução, a parte contrária pode opor-se ao pedido, declarando aceitar a modificação do contrato nos termos do número anterior".

Ao mesmo tempo, porém, numa formulação algo enigmática vem prever no art. 252º, nº 2, o erro sobre a base do negócio, como uma categoria especial do erro sobre os motivos referindo que "se, porém, [o erro] recair sobre as circunstâncias que constituem a base do negócio, é aplicável ao erro do declarante o disposto sobre a resolução ou a modificação do contrato por alteração das circunstâncias vigentes no momento em que o negócio foi concluído".

O confronto entre estas duas disposições poderia fazer supor que o legislador pretendeu consagrar simultaneamente as concepções objectiva e subjectiva da base do negócio para efeitos de aplicação do regime da alteração das circunstâncias. Efectivamente, enquanto no âmbito do art. 437º se encontra claramente em causa uma situação objectiva (as circunstâncias efectivamente existentes no momento da celebração do contrato e que depois se alteram), no âmbito do art. 252º, nº 2, ao se fazer referência ao erro, estará em causa a falsa representação sobre essas circunstâncias, na esteira da doutrina de OERTMANN. No entanto, o regime aplicável seria o mesmo, já que o art. 252º, nº 2, vem remeter para o art. 437º. A nossa doutrina tem vindo, porém, a rejeitar este entendimento, pondo em causa a remissão do art. 252º, nº 2 para o art. 437º, com o argumento de que a falsa

[292] Cfr. ALFREDO JOSÉ RODRIGUES ROCHA DE GOUVEIA, *Da teoria da imprevisão nos contratos civis*, Lisboa, Faculdade de Direito, 1958 e LUÍS A. CARVALHO FERNANDES, *A teoria da imprevisão no Direito Civil Português*, 1963, reimpressão com notas de actualização, Lisboa, Quid Juris, 2001. A teoria da imprevisão corresponde a uma importação do Direito Administrativo francês, que se tem considerado de difícil extensão ao Direito Privado.

representação sobre a base do negócio coloca apenas um problema de erro, com a consequência da anulação do contrato, e não a possibilidade da sua resolução ou modificação segundo juízos de equidade[293].

2. Requisitos

Resulta do art. 437º a exigência dos seguintes requisitos para a aplicação da alteração das circunstâncias:

1) uma alteração das circunstâncias em que as partes fundaram a decisão de contratar.
2) o carácter anormal dessa alteração;
3) que essa alteração provoque uma lesão para uma das partes;
4) que a lesão seja de tal ordem que se apresente como contrária à boa fé a exigência do cumprimento das obrigações assumidas;
5) e que não se encontre coberta pelos riscos próprios do contrato.

Relativamente ao primeiro pressuposto, dele resulta que apenas são relevantes as alterações das circunstâncias efectivamente existentes à data da celebração do contrato, e que tenham sido causais em relação à sua celebração pelas partes (a denominada "base do negócio objectiva"). Não relevam assim, para efeitos desta norma, os casos de falsa representação das partes quanto às circunstâncias presentes ou futuras, que apenas colocam um problema de erro, nem circunstâncias que, apesar de efectivamente existentes, não se apresentem como causais em relação à celebração do contrato.

Relativamente ao segundo pressuposto, exige-se, por outro lado, que essa alteração tenha carácter anormal, ou seja, que fosse de todo imprevisível para as partes a sua verificação. Situações excepcionais como uma revolução ou o deflagrar de um estado de guerra podem facilmente ser qualificados como alteração das circunstâncias. Alterações legislativas com-

[293] Assim, Oliveira Ascensão, *Direito Civil. Teoria Geral*, II- *Acções e Factos Jurídicos*, 2ª ed., Coimbra, Coimbra Editora, 2001, p. 148 e III – *Relações e Situações Jurídicas*, Coimbra, Coimbra Editora, 2002, pp. 198-199 e "Onerosidade excessiva por «alteração das circunstâncias»", na *ROA* 65 (2005), 3, pp. 625-648 (632) = Ruy de Albuquerque / António Menezes Cordeiro (org.), *Estudos em memória do Professor Doutor José Dias Marques*, Coimbra, Almedina, 2007, pp. 515-536 (521) e Menezes Cordeiro, *Tratado*, II – *Parte Geral. Negócio Jurídico. Formação, conteúdo e interpretação, vícios da vontade, ineficácia e inbvalidades*, 4ª ed., Coimbra, Almedina, 2014, pp. 870-871, e IX, p. 661 e nota (2431).

pletamente inesperadas também devem ser qualificadas como tal[294]. Da mesma forma, uma mudança radical nos pressupostos de facto que determinaram a celebração do negócio pode igualmente ser vista como alteração das circunstâncias[295], sendo exemplos dessa situação a crise económica que atingiu a Europa a partir de 2008 e a situação específica de Portugal a partir de 2011[296]. Já outras hipóteses como a simples alteração do preço dos produtos comercializados ou a não obtenção das autorizações administrativas necessárias não preencherão o requisito da anormalidade[297].

Quanto ao terceiro pressuposto, exige-se que a alteração das circunstâncias provoque a lesão de uma das partes no contrato, o que determina o surgimento de um desequilíbrio entre as prestações contratuais[298]. Efectivamente, a alteração das circunstâncias só será relevante se dela resultar uma modificação no equilíbrio contratual estabelecido pelas partes. Se a alteração não provocar danos significativos para uma das partes, não se justifica aplicar este instituto, devendo ser o contrato cumprido nos termos gerais.

Quanto ao quarto pressuposto, exige-se que o desequilíbrio contratual gerado pela alteração das circunstâncias seja de tal ordem, que torne contrária à boa fé que a parte beneficiada venha exigir o cumprimento do contrato. Neste sentido, pode-se considerar que a alteração das circunstâncias se apresenta como uma modalidade específica de abuso do direito (art. 334º), neste caso de um direito de crédito, já que, por força da boa fé, se torna ilegítimo ao credor a exigência da prestação numa situação em

[294] Assim, no Ac. STJ 6/4/1978 (COSTA SOARES), no *BMJ* 276 (1978), p. 253 = *RLJ* 111 (1979), pp. 338-345 (com anotação favorável de VAZ SERRA, a pp. 345-352 e 354-356) foi considerada alteração das circunstâncias o facto de o art. 2º do D.L. 448/74, de 12 de Setembro, ter vindo suspender o direito de demolição dos prédios.

[295] No Ac. RC 31/1/2006 (CURA MARIANO), na *CJ* 31 (2006), 1, pp. 13-18, considerou-se constituir alteração das circunstâncias justificativa da alteração do montante da renda devida pela cessão de exploração de um restaurante e cafetaria instalados numa estrada o facto de ter sido aberta uma auto-estrada, que deslocou o tráfego daquela zona.

[296] Neste âmbito, o Ac. STJ 20/11/2014 (OLIVEIRA VASCONCELOS), processo 67/12.9TCGMR.G1.S1, na *CJ-ASTJ* 22 (2014), 119-123, considerou alteração das circunstâncias a redução do financiamento de uma fundação em consequência do contexto económico-financeiro de 2011, legitimando-a por isso a reduzir o vencimento de um seu administrador em 30%.

[297] No Ac. STJ 27/9/2001 (ARAÚJO BARROS) na *CJ-ASTJ* 9 (2001), 3, pp. 46-50 não se considerou existir alteração das circunstâncias no facto de não ter sido obtida a licença de loteamento, em função do qual se celebrou um contrato-promessa de compra e venda.

[298] Cfr. OLIVEIRA ASCENSÃO, *Teoria Geral*, III, p. 200 e MENEZES CORDEIRO, *A Alteração*, p. 67.

que os limites relativos ao equilíbrio das prestações no contrato se encontram ultrapassados. Consequentemente a alteração das circunstâncias não pode ser aplicada a contratos já executados, uma vez que após a troca das prestações, já passa a ser um risco do receptor da prestação as alterações de valor que ela venha a sofrer[299].

Finalmente, quanto ao quinto pressuposto, exige-se que a lesão causada pela alteração das circunstâncias não se apresente como coberta pelos riscos próprios do contrato. Efectivamente, cada decisão de contratar envolve uma assunção de riscos, não se podendo recorrer à alteração das circunstâncias sempre que a lesão sofrida pela parte não ultrapasse o círculo dos riscos considerados como normais naquele contrato. Daqui resulta que a alteração das circunstâncias se apresenta como subsidiária em relação às regras da distribuição do risco, cessando a sua aplicação sempre que exista uma regra que atribua aquele risco a alguma das partes[300]. Por isso, nos contratos aleatórios, em que não haja limites aos riscos assumidos pelas partes, fica de todo excluída a aplicação do regime da alteração das circunstâncias. Sendo limitado o risco assumido pelas partes, já se poderá aceitar a aplicação do instituto, embora limitada a grandes alterações das circunstâncias, que excedam extraordinariamente os limites da previsibilidade ao tempo do contrato[301].

[299] Assim, se alguém recebeu a prestação de determinado bem, cujo valor vem depois a diminuir consideravelmente em virtude de uma alteração das circunstâncias, não pode socorrer-se do art. 437º, uma vez que esta norma pressupõe uma abusiva exigência de cumprimento, não podendo aplicar-se para determinar a restituição de prestações num contrato já integralmente cumprido. Neste sentido, cfr. Menezes Cordeiro, *A alteração*, p. 70. Em sentido contrário, veja-se, porém, Galvão Telles, *Obrigações*, p. 371, nota (1). Considera excepcional a aplicação da alteração das circunstâncias a contratos já executados, Almeida Costa, *Obrigações*, pp. 344-345.

[300] Assim, a impossibilidade da prestação é um risco do credor (art. 790º), que implica nos contratos bilaterais a não exigência da contraprestação (art. 795º, nº 1). Já o perecimento da coisa nos contratos reais é um risco do adquirente (art. 796º). Por esse motivo, em nenhum desses casos se admite a aplicação do regime da alteração das circunstâncias.

[301] Cfr. Vaz Serra, *RLJ* 111º (1979), p. 356, e Oliveira Ascensão, *Teoria Geral*, III, pp. 200-201 e em *ROA* 65 (2005), 3, p. 635 = *Estudos Dias Marques*, p. 524. Tem suscitado controvérsia saber se a crise financeira que se abateu sobre os EUA em 2007, atingindo a Europa a partir de 2008 corresponde a uma grande alteração das circunstâncias. No Ac. STJ 10/4/2014 (Silva Gonçalves), em CJ-ASTJ 22 (2014), 2, pp. 64-67, não se considerou que a referida crise financeira constituísse alteração das circunstâncias em relação a contrato-promessa de aquisição de imóvel.

3. A exclusão da aplicação do regime da alteração das circunstâncias em caso de mora da parte lesada

Uma importante restrição à aplicação do regime da alteração das circunstâncias resulta do art. 438º que nega à parte lesada o direito à resolução ou modificação do contrato se se encontrava em mora no momento em que a alteração das circunstâncias se verificou[302]. Trata-se de uma solução inteiramente coerente com os requisitos atrás expostos, uma vez que a mora do devedor provoca uma inversão do risco da prestação (art. 807º), pelo que, se o devedor, por causa que lhe é imputável, não cumprir na data fixada, entende-se que assume o risco de verificação de posteriores desequilíbrios contratuais, não podendo impor ao credor uma distribuição do risco distinta[303]. Para além disso, permitir ao devedor invocar alterações das circunstâncias verificadas na situação de mora resultaria em termos objectivos num prémio concedido por uma falta contratual, uma vez que se o devedor tivesse cumprido em tempo, o contrato já estaria executado, ficando assim excluído o recurso à alteração das circunstâncias.

Este regime sofre, porém, uma quebra no art. 830º, nº 3, que vem estabelecer que, na acção de execução específica, a sentença pode, a requerimento do faltoso, determinar a modificação do contrato (não a resolução) nos termos do art. 437º, ainda que a alteração das circunstâncias seja posterior à mora. O promitente faltoso nos contratos-promessa de venda de edifícios ou fracções autónomas, goza assim de uma maior tutela face ao desequilíbrio contratual gerado pela alteração das circunstâncias, uma vez que este pode ser sempre invocado como defesa na acção de execução específica[304].

[302] O art. 438º exige uma situação de mora efectiva, pelo que a impossibilidade temporária de cumprimento (art. 792º) não exclui o recurso à alteração das circunstâncias.

[303] Consequentemente, o art. 438º é igualmente explicável pela subsidiariedade da alteração das circunstâncias relativamente às regras de distribuição do risco.

[304] Esta solução, que resulta de uma tentativa de minorar o rigor da imperatividade da execução específica nestes contratos-promessa, é de difícil justificação dogmática, dado que só razões conjunturais, como as perturbações geradas pela Revolução de Abril de 1974 na actividade de construção civil, poderiam justificar o estabelecimento de um regime especial para a modificação judicial destes contratos. Actualmente não vemos, porém, qualquer justificação para esta solução. No mesmo sentido, vide ANTUNES VARELA, *Sobre o contrato-promessa*, 2ª ed., Coimbra, Coimbra Editora, 1989, pp. 116 e ss.

4. Efeitos da alteração das circunstâncias

Conforme se referiu, a alteração das circunstâncias caracteriza-se por dar origem a um desequilíbrio contratual. Ora esse desequilíbrio é considerado pelo art. 437º, nº 1, como um fundamento para a parte lesada proceder à resolução do contrato (cfr. art. 432º, nº 1), ou requerer a sua modificação segundo juízos de equidade. A parte não lesada tem, porém, a possibilidade de se opor à resolução do contrato se aceitar a sua modificação segundo juízos de equidade[305].

Uma dúvida que esta norma suscita é a de saber se a resolução tem que ser requerida em juízo. ALMEIDA COSTA responde afirmativamente, baseado nas modificações que sofreu o anteprojecto de VAZ SERRA nesta matéria, e na expressão "requerida a resolução", prevista no art. 437º, nº 2, bem como na natureza alternativa da providência, e o facto de o recurso a juízo permitir clarificar a situação[306]. VAZ SERRA, pelo contrário, sustentou que a resolução tem apenas que ser declarada à outra parte, nos termos gerais, e pode até nem ser necessária essa declaração se a alteração das circunstâncias for de tal modo óbvia que a declaração não seja de esperar[307].

Por nosso lado, não consideramos imperativo o recurso a juízo nesta situação, que se apresenta como desconforme com o nosso sistema de resolução do contrato (art. 436º), para onde o próprio art. 439º remete. O uso da expressão "requerida a resolução" é explicável pelo facto de a parte não poder decretar imediatamente a resolução, sem averiguar primeiro se a outra parte não lhe impõe antes a modificação do contrato, segundo juízos de equidade (art. 437º, nº 2). Se esta o não fizer, a resolução poderá ser logo decretada, cabendo então à parte que a conteste o ónus de recorrer a juízo. Havendo opção pela modificação do contrato, as partes podem igualmente acertar extrajudicialmente o seu conteúdo, só havendo necessidade de recurso a juízo em caso de ocorrência de algum litígio nesta matéria.

[305] É discutível se a parte não lesada poderá, pelo contrário, opor-se a uma modificação, optando pela resolução. OLIVEIRA ASCENSÃO, *Teoria*, III, p. 204 e *ROA* 65 (2005), 3, pp. 640-641 = *Estudos Dias Marques*, p. 529, responde afirmativamente, com o argumento de que a ninguém pode ser imposto um contrato modificado. Mas esta solução é dificilmente compatível, quer com a opção que é dada à parte lesada entre as duas alternativas, quer com a manifesta preferência legal pela solução da modificação.

[306] Cfr. ALMEIDA COSTA, *Obrigações*, p. 347, e nota (3).

[307] Cfr. VAZ SERRA, na *RLJ* 111 (1979), p. 348.

Optando-se pela resolução do contrato, aplicam-se as regras desta (art. 439º), pelo que a extinção do contrato terá em princípio efeito retroactivo (art. 434º, nº 1), ainda que nos contratos de execução continuada ou periódica não abranja normalmente as prestações já realizadas (art. 434º, nº 2). Optando-se pela modificação, a solução é mais complexa devendo procurar-se uma reposição do equilíbrio contratual, tomando em atenção qual a vontade das partes no contrato e qual a eficácia concreta que a alteração teve na esfera da parte lesada[308].

[308] Cfr. Menezes Cordeiro, *Da alteração*, pp. 79 e ss.

Secção V
O cumprimento

1. Conceito e importância

O cumprimento pode ser definido como a realização da prestação devida[309]. Conforme refere o art. 762º, nº 1, o devedor cumpre a obrigação quando realiza a prestação a que está vinculado. Através da realização da prestação, verifica-se assim a transposição para o plano ontológico dos factos (ser) do conteúdo deontológico da vinculação (dever ser), o que importa a extinção da obrigação através da satisfação do interesse do credor, com a consequente liberação do devedor. Daqui resulta a importância fundamental do cumprimento no âmbito das causas de extinção das obrigações, já que ele corresponde à situação normal de extinção da obrigação, através da concretização da conduta a que o credor tinha direito.

2. Princípios gerais

O regime do cumprimento das obrigações obedece aos seguintes princípios gerais[310]:

a) Princípio da pontualidade;
b) Princípio da integralidade;

[309] Cfr. Vaz Serra, "Do cumprimento como modo de extinção das obrigações", no *BMJ* 34 (1953), pp. 5-212, Galvão Telles, *Obrigações*, pp. 219 e ss., Antunes Varela, *Obrigações*, II, pp. 7 e ss., Almeida Costa, *Obrigações*, pp. 991 e ss., Pessoa Jorge, *Obrigações*, 1º, pp. 241 e ss., Menezes Cordeiro, *Obrigações*, 2º, pp. 183 e ss., e *Tratado*, IX, pp. 33 e ss., Ribeiro de Faria, *Obrigações*, II, pp. 247 e ss. e Calvão da Silva, *Cumprimento*, pp. 61 e ss.

[310] Cfr. Menezes Cordeiro, *Obrigações*, 2º, pp. 185 e ss. Em *Tratado*, IX, pp. 69 e ss. acrescenta a estas princípios a tutela da propriedade, a nosso ver sem justificação.

c) Princípio da boa fé;
d) Princípio da concretização.

Examinemos sucessivamente estes princípios:

2.1. Princípio da pontualidade

O princípio da pontualidade aparece como o vector fundamental em matéria de cumprimento[311], encontrando-se, porém, deslocadamente consagrado no art. 406º, nº 1, a propósito dos contratos quando é aplicável a todas as obrigações[312]. Este princípio significa a exigência de uma correspondência integral em todos os aspectos, e não apenas no temporal[313], entre a prestação efectivamente realizada e aquela a que o devedor se encontrava vinculado, sem o que se verificará uma situação de incumprimento ou, pelo menos, de cumprimento defeituoso.

Do princípio da pontualidade resulta a proibição de qualquer alteração à prestação devida. Daí que o devedor tenha que prestar a coisa ou o facto exactamente nos mesmos termos em que se vinculou, não podendo o credor ser constrangido a receber do devedor coisa ou serviço diferente (*aliud pro alio*), mesmo que possuam um valor superior à prestação devida[314].

Da mesma forma, do princípio da pontualidade resulta a irrelevância da situação económica do devedor para alteração da prestação a que está vinculado, não podendo o devedor, com esse fundamento, solicitar a redução da sua prestação ou a obtenção de qualquer outro benefício, como a dilação do prazo para pagamento ou o seu escalonamento em prestações[315]. Não é assim admitido no nosso Direito actual o denominado *beneficium competentiae*, forma como se designou a partir do séc. XVII a situação existente no Direito Romano, onde se permitia que determinados devedores pudessem requerer a redução da dívida quando o cumprimento os colocasse em

[311] Cfr. sobre ele Manuel de Andrade, *Obrigações*, pp. 277 e ss., Antunes Varela, *Obrigações*, II, pp. 14 e ss. e Ribeiro de Faria, *Obrigações*, II, pp. 260 e ss.

[312] Cfr. Galvão Telles, *Obrigações*, pp. 221-222.

[313] Cumprir pontualmente significa, no âmbito do art. 406º, cumprir ponto por ponto e não apenas cumprir no tempo devido.

[314] Excepto se o credor aceitar, mas então a situação já não é de cumprimento, mas antes de dação em cumprimento (art. 837º). Esta já era, aliás, a regra expressa em D.12.1.2.1.: "*aliud pro alio invito creditori solvi non potest*"

[315] Tal é, no entanto, possível no direito francês, face ao que se dispõe no art. 1244-1 do *Code Civil*.

má situação económica (*condemnatio "in id quod facere potest"*)[316]. Entre nós, a regra constante do art. 601º e 604º é de que, mesmo em caso de insuficiência, o património do devedor continua a responder integralmente pelas dívidas assumidas, apenas se excluindo da penhora certos bens que se destinam à satisfação de necessidades imprescindíveis (cfr. arts. 736º, 737º, 738º e 739º CPC).

Apenas em certo tipo de obrigações periódicas, em que a fixação do seu montante toma em consideração as possibilidades económicas do devedor, se admite que a alteração da sua condição económica possa ser relevante para alteração do montante fixado. Estão neste caso as obrigações de alimentos (cfr. arts. 2004º e 2012º) e a indemnização em renda (art. 567º).

2.2. Princípio da integralidade

O princípio da integralidade encontra-se expresso no art. 763º, nº 1 e significa que o devedor deve realizar a prestação de uma só vez, ainda que se trate de prestação divisível, ou seja, pudesse ser fraccionada em partes sem prejuízo para o interesse do credor. Esta solução justifica-se por se considerar como unitário o comando de realizar a prestação para o devedor e o credor ter interesse em efectuar a recepção da prestação apenas uma vez. Trata-se, no entanto, de uma norma supletiva, pelo que se admite a estipulação de convenção em contrário, bem como se referem excepções resultantes da lei ou dos usos.

Relativamente à convenção em contrário, caso esta seja celebrada deverá ser naturalmente realizada a prestação em partes. É o que sucede nas obrigações fraccionadas (cfr. art. 781º), como a venda a prestações (art. 934º). Neste caso, o cumprimento deve mesmo ser realizado em prestações, nas datas do seu vencimento, colocando-se uma situação de enriquecimento do credor, se o devedor, por erro desculpável, decide realizar logo a prestação por inteiro (art. 476º, nº 3)[317].

Quanto às excepções resultantes da lei, consistem elas em situações em que a lei impõe ao credor a aceitação do pagamento parcial. Entre elas encontra-se em primeiro lugar o regime das letras, livranças e cheques, uma vez que os arts. 39º e 77º LULL e o art. 34º LUC prevêem que

[316] Cfr. SEBASTIÃO CRUZ, *Da «Solutio». Terminologia, conceito e caracterísiticas e análise de vários institutos afins*, I- *Épocas arcaica e clássica*, Coimbra, s.e., 1962, p. 42.

[317] Cfr., MENEZES LEITÃO, *O Enriquecimento*, pp. 496 e ss., reed., pp. 480 e ss.

o portador desses títulos não pode recusar qualquer pagamento parcial[318]. Para além disso, o credor terá que aceitar o pagamento parcial no caso da imputação do cumprimento prevista no art. 784º, nº 2, no caso de pluralidade de fiadores, que gozem do benefício da divisão (art. 649º) e ainda quando exista compensação com dívida de menor montante (art. 847º, 2).

Finalmente, poderá haver lugar ao pagamento parcial quando tal situação resulte dos usos. A doutrina tem vindo também a incluir aqui as situações em que a não permissão do cumprimento parcial se possa considerar como contrária à boa fé (art. 762º, nº 2)[319]. Efectivamente no caso de o montante em falta ter um valor desprezível no conjunto, ou o credor não necessite imediatamente de todo o conjunto devido, parece contrário à boa fé que, sem motivo justificado, viesse o credor a inviabilizar a realização da prestação[320].

Fora desses casos, no entanto, se o devedor oferecer apenas uma parte da prestação, o credor pode recusar o seu recebimento sem incorrer em mora. A lei admite, no entanto, que o credor decida exigir apenas uma parte da prestação, esclarecendo, no entanto, que tal não impede o devedor de oferecer a prestação por inteiro (art. 763º, nº 2).

2.3. O princípio da boa fé

O princípio da boa fé encontra-se referido no art. 762º, nº 2, que refere que tanto no cumprimento da obrigação como no exercício do direito correspondente devem as partes proceder de boa fé[321]. Desta norma resulta que para se considerar verificado o cumprimento da obrigação não basta uma mera realização da prestação devida em termos formais, sendo antes necessário o respeito dos ditames da boa fé, quer por parte de quem executa, quer por parte de quem exige a prestação.

Efectivamente, os deveres acessórios de conduta (protecção, informação e lealdade) que surgem no âmbito das relações específicas, aplicam-se

[318] Conforme refere MANUEL DE ANDRADE, *Obrigações*, p. 279, esta norma destina-se a tutelar o interesse dos garantes do título, já que o portador poderia também exigir posteriormente deles o pagamento.

[319] Cfr. ANTUNES VARELA, *Obrigações*, II, p. 18 e RIBEIRO DE FARIA, *Obrigações*, II, p. 265.

[320] Cfr. LARENZ, *Schuldrecht* I, § 14 I, p. 190.

[321] Cfr. especialmente MENEZES CORDEIRO, *Da Boa Fé*, pp. 586 e ss. e *Tratado*, IX, pp. 71 e ss. Cfr. ainda ANTUNES VARELA, *Obrigações*, II, pp. 10 e ss. e RIBEIRO DE FARIA, *Obrigações*, II, pp. 254 e ss.

primordialmente na fase do cumprimento das obrigações, determinando que tanto a conduta do devedor como a do credor obedeçam a princípios de correcção e colaboração recíprocas, por forma a permitir a plena satisfação do interesse do credor sem sacrifícios excessivos para qualquer das partes. O devedor não pode assim realizar a prestação em termos tais que, embora respeitando formalmente a vinculação assumida, a sua actuação se mostre inadequada à satisfação do interesse do credor ou possa vir a causar-lhe danos. Mas, da mesma forma, o credor deve adequar a sua conduta por forma a permitir a realização da prestação pelo devedor e evitar a ocorrência de danos para este[322].

O não acatamento desses deveres acessórios, embora não legitime o recurso à acção de cumprimento, nos termos do art. 817º pode implicar uma situação de responsabilidade civil, e fundamentar o direito a uma indemnização, no caso de a infracção aos deveres de boa fé implicar danos para qualquer das partes.

2.4. O princípio da concretização

Finalmente, o princípio da concretização significa que a vinculação do devedor deve ser concretizada numa conduta real e efectiva[323], implicando assim o cumprimento a transposição do plano deontológico da vinculação do devedor para o plano ontológico de um comportamento efectivamente realizado. Porém, essa transposição vem a ser juridicamente regulada, não apenas em termos de exigência de certos pressupostos para o cumprimento (capacidade das partes, disponibilidade da coisa dada em prestação, legitimidade), mas também através da disciplina da sua forma de realização (lugar e tempo do cumprimento) ou da determinação dos seus efeitos concretos (imputação do cumprimento). Assim, para que o cumprimento da obrigação possa efectivamente ocorrer haverá que respeitar toda a disciplina específica que regula o seu modo de realização.

Nas páginas seguintes, ir-se-á examinar com detalhe essa disciplina.

[322] A lei concretiza por vezes a cláusula geral do art. 762º, nº 2, em previsões específicas. Assim, os arts. 1162º e 1189º estabelecem a possibilidade de o devedor se afastar do programa contratual estipulado, em atenção ao interesse do credor. Por outro lado, o art. 1209º, nº 1, proíbe que o exercício do direito do credor possa perturbar a realização da prestação pelo devedor.

[323] Cfr. Menezes Cordeiro, *Obrigações*, 2º, p. 187, e *Tratado*, IX, pp. 76-77.

3. Capacidade para o cumprimento

A capacidade para o cumprimento encontra-se sujeita a uma regra especial constante do art. 764º. Essa regra é a de que não se exige a capacidade do devedor, a menos que a própria prestação consista num acto de disposição. Assim, tendo sido validamente celebrado o negócio jurídico, a prestação poderá normalmente ser realizada pelo devedor incapaz. Efectivamente, encontra-se ao alcance dos incapazes a realização de prestações de coisa, quando a propriedade sobre ela já se tenha transmitido, de prestações de facto material (como a pintura de uma casa ou o arranjo de um jardim), ou de prestações de facto negativo (não executar determinada actuação ou tolerar que outrem a realize).

A capacidade do devedor é, porém, exigida se a prestação consistir num acto de disposição, como sucede sempre que o cumprimento implique a celebração de um novo negócio jurídico (como na hipótese da realização do contrato prometido em relação ao contrato-promessa), ou dele resulte directamente a alienação ou oneração do património do devedor (como ocorre com a escolha da prestação, no âmbito das obrigações genéricas e alternativas).

No caso de a prestação ser realizada por terceiro, ela consistirá sempre num acto de disposição, uma vez que o terceiro não se encontra vinculado à sua realização por um negócio jurídico anterior. Em consequência, parece que a capacidade do terceiro será sempre exigida para a realização da prestação[324].

Quando consiste num acto de disposição, o cumprimento não está ao alcance do incapaz, devendo antes ser realizado pelo seu representante legal[325]. Caso o incapaz a realize pessoalmente, o credor pode recusar a prestação, já que, se a aceitar, poderá ser sujeito a um pedido de anulação do cumprimento.

Efectivamente, quando para a prestação se exija a capacidade do autor do cumprimento e este não a possua o cumprimento da obrigação pode ser

[324] Neste sentido, ANTUNES VARELA, *Obrigações*, II, p. 21.

[325] É duvidoso qual será o enquadramento a dar ao cumprimento antecipado realizado por incapaz. VAZ SERRA, *BMJ* 34 (1953), p. 23, parece pressupor a possibilidade da sua anulação, enquanto acto de disposição que prejudica o devedor. Já ANTUNES VARELA, *Obrigações*, II, p. 21, nota (2), sustenta antes a aplicação do art. 476º, nº 3, solução que nos parece efectivamente preferível, já que o prejuízo do devedor incapaz é colmatado com a restituição do enriquecimento do credor.

anulado nos termos gerais (cfr. arts. 125º e 139º). Quando o cumprimento é realizado pelo devedor, o credor pode, porém, paralisar esse pedido através de uma *exceptio doli*, demonstrando que o devedor não teve prejuízo com o cumprimento (art. 764º, nº 1). Nesse caso, o pedido de anulação não procederá, já que dele apenas resultaria que o devedor anularia a prestação realizada, mas continuaria com uma dívida de conteúdo idêntico[326].

Já o credor deve ter capacidade para receber a prestação, uma vez que, no caso contrário, ele poderia destruir o objecto da prestação ou não tirar qualquer proveito do cumprimento. Daí que se a prestação for realizada a credor incapaz, o seu representante legal poderá solicitar a sua anulação e a realização de nova prestação pelo devedor. No entanto, também aqui o devedor pode opor-se ao pedido de anulação da prestação realizada ou de nova prestação, na medida do que tiver sido recebido pelo representante ou do seu enriquecimento (art. 764º, nº 2). Neste caso, já não estaremos perante uma *exceptio doli*, mas antes perante uma excepção fundada no princípio da proibição do enriquecimento injustificado, visando-se impedir que o incapaz possa ficar enriquecido com a realização da nova prestação.

4. Disponibilidade da coisa dada em cumprimento

O devedor, para realizar eficazmente o cumprimento no âmbito das prestações de coisa, tem que ser titular da coisa dada em prestação e ter capacidade e legitimidade para proceder à sua alienação. Daí que o art. 765º, nº 1, admita que "o credor que de boa fé receber a prestação de coisa que o devedor não pode alhear tem o direito de impugnar o cumprimento, sem prejuízo da faculdade de se ressarcir dos danos que haja sofrido". Efectivamente, se o devedor cumprisse a obrigação com coisa alheia ou com coisa própria de que não pudesse dispor[327], o credor estaria sempre sujeito à possibilidade de ver a coisa reivindicada pelo seu legítimo proprietário, ou o cumprimento ser anulado[328], pelo que deve ter o direito de impugnar o cumprimento realizado nessas condições.

[326] Por exemplo, no caso do cumprimento de uma obrigação pecuniária, a anulação desse cumprimento implicaria surgir de novo uma dívida de idêntico montante.

[327] Pense-se na situação da compropriedade (art. 1408º) ou nas situações de comunhão conjugal (arts. 1682º e ss.).

[328] Cfr., para o caso da comunhão conjugal, o art. 1687º.

Pelo contrário, em relação ao devedor, o art. 765º, nº 1, refere que "o devedor que, de boa ou má fé, prestar coisa de que lhe não é lícito dispor não pode impugnar o cumprimento, a não ser que ofereça uma nova prestação". Efectivamente, não faria sentido permitir ao devedor invocar em seu próprio benefício a ausência da disponibilidade da coisa entregue, para impugnar o cumprimento, a menos que ele possa imediatamente oferecer nova prestação em substituição da anteriormente realizada.

5. Legitimidade para o cumprimento

5.1. Generalidades

Normalmente, o cumprimento verifica-se com a realização da prestação pelo devedor ao credor, ocorrendo em consequência que as partes no cumprimento sejam as mesmas na relação obrigacional. Pode, no entanto, suceder que essa situação não se verifique e que a prestação seja realizada por um terceiro ou seja efectuada por um terceiro. Nesse caso, haverá que verificar se o autor da prestação (*solvens*) e o seu receptor (*accipiens*) têm legitimidade para efectuar ou receber a prestação, já que, faltando essa legitimidade, não se produzirá a extinção da obrigação.

5.2. Legitimidade activa

Em relação ao autor do cumprimento, a lei generaliza o princípio da legitimidade activa, atribuindo-a a todas as pessoas, quer estas tenham interesse directo no cumprimento da obrigação, quer não (art. 767º, nº 1)[329]. Assim, embora o credor só possa exigir a prestação do devedor, ela pode, em princípio ser realizada por terceiro, sem que o credor a tal se possa opor. O terceiro só não terá legitimidade para cumprir se a prestação tiver carácter infungível, por natureza ou por convenção das partes (art. 767º, nº 2), caso em que o credor não poderá ser constrangido a receber de ter-

[329] Cfr. GALVÃO TELLES, *Obrigações*, p. 229, e MENEZES CORDEIRO, *Obrigações*, 2º, p. 197, e *Tratado*, IX, pp. 120 e ss. Outros autores como PESSOA JORGE, *Obrigações*, I, pp. 330 e JANUÁRIO GOMES, *Assunção*, p. 9, nota (8) sustentam tratar-se aqui não de uma concessão geral de legitimidade, mas antes de uma sua dispensa ou superação, em virtude de não se exigir o interesse do terceiro na realização da prestação, já que a legitimidade se prende com a regulação dos negócios pelos próprios interessados. A nosso ver, a legitimidade prende-se com a possibilidade reconhecida a certas pessoas de produzirem efeitos jurídicos em relação a determinado objecto, pelo que parece-nos que a autorização dada a terceiros de satisfazer o interesse do credor constitui um caso de legitimidade genérica.

ceiro a prestação, podendo por conseguinte recusá-la e exigir que o cumprimento seja realizado pessoalmente pelo devedor[330].

Se o terceiro tiver legitimidade para o cumprimento, o credor não pode recusar a prestação por ele oferecida, e se o fizer incorre em mora perante o devedor como se tivesse recusado a prestação deste (art. 768º, nº 1 e 813º). A lei apenas admite a recusa por parte do credor se o devedor se opuser ao cumprimento, desde que o terceiro não tenha interesse directo na satisfação do crédito, por ter garantido a obrigação ou por qualquer outra causa (art. 768º, nº 2, e art. 592º). Se o terceiro for directamente interessado, o credor não pode recusar o cumprimento por este, mesmo com a oposição do devedor, dado que essa situação envolveria prejuízo para o terceiro[331]. No entanto, a oposição do devedor ao cumprimento nunca obsta a que o credor aceite validamente a prestação do terceiro (art. 768º, nº 2). Essa oposição não corresponde assim a uma proibição de aceitação da prestação, limitando-se a permitir ao credor, se este quiser, recusá-la sem se constituir em mora, nos casos em que o terceiro não tenha interesse directo no cumprimento.

5.3. Efeitos do cumprimento por terceiro

Cabe agora examinar os efeitos do cumprimento por terceiro[332]. Essa situação, além de provocar a extinção da obrigação, com a consequente liberação

[330] As prestações infungíveis impedem que o devedor se faça substituir no cumprimento, mas não que recorra a auxiliares, o que aliás se encontra expressamente previsto a propósito da procuração (art. 264º, nº 4), mandato (art. 1165º) e depósito (art. 1198º). No caso de o cumprimento consistir na celebração de um negócio jurídico, ele pode ainda ser praticado por representante (legal ou voluntário) do devedor (art. 258º), uma vez que em nenhum desses casos, se estará perante um cumprimento por terceiro. Já existirá, porém, cumprimento por terceiro na delegação para pagamento. Cfr. ANTUNES VARELA, *Obrigações*, II, p. 27, nota (1) e RIBEIRO DE FARIA, *Obrigações*, II, p. 276, e nota (2).

[331] A existência de interesse directo do terceiro no cumprimento corresponde a situações em que a não realização da prestação lhe pode acarretar prejuízos patrimoniais próprios, independentes das consequências do incumprimento para o devedor. Assim, se o terceiro for garante da obrigação, a não realização do cumprimento implica a execução dos seus bens pelo credor. A mesma coisa sucede se o terceiro for, por exemplo, subarrendatário de um prédio, já que o não pagamento da renda ao senhorio pelo arrendatário pode acarretar a extinção também do subarrendamento, nos termos do art. 1089º. Nesses casos, há, por isso, que tutelar o interesse do terceiro em realizar a prestação em lugar do devedor, para evitar esses prejuízos.

[332] Cfr. GALVÃO TELLES, *Obrigações*, pp. 231 e ss., ANTUNES VARELA, *Obrigações*, II, pp. 28 e ss., ALMEIDA COSTA, *Obrigações*, pp. 1000 e ss., PESSOA JORGE, *Obrigações*, pp. 331 e ss.,

do devedor, pode desencadear outro tipo de consequências jurídicas como seja as seguintes:

a) uma doação indirecta do terceiro ao devedor, quando o cumprimento da obrigação deste é realizado com espírito de liberalidade (art. 940º);
b) a transmissão do crédito para o terceiro, o que sucede em todas as hipóteses de sub-rogação (arts. 589º e ss.);
c) a obtenção de um direito ao reembolso de despesas, em caso de gestão de negócios ou mandato (arts. 464º e ss. e 1157º e ss.);
d) a restituição do enriquecimento por prestação, no caso de o terceiro julgar erroneamente estar a efectuar uma prestação ao credor (art. 477º) ou ao devedor (478º);
e) a restituição do enriquecimento por despesas, em caso de pagamento de dívida alheia, sem se verificar qualquer das situações acima referidas.

No primeiro caso, ao cumprir a obrigação do devedor, o terceiro pretende efectuar-lhe uma liberalidade. Estamos, portanto, perante uma situação de doação indirecta, sujeita ao regime respectivo (arts. 940º e ss.). Como é característico da doação, o terceiro nesse caso nada vai adquirir, antes suporta a redução patrimonial correspondente à liberalidade.

Normalmente, porém, o cumprimento por terceiro investe o terceiro num direito de crédito sobre o devedor. Essa aquisição poderá ter justificações distintas, conforme se irá verificar.

No caso da sub-rogação, o pagamento é visto como um facto determinante da transmissão do crédito, adquirindo assim o terceiro o mesmo direito que o credor possuía (art. 593º, nº 1). Não se verifica, por isso, a liberação do devedor, mas apenas uma mudança do credor em virtude dessa transmissão.

Nos outros casos, verifica-se a liberação do devedor através da realização da prestação por terceiro, surgindo o direito de crédito do terceiro *ex novo* na sua esfera jurídica, e tendo, portanto, cariz distinto do anterior direito[333].

Menezes Cordeiro, *Obrigações*, 2º, pp. 198 e ss., e *Tratado*, IX, pp. 128 e ss., e Ribeiro de Faria, *Obrigações*, II, pp. 278 e ss.

[333] Não está por isso o novo crédito sujeito às mesmas excepções, nem beneficia das mesmas garantias do que o crédito extinto.

No caso da gestão de negócios ou do mandato tal resulta da circunstância de o pagamento ser juridicamente considerado um acto jurídico alheio, realizado por conta do devedor, o que legitima o seu autor a demandar a restituição do que nele despendeu (art. 468º, nº 1 e 1167º, nº 1 *c*)).

No caso do enriquecimento por prestação, o terceiro visou realizar uma prestação ao credor ou ao devedor, mas não existe causa jurídica para essa realização, pelo que a lei determina a sua restituição (arts. 477º e 478º),

No caso do enriquecimento por despesas, o terceiro cumpriu a dívida sem estar abrangido nas situações anteriores, mas verifica-se, em qualquer caso, proveito para o devedor nessa situação, o que justifica que, nos limites do enriquecimento, ele proceda à restituição da despesa que o beneficiou[334].

Uma acção de enriquecimento interposta pelo terceiro contra o credor deve, a nosso ver, considerar-se excluída, uma vez que viola as regras relativas ao concurso de credores, à oposição de excepções e à distribuição do risco de insolvência que impõem que cada parte apenas deva exigir uma restituição ao seu parceiro contratual, regras essas que se aplicam, mesmo nesses casos. O terceiro que cumpre a obrigação deve, por isso, apenas poder intentar a acção de enriquecimento contra o devedor.

5.4. Legitimidade passiva

Já quanto à legitimidade para receber a prestação, esta é estabelecida em termos mais restritivos pela lei que determina que a prestação deve ser

[334] Este último fundamento tem sido objecto de discussão na nossa doutrina. PIRES DE LIMA/ANTUNES VARELA, *op. cit.*, I, p. 465, entendem que, se o terceiro sabe que não é obrigado ao cumprimento e não tem interesse em cumprir, não lhe assiste, tanto em relação ao credor como em relação ao devedor, qualquer direito. PESSOA JORGE, *Obrigações*, 1º, p. 336, não admite uma acção de enriquecimento contra o devedor, admitindo apenas uma acção do *solvens* contra o credor no caso de o devedor consignar em depósito a prestação ou vier a cumprir posteriormente o mesmo crédito. Já MENEZES CORDEIRO, *Obrigações*, 2º, p. 199 e nota (66), e *Tratado*, IX, pp. 129-130, rejeita a inexistência de qualquer acção, por considerar que nesta hipótese existe claramente uma deslocação patrimonial sem causa, admtindo uma acção de enriquecimento contra o devedor ou contra o credor, consoante aquele que se enriquece com a operação. A acção seria dirigida contra o credor quando a obrigação não existisse ou quando este receba nova prestação do devedor e será dirigida contra o devedor quando a obrigação existisse, mas este não a cumprisse. Conforme sustentámos em MENEZES LEITÃO, *O Enriquecimento*, pp. 834 e ss., reed., pp. 804 e ss., esta acção, que tem por base o enriquecimento por despesas, é sempre dirigida contra o devedor, uma vez que a prestação do terceiro o enriquece, quer porque obtém a liberação da sua obrigação, quer porque adquire um direito à repetição do indevido por parte do credor.

efectuada ao credor ou ao seu representante (art. 769º), pelo que, em princípio, só estes têm legitimidade para a receber. Todas as outras pessoas são consideradas terceiros, pelo que a prestação que a estes for realizada não importará em princípio a extinção da obrigação, podendo o devedor ser condenado a realizá-la segunda vez.

A lei coloca em alternativa o facto de a prestação ser realizada ao credor ou ao seu representante. Tratando-se, no entanto, de representação legal, em virtude da incapacidade do credor, parece claro que é apenas ao representante legal que a prestação deverá ser realizada, uma vez que o credor, embora tenha legitimidade para receber a prestação, carece de capacidade de exercício para o fazer, o que poderá determinar a anulação do cumprimento (art. 764º, nº 2). O devedor tem por isso o dever de apenas efectuar a prestação ao representante legal do credor.

Tratando-se, no entanto, de representação voluntária, a nossa lei vem estabelecer que "o devedor não é obrigado a satisfazer a prestação ao representante voluntário do credor, nem à pessoa por este autorizada a recebê-la, se não houver convenção nesse sentido" (art. 771º), solução que julgamos muito criticável[335]. Em qualquer caso, tal permite ao devedor recusar a prestação perante o representante voluntário do credor, determinando a cobrança por este da dívida[336].

Se a prestação for realizada a terceiro, a obrigação não se extingue (art. 770º, proémio), podendo o autor da prestação exigir a sua restituição com fundamento no enriquecimento por prestação (art. 476º, nº 2).

[335] Cfr. Menezes Leitão, *O Enriquecimento*, p. 496, e nota (31), reed., p. 479, e nota (1397). Esta solução diverge do regime do art. 1239 do Código francês e no art. 1188 do Código Italiano, inspirando-se nos §§ 362, II e 185 BGB. Na actual sociedade económica, é, no entanto, uma má solução permitir ao devedor recusar-se a pagar dívidas que não sejam cobradas pessoalmente pelo credor ou pelo seu representante legal, já que tal implica a aplicação do regime da mora do credor (art. 813º), quando a cobrança não é efectuada pessoalmente, o que não se justifica, já que, quer a procuração, quer a autorização para receber o crédito, atribuem legitimidade para a cobrança em substituição do credor (cfr. Piero Schlesinger, *Il Pagamento al Terzo*, Milano, Giuffrè, 1961, pp. 52 e ss.) e os direitos à quitação (art. 787º) e à restituição do título (art. 788º) já tutelam por forma adequada os interesses do devedor.

[336] Pires de Lima/Antunes Varela, *Código Civil Anotado*, II, 4ª ed., Coimbra, Coimbra Editora 1997, p. 18, seguidos por Ribeiro de Faria, *Obrigações*, II, pp. 282-283, e nota (1), interpretam, no entanto, restritivamente esta disposição, entendendo que ela não se aplicará ao núncio nem ao encarregado de cobrança. Não se vê, porém, qual o critério que pode servir de base a essa restrição.

Há, no entanto, alguns casos em que se verifica a extinção da obrigação com a sua recepção por terceiro, correspondendo, portanto, a situações em que o terceiro adquire legitimidade para receber a prestação. São estas:

1) Se tal tiver sido estipulado ou consentido pelo credor (art. 770º *a*)).
2) Se o terceiro vier a adquirir legitimidade superveniente para a sua recepção, o que acontece se o credor ratificar o cumprimento (art. 770º *b*))
3) Se vier a ocorrer posteriomente a junção na mesma pessoa das qualidades de credor da prestação e de devedor da sua restituição, o que acontece se o terceiro adquirir posteriormente o crédito (art. 770º *c*), ou o credor for herdeiro de quem recebeu a prestação, por cujas obrigações responde (art. 770º *e*)).
4) Se o credor não tiver interesse em novo cumprimento da obrigação, o que acontece se ele vier a aproveitar-se do cumprimento (art. 770º *d*))
5) Se a lei considerar, por outro motivo, liberatória a prestação feita a terceiro (art. 770º *f*)).

No primeiro caso, o terceiro possui originariamente legitimidade para a recepção da prestação, tudo se passando como se esta tivesse sido realizada ao credor. Efectivamente, a existência de uma estipulação ou consentimento do credor para a realização da prestação a terceiro atribuem a este legitimidade para receber a prestação do devedor, que nesse caso corresponde a um verdadeiro cumprimento da obrigação (art. 762º, nº 1)[337]. Estarão neste caso situações como a delegação, negócio pelo qual alguém determina ou autoriza que outrem efectue uma prestação a terceiro por sua conta, ficando o terceiro autorizado a recebê-la em nome próprio[338]. Assim, se alguém efectua um depósito bancário, torna-se credor do Banco pelas quantias depositadas. Se, porém, determinar que o Banco entregue uma quantia a terceiro (p. ex., para pagar uma dívida), o Banco exonera-se com o pagamento a terceiro como se tivesse sido feito perante o depo-

[337] Cfr. Menezes Leitão, *O Enriquecimento*, pp. 495-496, reed., pp. 478-479.

[338] Cfr. sobre a delegação, Vaz Serra, "Delegação", no *BMJ* 72 (1958), pp. 97-187, Antunes Varela, *Obrigações*, II, pp. 370 e ss. e Ribeiro de Faria, *Obrigações*, II, pp. 286 e ss. Estando expressamente prevista no § 783 BGB e art. 1268 do Código italiano, esta figura é entre nós tradicionalmente enquadrada no âmbito da assunção de dívida (arts. 595º e ss.), ainda que possa não revestir necessariamente essa natureza.

sitante. Da mesma forma, se alguém determinar que um crédito seu deve ser pago através de transferência bancária, a recepção da transferência pelo Banco extingue imediatamente a obrigação[339].

No segundo caso, apesar de a prestação ser realizada a terceiro, o credor procede posteriormente à sua ratificação, o que determina a concessão superveniente ao terceiro de legitimidade para a recepção da prestação. Em virtude da eficácia retroactiva da ratificação (art. 268º, nº 2), a situação torna-se equivalente à referida no primeiro caso, considerando-se o devedor liberado com a realização da prestação ao terceiro.

No terceiro caso, a prestação é realizada indevidamente ao terceiro, o que permite ao devedor exigir a sua repetição (art. 476º, nº 2), para depois a tornar a realizar ao verdadeiro credor. No entanto, pode suceder que posteriormente se reunam na mesma pessoa as qualidades de devedor dessa restituição e de credor da prestação originária. Tal sucede se o terceiro, devedor da restituição, vem a adquirir posteriormente o crédito (art. 770º *c)*) ou se o credor vem, por sucessão, a tornar-se responsável por essa dívida (art. 770º *e)*). Nesta situação, e apesar de tanto a obrigação de restituição como a obrigação inicial poderem vir a extinguir-se por compensação (art. 847º), a lei dispensa esse processo, preferindo considerar logo liberatório o cumprimento efectuado a terceiro[340].

No quarto caso, apesar de a prestação ser realizada a terceiro, o credor vem posteriormente a aproveitar-se dela, pelo que não tem interesse fundado em não a considerar como efectuada a si próprio. Assim sucede se, por exemplo, o *accipiens* entregar ao credor a prestação recebida, ou a colocar à sua disposição[341]. Já não parece, porém, que esta disposição possa

[339] Em sentido contrário, LARENZ, *Schuldrecht* I, § 18 II, p. 245, não considera este como um caso de cumprimento a terceiro, defendendo que a prestação não é realizada ao Banco, mas ao próprio credor por intermédio do Banco, pelo que a liberação não ocorre com a recepção da prestação pelo Banco, mas apenas com o lançamento na conta do credor, já que só este lhe permite adquirir um crédito abstracto sobre o Banco e dispor da quantia devida. Esta posição foi seguida entre nós por RIBEIRO DE FARIA, *Obrigações*, II, pp. 288-289. Parece-nos, no entanto, que se o devedor realiza correctamente a transferência para o Banco que o credor determina, não lhe deve poder ser imputável o facto de o Banco não proceder ao lançamento na conta do credor, sendo este assim também um caso de aplicação do art. 770º *a)*.

[340] Uma vez que o efeito retroactivo da compensação é limitado à data em que os créditos se tornaram compensáveis (art. 854º), enquanto neste caso o efeito liberatório se reporta à data do cumprimento.

[341] Como no caso de um Banco receber uma transferência bancária do devedor que credita na conta do credor.

ser aplicável aos casos em que o devedor decida pagar ao credor do seu credor[342], já que, embora se possa argumentar que o credor vem a aproveitar-se do cumprimento ao obter a liberação da sua correspondente obrigação, a verdade é que corresponde ao seu interesse decidir como aplicar a prestação recebida, interesse que é posto em causa se o devedor decide em seu lugar aplicá-la a um fim específico[343].

O último caso consiste em a lei considerar liberatória a prestação efectuada a terceiro. Entre nós, isso acontece em situações como a insolvência do devedor (art. 81º, nº 4 do CIRE); a constituição de penhor (art. 685º) ou de penhora sobre o crédito (art. 777º, nº 1 CPC); e em caso de exercício de acção sub-rogatória indirecta (art. 606º), ou directa (art. 1181º, nº 2). Para além dessas situações, a lei ainda prevê a possibilidade de eficácia do pagamento a terceiro em certos casos em que o terceiro se apresenta como credor aparente do devedor, como na hipótese de ignorância por este da cessão de créditos (cfr. art. 583º, nº 2) ou do pagamento feito pelo fiador (art. 645º, nº 1) e ainda, no âmbito do contrato de agência, quando o agente aparece como representante aparente do principal, nos termos do art. 23º, nº 2, do D.L. 178/86, de 3 de Julho. Trata-se, no entanto, de situações excepcionais, uma vez que não existe na nossa lei um princípio geral de eficácia liberatória do pagamento realizado a credor aparente[344].

342 Assim, por exemplo, A, que deve 1000 euros a B, decide antes pagá-los a C, para com quem B possui uma dívida igual ou superior.

343 Em sentido algo diferente, cfr. Antunes Varela, *Obrigações*, II, pp. 33-34 e Ribeiro de Faria, *Obrigações*, II, pp. 295-296.

344 Ao contrário do que sucede noutros ordenamentos, em que essa solução vem a ser expressamente consagrada. Assim, o art. 1240 do Código Civil Francês determina que é válido o pagamento feito de boa fé a quem se encontre na posse do crédito, ainda que o possuidor seja depois dele evicto, sendo a mesma solução prevista no art. 1164 do Código Civil espanhol. O art. 1189 do Código Civil italiano prevê igualmente que é liberatório o pagamento feito pelo devedor a quem aparece legitimado para o receber com base em circunstâncias únivocas, se este prova ter estado de boa fé. Já o BGB, embora não preveja genericamente a eficácia liberatória do pagamento a credor aparente contempla muitos casos em que tal se verifica, como no caso de transmissão do crédito, por cessão do crédito ou outra causa (§§ 407, 408, 412, 413, 574, 579, 1056, 2135 B.G.B.), de incorrecta informação da mudança de credor (§§ 409, 576, 577, 579 B.G.B.), de desconhecimento pelo devedor da pertença do crédito a um património comum (§§ 720, 1473 e 1497 B.G.B.), de cumprimento efectuado ao portador do título, não autorizado a cobrar o crédito (§§ 793 e 808 B.G.B.) e de pagamento efectuado ao herdeiro aparente e ao executor testamentário (§§ 2367 e 2368 B.G.B.). Finalmente, o

6. Tempo do cumprimento

6.1. Modalidades das obrigações quanto ao tempo do cumprimento

O prazo da prestação constitui igualmente uma questão relevante no regime do cumprimento[345], determinando o momento da realização da prestação. A doutrina costuma, no entanto, estabelecer a este propósito uma distinção entre dois momentos distintos: o momento em que o devedor *pode* cumprir a obrigação, forçando o credor a receber a prestação, sob pena de o credor entrar em mora, e o momento em que o credor pode exigir do devedor a realização da prestação, sob pena de o devedor entrar em mora. A primeira situação é denominada de *pagabilidade* do débito (*Erfüllbarkeit*), enquanto a segunda situação corresponde à *exigibilidade* ou ao *vencimento* do mesmo (*Fälligkeit*)[346]. Em bom rigor, qualquer estipulação do tempo do cumprimento deveria referir-se a ambas as situações, ainda que regra geral as partes nas suas estipulações contratuais curem apenas de regular a segunda.

O regime do prazo da prestação encontra-se, no entanto, regulado a título supletivo nos arts. 777º e ss., onde se determina tanto a pagabilidade (*Erfüllbarkeit*) como a exigibilidade ou vencimento (*Fälligkeit*) da dívida. Este regime centra-se essencialmente na distinção entre obrigações puras e obrigações em prazo. As *obrigações puras* são aquelas cujo cumprimento pode ser exigido ou realizado a todo o tempo. As *obrigações a prazo* são aquelas em que a exigibilidade do cumprimento ou a possibilidade da sua realização é diferida para um momento posterior[347], ainda que a sua cons-

art. 309º do novo Código Civil Brasileiro considera válido o pagamento feito de boa fé ao credor putativo.
No âmbito dos trabalhos preparatórios do actual Código, Vaz Serra, no *BMJ* 34 (1953), pp. 79 e ss., chegou a defender a solução da eficácia geral do pagamento feito a credor aparente, entendendo que o interesse do devedor, fiado na aparência, deveria prevalecer sobre o interesse do verdadeiro credor, muitas vezes negligente, quando outro se pôde apresentar como tal. Esta solução ainda hoje é defendida *de jure condendo* por Galvão Telles, *Obrigações*, p. 240. No sentido da solução legal, veja-se Antunes Varela, *Obrigações*, II, p. 35.

[345] Cfr. Galvão Telles, *Obrigações*, pp. 241 e ss., Antunes Varela, *Obrigações*, II, pp. 40 e ss., Almeida Costa, *Obrigações*, pp. 1007 e ss., Pessoa Jorge, *Obrigações*, 1º, pp. 265 e ss., Menezes Cordeiro, *Obrigações*, 2º, pp. 188 e ss., e *Tratado*, IX, pp. 78 e ss., e Ribeiro de Faria, *Obrigações*, II, pp. 308 e ss.

[346] Cfr. Larenz, *Schuldrecht* § 14 V, p. 198 e Antunes Varela, *Obrigações*, II, pp. 40-41.

[347] Cfr. sobre estas ainda Assis Teixeira, "Das obrigações a prazo segundo o Código Civil Português", em *O Instituto* 21 (1875), pp. 1-14, 53-65, 101-114, 149-157 e 197-211.

tituição já se tenha verificado, ao contrário do que sucede com as obrigações condicionais.

A regra geral é a de as obrigações não terem prazo certo estipulado, sendo, portanto, obrigações puras. Nesse caso, o credor tem o direito de exigir a todo o tempo o cumprimento da obrigação, assim como o devedor pode a todo o tempo exonerar-se dela (art. 777º, nº 1). Este tipo de obrigações caracteriza-se por o devedor apenas entrar em mora com a exigência de cumprimento pelo credor (interpelação), nos termos do art. 805º, nº 1.

Pode, porém, acontecer que as partes ou a lei tenham estabelecido um prazo de cumprimento (art. 777º, nº 1, proémio). Nesse caso, está-se perante *obrigações com prazo certo*, as quais se caracterizam por o decurso do prazo constituir o devedor em mora (*dies interpellat pro homine*), conforme determina o art. 805º, nº 2 *a*).

Entre as obrigações com prazo certo podem-se agora incluir todas as resultantes de remunerações de transacções comerciais, tal como são definidas nos arts. 2º e 3º *b)* do D.L. 62/2013, de 10 de Maio, que transpõe a Directiva 2011/7/UE, do Parlamento Europeu e do Conselho, de 16 de Fevereiro, a qual estabelece medidas de luta contra os atrasos de pagamento nas transacções comerciais. Efectivamente, o art. 4º, nº 3, do D.L. 62/2013, ao determinar o débito automático de juros de mora, após a ultrapassagem dos prazos nele referidos, sempre que do contrato não conste a data ou o prazo de pagamento, vem indirectamente estabelecer prazos de pagamento para a remuneração de transacções comerciais. Pode assim considerar-se que relativamente à remuneração das transações comerciais, a lei estabelece normalmente como prazo de pagamento o de 30 dias após a data em que o devedor tiver recebido a factura (art. 4º, nº 3, *a)* D.L. 62/2013). Se a data da recepção da factura for incerta, o prazo passa a ser de 30 dias após a data de recepção efectiva dos bens ou prestação de serviços (art. 4º, nº 3, *b)* D.L. 62/2013). Esse mesmo prazo é aplicável se a factura for recebida antes do fornecimento dos bens ou da prestação de serviços (art. 4º, nº 3 *c)* D.L. 62/2013). Se, porém, estiver previsto um processo para determinação da conformidade dos bens e serviços fornecidos, e o devedor receber a factura antes de aceitar o fornecimento, o prazo de pagamento passa a ser o de 30 dias após a sua aceitação (art. 4º, nº 3 *d)* D.L. 62/2023).

Em certos casos, no entanto, nem as partes nem a lei fixam um prazo de cumprimento, mas a obrigação não se pode considerar pura, uma vez que se torna necessário um prazo, quer pela própria natureza da prestação, quer pelas circunstâncias que a determinaram, quer por força dos usos. Nesse caso, as partes devem entender-se quanto à determinação do prazo, cabendo a sua fixação ao tribunal, na falta de acordo (art. 777º, nº 2, e arts. 1026º-1027º CPC).

6.2. Colocação do prazo no critério de uma das partes

A determinação do prazo do cumprimento pode, porém, ser deixada igualmente ao critério de uma das partes, o credor ou o devedor. Relativamente ao credor, a lei determina que quando este não use da faculdade que lhe foi concedida, compete ao tribunal fixar o prazo, a requerimento do devedor (art. 777º, nº 3).

Já quando o prazo é deixado ao critério do devedor, a lei distingue consoante esse critério corresponda a um factor objectivo (o devedor ter nesse momento os meios económicos necessários para realizar a prestação) ou puramente subjectivo (aprouver ao devedor realizar a prestação nesse momento). A primeira situação é denominada de *obrigações "cum potuerit"* e a segunda de *obrigações "cum voluerit"*.

Relativamente às obrigações *cum potuerit*, elas encontram-se previstas no art. 778º, nº 1, que nos esclarece que quando se estipula que o devedor cumprirá quando puder, o credor só pode exigir o cumprimento se demonstrar que o devedor tem a possibilidade de cumprir. Não podendo fazer essa demonstração, o credor apenas poderá, após a morte do devedor, exigir dos seus herdeiros que realizem a prestação, sem prejuízo da limitação da sua responsabilidade aos bens da herança, nos termos do art. 2071º.

Relativamente às obrigações *cum voluerit*, elas encontram-se previstas no art. 778º, nº 2, estabelecendo a lei que, se o prazo for deixado ao arbítrio do devedor – caso em que ele paga quando quiser –, a prestação só pode ser exigida dos seus herdeiros, após o seu falecimento. A cláusula *cum voluerit* consiste, por isso, na estipulação de um prazo incerto de pagamento coincidente com a vida do devedor[348].

[348] Cfr. GALVÃO TELLES, *Obrigações*, p. 245. Ao contrário do que refere este Professor, não julgamos possível a estipulação de uma cláusula *si voluerit*, que implicaria que, quer o devedor, quer os seus herdeiros só cumpririam se quisessem. Efectivamente, tal redundaria numa renúncia do credor ao direito de exigir o cumprimento, proibida pelo art. 809º.

6.3. Benefício do prazo

6.3.1. Generalidades

A possibilidade de a prestação ser realizada ou exigida em momento posterior constitui um benefício. Neste aspecto, uma das questões relaciona-se com a determinação da parte a quem compete o benefício do prazo, que pode caber ao devedor, ao credor ou a ambos. Nos termos do art. 779º a regra é a de que o benefício compete em princípio ao devedor. Em certos casos, porém, como no depósito (art. 1194º), a lei atribui esse benefício ao credor. Noutros, como no mútuo oneroso (art. 1147º), estabelece a atribuição do benefício a ambas as partes.

A parte a quem é atribuído o benefício do prazo pode renunciar a ele (*invito beneficium non datur*), pelo que, no caso de o benefício ser atribuído ao devedor, nada o impede de realizar a prestação antes do fim do prazo, ou no caso de ser atribuído ao credor, exigir a prestação a todo o tempo. Exige-se, porém, que essa renúncia seja efectiva, ou seja, que a prestação não seja antecipadamente realizada por erro desculpável, caso em que o devedor teria direito a que o credor lhe restituísse o seu enriquecimento (art. 476º, nº 3). No caso de o benefício do prazo ser estabelecido em favor de ambas as partes, em princípio nenhuma delas poderia antecipar o cumprimento, mas no caso do mútuo o legislador admite que o mutuário possa antecipar o cumprimento desde que ofereça os juros por inteiro (art. 1147º).

Examinemos sucessivamente estas hipóteses:

6.3.2. Prazo em benefício do devedor

A regra geral, que se encontra estabelecida no art. 779º, é a de que o prazo é estabelecido em benefício do devedor, o que significa que o credor não pode exigir a prestação antes do fim do prazo, mas que o devedor tem o direito de proceder à sua realização a todo o tempo, renunciando ao benefício do prazo[349]. Já ocorre, portanto, a pagabilidade (*Erfüllbarkeit*) da dívida, embora ainda não se tenha verificado a sua exigibilidade ou vencimento (*Fälligkeit*). Consequentemente, o devedor pode decidir cumprir anteci-

[349] Essa renúncia ao benefício do prazo pode consistir numa atribuição patrimonial do devedor ao credor, caso, por exemplo, o credor obtenha juros com base no pagamento antecipado de quantias em dinheiro. Como essa atribuição deve ter causa justificativa, a lei prevê que se o devedor efectuar o pagamento antecipado com base num erro desculpável pode exigir do credor aquilo com que este se enriqueceu (art. 476º, nº 3).

padamente a sua obrigação, sem que o credor a tal se possa opor, sob pena de entrar em mora (art. 813º).

6.3.3. Prazo em benefício do credor

É, possível, porém, as partes estabelecerem que o prazo corra antes em benefício do credor. Nessa altura, o credor tem a faculdade de exigir a prestação a todo o tempo, mas o devedor só tem a possibilidade de cumprir no fim do prazo. A dívida já é exigível (*fallig*), mas ainda não é pagável (*erfüllbar*). Um exemplo desta situação é a obrigação de restituição da coisa pelo depositário, prevista no art. 1194º do Código Civil. O depositante tem a faculdade de exigir essa restituição a todo o tempo, mas o depositário só tem o direito de a efectuar no termo do depósito.

6.3.4. Prazo em benefício de ambas as partes

Na hipótese de o prazo ser estabelecido em benefício de ambas as partes, nenhuma delas terá a faculdade de determinar a antecipação do cumprimento. O decurso do prazo funcionará assim tanto para determinar a pagabilidade (*Erfüllbarkeit*) como a exigibilidade (*Fälligkeit*) da dívida. É a situação que se presume ocorrer no mútuo oneroso (art. 1147º), atento o facto de tanto o devedor como o credor terem interesse no prazo, o devedor para efeitos de utilização do capital durante todo esse tempo e o credor para receber os juros correspondentes ao prazo estipulado. No entanto, a lei permite ao devedor a antecipação do prazo, desde que pague ao credor os juros por inteiro, uma vez que considera que o interesse do credor no prazo é suficientemente acautelado com o recebimento do *interusurium*[350]. Trata-se, no entanto, de uma solução que se tem por estranha, por contrariar o princípio da pontualidade do cumprimento (art. 406º).

6.3.5. Perda do benefício do prazo

6.3.5.1. Generalidades

Em caso de atribuição do benefício do prazo ao devedor, este pode perder esse benefício, caso a sua situação patrimonial se altere ou pratique algum acto considerado incompatível com a confiança do credor que determinou que lhe fosse concedido o prazo para pagamento. Por esse motivo, o art. 780º estabelece que, não obstante a estipulação de prazo a favor do devedor,

[350] Cfr. ANTUNES VARELA, *Obrigações*, II, p. 44, nota (3).

o credor pode exigir o cumprimento imediato da obrigação, se o devedor se tornar insolvente, ainda que a insolvência não tenha sido judicialmente declarada ou se por causa imputável ao devedor diminuírem as garantias do crédito ou não forem prestadas as garantias prometidas[351]. Outro caso de perda do benefício do prazo é a não realização de uma prestação nas dívidas a prestações (art. 781º). Em ambas as disposições, a perda do benefício do prazo ocorre porque a estipulação do prazo tem por pressuposto a confiança do credor na solvabilidade do devedor, cessando os seus efeitos logo que essa confiança desaparece.

A perda do benefício do prazo é, no entanto, pessoal, pelo que não se estende aos co-obrigados do devedor, nem aos terceiros que garantiram o cumprimento da obrigação (art. 782º). Assim, os co-devedores conjuntos ou solidários e aqueles que prestaram garantias pessoais ou reais em relação à obrigação não são afectados pela perda do benefício do prazo.

6.3.5.2. A insolvência do devedor

O primeiro caso em que a perda do benefício do prazo ocorre é a insolvência do devedor, ainda que não judicialmente declarada (art. 780º). Actualmente, nos termos do art. 3º CIRE, é considerado em situação de insolvência o devedor que se encontre impossibilitado de cumprir as suas obrigações vencidas, considerando-se as pessoas colectivas e os patrimónios autónomos em situação de insolvência quando o activo seja manifestamente superior ao passivo[352]. Verificada a impossibilidade de o devedor solver as suas obrigações, não faz sentido a manutenção do prazo da prestação, pelo que se justifica a sua imediata exigibilidade.

[351] Trata-se, neste último caso, de diminuição das garantias especiais (penhor, hipoteca, fiança, etc.), uma vez que a garantia geral se encontra contemplada na referência à insolvência do devedor. Cfr. Galvão Telles, *Obrigações*, p. 265, Pessoa Jorge, *Obrigações*, I, p. 295 e Januário Gomes, *Assunção*, pp. 23-24, nota (70). O credor poderá optar, no entanto, por exigir em alternativa a substituição ou o reforço das garantias (art. 780º, nº 2).

[352] Era mais precisa a definição do art. 3º do CPEREF que considerava em situação de insolvência o devedor que, por carência de meios próprios e por falta de crédito, se encontre impossibilitado de cumprir pontualmente as suas obrigações. Anteriormente à entrada em vigor do CPEREF, o art. 1313º, nº 1, CPC. definia de forma diferente a insolvência, como a situação de o activo do património ser inferior ao passivo, figura que era reservada aos não comerciantes, já que aos comerciantes era aplicável a falência, definida como a impossibilidade de o comerciante cumprir as suas obrigações (art. 1135º CPC).

A lei exige a verificação de uma efectiva situação de insolvência, não bastando o justo receio da mesma[353]. Não se exige, porém, que a insolvência seja judicialmente declarada, através da sentença de declaração de insolvência (arts. 36º e ss. e 81º e ss. do CIRE). Após a sentença de declaração de insolvência, não ocorre apenas a perda do benefício do prazo, verificando-se antes o vencimento antecipado de todas as obrigações do insolvente, não subordinadas a uma condição suspensiva, independente de interpelação[354].

6.3.5.3. A diminuição de garantias

O segundo caso é a situação de por causa imputável ao devedor diminuírem as garantias do crédito ou não serem prestadas as garantias prometidas. No entanto, em alternativa ao cumprimento imediato da obrigação o credor tem ainda a possibilidade de exigir do devedor a substituição ou o reforço das garantias, se estas sofrerem diminuição (art. 780º, nº 2). Neste caso, exige-se, porém, que o perecimento das garantias resulte de culpa do devedor[355]. Se tal ocorrer, o credor pode exigir o cumprimento imediato da obrigação, mesmo que as garantias ainda existentes sejam mais do que suficientes para assegurar a execução forçada da obrigação e não exista qualquer receio de insolvência. Tal sucede porque, quando o devedor, por facto que lhe é imputável, não presta ou faz perecer alguma das garantias estipuladas, pratica uma infracção contratual, já que ele implicitamente se tinha obrigado a conservar ou, pelo menos, a não prejudicar as garantias. Ora, esse comportamento do devedor põe em causa a (pouca) confiança que o credor nele tinha (já que lhe exigiu as garantias), o que o legitima a

[353] No âmbito do Código Civil de 1867, o seu art. 741º entendia, pelo contrário, que o justo receio de insolvência era suficiente para determinar a perda do benefício do prazo. A lei actual afastou-se dessa solução por considerar que ela permitiria uma reacção excessiva dos credores, capaz de levar efectivamente o devedor à insolvência. O justo receio de insolvência legitima, porém, actualmente o credor a exigir o arresto dos bens do devedor, ao abrigo dos arts. 619º do Código Civil e 391º CPC.

[354] Cfr. Almeida Costa, *Obrigações*, p. 1016.

[355] É a posição unânime na doutrina. Cfr. Galvão Telles, *Obrigações*, p. 265, Antunes Varela, *Obrigações*, II, p. 49, Almeida Costa, *Obrigações*, p. 1016, Pessoa Jorge, *Obrigações*, 1º, p. 297, Menezes Cordeiro, *Obrigações*, 2º, p. 193, e *Tratado*, IX, p. 92, e Ribeiro de Faria, *Obrigações*, II, p. 323

solicitar o cumprimento imediato da obrigação[356]. É, no entanto, necessário que a redução das garantias apresente um mínimo de relevância, sem o que a exigência pelo credor do cumprimento imediato da obrigação será contrária à boa fé (art. 762º, nº 2)[357].

Deve, porém, salientar-se que por vezes a lei também impõe que o devedor reforce as garantias quando estas perecem casualmente, sob pena de o credor poder exigir o cumprimento imediato da obrigação. É o que sucede na fiança (art. 633º, nºs 2 e 3), na hipoteca (art. 701º), na consignação de rendimentos (art. 665º) e no penhor (art. 670º *c)*)[358]. O regime aplicável nestes casos é, no entanto, substancialmente diferente, já que, para além de se exigir uma diminuição considerável da garantia, que a torne insuficiente para assegurar o cumprimento da obrigação, a perda do benefício do prazo aparece como solução subsidiária, a aplicar apenas quando o devedor não proceda à substituição ou reforço das garantias[359]. Parece, no entanto, que, caso o perecimento destas garantias se dê por facto imputável ao devedor[360], será aplicável o regime do art. 780º, em lugar destas disposições[361].

6.3.5.4. A não realização de uma prestação, nas dívidas a prestações

Para além disso, nas dívidas a prestações, caso o devedor falte ao pagamento de uma das prestações, admite-se que o credor possa exigir antecipadamente as prestações que ainda não se venceram (art. 781º). Naturalmente que esta disposição apenas se aplica em relação às prestações instantâneas fraccionadas, e não às prestações periódicas[362]. Não tem, por isso, o senhorio

[356] Cfr. Guilherme Moreira, *Instituições*, II, p. 111, e Manuel de Andrade, *Obrigações*, p. 312.

[357] Cfr. Galvão Telles, *Obrigações*, p. 266 e Ribeiro de Faria, *Obrigações*, II, pp. 321-322.

[358] Cfr. Manuel de Andrade, *Obrigações*, pp. 313 e ss. e Antunes Varela, *Obrigações*, II, pp. 50 e ss.

[359] No caso de a garantia ter sido prestada por terceiro, sem qualquer intervenção do devedor, nem sequer esta solução se aplicará. O credor terá que solicitar ao terceiro a substituição ou reforço das garantias, podendo, caso ela não se verifique, exigir dele o cumprimento imediato da obrigação, em lugar do devedor (arts. 701º, nº 2, 665º e 670º *c)*).

[360] Situação dificilmente verificável na fiança.

[361] Neste sentido, Galvão Telles, *Obrigações*, p. 268, Antunes Varela, *Obrigações*, II, pp. 51 e ss., e Ribeiro de Faria, *Obrigações*, p. 323. Efectivamente, a solução contrária implicaria que o art. 780º não seria aplicável às garantias mais importantes, o que é totalmente inaceitável.

[362] Cfr. sobre esta classificação, o volume I desta obra, Secção VII, nº 2.4, a pp. 135 e ss.

a possibilidade de reclamar rendas ainda não vencidas, caso o locatário falte ao pagamento de alguma delas, nem o mutuante reclamar juros correspondentes ao capital que recebeu antecipadamente[363].

Tratando-se, porém, de prestações fraccionadas, a não realização de uma das prestações permite ao credor exigir logo a totalidade da dívida. Apesar de a lei descrever a situação como de vencimento antecipado, parece tratar-se antes de perda do benefício do prazo, já que, se o credor não exigir as prestações restantes, não parece que fique logo constituído em mora pela totalidade da obrigação[364]. A perda do benefício do prazo ocorre em virtude da má fé demonstrada pelo devedor ao não realizar o cumprimento, ou em virtude das suspeitas de insolvabilidade que tal atitude demonstra. É, no entanto, necessário salientar que na venda a prestações esta solução é restringida no art. 934º, determinando-se que a perda do benefício do prazo apenas ocorra quando o devedor falte ao pagamento de uma prestação que exceda um oitavo do preço ou a duas prestações, independentemente do seu montante.

6.3.5.5. Carácter pessoal da perda do benefício do prazo

O art. 782º vem estabelecer que "a perda do benefício do prazo não se estende aos co-obrigados do devedor, nem a terceiro que a favor do crédito tenha constituído qualquer garantia". Desta norma resulta que a perda do benefício do prazo tem carácter pessoal, pelo que não pode afectar nem os condevedores nem os terceiros garantes. Assim, em caso de perda do benefício do prazo, o credor poderá exigir ao devedor o cumprimento imediato da obrigação, mas terá que esperar o seu vencimento normal para exigir o cumprimento aos condevedores ou a terceiros garantes da obrigação.

[363] Neste sentido, o AUJ 7/2009 (Cardoso de Albuquerque), publicado no D.R. nº 86/2009, I Série de 5/5/2009: "No contrato de mútuo oneroso liquidável em prestações, o vencimento imediato destas ao abrigo de cláusula de redacção conforme ao artigo 781º do Código Civil não implica a obrigação de pagamento dos juros remuneratórios nelas incorporados".

[364] Em sentido contrário, Galvão Telles, *Obrigações*, pp. 270 e ss., que não deixa de criticar a solução *de jure condendo*. Parece, porém, tratar-se de um lapso do legislador no art. 781º, já que no regime especial das vendas a prestações, constante dos arts. 934º e ss., é empregada correctamente a expressão "perda do benefício do prazo". No sentido defendido, cfr. Ribeiro de Faria, *Obrigações*, II, p. 325, nota (1), Menezes Cordeiro, *Tratado*, IX, pp. 97-98 e, na jurisprudência, o Ac. RL 13/5/2003 (Ribeiro Coelho), na *CJ* 28 (2003), 3, pp. 75-78.

A exclusão da perda do benefício do prazo em relação aos condevedores e aos terceiros garantes sofre, porém, algumas restrições. Assim, em relação aos condevedores, na hipótese de a obrigação ser solidária, pode dar-se o caso de a insolvência ou a responsabilidade pela diminuição de garantias se verificar em mais de um dos devedores, o que legitimará naturalmente o credor a exigir imediatamente o cumprimento aos outros condevedores em relação aos quais também se verifiquem essas circunstâncias.

Em relação aos terceiros garantes através de hipoteca ou penhor, pode acontecer que, sendo o devedor estranho à constituição da garantia, a diminuição desta seja devida a culpa do terceiro garante. Neste caso, o credor poderá exigir dele a substituição ou reforço da garantia ou, quando tal não suceda, o cumprimento imediato da obrigação (art. 701º, nº 2, 2ª parte, e 678º).

7. Lugar do cumprimento

7.1. Modalidades de obrigações quanto ao lugar de cumprimento

As regras relativas ao local do cumprimento especificam onde deve ser realizada a prestação[365]. Trata-se de matéria que a lei estabelece especialmente através de regras supletivas, as quais admitem ainda regras especiais relativas a certos casos particulares. As regras constantes dos arts. 772º e ss. cedem, assim, perante determinação das partes em contrário, bem como perante regras especiais como as constantes dos arts. 885º, 1039º e 1195º.

No âmbito da doutrina, é usual estabelecer, a propósito do lugar do cumprimento, uma distinção entre os seguintes tipos de obrigações:

a) obrigações de colocação (*Holschulden, dettes quérables*).
b) obrigações de entrega (*Bringschulden, dettes portables*)
c) obrigações de envio (*Schickschulden*)[366].

Nas *obrigações de colocação*, o devedor deve apenas colocar a prestação à disposição do credor no seu próprio domicílio ou noutro lugar, cabendo assim ao credor o ónus de ir levantar a prestação fora do seu domicílio.

[365] Cfr. Larenz, *Schuldrecht* I, § 14 IV, pp. 193 e ss., Galvão Telles, *Obrigações*, pp. 272 e ss., Antunes Varela, *Obrigações*, II, pp. 36 e ss., Almeida Costa, *Obrigações*, pp. 1004 e ss., Pessoa Jorge, *Obrigações*, 1º, pp. 304 e ss., Menezes Cordeiro, *Obrigações*, 2º, pp. 194 e ss., e *Tratado*, IX, pp. 103 e ss., e Ribeiro de Faria, *Obrigações*, II, pp. 296 e ss.

[366] Cfr. Larenz, *Schuldrecht* I, § 14 IV, p. 194.

Consequentemente, nestas obrigações, o devedor não pode ser responsabilizado pelo facto de o credor não proceder ao levantamento da prestação, sendo esta situação considerada antes como mora do próprio credor (art. 813º).

Nas *obrigações de entrega*, o devedor tem efectivamente que entregar a coisa ao credor no domicílio deste, ou no lugar com este acordado. Assim, nestas obrigações, a prestação só se considera adequadamente realizada se chega ao domicílio do credor dentro do prazo acordado, havendo mora do devedor no caso contrário (art. 804º).

Nas *obrigações de envio*, a situação é intermédia em relação às duas anteriores, já que o devedor, embora não se limite a colocar a coisa à disposição do credor, também não tem que lhe assegurar a sua entrega efectiva. O devedor está apenas obrigado a enviar a coisa para o domicílio do credor, sendo o transporte da conta e risco deste. Assim, o local do cumprimento é aquele onde o devedor procede à entrega ao transportador, pelo que este deve apenas assegurar o envio nas condições e prazo acordados. Se o transporte se atrasa ou a coisa se perde ou deteriora no seu curso, o risco correrá por conta do credor (cfr. art. 797º).

Nos dois primeiros casos o lugar da prestação coincide com o lugar do resultado. No terceiro caso ocorre uma diferenciação entre o lugar da prestação e o lugar do resultado da mesma. O devedor realiza a prestação no lugar em que envia a coisa ao credor, mas a obrigação só se extingue a partir do momento em que o credor recebe a coisa enviada. No entanto, a partir do momento em que realiza o envio, a obrigação do devedor fica consideravelmente atenuada, praticamente se resumindo a não impedir o transporte para o credor, o que constitui um mero dever acessório de conduta[367].

7.2. As regras relativas ao lugar da prestação

Conforme resulta do art. 772º, nº 1, proémio, a determinação do lugar de cumprimento cabe, em princípio às partes, resultando, assim de convenção entre elas, a qual pode ser inclusivamente tácita (art. 217º), derivando da própria natureza da prestação[368]. Neste âmbito, as partes podem livremente estipular obrigações de colocação, entrega ou de envio.

[367] Cfr. Antunes Varela, *Obrigações*, II, p. 38 e Ribeiro de Faria, *Obrigações*, II, p. 303.

[368] Assim, se, por exemplo, alguém se compromete a pintar uma casa é manifesto que o lugar da prestação corresponde à casa a ser pintada.

Não havendo convenção entre as partes a estabelecer o lugar de cumprimento, a regra geral é que ele deve ser realizado no domicílio do devedor (art. 772º, nº 1)[369]. Daqui resulta que a regra geral corresponda às obrigações de colocação (*Holschulden*), tendo assim o credor o ónus de se deslocar ao domicílio do devedor para obter a prestação. É mais uma manifestação do tradicional *favor debitoris*, vigente no Direito das Obrigações.

Se a obrigação tiver por objecto a entrega de uma coisa móvel, a regra é a de que a obrigação deve ser cumprida no lugar onde a coisa se encontrava ao tempo da conclusão do negócio. Esta regra é aplicável, quer se trate de coisa móvel determinada (art. 773º, nº 1), quer de coisa genérica a ser escolhida de conjunto determinado ou de coisa que deva ser produzida em certo lugar (art. 773º, nº 2). Apesar de o local do cumprimento não ser, neste caso, o do domicílio do devedor, não deixamos de estar perante obrigações de colocação, já que é o credor que tem que deslocar-se ao sítio onde se encontrava a coisa para receber o cumprimento, nada mais tendo o devedor que fazer do que lhe disponibilizar a coisa nesse local.

Se a obrigação tiver por objecto certa quantia em dinheiro, a regra é de que a obrigação deve ser cumprida no domicílio que o credor tiver ao tempo do cumprimento (art. 774º). As obrigações pecuniárias correspondem assim sempre a obrigações de entrega (*Bringschulden*). Esta solução deriva da facilidade que actualmente o devedor possui de proceder à transferência de quantias em dinheiro e de a solução oposta poder ser particularmente onerosa para o credor, que seria obrigado a ir buscar o dinheiro ao domicílio do devedor. Em consequência, durante o transporte e até à entrega ao credor, o risco da perda do dinheiro corre sempre por conta do devedor.

Estas regras gerais cedem, porém, em certos casos particulares onde vigoram outras regras, havendo, por isso, que averiguar se o regime especial daquele contrato não estabelece regras específicas para o lugar de cumprimento, diferentes das regras gerais dos arts. 772º e ss. Assim, por exemplo, o lugar de restituição da coisa móvel no depósito é o lugar onde esta deve ser guardada e não o lugar onde a coisa se encontrava ao tempo da conclusão do negócio (art. 1195º). O lugar de cumprimento da obri-

[369] A generalidade da regra é meramente aparente, já que para as categorias mais importantes de obrigações como as de entrega de coisa móvel (art. 773º) ou pecuniárias (art. 774º) vigoram soluções diversas.

gação de pagar o preço da venda é o mesmo da obrigação de entrega da coisa vendida (art. 885º, nº 1), só se aplicando a regra geral do art. 774º se o prazo de cumprimento das duas obrigações não for coincidente (art. 885º, nº 2). Também em contrariedade ao disposto no art. 774º, o lugar do cumprimento da obrigação de pagamento da renda é o domicílio do locatário à data do vencimento, se as partes ou os usos não fixarem outro regime (art. 1039º)[370].

7.3. A mudança de domicílio das partes

A alteração, após a constituição da obrigação, do domicílio do devedor nas obrigações de colocação (*Holschulden*) ou do credor nas obrigações de entrega (*Bringschulden*) pode implicar lesão das legítimas expectativas da outra parte. A lei determina, por isso, que a alteração do domicílio das partes possa não significar necessariamente a alteração do local de cumprimento, sempre que a parte lesada sofra prejuízos com essa alteração. O regime legal varia, porém, consoante se trate de obrigações de colocação ou de entrega.

Nas obrigações de colocação, a lei determina que, se ocorrer mudança de domicílio do devedor após a constituição da obrigação, o cumprimento é realizado no novo domicílio, salvo se a mudança acarretar prejuízo para o credor, caso em que o cumprimento deverá ser efectuado no domicílio primitivo (art. 772º, nº 2)[371].

Nas obrigações de entrega, a lei determina que a alteração do domicílio do credor após a constituição da obrigação implica que a obrigação passe a poder ser realizada no domicílio do devedor, convertendo-se assim a obrigação de entrega em obrigação de colocação. Tal só não sucederá se o credor se comprometer a indemnizar o devedor do prejuízo que este sofrer com a mudança (art. 775º).

7.4. A impossibilidade da prestação no lugar fixado

Tendo as partes fixado um lugar para o cumprimento, pode ser ou tornar-se impossível realizar a prestação nesse lugar. É o que sucede se, por exemplo,

[370] O que transforma o pagamento da renda numa obrigação de colocação (*Holschuld*).

[371] Esta solução parece-nos muito deficiente, uma vez que obriga, sem necessidade, tanto o credor como o devedor a deslocar-se a um domicílio diferente do de ambos para a realização da prestação. Se se queria tutelar o interesse do credor perante a mudança de domicílio do devedor, mais valia estabelecer que a prestação fosse nesse caso realizada no domicílio daquele.

as partes acordam na realização da pintura de um edifício que já tinha caído ou entretanto veio a ruir, ou em realizar um espectáculo ao ar livre num local em que as condições climatéricas impedem a sua realização.

Em grande parte dos casos, o local do cumprimento aparece como essencial em relação à própria prestação, pelo que a impossibilidade de realizar a prestação naquele local equivale à impossibilidade da sua realização em absoluto. Assim, se a impossibilidade já existia no momento da conclusão do negócios, considera-se este como nulo (arts. 401º e 280º, nº 1). Sendo esta posterior à celebração do negócio, determina a extinção da obrigação (art. 790º), com a consequente perda do direito à contraprestação nos contratos bilaterais (art. 795º, nº 1).

Pode, porém, suceder que o lugar do cumprimento não apareça como essencial em relação à obrigação, podendo esta por natureza ser realizada tanto no local fixado para o cumprimento como noutro qualquer. Nesta situação, o facto de ser ou se tornar impossível realizar a prestação no lugar fixado para o cumprimento não é motivo para considerar a obrigação extinta, pelo que deverá antes a prestação ser realizada noutro lugar (art. 776º).

A determinação desse lugar poderia ser efectuada de duas maneiras: ou considerando a situação como uma lacuna negocial, o que determinaria a aplicação do art. 239º, sendo o local do cumprimento fixado de acordo com a vontade hipotética das partes, se não for outra a solução imposta pelos ditames da boa fé; ou através das regras supletivas dos arts. 772º e ss., que seriam aplicáveis, não apenas à ausência de estipulação das partes, mas ainda perante a situação de impossibilidade de realização da prestação no lugar fixado.

A nossa lei, no art. 776º optou claramente por esta última solução, o que a doutrina tem justificado pela necessidade de certeza que se deve imprimir ao regime da relação obrigacional[372]. É manifesto, no entanto, que essa solução não cobre todas as situações que podem ocorrer, designadamente a hipótese de a impossibilidade da prestação ocorrer precisamente no lugar designado pelas regras supletivas dos arts. 772º e ss. Para esses casos, permanece assim aberta a via da integração dos negócios jurídicos, com base no art. 239º[373].

[372] Cfr. ANTUNES VARELA, *Obrigações*, II, p. 40 e RIBEIRO DE FARIA, *Obrigações*, II, p. 308.

[373] Em sentido contrário, MENEZES CORDEIRO, *Obrigações*, 2º, p. 196, e *Tratado*, IX, p. 118, entende que nessa hipótese o lugar do cumprimento terá que ser fixado pelo tribunal por aplicação analógica do art. 777º, nº 2.

8. Imputação do cumprimento

A imputação do cumprimento consiste na operação pela qual se relaciona a prestação realizada com uma determinada obrigação, quando existam várias dívidas entre as partes e a prestação efectuada não chegue para as extinguir a todas. É preciso, então, determinar qual a dívida ou dívidas a que o cumprimento se refere, ou seja fazer a imputação da prestação à dívida que aquela vai extinguir.

A lei considera que a imputação do cumprimento é uma faculdade do devedor, cabendo, portanto, a este, sem necessidade de qualquer acordo do credor, escolher a dívida ou as dívidas a que o cumprimento se refere (art. 783º, nº 1). Essa faculdade de designação pelo devedor sofre, no entanto, algumas restrições em relação a certas categorias de dívidas, que só podem ser designadas pelo devedor para imputação do cumprimento se o credor der o seu assentimento. Trata-se de situações em que a designação pelo devedor afectaria certos interesses do credor, que a lei vem acautelar através desta exigência.

As situações referidas são as seguintes:

1) O devedor não pode imputar o cumprimento, contra vontade do credor, numa dívida ainda não vencida, *se o prazo tiver sido estabelecido em benefício do credor* (art. 783º, nº 2). A regra geral é o prazo ser estabelecido em benefício do devedor (art. 779º), caso em que não há restrições à antecipação do cumprimento por parte deste. Se, porém, o prazo tiver sido estabelecido em benefício do credor, pode ele recusar a antecipação do cumprimento, pelo que também não será permitido ao devedor, sem o acordo do credor, efectuar a imputação antes do vencimento da dívida. A nosso ver, a mesma solução vigorará para o caso de o prazo ser estipulado em benefício de ambas as partes, uma vez que nesse caso o credor tem a mesma faculdade de recusar a prestação antecipada[374].
2) O devedor não pode imputar o cumprimento, contra a vontade do credor, numa dívida de montante superior à prestação efectuada, sempre que o credor tenha a faculdade de recusar o pagamento parcial (art. 783º, nº 2). Conforme se salientou, em sede do cum-

[374] Embora no caso especial do mútuo oneroso, o devedor possa antecipar o cumprimento, desde que satisfaça os juros por inteiro (art. 1147º), pelo que nessas condições o mutuário poderá também efectuar a imputação antes do vencimento.

primento vigora o princípio da integralidade da prestação, pelo que não é permitido em princípio ao devedor realizar a prestação por partes (art. 763º, nº 1), não podendo também obter esse resultado através da imputação em dívidas de montante superior. Apenas no caso de o pagamento em prestações corresponder ao regime estipulado ou imposto por lei ou pelos usos, essa imputação poderá ser efectuada.

3) O devedor não pode, contra a vontade do credor, imputar o cumprimento numa dívida de capital, enquanto estiver obrigado a pagar também despesas, indemnização moratória ou juros (art. 785º, nº 2). Essa solução justifica-se em virtude de a imputação no capital (amortização da dívida) implicar uma redução ou extinção de juros futuros, o que não acontece com o pagamento das despesas, juros ou indemnização moratória. Não seria, por isso, adequado, por contrário aos interesses do credor, permitir-se ao devedor amortizar estas prestações, enquanto continuasse a dever o capital.

Caso o devedor não efectue a designação, o credor não é livre de efectuar ele mesmo a imputação, havendo antes que aplicar as regras supletivas do art. 784º[375]. Essas regras consistem no seguinte:

1) a imputação do cumprimento efectua-se em primeiro lugar na dívida vencida;
2) se existirem várias dívidas vencidas, opta-se pela que oferece menor garantia para o credor;
3) se as dívidas tiverem idênticas garantias, escolhe-se a que for mais onerosa para o devedor;
4) se as dívidas forem igualmente onerosas, prefere-se a que primeiro se tenha vencido;
5) se as dívidas se tiverem vencido simultaneamente, imputa-se o cumprimento na dívida que se constituiu em primeiro lugar.

[375] Daí que não concordemos com Galvão Telles, *Obrigações*, p. 226 que admite a possibilidade de o credor efectuar a imputação no recibo de cumprimento que, a ser aceite pelo devedor, equivaleria a um acordo tácito de imputação. Efectivamente, regra geral, a imputação do cumprimento não se processa por acordo, mas por acto unilateral do devedor que, a não ocorrer, determina a aplicação das regras supletivas da lei.

Numa hipótese de verificação difícil, na medida em que pressupõe uma constituição simultânea de várias obrigações, com datas de vencimento idênticas, a mesma onerosidade e idênticas garantias, a lei vem ainda prever a hipótese de não ser possível aplicar as regras referidas *supra*, prevendo que nessa situação a prestação considera-se realizada por conta de todas as dívidas rateadamente, sem que o credor possa recusar o pagamento parcial (art. 784º, nº 2).

A lei regula ainda a forma supletiva de realizar a imputação do cumprimento quando o devedor, simultaneamente com a dívida de capital, esteja obrigado a pagar despesas, juros, ou a indemnizar o credor em consequência da mora. Vimos já que, neste caso, só com o acordo do credor é possível efectuar a imputação no capital antes do pagamento das restantes dívidas (art. 785º, nº 2)[376]. A lei vem, porém, estabelecer ainda uma ordenação supletiva, em termos de imputação do cumprimento, estabelecendo que, na ausência de designação, a prestação se tem por sucessivamente feita por conta das despesas, da indemnização, dos juros e do capital (art. 785º, nº 1).

As regras relativas à imputação do cumprimento cedem ainda perante regime especial, de que salienta o caso do contrato de conta corrente e a situação de insolvência[377].

Verifica-se um contrato de conta corrente, sempre que "duas pessoas, tendo de entregar valores uma à outra, se obrigam a transformar os seus créditos em artigos de «deve» e «há-de haver», de sorte que só o saldo final resultante da sua liquidação seja exigível" (art. 344º CCom.). Neste contrato, por força dos arts. 346º e 350º CCom. e em virtude do princípio da indivisibilidade da conta corrente, só se vem a qualificar como verdadeira dívida o saldo final da conta. Por esse motivo, até ao encerramento da conta corrente, não se considera ocorrer qualquer pagamento, mas antes remessas, as quais não se destinam a extinguir dívidas já existentes mas antes a alimentar a conta. Em consequência, não se pode aplicar a nenhuma remessa as regras dos arts. 783º e ss., já que esta se limita a afectar o saldo da conta e não qualquer das dívidas que isoladamente a compõem.

[376] Conforme salienta MANUEL DE ANDRADE, *Obrigações*, p. 292, nota (2), a existência de acordo do credor em relação à imputação do pagamento no capital não faz presumir qualquer remissão ou renúncia em relação ao seu crédito de juros. No entanto, essa situação pode fazer presumir o pagamento deste, ao abrigo do art. 786º, nº 1.

[377] Cfr. MANUEL DE ANDRADE, *Obrigações*, pp. 294 e ss., ANTUNES VARELA, *Obrigações*, II, p. 59, nota (1) e RIBEIRO DE FARIA, *Obrigações*, II, p. 334.

Para além disso, as regras relativas à imputação do cumprimento não se aplicam em caso de insolvência do devedor. Efectivamente, neste caso, a lei determina o pagamento em primeiro lugar das dívidas da massa (art. 172º CIRE), seguindo-se os créditos que gozem de garantia real sobre bens determinados (art. 174º CIRE), após o que são pagos rateadamente os créditos comuns, independentemente de sua onerosidade ou antiguidade (cfr. art. 176º CIRE) e por último, se ainda for possível, os créditos subordinados (art. 177º CIRE).

9. Prova do cumprimento

A prova do cumprimento compete em princípio ao devedor, uma vez que o cumprimento constitui um facto extintivo do direito do credor que deve ser demonstrado pela parte contra quem o crédito é invocado (art. 342º, nº 2). No entanto, o cumprimento não pode ser provado por testemunhas (art. 395º), pelo que o modo mais adequado de proceder a essa prova consiste em o autor do cumprimento exigir do credor uma declaração escrita de que recebeu a prestação em dívida. A essa declaração dá-se o nome de *quitação*, uma vez que através dela o credor exprime que o devedor se encontra quite para com ele. Quando a quitação consta de um documento avulso, costuma dar-se a esse documento o nome de recibo.

A quitação é um direito atribuído por lei a qualquer pessoa que cumpre a obrigação (e não apenas ao devedor), devendo a quitação constar de documento autêntico ou autenticado ou ser provida de reconhecimento notarial se aquele que cumpriu tiver nisso interesse legítimo (art. 787º, nº 1). Pode-se assim exigir sempre do credor um recibo e, caso este não se disponha a passá-lo, o cumprimento pode legitimamente ser recusado (art. 787º, nº 2)[378]. O recibo pode igualmente ser exigido mesmo depois de a prestação já ter sido efectuada (art. 787º, nº 2).

Em certo casos, a lei dispensa o devedor de provar que cumpriu a obrigação. São as denominadas presunções de cumprimento, que constam do art. 786º. Assim, se o credor prestou quitação do capital sem reservar que faltava pagar juros e prestações periódicas, presume-se que estão pagos os juros e essas prestações (art. 786º, nº 1). Da mesma forma, se forem devidos juros ou outras prestações periódicas (por exemplo, rendas) e o credor der quitação sem reserva de uma dessas prestações presumem-se realizadas

[378] Neste caso, a situação será de mora do credor (art. 813º).

as prestações anteriores (art. 786º, nº 2). Finalmente, se o credor entregar voluntariamente ao devedor o título original do crédito, a lei faz presumir a liberação do devedor e dos seus condevedores, solidários ou conjuntos, bem como do fiador e do devedor principal, se o título é entregue a algum destes (art. 786º, nº 3).

Para além deste caso de presunções de cumprimento, por vezes a lei também presume que já ocorreu o cumprimento da obrigação, em virtude de já ter decorrido certo prazo sobre a sua constituição. São as já referidas prescrições presuntivas (art. 312º e ss.), que se encontram previstas nos arts. 316º e 317º. Nestes casos, a presunção de cumprimento resultante do decurso do prazo só pode ser ilidida por confissão do devedor de que ainda não cumpriu a obrigação (art. 313º, nº 1), a qual se for extrajudicial, só releva quando efectuada por escrito (art. 313º, nº 2). No entanto, a dívida considera-se tacitamente confessada se o devedor se recusar a depor ou a prestar juramento no tribunal, ou praticar em juízo actos incompatíveis com a presunção de cumprimento (art. 314º).

10. Direito à restituição do título ou à menção do cumprimento

Se a obrigação aparece referida a determinado documento (como sucede, por exemplo, no caso dos títulos de crédito), quando o devedor realiza o cumprimento, tem o direito de exigir a restituição desse documento (art. 788º, nº 1). Efectivamente, a emissão do título de uma obrigação destina-se a uma causa jurídica específica, que é a de possibilitar a cobrança da dívida, pelo que, uma vez extinta a dívida, o credor deixa de ter causa jurídica para a sua retenção, devendo assim proceder à sua restituição[379]. O credor pode ter, no entanto, interesse legítimo na conservação do documento, como sucederá na hipótese de o título lhe conferir outros direitos. Nesse caso, o devedor poderá exigir que o credor mencione no título o cumprimento efectuado, o que inviabilizará a possibilidade de o utilizar novamente para cobrança daquela obrigação. Caso o credor não o faça, o devedor pode legitimamente recusar-se a efectuar a prestação, podendo ainda exigir a restituição do título posteriormente ao cumprimento (art. 788º, nº 3).

Pode, porém, ainda acontecer, que o credor invoque a impossibilidade, por qualquer causa, de restituir o título ou de nele mencionar o cumpri-

[379] Cfr. MENEZES LEITÃO, *O Enriquecimento*, p. 509, reed., p. 491.

mento (invocando, por exemplo, que perdeu o documento). Nesse caso, pode o devedor exigir quitação passada em documento autêntico ou autenticado ou com reconhecimento notarial, correndo o encargo por conta do credor (art. 789º).

Se for um terceiro a cumprir a obrigação, a lei determina que ele só goza dos mesmos direitos se ficar sub-rogado nos direitos do credor (art. 788º, nº 2). Efectivamente, na hipótese contrária, o título deverá ser antes restituído ao devedor, porque a dívida se extinguiu[380].

11. Efeitos do cumprimento

O cumprimento produz sempre em relação ao credor a extinção do seu crédito, como contrapartida da prestação recebida. Normalmente o cumprimento produz igualmente em relação ao devedor a liberação da sua obrigação, tendo eficácia extintiva da obrigação a que respeita. No entanto, em certos casos o cumprimento pode desencadear a sub-rogação do crédito (cfr. arts. 589º e ss.), caso em que o crédito não se extingue, antes se transmite para o terceiro que realiza a obrigação, ficando o devedor vinculado perante este[381].

12. Natureza do cumprimento

É controvertida a natureza jurídica do cumprimento[382], havendo autores que o consideram como um contrato, outros como um negócio jurídico unilateral, outros como um acordo sobre o fim da prestação, outras que o consideram como uma realização final da prestação e, finalmente, outros

[380] Galvão Telles, *Obrigações*, p. 298, defende que o terceiro deveria poder continuar a gozar destes direitos, mesmo que não houvesse sub-rogação a seu favor para provar que cumpriu e poder exigir do devedor o que lhe coubesse a título de mandato sem representação, gestão de negócios ou enriquecimento sem causa. Discordamos. Para a demonstração de que cumpriu, o terceiro pode exercer o direito à quitação previsto no art. 787º e, se obtiver um crédito contra o devedor com base noutra fonte das obrigações, cabe-lhe fazer a prova dos factos constitutivos desta (art. 342º, nº 1), não devendo permitir-se que utilize para a sua cobrança, o título de uma obrigação extinta.

[381] Cfr. Galvão Telles, *Obrigações*, p. 295.

[382] Cfr. Karl Larenz, *Schuldrecht* I, § 18 I, pp. 237 e ss., Fikentscher/Heinemann, *Schuldrecht*, § 38 II. nºs 312 e ss., pp. 162 e ss., Joachim Gernhuber, *Die Erfüllung und ihre Surrogate*, 2ª ed., Tübingen, Mohr, 1994, pp. 100 e ss. e Joachim Wenzel, em AAVV, *Münchener Kommentar zum Bürgerlichen Gesetzbuch, 2- Schuldrecht, Allgemeiner Teil (§§ 241-432)*, 5ª ed., München, Beck, 2007, § 362, nºs 5 e ss., pp. 2339 e ss.

que consideram que a mera realização real da prestação é suficiente para caracterizar o cumprimento.

Na doutrina encontram-se assim as seguintes teorias principais, explicativas da natureza jurídica do cumprimento:

1. A **teoria geral do contrato**, sustentada por VON TUHR, HENLE, KRESS e LENT[383], foi a dominante no direito comum e nos primeiros anos de vigência do BGB. Segundo ela, o cumprimento corresponde sempre a um contrato, exigindo quer a oferta da prestação, quer a sua aceitação "como cumprimento". Consequentemente, a eficácia jurídica do cumprimento depende de uma *facti species* complexa, onde se inclui a realização efectiva da prestação e um contrato de cumprimento destinado a produzir esse efeito. O cumprimento é por isso uma consequência de um negócio jurídico, e daí que a aceitação da prestação "como cumprimento" pelo credor pressuponha um acto de disposição do crédito que só é eficaz se o credor *accipiens* tem capacidade para esse acto ou, sendo ele incapaz, se o representante legal o confirmar.

2. A **teoria limitada do contrato**, defendida por ENNECCERUS/LEHMANN, JACKISCH e FIKENTSCHER/HEINEMANN[384], sustenta que o cumprimento apenas constitui um contrato, nas hipóteses como a transmissão (*Übereignung*), em que a prestação dependa da celebração de um contrato (real). Nesses casos, é necessário a declaração do *solvens* de que realiza a prestação com o fim de cumprimento e a aceitação da prestação pelo credor "com o fim de cumprimento", celebrando-se nestes termos um contrato de cumprimento. A aceitação com o fim de cumprimento representaria nestes casos igualmente um acto de disposição do crédito. Pelo contrário, a realização efectiva da prestação será suficiente, sempre que não se exija um acto jurídico-negocial de prestação, ou quando a natureza da prestação torne desnecessária uma declaração de aceitação, como acontece nas prestações de serviços ou nas omissões.

[383] Cfr. ANDREAS VON TUHR, *Der allgemeine Teil des Deutschen Bürgerlichen Rechts*, II-2, 1918, reimp., Berlin, Duncker & Humblot, 1957, p. 82 e nota (128), RUDOLF HENLE, *Lehrbuch des Bürgerlichen Rechts, I – Allgemeiner Teil*, Berlin, Vahlen, 1926, p. 146, HUGO KRESS, *Lehrbuch des allgemeinen Schuldrechts*, München, 1929 (reimp. Scientia Verlag Aalen, 1974), p. 446 e FRIEDRICH LENT, *Die Anweisung als Vollmacht und im Konkurse*, Leipzig, Deichert, 1907, pp. 7-33

[384] ENNECCERUS/LEHMANN, *Recht der Schuldverhältnisse...*, pp. 251-253 (***trad. esp. cit.***, pp. 304-307), HANS JACKISCH, "Der Begriff der 'Erfüllung' im heutigen Rechte, insbesondere: die mangelhafte Erfüllung", em *JhJb* 68 (1919), pp. 287-308, e FIKENTSCHER/HEINEMANN, *Schuldrecht*, § 38 II, nºs 316 e ss., pp. 164 e ss.

3. A **teoria do negócio unilateral de cumprimento**, defendida por MANIGK, ROSENBERG, e VON CAROLSFELD[385] sustenta que a extinção da obrigação é também consequência de um negócio de cumprimento, mas já não de um contrato, uma vez que é apenas o *solvens* que tem que emitir uma declaração negocial no sentido do cumprimento da obrigação.

4. A **teoria do contrato real ou do acordo sobre o fim**, defendida por EHMANN e WEITNAUER[386], sustenta, da mesma forma que a teoria geral do contrato, que o cumprimento constitui uma *facti species* composta de dois elementos: a atribuição do devedor (elemento objectivo) e um acordo das partes sobre o fim de cumprimento dessa atribuição (elemento subjectivo). Esse acordo não constituiria um contrato extintivo da dívida, mas apenas um acordo jurídico-negocial das partes sobre o fim da prestação. Sem a verificação de um válido acordo sobre o fim da prestação, não se poderia verificar a extinção da dívida. Concepção semelhante é o do **contrato de ordenação**, sustentada por ROTHER[387], segundo a qual o cumprimento exige um contrato de ordenação para incluir o acto da prestação, considerado em si neutral, na estrutura da obrigação.

5. A **teoria da realização final da prestação**, sustentada por BEUTHIEN, SEIBERT, e GERNHUBER[388], entende que o cumprimento não exige nenhum contrato nem qualquer acordo entre as partes sobre o fim da prestação, mas apenas a definição unilateral pelo *solvens* desse fim. A função desta definição do fim da prestação seria a apenas a de a relacionar com determinada dívida, e não a de produzir o cumprimento como consequência jurídica, pelo que não se poderia considerar um negócio jurídico, mas apenas um acto jurídico

[385] Cfr. ALFRED MANIGK, *Das Anwendungsgebiet der Vorschriften für die Rechtsgeschäfte*, Breslau, Marcus, 1901, pp. 40 e ss., LEO ROSENBERG, "Der Verzug des Gläubigers" em *JhJb* 43 (1901), pp. 141-298 (211-212) e LUDWIG SCHNORR VON CAROLSFELD, "Zur Schlechterfüllung" em WALTER G. BECKER/LUDWIG SCHNORR VON CAROLSFELD, *Sein und Werden im Recht. Festgabe für Ulrich von Lübtow zum 70. Geburtstag*, Berlin, Duncker & Humblot, 1970, pp. 667-699 (674 e ss.)

[386] Cfr. HORST EHMANN, "Die Funktion der Zweckvereinbarung bei der Erfüllung. Ein Beitrag zur causa solvendi" em *JZ* 1968, pp. 549-556 e HERMANN WEITNAUER, "Die Leistung" em AAVV, *Festschrift für Ernst von Caemmerer zum 70. Geburtstag*, Tübingen, Mohr, 1978, pp. 255-293 (262 e ss.)

[387] Cfr. ROTHER, "Erfüllung durch abstraktes Rechtsgeschäfte" em *AcP* 169 (1969), pp. 1-33 (27 e ss.).

[388] Cfr. VOLKER BEUTHIEN, *Zweckerreichung und Zweckstörung im Schuldverhältnis*, Tübingen, Mohr, 1969, pp. 290 e ss., ULRICH SEIBERT, *Erfüllung durch finale Leistungsbewirkung*, Hamburg, Buske, 1982, *maxime* pp. 51 e ss., ID, "Erfüllung und Konvaleszenz" em *JZ* 1991, pp. 380-384 (383 e ss.) e GERNHUBER *Die Erfüllung*, pp. 112 e ss

simples, ao qual as normas dos negócios jurídicos (como o regime da capacidade e do erro) apenas seriam parcialmente aplicáveis. Exigir-se-ia, em qualquer caso, uma declaração do *solvens*.

6. A **teoria da realização real da prestação**, defendida inicialmente por KRETSCHMAR e BOEHMER[389], e mais recentemente por LARENZ, ESSER/SCHMIDT e WENZEL[390] é, porém, amplamente maioritária na doutrina actual. Segundo ela, para o cumprimento é suficiente, na maior parte dos casos, especialmente quando é evidente a referência a uma determinada dívida, a obtenção do resultado da prestação através do acto de prestar do devedor (ou do seu auxiliar e eventualmente também de um terceiro), que, de uma forma objectivamente reconhecível, corresponda à prestação devida.

A teoria da realização real da prestação encontra-se expressamente consagrada na nossa lei (art. 762º, nº 1), que ao referir que "o devedor cumpre a obrigação quando realiza a prestação a que está vinculado", identifica o cumprimento como a mera realização real da prestação não exigindo a emissão de uma declaração negocial ou sequer uma actuação finalisticamente orientada.

Na nossa doutrina esta é também a posição unanimemente defendida, que rejeita qualquer carácter negocial ao cumprimento, qualificando-o como simples acto devido, de cariz real ou material[391]. Efectivamente, e conforme refere GALVÃO TELLES, o negócio jurídico tem carácter inovador, dele resultando uma estipulação de efeitos jurídicos que institui um comando para as partes. Ora, no cumprimento não se inova, mas antes se executa, obedecendo-se a um comando previamente existente[392].

Efectivamente, o cumprimento consiste num acto real de liquidação, que não exige qualquer declaração negocial de aceitação da prestação

[389] Cfr. PAUL KRETSCHMAR, *Die Erfüllung*, Leipzig, Veit, 1906, pp. 107 e ss. e GUSTAV BOEHMER, *Die Erfüllungswille*, München, Beck, 1910, pp. 58 e ss.

[390] Cfr. LARENZ, *Schuldrecht* I § 18 I, pp. 238 e ss., JOSEF ESSER/EIKE SCHMIDT, *Schuldrecht. I – Allgemeiner Teil*, 1, 8ª ed., Heidelberg, Müller, 1995, pp. 283-284 e MÜNCHENER KOMMENTAR/WENZEL, 2, § 362, nºs 12 e ss., pp. 2340 e ss.

[391] Cfr. VAZ SERRA, *BMJ* 34 (1953), pp. 10-22 e "Enriquecimento sem causa", no *BMJ* 81 (1958), pp. 5-245 (42 e ss.), GALVÃO TELLES, *Obrigações*, pp. 220 e ss., ALMEIDA COSTA, *Obrigações*, p. 993, PESSOA JORGE, *Obrigações*, 1º, pp. 200 e ss., RIBEIRO DE FARIA, *Obrigações*, II, p. 250, CALVÃO DA SILVA, *Cumprimento*, pp. 93 e ss., e CARNEIRO DA FRADA, *Contrato e Deveres de Protecção*, Coimbra, Separata do *BFD*, Suplemento 38, 1994, p. 35, nota.

[392] Cfr. GALVÃO TELLES, *Obrigações*, p. 220.

pelo credor "como cumprimento" nem sequer a exteriorização do *animus solvendi*, bastando-se com a simples realização material da prestação pelo devedor. Nas prestações de coisa essa actuação material pressupõe a colaboração do credor para a sua recepção[393]. Nas prestações de serviços e nas omissões, nem sequer essa colaboração do credor se torna necessária. Apenas em certos casos, como no contrato-promessa, a realização do comportamento devido implicará a celebração de um novo negócio. Mas essa qualificação deriva do conteúdo do acto, uma vez que considerado como simples actuação do vínculo obrigacional, o cumprimento não reveste manifestamente essa natureza. Efectivamente, a actuação do vínculo obrigacional não é uma consequência jurídica de uma declaração negocial do devedor ou de um particular elemento intencional que imprima uma qualificação à sua actividade (*animus solvendi*), mas antes consiste no próprio desenvolvimento dessa mesma actividade[394]. Mas o cumprimento, mesmo que tenha por conteúdo um facto material é sempre em si um acto jurídico (simples) na medida em que constitui uma manifestação de vontade que produz o efeito jurídico da extinção do vínculo obrigacional[395].

[393] A qual pode ser, porém, dispensada através da consignação em depósito (arts. 841º e ss. C.C.).

[394] Cfr. Nicolò, *op. cit.*, p. 148.

[395] Cfr. Galvão Telles, *Obrigações*, p. 37.

Secção VI

Dação em cumprimento e dação *pro solvendo*

1. A dação em cumprimento

1.1. Pressupostos da dação em cumprimento

A dação em cumprimento vem referida no art. 837º, que refere que "a prestação de coisa diversa da que for devida, ainda que de valor superior, só exonera o devedor se o credor der o seu assentimento"[396]. Daqui resulta consequentemente que esta causa de extinção das obrigações tem dois pressupostos:

a) a realização de uma prestação diferente da que for devida;
b) o acordo do credor relativo à exoneração do devedor com essa prestação.

Examinemos sucessivamente estes pressupostos:

1.1.1. A realização de uma prestação diferente da que for devida

O primeiro pressuposto da dação em cumprimento é a realização de uma prestação diferente da que for devida, ou seja, que a prestação que o deve-

[396] Cfr. LARENZ, *Schuldrecht*, I, § 18 IV, pp. 247 e ss., CARLOS R. FERNANDEZ RODRIGUEZ, "Naturaleza jurídica de la dación en pago", em *ADC* 10 (1957), pp. 753-797, VAZ SERRA, "Dação em função do cumprimento e dação em cumprimento", no *BMJ* 39 (1953), pp. 25-37, "Algumas questões sobre dação em cumprimento", na *RLJ* 99 (1966), pp. 81-82, 97-100, 129-131, 161-163, 177-180, 193-195, 209-212, 225-227, e 241-243, ANTUNES VARELA, *Obrigações*, II, pp. 170 e ss., ALMEIDA COSTA, *Obrigações*, pp. 1092 e ss., PESSOA JORGE, *Obrigações*, 1º, pp. 421 e ss., MENEZES CORDEIRO, *Obrigações*, 2º, pp. 209 e ss., e *Tratado*, IX, pp. 987 e ss., CUNHA DE SÁ, "Modos de extinção", pp. 195 e ss. e HUGO RAMOS ALVES, *Dação em cumprimento*, Coimbra, Almedina, 2017.

dor realiza não coincida com aquela a que está vinculado e que, por isso mesmo, não possa produzir a sua exoneração ao abrigo do art. 762º, nº 1, por não ser considerada como actuação do vínculo obrigacional. Efectivamente, enquanto no cumprimento o devedor realiza a prestação devida, produzindo assim a extinção da obrigação, na dação em cumprimento realiza um *aliud* em relação ao que está vinculado, ainda que com o fim de extinguir essa mesma obrigação.

Tem sido, porém, questionado se o art. 837º limita a dação em cumprimento às prestações de coisa e, dentro delas, à entrega de uma coisa de natureza diferente (ex: a entrega de um carro em lugar do barco prometido), ou se pode igualmente abranger qualquer outro tipo de prestação diferente da que for devida (como, por exemplo, a entrega de uma quantia em dinheiro em substituição do automóvel devido; a transmissão de um crédito em lugar da realização do serviço prometido; ou a prestação de um serviço, em lugar do pagamento da quantia devida).

Relativamente às obrigações que podem ser extintas por dação em cumprimento, parece claro que não resulta do art. 837º qualquer tipo de limitação. Efectivamente, apesar de esta norma parecer referir apenas a extinção de obrigações de prestação de coisa específica, a verdade é que a lei refere amplamente a dação em cumprimento como causa de extinção de obrigações pecuniárias (cfr. art. 877º, nº 3, art. 1091º, nº 1 *a)*, art. 1409º, e art. 1538º), não havendo razões para excluir a sua aplicação à extinção de outro tipo de obrigações genéricas, ou inclusivamente à de obrigações de prestação de facto.

Também em relação ao tipo de prestações que pode ser objecto de dação em cumprimento, a actual doutrina tem entendido que nela podem ser incluídas tanto prestações de coisa específica como de coisa fungível (abrangendo, consequentemente, quantias em dinheiro), como inclusivamente a prestação de um *facere* (ex: realização de uma obra em lugar do pagamento de uma quantia em dinheiro)[397]. Essa prestação não pode, porém, corresponder a uma nova obrigação assumida perante o credor, já

[397] No âmbito do Direito Romano era controvertido se a referência de GAIUS Inst.3.168 "*unde quaeritur, si quis consentiente creditore aliud pro alio solverit*" poderia ser aplicada às prestações de *facere*. No actual Direito é pacífica a inclusão das prestações de *facere* no âmbito de aplicação da *datio in solutum*. Cfr. NICOLÒ, *op. cit.*, p. 249, FERNANDEZ RODRIGUEZ, *ADC* 10 (1957), pp. 755-756, e, entre nós, VAZ SERRA, *RLJ* 99 (1966), p. 97, nota (1), ANTUNES VARELA, *Obrigações*, II, p. 172 e MENEZES CORDEIRO, *Obrigações*, 2º, p. 209, e *Tratado*, IX, p. 998.

que, nesse caso, estaríamos perante a figura da novação (art. 857º) e não da dação em cumprimento[398].

É elemento essencial da dação em cumprimento que a prestação seja definitivamente realizada, não parecendo ser suficiente a mera celebração do acordo transmissivo do direito. Efectivamente, apesar de entre nós o art. 408º, nº 1, determinar que a transmissão do direito se dá com a mera celebração do contrato, parece resultar claramente do art. 837º que a dação em cumprimento só se verifica com a efectiva realização da prestação[399].

1.1.2. O acordo do credor relativo à exoneração do devedor com essa prestação

É elemento essencial à dação em cumprimento a existência de acordo do credor relativamente à exoneração do devedor com a realização da prestação diferente da devida. Esta regra, expressa no brocardo "*aliud pro alio invito creditore solvi non potest*" (D.12.1.2.1.), é perfeitamente justificável, mesmo que a prestação realizada tenha valor igual ou superior à prestação devida, uma vez que era esta a que o credor tinha direito, e não se compreenderia que fosse forçado a receber outra prestação, a qual, mesmo que tivesse valor superior, poderia não corresponder ao seu interesse.

Sendo a obrigação solidária, a dação em cumprimento pode ser realizada apenas por um dos devedores (art. 523º) e/ou apenas a um dos credores (art. 532º). Nesse caso, para ocorrer a extinção da obrigação nas relações externas bastará o consentimento das partes na dação em cumprimento,

[398] Conforme salianta Nicolò, *op. cit.*, pp. 249-250, enquanto a dação em cumprimento é um negócio real de disposição que modifica imediata e definitivamente a esfera patrimonial dos contraentes, na novação está-se perante um negócio obrigacional, donde resulta a assunção de uma nova obrigação. Por esse motivo, na dação em cumprimento tem que ocorrer uma transmissão definitiva para o credor, não bastando a simples criação de um novo direito de crédito em substituição do anterior. Cfr., também Vaz Serra, *RLJ* 99º (1966), pp. 98 e ss., que salienta que enquanto na novação se cria uma nova obrigação, na dação em cumprimento apenas se extingue a obrigação primitiva com a realização de outra prestação. Pelo contrário, Antunes Varela, *Obrigações*, II, p. 177 e nota (2), e Pessoa Jorge, *Obrigações*, 1º, pp. 423-424 incluem a constituição de uma nova obrigação entre os casos de dação em cumprimento, admitindo assim a existência simultânea de dação em cumprimento e novação.

[399] Em sentido diferente, Nicolò, *op. cit.*, p. 250, considera que a dação em cumprimento de coisa determinada ocorre com o simples consenso relativamente à transmissão. No entanto, essa solução implicaria a subsistência na esfera do devedor de uma obrigação de entrega, o que nos parece manifestamente contrário ao conceito de *datio*.

ainda que posteriormente nas relações internas a diferença de valor entre a prestação devida e a realizada não possa ser oposta aos outros participantes na obrigação que não tenham dado o seu assentimento à dação em cumprimento[400].

1.2. Forma da dação em cumprimento

A dação em cumprimento não é sujeita a forma especial, nos termos gerais do art. 219º, podendo ser celebrada verbalmente. Exceptua-se, porém, o caso de a dação em cumprimento abranger bens imóveis, caso em que terá que ser celebrada por escritura pública ou documento particular autenticado, nos termos do art. 22º do D.L. 116/2008, de 4 de Julho. Esta exigência é, porém, exceptuada se as partes recorrerem ao procedimento especial de transmissão, oneração e registo de imóveis, constante do D.L. 263-A/2007, de 23 de Julho e da Portaria 794-B/2007, de 23 de Julho, o qual foi estendido à dação em pagamento pelo art. 1º da Portaria 1126/2009, de 1 de Outubro.

1.3. Regime da dação em cumprimento

1.3.1. A extinção da obrigação

A dação em cumprimento determina em primeiro lugar a extinção da obrigação que aquela visou satisfazer, com a consequente exoneração do devedor (art. 837º). Sendo a obrigação solidária, a dação em cumprimento realizada por um dos devedores solidários produz igualmente a extinção da obrigação dos outros devedores (art. 523º), assim como a sua realização a um dos credores solidários produz igualmente a extinção da obrigação do devedor perante os outros credores (art. 532º).

Sendo o fim da dação em cumprimento a extinção da obrigação, se a dívida que ela visou extinguir não existisse efectivamente tem o autor da dação o direito de recorrer à repetição do indevido nos termos gerais (art. 476º, nº 1)[401].

1.3.2. Garantia contra vícios da coisa ou do direito transmitido

Para além disso, o autor da dação em cumprimento tem, nos termos do art. 838º, que conceder ao credor uma garantia pelos vícios da coisa ou do

[400] Cfr. Antunes Varela, *Das Obrigações em Geral*, I, 10ª ed., Coimbra, Almedina, 2000, p. 773, nota (2), e II, p. 178.

[401] Cfr. Menezes Leitão, *O Enriquecimento*, pp. 638-639, reed., p. 615.

direito transmitido nos termos prescritos para a compra e venda. Assim, sempre que a dação em cumprimento tenha conteúdo translativo, o seu autor responderá pela evicção (arts. 892º e ss.), bem como por ónus e limitações existentes (arts. 905º e ss.) e pelos vícios da coisa (arts. 913º e ss.). No caso de a dação em cumprimento se referir a uma cessão de créditos, parece, porém, que o alienante apenas responderá pela *veritas nominis*, não garantindo assim a solvência do devedor (cfr. art. 587º)[402].

Em alternativa à garantia pelos vícios da coisa ou do direito transmitido nos termos da compra e venda, o credor pode optar pela prestação primitiva e pela reparação dos danos sofridos. Uma vez que a obrigação anterior se tinha extinto, esta opção do credor implicará um verdadeiro renascimento da obrigação, com todas as suas garantias e acessórios.

1.3.3. Invalidade da dação em cumprimento

Verificando-se a invalidade da dação em cumprimento, é manifesto que a relação obrigacional primitiva continua a subsistir, com todas as suas garantias, salvo se entretanto se tiver verificado um facto extintivo autónomo (prescrição do crédito; restituição da coisa empenhada). No entanto, determina o art. 839º que. se a dação for declarada nula ou anulada por causa imputável ao credor, não renascem as garantias prestadas por terceiro, excepto se este conhecia o vício na data em que teve notícia da dação (art. 839º). Esta solução compreende-se, uma vez que se a invalidade da dação for da responsabilidade do credor (ex: simulação, dolo ou coacção por parte do credor ou erro culposo seu), impõe-se o renascimento da obrigação do devedor para evitar um seu enriquecimento injustificado, mas já não se justifica lesar a confiança dos terceiros garantes que, ignorando o vício da dação, deixaram de contar com e eventualidade de responder pela garantia que prestaram[403].

1.4. Natureza jurídica da dação em cumprimento

Tem sido bastante controvertido na doutrina qual será a natureza jurídica da dação em cumprimento. Assim, teríamos as seguintes teses:

[402] Uma responsabilidade pela *bonitas nominis* apenas ocorrerá no caso da dação *pro solvendo*, uma vez que o devedor permanece obrigado enquanto não se verificar o pagamento pelo *debitor cessus* (cfr. art. 840º, nº 2).

[403] Cfr. ANTUNES VARELA, *Obrigações*, II, p. 181.

a) a dação em cumprimento corresponderia a uma compra e venda ou a uma troca;
b) a dação em cumprimento corresponderia a uma novação;
c) a dação em cumprimento corresponderia a um contrato modificativo da relação obrigacional;
d) a dação em cumprimento corresponderia a um contrato de cumprimento.

Analisemos sucessivamente estas concepções:

A tese de que a dação em cumprimento corresponderia a uma compra e venda ou a uma troca tem raízes no direito justinianeu[404], tendo sido defendida em França por POTHIER[405], e tendo entre nós igualmente aderido a esta concepção GUILHERME MOREIRA[406]. A esta tese parece dar algum apoio o nosso Código Civil quando exclui expressamente a dação em cumprimento, quando se refere às proibições de venda (arts. 876º e 581º *c)*, 877º, nº 3 e 1714º, nº 3) e atribui ao adquirente a garantia deste contrato, relativamente aos vícios da coisa ou direito (art. 838º).

Há, no entanto, uma diferença essencial entre a dação em cumprimento e a venda, que é o facto de, enquanto aquela ter como finalidade principal a extinção de uma obrigação, esta tem antes como função transmitir onerosamente a propriedade. Por isso, o autor da dação pode repetir a prestação se a dívida não existir, ao abrigo do art. 476º, nº 1, enquanto que, se alguém vender a coisa para compensar com o crédito do preço uma dívida que tem perante o comprador, a inexistência dessa dívida apenas lhe per-

[404] Cfr. FERNANDEZ RODRIGUEZ, *ADC* 10 (1957), pp. 755-756.

[405] ROBERT-JOSEPH POTHIER, *Traité du contrat de vente*, em *Oeuvres de R.-J. POTHIER contenant les traités du Droit Français*, nova edição por M. Dupin, I, Bruxelles, J. P. Jonker, Ode et Wodon e H. Tarlier, e Amsterdam, Diederichs, 1831, pp. 285-435 (nº 621, pp. 424 e ss.), considerava a dação em cumprimento muito próxima da venda, já que a coisa dada em pagamento toma o lugar da coisa vendida e a dívida liquidada fica em lugar do pagamento do preço, já referindo os romanos no *Cod. de evictione "dare in solutum est quasi vendere"*. O autor reconhecia a existência de diferenças entre os dois institutos, mas salientava o facto de o receptor da coisa gozar da mesma garantia contra vícios de que beneficia o comprador.

[406] Cfr. GUILHERME MOREIRA, *Instituições*, II, nº 86, p. 278: "A dação em pagamento é considerada como venda ou troca, conforme há a entrega duma coisa certa em substituição duma prestação pecuniária; ou a entrega duma coisa determinada em substituição doutra. No primeiro caso, o crédito representa o preço; no segundo, a coisa por que se efectua a troca ou que é entregue pelo devedor equivale à que era objecto da obrigação".

mitirá cobrar o crédito do preço, já que o comprador adquire por uma causa idónea a propriedade da coisa[407]. Para além disso, a posição jurídica do receptor da dação não é idêntica à do comprador em caso de vícios da coisa ou do direito em virtude de poder optar pela prestação primitiva e reparação dos danos sofridos (art. 838º).

Outra tese é a de que existiria na dação em cumprimento uma novação. Esta tese tem igualmente raízes remotas[408], tendo sido defendida entre outros por JOSSERAND[409]. Na sua formulação, o acordo do credor quanto à realização de uma prestação diferente da devida implicaria uma novação tácita objectiva, com a constituição de uma nova obrigação, que depois seria imediatamente executada com a realização da prestação oferecida. Mesmo que o oferecimento da prestação ocorresse simultaneamente com a aceitação do credor, seria sempre possível distinguir entre a convenção novatória e a sua execução, pelo que ocorreria sempre, mesmo durante um instante, a constituição de uma nova obrigação.

Esta tese é, porém, criticável, uma vez que, para além do facto de o nosso direito não admitir a novação tácita (cfr. art. 859º), quando as partes decidem realizar uma dação em cumprimento, não visam substituir a obrigação antiga por uma nova, conforme se impõe na novação, mas antes uma forma diferente de extinguir a obrigação antiga, que se mantém até à efectiva realização da dação[410].

A terceira tese é a de que a dação em cumprimento corresponderia a um contrato modificativo da relação obrigacional, logo seguida do cumprimento da obrigação entretanto modificada. A realização da dação em cumprimento não produziria assim a substituição da obrigação antiga por uma nova, mas limitar-se-ia a alterar o objecto daquela obrigação, que passaria a ser o *aliud* dado em pagamento, extinguindo-se depois a obrigação por cumprimento. Esta concepção foi defendida na Alemanha por LEONHARD, ESSER/SCHMIDT e GERNHUBER[411]. Entre nós aderiu também

[407] Este aspecto já era salientado por POTHIER, *loc. ult. cit.* Cfr. também FERNANDEZ RODRIGUEZ, *ADC* 10 (1957), pp. 764 e VAZ SERRA, *RLJ* 99 (1966), p. 100.

[408] Cfr. FERNANDEZ RODRIGUEZ, *ADC* 10 (1957), pp. 765 e ss.

[409] Cfr. LOUIS JOSSERAND, *Cours de Droit Civil Positif Français*, II- *Théorie Générale des Obligations. Les principaux contrats de Droit Civil. Les suretés*, Paris, Sirey, 1930, nº 928, p. 443.

[410] Cfr. FERNANDEZ RODRIGUEZ, *ADC* 10 (1957), pp. 771-772.

[411] Cfr. LEONHARD, *Allgemeines Schuldrecht des BGB. Das Schuldrecht des BGB*, I, München/Leipzig, Duncker & Humblot, 1931, pp. 593 e ss., ESSER/SCHMIDT, *op. cit.*, § 18 I 2, p. 261 e GERNHUBER, *Die Erfüllung*, pp. 187 e ss.,

a esta concepção PESSOA JORGE, que sustenta existir na dação em cumprimento "um acordo modificativo da obrigação e um acto executivo, mas estes dois elementos aparecem essencialmente interligados"[412] e também FERNANDO CUNHA DE SÁ[413]. Esta tese, no entanto, é criticável uma vez que a aceitação do credor tem por base a recepção de uma prestação diferente da devida e não propriamente uma modificação da prestação devida, como se comprova pelo facto de os vícios da prestação recebida poderem determinar a opção pela prestação primitiva, nos termos do art. 838º.

Na última tese, a dação em cumprimento corresponderia a um contrato de cumprimento, já que se realizaria por acordo entre o devedor e o credor uma prestação diferente da devida, com o fim de extinção da obrigação. O objecto desse contrato não seria, por isso, a modificação da obrigação, mas antes o de que a prestação entregue valha como cumprimento, podendo assim ser qualificado como um contrato de cumprimento. Esta tese foi sufragada inicialmente por HARDER[414], tendo posteriormente a ela aderido LARENZ[415]. Entre nós manifesta-lhe também a sua adesão ANTUNES VARELA[416].

Esta tese, porém, só parece admissível se se adoptar uma posição que defenda a natureza contratual do cumprimento. Quando se considera que o cumprimento não exige o acordo do credor e nem sequer constitui um negócio jurídico, a natureza contratual da dação torna impossível a sua recondução ao cumprimento, como um contrato de cumprimento. Efectivamente, a realização de uma prestação diversa da devida é totalmente incompatível com a noção de cumprimento referida no art. 762º, nº 1.

Parece assim ter razão MENEZES CORDEIRO, quando recusa a integração da dação em cumprimento noutras categorias, limitando-se a qualificá-la "uma forma convencional de extinção das obrigações através da realização de uma prestação diversa da devida"[417]. Essa qualificação parece efectivamente adequada, mas haverá que explicitar algo mais. Efectivamente, a dação em cumprimento pode ser definida como um contrato one-

[412] Cfr. PESSOA JORGE, *Obrigações*, 1º, p. 425.

[413] Cfr. CUNHA DE SÁ, "Modos de extinção", p. 197.

[414] Cfr. HARDER, *Die Leistung an Erfüllungs Statt*, 1976, *cit.* apud LARENZ, *Schuldrecht* I, § 18 IV, p. 248.

[415] Cfr. LARENZ, *Schuldrecht* I, § 18 IV, pp. 248 e ss..

[416] Cfr. ANTUNES VARELA, *Obrigações*, II, p. 184 e nota (3).

[417] Cfr. MENEZES CORDEIRO, *Obrigações*, II, p. 213, e *Tratado*, IX, p. 1008.

roso, pelo qual se extingue uma obrigação através da realização perante o credor de uma prestação diferente da devida como contrapartida da sua renúncia a receber a prestação primitiva[418]. Só esta explicação pode justificar o regime do art. 838º, em que os vícios da prestação recebida não apenas determinam a aplicação da garantia edilícia, mas também a possibilidade de resolução da dação com esse fundamento, com a natural recuperação do direito à prestação primitiva[419].

2. A dação *pro solvendo*

A dação *pro solvendo* ou dação em função do cumprimento, prevista no art. 840º, consiste na execução de uma prestação diversa da devida para que o credor proceda à realização do valor dela e obtenha a satisfação do seu crédito por virtude dessa realização[420]. Por isso na dação *pro solvendo* o crédito subsiste até que o credor venha a realizar o valor dele (por exemplo, através da venda do bem entregue, da cobrança do crédito cedido ou do cumprimento da dívida assumida por um novo devedor).

Apesar da localização sistemática da dação *pro solvendo* na secção relativa à dação em cumprimento, são manifestas as diferenças entre as duas figuras. Efectivamente, a dação *pro solvendo* distingue-se da dação em cumprimento porque naquela a realização da prestação diversa da devida não visa obter a imediata exoneração do devedor, mas antes proporcionar ao credor uma forma mais fácil de obter a satisfação do seu crédito, através da transformação em dinheiro da prestação que for realizada. Assim, enquanto na dação em cumprimento se verifica uma causa distinta de extinção das obrigações, na dação *pro solvendo* há apenas um meio de facilitar o cumprimento das obrigações, podendo esta ser qualificada como um negócio preparatório do cumprimento. Para além disso, na dação em cumprimento é a actuação do devedor que vem a provocar a extinção da

[418] Conforme acima se referiu, a dação em cumprimento só se constitui com a realização da prestação diversa da devida, pelo que, quando esta corresponda à entrega de uma coisa, a dação será naturalmente qualificada como um contrato real *quoad constitutionem*, conforme tem sido desde sempre defendido pela doutrina. Cfr. as referências de FERNANDEZ RODRIGUEZ, *ADC* 10 (1957), pp. 785 e ss., que no entanto (p. 792) se pronuncia contra esta qualificação.

[419] Neste sentido, cfr. FIKENTSCHER/HEINEMANN, *Schuldrecht*, § 39 I 1, nº 322, p. 167.

[420] Cfr. VAZ SERRA, *BMJ* 39 (1953), pp. 25 e ss., ANTUNES VARELA, *Obrigações*, II, pp. 174 e ss., ALMEIDA COSTA, *Obrigações*, pp. 1095 e ss., PESSOA JORGE, *Obrigações*, 1º, pp. 429 e ss. e MENEZES CORDEIRO, *Obrigações*, 2º, pp. 211 e ss., e *Tratado*, IX, pp. 1009 e ss.

obrigação, enquanto na dação *pro solvendo* essa extinção é desencadeada por actuação do credor, em cumprimento de um encargo que lhe é conferido pelo devedor[421]. A dação *pro solvendo* pode ser por isso qualificada como um mandato conferido pelo devedor ao credor para proceder à liquidação da prestação realizada e se pagar com o dinheiro obtido por essa via, mandato esse que, por ser conferido no interesse de ambas as partes, não poderá ser normalmente revogado pelo devedor, salvo ocorrendo justa causa (art. 1170º, nº 2)[422].

Se a dação tem por objecto a cessão de um crédito ou a assunção de uma dívida presume-se igualmente feita *pro solvendo* (art. 840º, nº 2). Em consequência desta disposição será igualmente qualificada como dação *pro solvendo* a entrega de um cheque para pagamento de uma dívida[423].

[421] Cfr. Fernandez Rodriguez, *ADC* 10 (1957), p. 754.

[422] A qualificação da *dação pro solvendo* como mandato no interesse de ambas as partes é comum na doutrina. Cfr. Vaz Serra, *BMJ* 39 (1953), p. 29, Almeida Costa, *Obrigações*, p. 1096, Pessoa Jorge, *Obrigações*, 1º, p. 434, e Januário Gomes, *Em tema de revogação*, p. 180.

[423] Efectivamente, a entrega de um cheque equivale à cessão de um crédito sobre uma entidade bancária, pelo que se lhe aplica a presunção do art. 840º, nº 2. Essa era já, aliás, a solução propugnada em face do direito anterior por Manuel de Andrade, *Obrigações*, p. 246, que entendia que mesmo que houvesse estipulação prévia de aceitação do cheque, esta estaria normalmente subordinada à cláusula "salvo boa cobrança", já que o credor, se aceita o *incómodo* da cobrança, não aceita em princípio os seus *riscos*. No mesmo sentido, cfr. actualmente, Ribeiro de Faria, *Obrigações*, II, p. 217 e nota (3).

Secção VII
A consignação em depósito

1. Generalidades

Uma outra causa de extinção das obrigações é a consignação em depósito[424]. Esta consiste na possibilidade reconhecida ao devedor nas obrigações de prestação de coisa de extinguir a obrigação através do depósito judicial da coisa devida, sempre que não possa realizar a prestação com segurança por qualquer motivo relacionado com a pessoa do credor, ou quando o credor se encontre em mora (art. 841º, nº 1).

Imagine-se que o vendedor se desloca a casa do comprador para entregar a encomenda solicitada, mas verifica-se que ele se ausentou inesperadamente do seu domicílio, ou o inquilino pretende pagar a renda ao senhorio, mas este não a aceita devido a um litígio entre ambos. A lei não considera justo que nestes casos o devedor fique indefinidamente vinculado ao cumprimento, apenas em virtude de o credor não prestar a colaboração necessária para esse cumprimento, pelo que confere ao devedor um meio de produzir a extinção da obrigação sem a colaboração do credor. Trata-se, no entanto, de uma faculdade do devedor, que este não é obrigado a exercer (art. 841º, nº 2), pelo que é lícita a actuação do devedor de não realizar a prestação nas hipóteses referidas no art. 841º, nº 1.

A consignação em depósito é necessariamente judicial, processando-se através do processo referido nos arts. 916º e ss. do Código de Processo

[424] Cfr. Larenz, *Schuldrecht* I § 18 5, pp. 251 e ss., Antunes Varela, *Obrigações*, II, pp. 185 e ss., Almeida Costa, *Obrigações*, pp. 1097 e ss., Pessoa Jorge, *Obrigações*, 1º, pp. 413 e ss e Menezes Cordeiro, *Obrigações*, 2º, pp. 215 e ss., e *Tratado*, IX, pp. 1013 e ss.

Civil[425]. Qualquer depósito realizado extrajudicialmente não terá assim efeitos de extinção da obrigação[426].

2. Pressupostos da consignação em depósito

A consignação em depósito depende da verificação das seguintes circunstâncias:

a) ter a obrigação por objecto uma prestação de coisa, podendo ser uma quantia pecuniária, ou uma coisa de qualquer outra natureza;
b) não ser possível ao devedor realizar a prestação por um motivo relativo ao credor[427].

O primeiro requisito encontra-se referido no art. 916º, nº 1, CPC e resulta da própria natureza das coisas, já que as prestações de facto positivo são insusceptíveis de depósito e em relação às prestações de facto negativo, ocorre o cumprimento da obrigação independentemente da cooperação do credor.

O segundo requisito encontra-se referido no art. 841º, nº 1, o qual discrimina duas situações: a primeira é a impossibilidade não imputável ao devedor de ele realizar a prestação ou de o fazer com segurança, por qualquer motivo relacionado com a pessoa do credor; a segunda é a mora do credor, ou seja, a recusa do credor em receber a prestação ou praticar os actos necessários ao cumprimento (art. 813º).

Como exemplos da primeira situação teremos o facto de se ignorar o paradeiro do credor; de o credor se encontrar incapaz, sem que tenha representante legal a quem possa ser efectuado o cumprimento (art. 764º, nº 2); bem como o facto de o devedor, apesar de toda a diligência, não poder saber com segurança qual é o seu verdadeiro credor[428], como nas hipóteses

[425] Em matéria de depósito de rendas, há ainda a considerar o regime especial dos arts. 17º e ss. do NRAU.

[426] No Ac. RL 26/5/2008 (Anabela Luna de Carvalho), em *CJ* 33 (2008), 3, pp. 170-171, considerou-se mesmo inadmissível a consignação em depósito realizada nos tribunais arbitrais.

[427] Cfr. Menezes Cordeiro, *Obrigações*, 2º, p. 216, e *Tratado*, IX, pp. 1020 e ss. Os fundamentos de depósito da renda pelo arrendatário extravasam muito para além dos pressupostos da consignação em depósito, como resulta claramente do art. 17º, nº 1, do NRAU.

[428] Este fundamento encontra-se autonomamente discriminado no § 372 BGB. A sua inclusão no âmbito do art. 841º *a)* é expressamente defendida por Antunes Varela, *Obrigações*, II, pp. 189-190. Conforme refere este autor, já não parece, porém, poder legitimar a consignação

de cessão do mesmo crédito a várias pessoas ou de ter o credor falecido, sem se saber com segurança qual o verdadeiro herdeiro. Como exemplo da segunda teremos os casos de o credor recusar receber a prestação ou passar quitação da dívida (art. 787º, nº 2).

3. Regime da consignação em depósito

3.1. Generalidades

A consignação em depósito apresenta uma eficácia complexa, dado que além de implicar o surgimento de um processo judicial entre o consignante e o credor, regulado pelos arts. 916º e ss. CPC, vai instituir uma nova relação substantiva, uma vez que o depósito da coisa devida implica o surgimento de obrigações a cargo do consignatário. Para além disso, a consignação em depósito tem efeitos sobre a obrigação, podendo eventualmente conduzir à sua extinção.

É possível, assim, distinguir três tipos de efeitos da consignação em depósito:

a) instituição de uma relação processual entre o consignante e o credor;

b) instituição de uma relação substantiva triangular entre o consignante, o consignatário da coisa devida e o credor;

c) eficácia da consignação sobre a obrigação.

Examinemos sucessivamente estes efeitos:

3.2. Instituição de uma relação processual entre o consignante e o credor

Conforme se referiu, a consignação em depósito é necessariamente judicial, operando-se através do processo referido nos arts. 916º e ss. do Código de Processo Civil, através do qual se avaliará da justificação da consignação em depósito e da sua idoneidade para extinção da obrigação.

O processo judicial da consignação em depósito, para o qual é competente o tribunal do lugar do cumprimento da obrigação, inicia-se com uma petição inicial, onde o devedor tem que mencionar o motivo pelo qual requer o depósito (art. 916º, nº 1, CPC). O depósito é, em princípio,

em depósito a dúvida sobre a própria existência da obrigação, uma vez que esta não constitui um motivo relativo à pessoa do credor.

realizado na Caixa Geral de Depósitos, salvo se a coisa não puder aí ser depositada, nomeando o juiz neste caso um depositário, nos termos aplicáveis ao depósito de coisas penhoradas (art. 916º, nº 2 e 756º e ss. CPC)[429].

Após efectuado o depósito, o credor é citado para contestar (art. 917º CPC), levando a falta de contestação, se a revelia for operante, a que o Tribunal julgue extinta a obrigação (art. 918º, nº 1 CPC.)[430].

O depósito só pode, porém, ser impugnado por três fundamentos (art. 919º CPC.):

a) ser inexacto o motivo invocado;
b) ser maior ou diversa a quantia ou a coisa devida;
c) ter o credor qualquer outro fundamento legítimo para recusar o cumprimento.

No caso de o fundamento da impugnação improceder, é declarada extinta a obrigação com o depósito. No caso de a impugnação proceder, o depósito é considerado ineficaz para extinção da obrigação e, se o depositante for o devedor, ele é condenado a cumprir a obrigação. Neste último caso, o regime processual varia, porém, consoante o fundamento da impugnação seja o litígio relativo ao objecto da prestação (art. 921º CPC.) ou algum dos outros dois fundamentos de impugnação (art. 920º CPC.).

Na primeira situação, o credor tem que deduzir em reconvenção o seu pedido, levando a procedência deste à condenação do devedor em completar o depósito no caso de a prestação devida ser de maior quantidade, ou à ineficácia do depósito, se a prestação for diversa, condenando-se o devedor no cumprimento da obrigação (art. 921º, nº 2 CPC). Pode, porém, seguir-se logo a respectiva execução, caso o credor disponha de título executivo (art. 921º, nº 3 CPC).

Na segunda situação, apesar de o devedor ser condenado ao cumprimento e a pagar as custas do processo, o pagamento ao credor será efectuado pelas forças do depósito, correndo, porém, por conta do devedor as

[429] Em princípio, as instituições de crédito têm idoneidade para receber em depósito dinheiro, papéis de crédito, pedras e metais preciosos (cfr. art. 764º, nº 5 CPC). Recaindo a prestação sobre outros bens (coisas imóveis, veículos, mercadorias ou animais) terá que ser nomeado um depositário.

[430] Sobre o regime no caso de serem vários credores, mas duvidoso o seu direito, cfr. o art. 922º CPC.

despesas que o credor tenha que suportar com o levantamento (art. 920º, nº 2, CPC).

3.3. Instituição de uma relação substantiva triangular entre o consignante, o consignatário da coisa devida e o credor

Para além da relação processual entre o depositante e o credor, a consignação vai estabelecer uma nova relação triangular entre o consignante, o consignatário da coisa devida e o credor. Esta relação tem grandes semelhanças com o contrato a favor de terceiro (arts. 443º e ss.), uma vez que através dela o credor adquire imediatamente um direito à entrega da coisa por parte do consignatário (art. 844º)[431]. Temos exactamente: *a)* uma relação de cobertura entre consignante e consignatário; *b)* uma relação de atribuição, consistente na obrigação que o consignante visa satisfazer; e *c)* uma relação de execução, através da qual o credor recebe o direito sobre o consignatário.

O consignante será normalmente o devedor, mas a lei, à semelhança do que ocorre com o cumprimento (art. 767º), estende a legitimidade para a consignação em depósito a qualquer terceiro, a quem seja lícito efectuar a prestação (art. 842º).

À semelhança do que sucede no contrato a favor de terceiro (cfr. art. 444º, nº 1), o credor adquire imediatamente o direito de exigir a prestação do consignatário, independentemente da aceitação (art. 844º), podendo, no entanto, o devedor, sempre que tenha a faculdade de não cumprir senão contra uma prestação do credor, exigir que a coisa consignada não seja entregue ao credor, enquanto este não efectuar aquela prestação (art. 845º)[432].

Também em termos idênticos ao contrato a favor de terceiro (cfr. art. 448º, nº 2), o consignante[433] pode revogar a consignação mediante declaração feita no processo e pedir a restituição da coisa consignada (art. 845º, nº 1), apenas se extinguindo o seu direito de revogação se o credor, por

[431] Cfr. Larenz, *Schuldrecht* I, § 18 V, p. 232, Antunes Varela, *Obrigações*, II, pp. 191-192 e Cunha de Sá, "Modos de extinção", p. 189.

[432] Constituirão situações deste tipo a excepção de não cumprimento do contrato (art. 428º); o direito de retenção (art. 754º); o direito à quitação (art. 787º, nº 2)) e o direito à restituição do título ou menção do cumprimento (art. 788º, nº 3).

[433] O art. 845º apenas menciona o devedor, mas parece claro que o direito de revogação pode igualmente ser exercido pelo terceiro a quem seja lícito efectuar a prestação (art. 842º).

declaração feita no processo aceitar a consignação ou esta for declarada válida por sentença passada em julgado (art. 845º, nº 2). À semelhança do que prevê expressamente o Código Civil Alemão (§ 377 BGB) não parece que este direito de revogação da consignação em depósito possa ser exercido pelos credores do devedor através da sub-rogação, uma vez que se trata de um direito pessoal do devedor (art. 606º), devendo ainda a consignação em depósito ser equiparada ao cumprimento das obrigações para efeitos de impugnação pauliana[434].

3.4. Efeitos da consignação sobre a obrigação

A consignação em depósito vai ter efeitos sobre a obrigação. Durante o decurso do processo, a obrigação persiste, recaindo, no entanto, sobre o credor o risco da perda ou deterioração da coisa, e deixando a dívida de vencer juros, sempre que se verifique ter o devedor motivo legítimo para proceder à consignação[435]. No caso contrário, a consignação não será eficaz, pelo que não deverá alterar as regras relativas à distribuição do risco[436].

Para além disso, a pendência do processo de consignação atribui ao devedor uma excepção dilatória, permitindo-lhe recusar a prestação, enquanto não for julgada definitivamente a acção, podendo até lá o credor apenas exercer antes o seu direito sobre a coisa depositada[437].

Sendo a consignação aceite pelo credor ou declarada válida por decisão judicial, libera o devedor, como se ele tivesse realizado a prestação na data do depósito (art. 846º). A eficácia extintiva da consignação em depósito retroage assim ao momento do depósito, o que implica vir a ser *a posteriori* efectuada uma equiparação da realização da prestação ao depositário com a realização da prestação ao credor, ficando o devedor liberado com a realização dessa prestação a terceiro (art. 770º *e*)). O credor vê assim extinto o seu direito de crédito, aquirindo, porém, outro crédito à entrega da coisa por parte do depositário.

[434] Cfr. LARENZ, *Schuldrecht* I, § 18 V, p. 253 e ANTUNES VARELA, *Obrigações*, II, p. 193.

[435] No caso de mora do credor, esse regime resulta claramente do art. 814º, devendo essa solução ser extensiva ao caso referido no art. 841º *a*).

[436] Diferentemente, no Direito Alemão, o § 379 II BGB faz recair sobre o credor o risco da prestação, e exonera o devedor do pagamento de juros, a partir do momento em que a coisa é consignada.

[437] Cfr. LARENZ, *Schuldrecht* I, § 18 V, p. 254. Sobre o regime processual aplicável no caso de o credor ter já instaurado acção ou execução para cobrança da dívida, cfr. o art. 917º, nº 2 CPC.

Secção VIII
A compensação

1. Generalidades

A lei admite nos arts. 847º e ss. outra forma de extinção das obrigações que consiste na compensação[438], segundo a qual, quando duas pessoas estejam reciprocamente obrigados a entregar coisas fungíveis da mesma natureza, é admissível que as respectivas obrigações sejam extintas, total ou parcialmente, pela dispensa de ambas de realizar as suas prestações ou pela dedução a uma das prestações da prestação devida pela outra parte. Assim, se um comerciante deve a outro 1000 euros de um fornecimento que este lhe fez, mas tem por sua vez um crédito de 1000 euros sobre aquele, resultante de um empréstimo antigo, podem tanto a dívida do fornecimento como a dívida do empréstimo ser declaradas extintas por compensação entre elas, ficando os dois comerciantes liberados de realizar a sua prestação.

A extinção das obrigações por compensação assegura duas importantes vantagens: a primeira é a de que se produz a extinção das obrigações dispensando a realização efectiva da prestação devida, funcionando assim a compensação como forma de facilitação dos pagamentos[439]; a segunda é a de que a compensação permite ao seu declarante extinguir a sua obrigação, mesmo que não tenha qualquer possibilidade de receber o seu próprio

[438] Cfr. VAZ SERRA, "Compensação", no *BMJ* 31 (1952), pp. 13-209, ANTUNES VARELA, *Obrigações*, II, pp. 195 e ss., ALMEIDA COSTA, *Obrigações*, pp. 1099 e ss., PESSOA JORGE, *Obrigações*, 1º, pp. 437 e ss. e MENEZES CORDEIRO, *Obrigações*, 2º, pp. 219 e ss., e *Tratado*, IX, pp. 1027 e ss., e *Da compensação no Direito Civil e no Direito Bancário*, Coimbra, Almedina, 2003.
[439] Por isso, ANTUNES VARELA, *Obrigações*, II, p. 196 fala aqui de aplicação da "lei do menor esforço".

crédito por insolvência do seu devedor, funcionando assim a compensação como garantia dos créditos[440].

2. Pressupostos da compensação

Os pressupostos da compensação encontram-se previstos no art. 847º, que estabelece que, quando duas pessoas sejam reciprocamente credor e devedor, pode qualquer delas extinguir a sua obrigação por compensação com a obrigação do seu credor, desde que o seu crédito seja exigível judicialmente e não proceda contra ele qualquer excepção, peremptória ou dilatória, de direito material, e que ambas as obrigações tenham por objecto coisas fungíveis do mesmo género e qualidade.

Desta norma resulta que para se poder operar a compensação é necessário que ocorram os seguintes pressupostos:

A) Existência de créditos recíprocos;
B) Fungibilidade das coisas objecto das prestações e identidade do seu género;
C) Exigibilidade do crédito que se pretende compensar.

Examinemos sucessivamente estes pressupostos:

2.1. Existência de créditos recíprocos

O primeiro pressuposto para que se possa operar a compensação reside na existência de créditos recíprocos, o que significa que cada uma das partes tem que possuir na sua esfera jurídica um crédito sobre a outra parte, e só pode operar a compensação para extinguir a sua própria dívida[441].

Assim, o declarante só pode usar para efectuar a compensação créditos seus sobre o seu credor, estando-lhe vedada a utilização para esse efeito de créditos alheios, ainda que o titular respectivo dê o seu consentimento (art. 851º, nº 2). Não é, assim, permitido ao fiador invocar a compensação com um crédito do devedor, nem ao devedor solidário invocar o crédito de outro condevedor sobre o credor. A não utilização de créditos alheios compreende-se, uma vez que para a disposição desse crédito seria sempre

[440] Cfr. Larenz, *Schuldrecht* I, § 18 V, p. 255 e Antunes Varela, *Obrigações*, II, p. 197. A declaração de insolvência comporta, no entanto, algumas restrições à declaração de compensação, nos termos do art. 99º do CIRE.

[441] Sobre este requisito, cfr. detalhadamente Cunha de Sá, "Modos de extinção", pp. 218 e ss.

necessário o consentimento do respectivo credor, mas, mesmo que ele o concedesse, a situação geraria uma desigualdade, uma vez que só o declarante poderia recorrer à compensação, ficando ao declaratário vedada essa possibilidade[442].

Também só procedem para a compensação créditos do declarante sobre o seu credor, não podendo este utilizar créditos seus sobre outras pessoas, ainda que ligadas por qualquer relação ao credor. Não é assim permitido ao promitente, no contrato a favor de terceiro, invocar perante o terceiro a compensação com um crédito sobre o promissário (cfr. art. 449º), nem ao demandado por dívidas à herança invocar a compensação com o crédito sobre um dos herdeiros. Mas já é admissível, face ao art. 532º, que o devedor de vários credores solidários invoque a compensação dessa obrigação solidária com base no crédito de que disponha sobre qualquer um dos credores.

Da mesma forma, o declarante não pode, em princípio, através da compensação com um crédito seu, extinguir uma dívida que outrem tenha perante o seu devedor, mesmo que pudesse, em razão da sua fungibilidade, realizar a prestação em lugar dele (art. 851º, nº 1). Essa possibilidade só lhe é reconhecida no caso de estar em risco de perder os seus bens em consequência de execução por dívida de terceiro (art. cit., *in fine*), o que sucederá, por exemplo, na hipótese de ter garantido esse cumprimento através de fiança, penhor ou hipoteca.

2.2. Fungibilidade das coisas objecto das prestações e identidade do seu género e qualidade

O segundo pressuposto da compensação é o de que as duas obrigações tenham por objecto coisas fungíveis da mesma espécie e qualidade. A nossa lei não restringiu a compensação às dívidas em dinheiro, admitindo-a ainda em relação a prestações de coisa fungíveis (cfr. art. 207º), do mesmo género e qualidade. É assim possível compensar obrigações relativas à entrega de quantidades de uma mesma mercadoria, mas a compensação já deixará de ser possível se as mercadorias forem de natureza diversa. Naturalmente que não é admissível a compensação relativamente a prestações de facto, ainda que a actividade seja idêntica.

[442] Cfr. VAZ SERRA, *BMJ* 31 (1952), pp. 29 e ss. e ANTUNES VARELA, *Obrigações*, II, p. 202 e nota (6). Já será, porém, admissível que o titular do crédito o ceda ao declarante para este poder recorrer à compensação.

Cabendo a uma das partes determinar o objecto da prestação (como sucede nas obrigações genéricas e alternativas) só se poderá recorrer à compensação se a escolha implicar prestações de coisas fungíveis homogéneas para ambos os créditos.

Sendo necessária a identidade do género e qualidade das coisas objecto das prestações, já não se exige que a sua quantidade seja idêntica. O facto de as dívidas não serem de igual montante determina apenas que a compensação seja parcial em relação à dívida de montante superior (art. 847º, nº 2). Por outro lado, o facto de ainda não estar determinada a quantidade devida não impede que se opere imediatamente a compensação (art. 847º, nº 3), averiguando-se posteriormente o montante em que ela ocorreu.

A lei refere ainda que a diversidade de lugares de cumprimento não constitui, em princípio, obstáculo à compensação, ainda que o declarante seja obrigado a reparar os danos sofridos pela outra parte, em consequência de esta não receber o seu crédito ou não cumprir a sua obrigação no lugar determinado (art. 852º).

2.3. Existência, validade e exigibilidade do crédito do declarante

Para que a compensação se possa verificar é ainda necessário que o crédito do declarante seja judicialmente exigível, e que o devedor não lhe possa opor qualquer excepção, peremptória ou dilatória, de direito material (art. 847º, nº 1 *a)*). Só podem ser assim compensados os créditos em relação aos quais o declarante esteja em condições de obter a realização coactiva da prestação.

Assim, não podem ser compensados créditos de obrigação natural com dívidas respeitantes a uma obrigação civil[443]. Também não pode ser efectuada a compensação se o crédito ainda não estiver vencido[444] – mesmo que a falta de vencimento decorra de moratória concedida gratuitamente pelo credor (art. 849º) – ou a outra parte puder recusar o cumprimento, por exemplo, através da invocação da excepção de não cumprimento do contrato (arts. 428º e ss.), ou da prescrição (arts. 300º e ss.). Em relação a esta última exige-se, porém, que ela tenha ocorrido antes do momento em que se verificou a compensabilidade dos créditos (art. 850º).

[443] Mas poderão ser compensadas dívidas de obrigação natural com créditos civis. Cfr. *infra*.
[444] Cfr., Ac. RP 11/9/2006 (Teles de Menezes), em *CJ* 33 (2008), 4, pp. 171-173.

2.4. Existência, validade e possibilidade de cumprimento do crédito do declaratário

Da mesma forma que o declarante, também o declaratário tem que ser titular de um crédito válido, sem o que a compensação nunca poderia operar, já que o declarante nem sequer seria devedor. Para além disso, esse crédito do declaratário tem que estar na situação de poder ser cumprido pelo devedor, uma vez que só nesse caso é legítimo ao declarante invocar a compensação. Não pode assim o declarante pretender compensar uma dívida sua ainda não vencida, se o prazo tiver sido estabelecido em benefício do credor.

Já não constitui, porém, pressuposto da compensação que o declaratário esteja em condições de poder exigir judicialmente o cumprimento, pelo que nada impede o declarante de compensar dívidas ainda não vencidas, se o prazo correr em seu benefício, ou dívidas em relação às quais se verifica uma outra excepção peremptória ou dilatória, a que ele não pretenda recorrer. Pode igualmente o declarante utilizar a compensação para extinguir dívidas naturais suas com créditos civis que tenha sobre o declaratário[445], uma vez que em relação a elas se verifica a possibilidade de cumprimento, ao qual a lei atribui causa jurídica quando espontaneamente realizado (art. 403º)[446].

3. Créditos não compensáveis

A lei esclarece no art. 853º, que não podem extinguir-se por compensação:

a) os créditos provenientes de factos ilícitos dolosos;
b) os créditos impenhoráveis, excepto quando ambos forem de idêntica natureza;
c) os créditos do Estado ou de outras pessoas colectivas públicas, excepto quando a lei autorize;
d) os créditos cuja compensação envolva lesão de direitos de terceiro;
e) os créditos cujo devedor haja renunciado à compensação.

[445] Efectivamente, se o devedor pode decidir cumprir a obrigação natural, também pode decidir extingui-la por compensação, a isso não se opondo o art. 847º, nº 1 *a)*. Cfr. neste sentido, ANTUNES VARELA, *Obrigações*, II, pp. 207-208 e RIBEIRO DE FARIA, *Obrigações*, II, p. 151.

[446] A existência de uma obrigação natural é assim equiparada à existência de um dívida perante o declaratário. Cfr. LARENZ, *Schuldrecht* § 18 I, p. 258.

O facto de não se poderem extinguir por compensação os créditos provenientes de factos ilícitos dolosos resulta de a lei pretender reprimir este tipo de comportamentos e retirar os benefícios que deles poderiam resultar. Assim, quem, sendo credor de outra pessoa, furtou o dinheiro dela ou destruiu os seus bens não pode depois evitar a restituição das quantias ou a indemnização devida, declarando a compensação do seu crédito com a obrigação em que se constituiu. No entanto, nada impede que o lesado venha, nessa circunstância, invocar a compensação para extinguir a sua dívida[447]. Já se ambos os créditos respeitarem a factos ilícitos dolosos, nenhum dos seus titulares poderá invocar a compensação.

Também não é admitida a compensação relativamente a créditos impenhoráveis, excepto se ambos forem da mesma natureza. Tal situação justifica-se por razões humanitárias. Efectivamente, se um crédito não pode ser penhorado, como por exemplo o crédito de alimentos (art. 2008º, nº 2) ou dois terços do crédito por salários ou pensões, com o limite máximo de três salários mínimos nacionais e o limite mínimo de um salário mínimo nacional (art. 738º, nº 1, CPC), tal deve-se à especial importância que a sua prestação tem para o credor, designadamente para efeitos da sua própria subsistência. Repugnaria, por isso, que uma obrigação deste género fosse susceptível de extinção por compensação com uma obrigação que não revestisse idêntica natureza. No entanto, se os créditos são da mesma natureza já não haverá problemas em admitir a compensação.

Também não susceptíveis de compensação os créditos do Estado ou de outras pessoas colectivas públicas, excepto quando a lei o autorize. A razão para esta solução, que tem por fonte o §395 B.G.B., reside essencialmente nas dificuldades que a compensação poderia provocar na contabilidade pública[448]. Essas dificuldades têm vindo, porém, a ser reduzidas na actualidade, o que justifica que a lei tenha vindo cada vez mais a admitir a compensação neste âmbito[449].

[447] Neste sentido, Pires de Lima/Antunes Varela, *op. cit.*, II, pp. 146 e Antunes Varela, *Obrigações*, II, p. 209, e na jurisprudência Ac. RG 18/9/2008 (Maria Rosa Tching), em *CJ* 33 (2008), 4, pp. 282-284. É infeliz a redacção do art. 853º, nº 1 *a)*, uma vez que o que não se pode extinguir por compensação não é *o crédito*, mas antes *a obrigação* que provém dos factos ilícitos dolosos.

[448] Cfr. Larenz, *Schuldrecht* I, § 18 VI, p. 260 e Antunes Varela, *Obrigações*, II, p. 211.

[449] Em relação à compensação de obrigações tributárias, cfr. os arts. 89º e 90º do CPPT tratam respectivamente da compensação de dívidas de tributos por iniciativa da administração tributária e por iniciativa do contribuinte.

Não pode igualmente efectuar-se a compensação com prejuízo dos direitos de terceiros, constituídos antes de os créditos se tornarem compensáveis (art. 853º, nº 2). Assim, se o crédito tiver sido arrestado, penhorado, ou objecto de usufruto ou penhor de créditos, a compensação lesaria o terceiro que tinha adquirido aquele direito sobre o crédito, pelo que a compensação só é admitida se os créditos se tivessem tornado compensáveis antes da constituição desse direito. A mesma solução vigora em caso de insolvência do devedor, caso em que a compensação só pode ser decretada se os seus pressupostos legais se tiverem preenchido antes da declaração de insolvência ou se o crédito sobre a insolvência tiver preenchido antes do crédito da massa os requisitos do art. 847º do Código Civil (art. 99º, nº 1, CIRE), sendo ainda vedada se: *a)* a dívida à massa se tiver constituído após a data da declaração de insolvência; *b)* o credor da insolvência tiver adquirido o seu crédito de outrem, após a data da declaração de insolvência; *c)* respeitar a dívidas do insolvente, pelas quais a massa não seja responsável; *d)* entre dívidas à massa e créditos subordinados sobre a insolvência (art. 99º, nº 4, CIRE).

Finalmente não é admitida a compensação, sempre que o devedor a ela tenha renunciado. A renúncia à compensação, que pode ser expressa ou tácita nos termos gerais (art. 217º) impede igualmente a possibilidade de ela ser declarada. Assim, se as partes expressamente afastam a possibilidade de compensação ou se comprometem a realizar um efectivo pagamento ou um pagamento em dinheiro, ou a entregar imperativamente a mercadoria num lugar e tempo determinados, a compensação será excluída, devendo o cumprimento ser realizado. No âmbito das cláusulas contratuais gerais, é, no entanto, proibida a exclusão da faculdade de compensação, quando legalmente admitida (art. 18º *h)* da LCCG).

4. Regime da compensação

No âmbito do Direito Comparado, encontram-se dois sistemas distintos para a obtenção da compensação. O primeiro, adoptado pelo Código Civil francês (art. 1290º) e, em sua sequência, pelos Código civil italiano (art. 1242º) e espanhol (art. 1202) é o sistema da *compensação automática*, que implica que, verificados os respectivos pressupostos, a compensação opera de direito, sem necessidade de qualquer declaração negocial nesse sentido. O segundo, adoptado pelo Código Civil alemão, é o de que, para a compensação ser eficaz, se exige uma declaração da parte que pretende a compensação (§ 388 BGB), retroagindo, porém, os seus efeitos ao momento em que se verificou a compensabilidade dos créditos (§ 389 BGB).

Enquanto o Código Civil de 1867 tinha adoptado o primeiro sistema (art. 768º), o actual Código Civil veio adoptar manifestamente o segundo. Por esse motivo, o art. 848º vem referir que a compensação se torna efectiva mediante declaração de uma das partes à outra. No entanto, uma vez efectuada essa declaração, os créditos consideram-se extintos desde o momento em que se tornaram compensáveis (art. 854º). Assim, apesar de se exigir uma declaração de compensação, os efeitos desta retroagem à data da compensabilidade dos créditos, pelo que é esse o momento relevante para a extinção da obrigação. Em consequência, se após essa data um dos créditos for cedido a terceiro, arrestado ou penhorado, o declarante pode continuar a invocar a compensação (art. 853º, nº 2 *a contrario*), ocorrendo, no entanto, uma maior limitação a essa faculdade em caso de insolvência do devedor (art. 99º CIRE). Se algum ou ambos os créditos vencerem juros, eles deixam de ser contados a partir desse momento, como também não se tomará em consideração a mora do devedor ocorrida após essa data. Também a prescrição da obrigação não releva se ela ainda não tinha ocorrido no momento em que os créditos se tornaram compensáveis (art. 850º).

Para a compensação se tornar efectiva é necessária a declaração de uma das partes à outra (art. 848º, nº 1), a qual pode ser feita tanto judicial como extrajudicialmente. No primeiro caso, a compensação pode ser realizada quer em notificação avulsa (arts. 219º, nº 2 e 256º CPC) quer no âmbito de acção judicial, em qualquer dos seus articulados[450]. No segundo caso, a declaração de compensação não está sujeita a forma especial (art. 219º), produzindo efeitos logo que chegue ao poder do declaratário ou seja dele conhecida (art. 224º).

[450] Tem sido controvertida na doutrina a questão de saber se, quando realizada pelo réu na contestação, a compensação tem que ser deduzida por via de reconvenção (art. 266º, nº 2 *c)* CPC) ou se pode ser invocada como mera excepção peremptória (art. 576º, nº 3 CPC). Para uma análise do debate, cfr., por todos, Antunes Varela, *Obrigações*, II, pp. 215 e ss. e Almeida Costa, *Obrigações*, pp. 1106 e ss. Trata-se de matéria de Direito Processual Civil que não se pretende abordar detalhadamente. Salientamos apenas que nos parece descabida a reconvenção sempre que o réu apenas pretenda ser absolvido do pedido apresentado pelo autor. A reconvenção só será assim necessária nos casos em que, sendo o crédito invocado pelo réu de montante superior ao invocado pelo autor, aquele pretenda a condenação deste no pagamento da diferença. Em todos os outros casos, a compensação deverá ser invocada por excepção peremptória.

A lei estabelece que a declaração de compensação é ineficaz se for feita sob condição ou a termo (art. 848º, nº 2). Este regime justifica-se pelo grau de certeza que é necessário conferir à extinção da obrigação, a qual retroage ao momento da compensabilidade dos créditos, não podendo por isso a declaração de compensação deixar em aberto alguma incerteza sobre os seus efeitos. Não há, porém, obstáculos em que se conteste a existência da obrigação, mas se invoque subsidiariamente a compensação, para a hipótese de a dívida existir[451].

Pode, porém, suceder que existam, quer de uma, quer da outra parte, vários créditos compensáveis, podendo a qualquer deles ser referida a declaração de compensação. Neste caso, a escolha dos créditos que ficam extintos pertence ao declarante (art. 855º, nº 1), vigorando na ausência de escolha as regras relativas à imputação do cumprimento reguladas nos arts. 784º e 785º (art. 855º, nº 2). A outra parte não terá assim a possibilidade de manifestar oposição à escolha[452], salvo se se esta se referir a uma dívida de capital, quando ainda existam juros, despesas ou indemnização, uma vez que nos parece que a norma do art. 785º, nº 2, que determina que neste caso a imputação só se pode realizar com o consentimento do credor, deve ser igualmente extensiva à compensação[453].

5. Compensação convencional

Ao lado da compensação legal, tem vindo a ser admitida, com base no princípio da liberdade contratual, quer pela doutrina[454], quer pela própria

[451] Cfr. ANTUNES VARELA, *Obrigações*, II, p. 215, nota (1).

[452] No âmbito do direito alemão (§ 396, I, BGB), a aplicação das regras relativas à imputação do cumprimento dá-se, não apenas quando o declarante omite a escolha, mas ainda quando a outra parte manifesta imediatamente oposição a ela. Entre nós, e ao contrário do que propugnava VAZ SERRA, *BMJ* 31 (1952), p. 144, não se deu possibilidade à outra parte de condicionar a escolha do declarante, por se ter considerado não haver razões para tolher a sua liberdade de iniciativa (cfr. ANTUNES VARELA, *Obrigações*, II, p. 227).

[453] Efectivamente, apesar de o art. 855º, nº 2, referir que a aplicação dos arts. 784º e 785º se dá "na falta de escolha", a verdade é que, ao contrário dos arts. 784º e 785º, nº 1, a norma do art. 785º, nº 2, é injuntiva, sendo mesmo uma restrição à escolha. A inclusão desta norma na remissão do art. 855º, nº 2, só pode, por isso, significar que se exige o consentimento do declaratário quando a compensação com a dívida de capital não é realizada em último lugar. Esta é, aliás, também a solução consagrada no § 396 II BGB.

[454] Cfr. LARENZ, *Schuldrecht* I, § 18 VI *f)*, pp. 265 e ss., ANTUNES VARELA, *Obrigações*, II, pp. 227 e ss., ALMEIDA COSTA, *Obrigações*, p. 1110, PESSOA JORGE, *Obrigações*, 1º, pp. 438 e

lei[455], a denominada compensação convencional ou contratual. Consiste esta na compensação que, em lugar de ocorrer através de uma declaração unilateral, resulta de um acordo celebrado entre as partes (o denominado contrato de compensação). Sendo este celebrado ao abrigo da autonomia privada, naturalmente que as partes já não estarão sujeitas à maior parte dos pressupostos e limites estabelecidos para a compensação legal. Efectivamente, parece que para esta compensação se exigirá apenas que ambas as partes disponham de créditos que pretendam extinguir através do contrato, não sendo necessário que se trate de créditos recíprocos, nem que eles sejam exigíveis, nem sequer que tenham por objecto prestações homogéneas. Também se admite a compensação convencional, mesmo que se trate de créditos por factos ilícitos dolosos, do Estado ou de outras pessoas colectivas públicas, ou de créditos em que tenha havido renúncia a faculdade de compensação. Já não se admitirá, porém, em virtude da restrição estabelecida à autonomia privada, a compensação convencional de créditos impenhoráveis (art. 853º *b*))[456] ou de créditos cuja compensação envolva prejuízo para os direitos de terceiro.

A natureza do contrato de compensação tem vindo a ser controvertida na doutrina. Alguma doutrina chegou a qualificá-lo como um contrato pelo qual se procede a uma dupla remissão dos créditos[457]. Outros entenderam tratar-se de uma dupla e recíproca dação em cumprimento[458]. Nenhuma destas qualificações é, porém, adequada. Efectivamente, não existe no contrato de compensação qualquer remissão, porque nenhuma das partes renuncia à satisfação do seu direito de crédito, mas antes a obtém por outra via. Mas, apesar de existir essa satisfação, também não se está perante uma dação em cumprimento, uma vez que nenhuma das partes recebe

444 e Menezes Cordeiro, *A compensação*, pp. 149 e ss. e *Tratado*, IX, pp. 1105 e ss. No âmbito do Direito Bancário, veja-se Menezes Cordeiro, "Depósito bancário e compensação", na *CJ-ASTJ* 10 (2002), I, pp. 5-10 e *A compensação*, pp. 213 e ss.

455 A compensação convencional encontrava-se expressamente referida no art. 158º *b)* do CPEREF. Actualmente, o art. 121º CIRE deixou de lhe fazer referência autónoma.

456 Cfr. Antunes Varela, *Obrigações*, II, p. 228, nota (1) e Almeida Costa, *Obrigações*, p. 1110.

457 É o caso de Leonhard, *Allgemeines*, p. 611, para quem o contrato de compensação seria composto por dois contratos independentes de remissão, unidos através de um negócio-base subjacente.

458 Assim, Pessoa Jorge, *Obrigações*, 1º, p. 444.

uma prestação diferente da devida, mas antes é dispensada de realizar a sua própria prestação. Parece assim que o contrato de compensação constitui um tipo contratual autónomo, através do qual se vem suprir reciprocamente o cumprimento de duas obrigações[459].

[459] Cfr. LARENZ, *Schuldrecht* I, § 18 VI, p. 266.

Secção IX
Novação

1. Conceito e modalidades

Entre as causas de extinção das obrigações inclui-se a novação[460]. Esta consiste na extinção de uma obrigação em virtude da constituição de uma nova, que a substitui[461]. A razão determinante da extinção da obrigação é neste caso a constituição de um novo vínculo que, embora se identifique economicamente com a obrigação extinta, tem uma fonte jurídica diferente.

A novação diz-se objectiva, sempre que a nova obrigação se constitui entre os mesmos credor e devedor da obrigação antiga (art. 857º) e diz-se subjectiva sempre que se verifica mudança de algum dos sujeitos da obrigação (art. 858º).

A novação objectiva pode representar tanto *uma mudança no objecto da obrigação* (como na hipótese de um comerciante se obrigar a entregar ao outro mercadorias, em vez dos 1000 euros que lhe devia), como *uma alteração na sua fonte* (o mandatário, que deveria restituir ao mandante 1000 euros de quantias que recebera no exercício do mandato, combina com ele conservar essa quantia a título de mútuo).

[460] Cfr., sobre ela, VAZ SERRA, "Novação", no *BMJ* 72 (1958), pp. 5-75, ANTUNES VARELA, *Obrigações*, II, pp. 229 e ss., ALMEIDA COSTA, *Obrigações*, pp. 1110 e ss., PESSOA JORGE, *Obrigações*, 1º, pp. 655 e ss., e MENEZES CORDEIRO, *Obrigações*, 2º, pp. 227 e ss., e *Tratado*, IX, pp. 1111 e ss.

[461] Recorde-se a famosa definição de novação de ULPIANUS em D.46.2.1.pr.: "*Novatio est prioris debiti in aliam obligationem, vel civilem vel naturalem, transfusio atque translatio, hoc est cum praecedenti causa ita nova constituatur, ut prior perimatuar. Novatio enim a novo nomen accepit et a nova obligatione*" (novação é a transformação e conversão do anterior débito numa outra obrigação, quer civil quer natural, ou seja, a partir da precedente, assim uma nova é constituída, extinguindo-se a anterior. Novação recebe portanto de novo o crédito e a obrigação).

A novação subjectiva pode ocorrer tanto *por substituição do credor*, o que se verifica sempre que um novo credor é substituído ao antigo, vinculando-se o devedor para com ele por uma nova obrigação (A, que deve 1000 euros a B, contrai perante C uma nova obrigação em substituição desta), ou *por substituição do devedor*, o que ocorre quando um novo devedor, contraindo nova obrigação, é substituído ao antigo, que é exonerado pelo credor (A deve 1000 euros a C, vindo B a contrair perante ele uma nova obrigação em substituição da de A).

Saliente-se, no entanto, que, para que em qualquer dos casos referidos exista novação, terá que haver sempre a intenção das partes de extinguir a anterior obrigação, criando uma nova em sua substituição. Efectivamente, na ausência deste elemento, o que as partes realizarão será apenas uma modificação ou transmissão da obrigação primitiva, e não uma novação.

A novação teve uma grande importância histórica, mas actualmente a necessidade da sua consagração tem vindo a ser questionada. No Direito Romano, a *novatio* surgia como imprescindível, uma vez que, devido ao formalismo em que o sistema era baseado, qualquer alteração dos sujeitos ou do objecto da obrigação apenas era possível mediante a celebração de uma *stipulatio novativa*, através da qual se constituía uma nova obrigação em substituição da antiga.

A evolução do Direito levou, porém, quer a reconhecer a possibilidade de modificação por consenso do objecto da obrigação, quer a admitir a possibilidade de transmissão de créditos e dívidas. Essa evolução tornou em grande parte desnecessária a novação, tendo o instituto vindo a perder terreno no âmbito do Direito Comparado. Assim, no Direito Francês, o instituto veio a ser integralmente consagrado nos arts. 1271 e ss. do *Code Civil*, mas a consagração da cessão de créditos fez perder terreno à novação por substituição do credor, conservando interesse a novação por substituição de devedor, em virtude da não consagração neste ordenamento da assunção de dívidas[462]. Já o BGB nem sequer veio a autonomizar a novação, por se ter considerado que a novação subjectiva se tornara desnecessária com a consagração dos institutos da cessão de créditos e da assunção de dívidas e que a novação objectiva poderia celebrar-se com base na liberdade con-

[462] Cfr. Henri Mazeaud / Léon Mazeaud / Jean Mazeaud / François Chabas, *op. cit.*, nº 1209, p. 1244.

tratual, não carecendo assim de regulação legal[463]. Finalmente o Código Civil italiano apenas viria a regular a novação objectiva (art. 1230º), referindo a novação subjectiva por substituição de devedor apenas para lhe aplicar o regime da assunção de dívida (art. 1235).

No âmbito da preparação do nosso Código Civil, a não consagração da novação chegou a ser equacionada, mas acabou por ser regulada por se ter considerado que, por pouca que fosse a sua importância, alguma teria, pelo que seria mais adequado prevê-la e regulá-la[464].

O que caracteriza a novação é assim a circunstância de que o facto jurídico que desencadeia a extinção da obrigação antiga ser simultaneamente o facto jurídico que constitui a nova obrigação. Dessa circunstância resulta uma dependência da causa jurídica do facto extintivo da obrigação antiga em relação ao facto constitutivo da nova obrigação e vice-versa. Efectivamente, a antiga obrigação só se extingue porque veio a ser constituída uma nova e a nova obrigação só se constitui porque veio a ser extinta a antiga.

2. Pressupostos da novação

2.1. Declaração expressa da intenção de constituir uma nova obrigação em lugar da antiga

A novação resulta assim de um negócio jurídico complexo através do qual se procede à substituição de um vínculo obrigacional mediante a sua prévia extinção e constituição de um novo vínculo entre as mesmas partes ou com alteração de uma delas. A lei vem determinar que a novação tem que resultar de declaração expressa a determinar a contracção de uma nova obrigação em substituição da antiga (art. 859º), o que implica não se poder inferir uma novação através de simples modificações da obrigação, como alterações do prazo de pagamento, taxas de juro, prestação de garantias. Também não constitui novação o reconhecimento da obrigação ou a sua confirmação quando resulte de negócio anulável nem muito menos a transmissão do crédito ou da dívida[465]. Efectivamente, nos termos legais, só há novação se as partes exteriorizarem directamente o *animus novandi*, o que

[463] Cfr. *Motive zu dem Entwurfe eines Bürgerlichen Gesetzbuches für das Deutsche Reich*, II- *Recht der Schulverhältnisse*, Berlin/Leipzig, Gutentag, 1888, pp. 78-79.

[464] Assim, Vaz Serra, *BMJ* 72 (1958), p. 15.

[465] Cfr. Guilherme Moreira, *Instituições*, II, pp. 282-283 e Antunes Varela, *Obrigações*, II, pp. 233 e ss..

implica não se admitirem presunções de novação, nem poder resultar essa declaração tacitamente através de factos concludentes[466].

2.2. Existência e validade da obrigação primitiva

Outro pressuposto da novação é que exista e seja válida a obrigação primitiva. Efectivamente, o negócio de constituição da nova obrigação tem como pressuposto fundamental a existência de uma obrigação antiga, que as partes visam precisamente extinguir e substituir por uma nova. Daí que a novação se torne ineficaz sempre que se verifique que a referida obrigação não existia ou estava extinta ao tempo em que a segunda foi constituída[467], e ainda quando, embora existindo, essa obrigação vem a ser declarada

[466] No âmbito do Código de Seabra (art. 803º) eram igualmente excluídas as presunções de novação, mas admitia-se, ao lado da declaração expressa, que a novação se pudesse deduzir claramente dos termos do contrato. Defenderam solução semelhante perante o actual direito VAZ SERRA, "Anotação Ac. STJ 25/1/1974", em *RLJ* 108 (1975), pp. 22-29 (24 e ss.), no sentido já proposto no seu anteprojecto, *BMJ* 72 (1958), pp. 47 e ss., e PAULO MOTA PINTO, *Declaração*, pp. 496-499 e 512, que, argumentando com a não exigência de declaração expressa para a remissão, interpretam a referência a expressamente, não no sentido de declaração expressa (art. 217º), mas antes de declaração clara e unívoca. Parece-nos, porém, que as dificuldades práticas de distinção entre os casos de novação e de transmissão ou modificação das obrigações justificam que se deva exigir uma declaração expressa para se poder aplicar o regime daquela. Neste sentido, cfr., ANTUNES VARELA, *Obrigações*, II, p. 237, ALMEIDA COSTA, *Obrigações*, p. 1113, PESSOA JORGE, *Obrigações*, 1º, p. 657 e MENEZES CORDEIRO, *Obrigações*, 2º, p. 230, e *Tratado*, IX, pp. 1123-1124.

[467] É controvertida a questão do regime aplicável em caso de a primitiva obrigação ser uma obrigação natural. VAZ SERRA, no *BMJ* 72 (1958), pp. 58-59, admitia a novação da obrigação natural em obrigação civil, sempre que esta não pusesse em causa a razão por que a lei denegava acção às obrigações naturais (ex: substituição da dívida prescrita por uma obrigação civil), rejeitando-a, porém, no caso contrário (ex: dívidas de jogo). Mas a maioria da doutrina, onde se incluem os nomes de MANUEL DE ANDRADE, *Obrigações*, pp. 84-85, e nota (1), e p. 94, nota (1), ANTUNES VARELA, *Obrigações*, II, p. 238, nota (4), e ALMEIDA COSTA, *Obrigações*, p. 184, nota (5), considera sempre inadmissível a aplicação da novação às obrigações naturais, uma vez que tal constituiria a aplicação de uma coerção jurídica sobre o devedor, que a lei pretende precisamente evitar, apenas reconhecendo eficácia ao cumprimento espontâneo e a actos satisfatórios análogos.

A nosso ver, em relação à obrigação prescrita, o art. 304º, nº 2, estende a irrepetibilidade não apenas ao cumprimento e a outras formas de satisfação, mas também ao reconhecimento e prestação de garantias, não se vendo assim como se poderia impedir a novação de uma obrigação prescrita em qualquer outra obrigação. Já em relação aos outros casos de obrigação natural, parece-nos que a razão que está na base da denegação de acção não autoriza igualmente a sua transmutação em obrigações civis por via da novação.

nula ou anulada (art. 860º, nº 1)[468]. A novação não é, assim, um negócio abstracto, uma vez que tem sempre como pressuposto a existência prévia de uma obrigação, tornando-se ineficaz sempre que falte essa obrigação.

A ineficácia da novação pode, porém, conduzir à aplicação de regimes diversos, consoante a nova obrigação tenha ou não sido cumprida. Caso ainda não se tenha verificado o cumprimento, poderá o devedor recusar a sua realização, invocando para tanto apenas a ineficácia da novação. Caso, porém, o cumprimento já se tenha realizado, terá o seu autor uma pretensão restitutória, cuja fundamentação variará consoante a natureza da falta da obrigação primitiva. Efectivamente, se se verificar a sua inexistência, haverá que aplicar o regime da repetição do indevido (art. 476º, nº 1). Ocorrendo, porém, a sua invalidade, ela será restituída com base no regime respectivo (arts. 289º e ss.)[469].

2.3. Constituição válida da nova obrigação

Outro pressuposto da novação é que a nova obrigação seja validamente constituída, uma vez que, se tal não ocorrer, não se pode verificar a novação, subsistindo assim a obrigação primitiva (art. 860º, nº 2), já que a sua extinção apenas tinha sido determinada em razão da constituição de uma nova obrigação.

A subsistência da obrigação primitiva pode, porém, afectar a situação de terceiros garantes, que deixaram de contar, na sua planificação patrimonial, com a eventualidade de terem que satisfazer essa obrigação. Por esse motivo, a lei vem tutelar essa sua situação de confiança, sempre que a invalidade da nova obrigação seja imputável ao credor. Efectivamente, o art. 860º, nº 2, determina que "sendo a nulidade ou anulação imputável ao credor, não renascem as garantias prestadas por terceiro, salvo se este, na data em teve notícia da novação, conhecia o vício da nova obrigação". Assim, se é por culpa do credor que a nova obrigação vem a ser anulada, continuará ele sem poder dispor das garantias que existiam para a obrigação primitiva.

[468] Já se a constituição da primitiva obrigação é apenas anulável e o devedor tem conhecimento do vício, deverá entender-se que com a novação, se sanou a anulabilidade por confirmação (art. 288º). Cfr. Vaz Serra, *BMJ* 72 (1958) e Antunes Varela, *Obrigações*, II, 238, nota (3).

[469] Cfr. Antunes Varela, *Obrigações*, II, p. 239.

3. Regime da novação

Conforme acima se referiu, da novação resulta a extinção da primitiva obrigação e a constituição de uma nova obrigação. Uma vez que se verifica essa substituição de vínculos, não se vem a operar qualquer continuidade entre eles, determinando, por isso, a lei que, salvo convenção em contrário, o novo crédito não recebe as garantias relativas à obrigação antiga (art. 861º), nem lhe podem ser opostos os meios de defesa desta (art. 862º).

Relativamente às garantias, a sua extinção compreende-se, quer estas tenham sido prestadas pelo devedor, quer por terceiro, quer mesmo quando resultem da lei (art. 861º, nº 1). Efectivamente, a garantia é sempre concedida tendo em atenção uma concreta obrigação, pelo que, verificando-se a sua substituição por uma nova, não se compreenderia que a garantia se pudesse manter[470]. A lei admite, porém, a possibilidade de as garantias serem reservadas para a nova obrigação, desde que essa reserva seja efectuada por declaração expressa (art. cit.). No caso de a garantia dizer respeito a terceiro, é necessária também a reserva expressa deste (art. 861º, nº 2). A reserva, quer do devedor, quer do terceiro, pode, porém, ser prestada previamente à novação, bastando para tal, por exemplo, que no acto de constituição da obrigação primitiva ou da garantia se estabeleça que esta se manterá para a obrigação que eventualmente fosse criada por novação[471].

Relativamente aos meios de defesa, a lei determina a sua extinção em consequência da novação, a menos que as partes estipulem o contrário (art. 862º). Efectivamente, ao contrário do que sucede nos casos de transmissão das obrigações, em que a regra é a transmissão das excepções (cfr. arts. 585º e 598º), na novação os meios de defesa que existiam para a obrigação primitiva não se transmitem para a nova obrigação, o que se justifica pela natureza própria da novação que, ao extinguir a dívida anterior, naturalmente que extingue igualmente os meios de defesa que a ela respeitavam[472]. Assim, se o devedor podia invocar perante a obrigação primitiva a existência de um prazo ou a excepção do não cumprimento do contrato, deixa de o poder fazer perante a obrigação nova. Admite-se, porém, que

[470] Imagine-se, por exemplo, o direito de retenção concedido a um mecânico pela reparação de uma automóvel (art. 754º). Se, posteriormente, as partes acordam que o mecânico passará a credor dessa quantia a título de mutuante, naturalmente que o direito de retenção se extinguirá.

[471] Neste sentido, VAZ SERRA, *BMJ* 72 (1958), p. 63 e ANTUNES VARELA, *Obrigações*, II, p. 242.

[472] Cfr. VAZ SERRA, *BMJ* 72 (1958), pp. 36 e ss.

as partes convencionem a manutenção das excepções perante a nova obrigação, desde que tal seja claramente estipulado. Efectivamente, uma vez que tal solução se apresenta como contraditória com a natureza da novação, não se deverá em princípio presumir essa estipulação, sem que ela apareça claramente demonstrada[473].

[473] Por esse motivo, VAZ SERRA, *BMJ* 72 (1958), p. 37, seguido por ANTUNES VARELA, *Obrigações*, II, p. 242, nota (1) defendem que a simples referência à antiga obrigação não constitui índice suficiente para presumir a estipulação da mantenção das excepções perante a nova obrigação.

Secção X
A remissão

1. Conceito de remissão

A remissão, prevista nos arts. 863º e ss., consiste no que é vulgarmente designado por perdão de dívida. Efectivamente, o credor, tendo naturalmente direito a exigir a prestação do devedor, pode, com o acordo deste, abdicar desse direito, determinando a extinção da dívida, sem que ocorra a realização da prestação. *A remissão consiste assim no acordo entre o credor e o devedor pelo qual aquele prescinde de receber deste a prestação devida.* Esse acordo pode ser celebrado por várias razões. Assim, por exemplo, se o credor sabe que o devedor se encontra em dificuldades económicas e não tem condições de cumprir pode acordar com ele em perdoar-lhe a dívida, evitando assim uma acção executiva que seria totalmente destituída de efeitos práticos. Da mesma forma, a remissão pode ocorrer se o credor, por razões de amizade com o devedor, entende não lhe dever cobrar a dívida.

2. Pressupostos da remissão

São os seguintes os pressupostos da remissão:

a) a existência prévia de uma obrigação;
b) um contrato entre credor e devedor pelo qual aquele abdica de receber deste a prestação devida.

O primeiro pressuposto da remissão é naturalmente a existência prévia da obrigação. Efectivamente, a remissão consiste num negócio extintivo de obrigações, pelo que a sua celebração depende da existência da obrigação que se visou extinguir. Não é, por isso, remissão o denominado *reconhecimento negativo de dívida*, onde o credor se limita a declarar perante determinada pessoa que não existe qualquer obrigação que esta deva realizar perante ele[474].

O segundo pressuposto da remissão é que o credor, através de contrato celebrado com o devedor, abdique de receber a prestação devida. Entre nós, a remissão reveste necessariamente carácter contratual, exigindo-se, portanto, para que ocorra a extinção da obrigação, não apenas a declaração do credor de que abdica de receber a prestação, mas também a aceitação dessa abdicação por parte do devedor.

A qualificação da remissão como contratual não constitui uma solução pacífica. Efectivamente, enquanto o § 397 BGB e o art. 115 do C.O. suíço, exigem que a remissão conste de contrato, já o art. 1236 do Código italiano basta-se com uma simples declaração unilateral do credor, que no entanto se torna ineficaz se vier a ser rejeitada pelo devedor num prazo razoável.

No âmbito dos trabalhos preparatórios do Código, Vaz Serra propugnou a solução do Código italiano, apenas exigindo a celebração de um contrato na hipótese rara de a remissão ser efectuada a título oneroso. No entanto, na 2ª revisão ministerial veio a ser definitivamente consagrada no art. 863º a natureza contratual da remissão, solução que, por isso, se pode considerar pacífica, ainda que suscite críticas na doutrina[475]. Efectivamente, a regra geral é os direitos extinguirem-se por acto unilateral, e se no caso do direito de crédito se justifica tomar em consideração a posição do devedor, até por força da regra *invito beneficium non datur*, não se vê, porém, razão para a exigência do contrato, bastando atribuir-lhe a possibilidade de rejeitar o benefício, à semelhança do que sucede no contrato a favor de terceiro (art. 447º, nº 1). A solução consagrada tem ainda a inconveniência de que na grande maioria dos casos o credor não espera resposta à declaração de perdão da dívida, nem o devedor vê necessidade de a ela responder, o que pode tornar problemática a verificação do contrato, exigido pelo art. 863º, nº 1[476].

[474] O § 397 II BGB atribui no entanto ao reconhecimento negativo de dívida os mesmos efeitos da remissão. Efectivamente, e conforme refere Larenz, *Schuldrecht* I, § 19 I, p. 268, o reconhecimento negativo de dívida faz parte dos denominados negócios assertivos (*Feststellungsgeschäfte*) que determinam vinculativamente a situação jurídica das partes por forma a que, se essa situação era previamente outra, ela vem a ser modificada.

[475] Cfr. Menezes Cordeiro, *Obrigações*, 2º, p. 234, *Da Boa Fé*, pp. 762 e ss., nota (444), e *Tratado*, IX, p. 1135. Na Alemanha, a exigência de um contrato para a remissão é igualmente criticada por Larenz, *Schuldrecht* I, § 19 I, p. 267.

[476] Antunes Varela, *Obrigações*, II, p. 246, e nota (3) pretende tornear esta dificuldade com uma especial abertura legal à prova da aceitação do devedor, quer através da aplicação

Uma vez que extingue o crédito, o contrato de remissão constitui sempre para o credor um acto de disposição do seu direito, ao mesmo tempo que representa em relação ao devedor uma atribuição patrimonial geradora de enriquecimento. Essa atribuição patrimonial será normalmente realizada a título de liberalidade, mas pode ocorrer ainda por outra causa, como na hipótese de o credor se ter comprometido a remitir a dívida, uma vez verificados certos pressupostos[477]. Não é, porém, concebível que a remissão seja efectuada como contrapartida da realização de uma prestação ou da constituição de uma nova obrigação por parte do devedor, ou da abdicação por ele de um crédito que tinha sobre o credor, uma vez que nesses casos teríamos antes respectivamente uma dação em cumprimento, uma novação ou uma compensação convencional e já não uma remissão[478].

No caso de ser realizada a título de liberalidade, a remissão por negócio entre vivos é havida como doação (art. 863º, nº 2), e sujeita ao regime dos arts. 940º e ss. Efectivamente, estão neste caso preenchidos todos os pressupostos da doação já que este tipo de remissão constitui uma atribuição patrimonial geradora de enriquecimento, que produz a diminuição do património do doador, sendo efectuada por espírito de liberalidade. Daí que sejam aplicáveis *in casu* as normas que regulam a doação, designadamente a necessidade de aceitação em vida do remitente (art. 945º), com possibilidade de revogação até esse momento (art. 969º); a possibilidade de revogação por ingratidão do donatário (art. 970º e ss.); a sua influên-

do art. 234º, quer através da relevância do silêncio, nos termos do art. 218º, com o argumento de que o devedor quer, em regra, a remissão. A verdade, no entanto, é que a lei não efectua neste caso qualquer alteração, quer dos critérios estabelecidos para a ocorrência da declaração tácita, quer dos casos em que admite o silêncio como declaração negocial.

477 No âmbito do direito alemão, a remissão, como geralmente sucede com os negócios de disposição, tem carácter abstracto, o que implica que a ausência dos pressupostos em função dos quais foi concedida não a torna ineficaz, mas antes implica para o devedor a obrigação de reconstituir a obrigação, com base na repetição do indevido. Cfr. LARENZ, *Schuldrecht* I, § 19 I, p. 269. Entre nós, ANTUNES VARELA, *Obrigações*, II, p. 257, entende que o carácter causal da remissão é demonstrado pelos arts. 863º, nº 2 e 866º, nº 3. Parece-nos, no entanto, que a remissão apenas terá carácter causal quando realizada a título de liberalidade, caso em que é qualificada como doação (art. 863º, nº 2), tendo carácter abstracto nos outros casos, pelo que a ausência da causa em razão da qual se concedeu a remissão só pode determinar a aplicação do enriquecimento por prestação (art. 473º, nº 2).

478 Cfr. ANTUNES VARELA, *Obrigações*, II, pp. 250-251. Efectivamente, a remissão envolve sempre uma abdicação do crédito e nos exemplos referidos essa abdicação não ocorre, ocorrendo antes formas alternativas para a sua satisfação.

cia no cálculo da legítima (art. 2162º); a susceptibilidade de redução por inoficiosidade (art. 2168º) e o eventual chamamento à colação (art. 2104º).

3. Efeitos da remissão

Entre as partes, a remissão produz a extinção da obrigação, ficando o devedor liberado e vindo o credor a perder definitivamente o seu direito de crédito. No caso, porém, de existir uma pluralidade de partes, haverá que distinguir se a remissão foi concedida a todas ou por todas as partes ou apenas por ou a alguma ou algumas delas. No primeiro caso, a remissão refere-se a toda a dívida (remissão *in rem*), produzindo igualmente a sua extinção definitiva em relação a todos os sujeitos. No segundo caso, a remissão é apenas concedida por ou em benefício de pessoas específicas (remissão *in personam*), pelo que a remissão apenas produzirá efeitos em relação a estas, mantendo-se a obrigação para as restantes.

A remissão *in personam* tem efeitos distintos consoante o regime específico de pluralidade das partes na relação obrigacional aplicável.

Assim, se o regime aplicável for o da conjunção ou parciariedade, o que sucede é que se extinguem as fracções da obrigação em relação às partes em relação quais ocorreu a remissão, não sendo afectada a obrigação quanto aos seus restantes sujeitos[479].

Se o regime aplicável for o da solidariedade passiva, e vem a ser remitida a dívida de um dos devedores, a obrigação deste extingue-se, mantendo-se a dos restantes devedores, que ficam, porém, liberados pela parte relativa ao devedor exonerado (art. 864º, nº 1)[480]. Pode, porém, suceder que o credor declare reservar o seu direito por inteiro contra os outros devedores, caso em que eles conservarão também o seu direito de regresso por inteiro contra o devedor exonerado (art. 864º, nº 2)[481]. Se o regime aplicável for o da solidariedade activa, e um dos credores solidários concede

[479] Assim, se A, B e C devem parciariamente 900 euros a D, o facto de este conceder a remissão a C, não afecta a situação dos restantes devedores, aos quais, estando obrigados em termos iguais, continua a ser apenas exigível a sua parte (300 euros).

[480] Assim, se A, B e C devem solidariamente 900 euros a D, e este concede a remissão a C, estando os devedores obrigados em partes iguais, deixará de poder exigir a prestação a C, podendo exigir 600 euros a qualquer um dos outros devedores.

[481] Assim, continuando A, B e C a dever solidariamente 900 euros a D, e concedendo este a remissão a C, reservando o seu direito por inteiro contra os restantes devedores, deixará D de poder exigir a prestação a C, mas continua a podendo exigir 900 euros a qualquer um dos outros devedores, vindo o devedor que cumpriu a obrigação a ter da mesma forma sobre C

a remissão, o devedor fica exonerado, mas apenas na parte relativa a esse credor (art. 864º, nº 3)[482].

Se, porém, se tratar de uma obrigação plural indivisível, a remissão concedida pelo credor a um dos devedores implica que aquele só possa exigir a prestação dos restantes se lhes entregar o valor da parte que compete ao devedor exonerado (arts. 865º, nº 1 e 536º). Da mesma forma, se a remissão for concedida por um dos credores ao devedor, este não fica exonerado perante os restantes credores, mas estes só podem exigir-lhe a prestação se lhe entregarem o valor da parte que competia àquele credor (art. 865º, nº 2).

Mas a remissão da obrigação produz igualmente efeitos em benefício de terceiros, conforme dispõe expressamente o art. 866º, nº 1. Assim, verificada a remissão, consideram-se naturalmente extintas todas as garantias que asseguravam o seu cumprimento, designadamente a fiança (art. 651º), a consignação de rendimentos (664º), o penhor (art. 677º), a hipoteca (art. 730º *a)*), o privilégio (art. 752º) e o direito de retenção (art. 761º). Por razões de tutela da confiança dos terceiros garantes, a extinção destas garantias mantém-se, aliás, no caso de a remissão vir a ser declarada nula ou anulada por causa imputável ao credor, salvo se o responsável pela garantia conhecia o vício, na data em que teve notícia da remissão (art. 866º, nº 3).

Pelo contrário, a renúncia às garantias da obrigação não faz presumir a remissão da dívida (art. 867º). Efectivamente, o devedor não pode aproveitar do benefício da renúncia concedido aos terceiros garantes para dele inferir a remissão da sua obrigação, não só porque a remissão exige um contrato com ele celebrado, mas também porque normalmente quem renuncia apenas a uma garantia não o faz por pretender abdicar do crédito[483]. Assim, se o credor decidir remitir a obrigação do fiador, não se considera extinta a obrigação do devedor. Sendo, no entanto, vários os fiadores, a remissão concedida a um deles aproveita os outros na parte do fiador exonerado; mas, se os outros consentirem na remissão, respondem pela totalidade da dívida, salvo declaração em contrário (art. 866º, nº 2).

o direito de regresso pelos 300 euros. Neste caso, a remissão concedida limita-se às relações externas, não afectando o direito de regresso.

[482] Assim, se A deve 900 euros a B, C e D e D lhe concede a remissão, cada um dos restantes credores passa a só poder exigir do devedor a quantia de 600 euros.

[483] Cfr. ANTUNES VARELA, *Obrigações*, II, p. 255, nota (3). Efectivamente, a renúncia às garantias faz-se, ou porque se quer beneficiar o garante, ou porque a garantia se tornou desnecessária para assegurar o cumprimento da obrigação.

Secção XI
A confusão

1. Conceito de confusão

A lei regula, por último, a confusão como causa de extinção das obrigações[484]. Consiste ela na extinção simultânea do crédito e da dívida em consequência da reunião, na mesma pessoa, das qualidades de credor e devedor (art. 868º)[485]. A obrigação, como vínculo intersubjectivo que é, pressupõe a alteridade dos sujeitos que estão na posição de credor e devedor. Assim, se essa alteridade desaparece como, por exemplo, na hipótese de o devedor vir a adquirir por cessão o crédito que sobre ele tinha um credor anterior, ou se uma sociedade que devia certa importância a outra vem a ser objecto de fusão com esta, naturalmente que se extinguirão tanto o crédito como a dívida. Efectivamente, deixa de haver qualquer necessidade jurídica de manter a obrigação, como adstrição de uma pessoa a realizar uma conduta em benefício de outra, a partir do momento em que o adstrito à prestação e o beneficiário dela são o mesmo. Qualquer pessoa realiza em benefício próprio, por sua autodeterminação, as condutas que entende dever realizar, sendo totalmente descabido que o direito mantivesse uma obrigação com esse conteúdo.

Já não constituirão confusão em sentido técnico – ainda que por vezes assim sejam designadas – as situações em que se verifica a reunião na

[484] Cfr. ANTUNES VARELA, *Obrigações*, II, pp. 258 e ss e ALMEIDA COSTA, *Obrigações*, pp. 1116 e ss.

[485] À confusão já se referia POMPONIUS no Digesto (D.46.3.107.) ao incluir entre as causas de extinção da obrigação a reunião na mesma pessoa do direito do estipulante e do promitente (*cum in eandem personam, ius stipulantis promittentisque devenit*).

mesma pessoa das qualidades de proprietário e titular de um direito real menor ou a denominada *confusão imprópria*, em que se reúnem na mesma pessoa as qualidades de devedor e garante da obrigação. Efectivamente, em nenhum desses casos se verifica a extinção do direito de crédito, ocorrendo no primeiro caso a recuperação da propriedade plena (arts. 1476º, nº 1 *b)*, 1536º, nº 1 *d)* e 1569º *a)*), e no segundo caso a extinção da garantia, a menos o credor tenha ainda interesse na sua manutenção (art. 871º, nºs 3 e 4).

2. Pressupostos da confusão

A confusão tem os seguintes pressupostos:

a) reunião da mesma pessoa das qualidades de credor e devedor;
b) não pertença do crédito e da dívida a patrimónios separados;
c) inexistência de prejuízo para os direitos de terceiro.

O primeiro pressuposto da confusão é a reunião, na mesma pessoa, das qualidades de credor e devedor, o que naturalmente ocorrerá ou em virtude da aquisição por uma das partes da posição que a outra ocupava no crédito ou no débito (o credor vem a suceder no débito ou o devedor a adquirir o crédito) ou em virtude da aquisição conjunta por um terceiro das posições que ambas as partes ocupavam na obrigação (o terceiro adquire o crédito e vem a assumir também o débito)[486].

O segundo pressuposto da confusão é o de que não se verifique a pertença do crédito e da dívida a patrimónios separados, uma vez que nesse caso o art. 872º determina a não verificação da confusão. Efectivamente, a separação de patrimónios tem por consequência a impossibilidade de verificação da confusão, uma vez que esta, a ocorrer, poria em causa essa mesma separação, ao fazer desaparecer valores activos de um património em benefício da extinção de responsabilidades de outro património. Por esse motivo, se, por exemplo, a confusão se verificar em consequência de o devedor adquirir o crédito por herança, continua ele a responder pela sua obrigação até à liquidação e partilha (art. 2074º, nº 1), altura em que se extingue a separação de patrimónios[487].

O terceiro pressuposto da confusão é o de que não haja prejuízo para os direitos de terceiro (art. 871º, nº 1). Efectivamente, conforme se refe-

[486] Cfr. Antunes Varela, *Obrigações*, II, p. 259.
[487] Cfr. Almeida Costa, *Obrigações*, pp. 1118-1119.

riu, a confusão justifica-se, por não haver necessidade jurídica de manter a obrigação, como instrumento de colaboração inter-subjectiva, a partir do momento em que se verifica a reunião das posições de credor e devedor. No entanto, se o vínculo obrigacional se encontrar igualmente a funcionar em benefício de terceiro (como na hipótese da existência de usufruto ou penhor sobre o crédito), esse vínculo subsiste, na justa medida em que o justifique o interesse do usufrutuário ou do credor pignoratício (art. 871º, nº 2)[488].

3. Regime da confusão

Conforme se referiu, a confusão vem a produzir a extinção da obrigação, uma vez que não se justifica manter a adstrição à realização da prestação a partir do momento em que as qualidades de credor e devedor consistem na mesma pessoa. A extinção da obrigação por confusão vem provocar a extinção de todos os acessórios do crédito (sinal, cláusula penal, obrigação de juros), bem como de todas as garantias que asseguravam o seu cumprimento, designadamente a fiança (art. 651º), a consignação de rendimentos (664º), o penhor (art. 677º), a hipoteca (art. 730º *a)*), o privilégio (art. 752º) e o direito de retenção (art. 761º), quer essas garantias sejam prestadas pelo devedor, quer por terceiro[489].

A lei admite, porém, a hipótese de a confusão se desfazer, determinando que neste caso renasce a obrigação com os seus acessórios, mesmo em relação a terceiro, quando o facto que a destrói seja anterior à própria confusão (art. 873º, nº 1)[490]. Relativamente às garantias prestadas por terceiros, no entanto, e por razões de tutela da confiança destes, a extinção destas garantias mantém-se no caso de a confusão se desfizer por causa

[488] Assim, se alguém constitui um usufruto sobre os juros do seu crédito (art. 1464º) ou o deu em penhor (arts. 679º e ss.), o facto de o credor e o devedor terem passado a ser a mesma pessoa, não vem afectar o direito do usufrutuário à percepção dos juros, nem o do credor pignoratício à cobrança do crédito empenhado.

[489] Cfr. Antunes Varela, *Obrigações*, II, p. 266.

[490] Esta formulação legal é manifestamente infeliz, uma vez que, como referem Pessoa Jorge, *Obrigações*, 1º, p. 663, e Menezes Cordeiro, *Obrigações*, 2º, p. 238, o facto que destrói a confusão nunca pode ser anterior a ela, caso contrário nunca haveria confusão, não se chegando a extinguir a obrigação. O que sucede é que um facto posterior à confusão pode ter eficácia retroactiva como sucede no âmbito da invalidade do negócio (art. 289º), sendo essa retroactividade que faz renascer a obrigação.

imputável ao credor, salvo se o responsável pela garantia conhecia o vício, na data em que teve notícia da confusão (art. 873º, nº 2).

À semelhança do que sucede na remissão, é necessário, no entanto, acautelar quais as consequências da confusão, no caso de se verificar uma situação de pluralidade de partes na relação obrigacional, as quais naturalmente também variarão consoante o regime específico de pluralidade aplicável.

Assim, se o regime aplicável for o da conjunção ou parciariedade, o que sucede é que se extinguem as fracções da obrigação em relação às quais ocorreu a confusão, não sendo afectada a obrigação quanto aos seus restantes sujeitos[491].

Se o regime aplicável for o da solidariedade passiva, e vêm a ser reunidas na mesma pessoa as qualidades de devedor solidário e credor, a obrigação deste extingue-se nessa parte da dívida, ficando nesse âmbito os restantes devedores exonerados, os quais continuam, porém, a responder solidariamente pela restante obrigação (art. 869º, nº 1)[492]. Se o regime aplicável for o da solidariedade activa, e se reunirem as posições de devedor e credor solidário, o devedor fica exonerado, mas apenas na parte relativa a essa credor (art. 869º, nº 2)[493].

Se, porém, se tratar de uma obrigação plural indivisível com vários devedores, a reunião na mesma pessoa da posição de credor e de condevedor implica que este só possa exigir a prestação dos restantes condevedores se lhes entregar o valor da parte da posição que adquiriu (arts. 870º, nº 1 e 536º). Da mesma forma, tratando-se de uma obrigação plural indivisível com vários credores, se ocorrer a reunião na mesma pessoa da qualidade de devedor e co-titular do crédito, este não fica exonerado perante os restantes credores, mas estes só podem exigir-lhe a prestação se lhe entregarem o valor da parte que competia àquele credor (arts. 870º, nº 2 e 865º, nº 2).

[491] Assim, se A, B e C deviam parciariamente 900 euros a D, o facto de este assumir a dívida de C não afecta a situação dos restantes devedores, aos quais, estando obrigados em termos iguais, continua a ser apenas exigível a sua parte (300 euros).

[492] Assim, se A, B e C devem solidariamente 900 euros a D, e este assume a dívida de C, estando os devedores obrigados em partes iguais, a dívida extinguir-se-á nessa parte e D passará a poder exigir 600 euros a qualquer um dos outros devedores.

[493] Assim, se A deve 900 euros a B, C e D e posteriormente adquire o crédito a D, cada um dos restantes credores passa a só poder exigir do devedor a quantia de 600 euros.

PARTE IV
DO NÃO CUMPRIMENTO DAS OBRIGAÇÕES

Secção I
Modalidades de não cumprimento das obrigações

Verifica-se o não cumprimento, em sentido naturalístico, quando ocorre a não realização da prestação devida, ou a sua realização em termos que não correspondam à adequada satisfação do interesse do credor. No âmbito do nosso Código este conceito abrangeria, por isso, tanto situações em que a não realização da prestação é imputável ao devedor (incumprimento e impossibilidade culposa de cumprimento: arts. 798º e ss. e 801º e ss.), como situações em que ela não é imputável ao devedor (impossibilidade casual: arts. 790º e ss.). Mas esta inclusão da impossibilidade não imputável ao devedor não parece ser correcta, já que ela constitui uma causa de extinção das obrigações (cfr. art. 790º, nº 1) e o não cumprimento exige, não apenas que não se verifique a realização da prestação devida ou a satisfação do interesse do credor, mas também que não ocorra qualquer outra causa de extinção da obrigação[494].

Definiríamos, por isso, o não cumprimento como *a não realização da prestação devida por causa imputável ao devedor, sem que se verifique qualquer causa de extinção da obrigação.* De acordo com a sistematização da nossa lei esta definição de não cumprimento abrange não apenas as situações em que o devedor falta culposamente ao cumprimento da obrigação (arts. 798º e ss.), mas também as situações em que ele impossibilita culposamente a prestação (arts. 801º e ss.). Efectivamente, em ambas as situações se verifica a não realização da prestação devida por causa imputável ao devedor, sendo que no incumprimento a realização da prestação ainda é possível

[494] Cfr. Antunes Varela, *Obrigações*, II, p. 60 e Ribeiro de Faria, *Obrigações*, II, p. 336.

no momento do cumprimento, mas esta não vem a ocorrer por culpa do devedor, enquanto na impossibilidade culposa já não é possível realizar a prestação no momento do cumprimento, sendo que tal se deve a culpa do devedor.

O não cumprimento pode ainda ocorrer em termos definitivos ou temporários. No primeiro caso, já não é concebível a realização da prestação, ou porque ela se impossibilitou (impossibilidade de cumprimento), ou porque o credor perdeu o interesse nela (incumprimento definitivo). O credor vê, por isso, frustrado o seu direito à prestação, apenas podendo pedir indemnização por incumprimento. No segundo caso, a prestação não foi realizada no momento devido, mas ainda é possível a sua realização, através de um cumprimento retardado. Nesse caso, sendo o atraso na realização da prestação imputável ao devedor (mora do devedor), o credor pode exigir indemnização, mas apenas pelo atraso da prestação, já que mantém o seu direito à prestação em falta. Pelo contrário, se o atraso na realização da prestação for devido ao credor (mora do credor), caber-lhe-á suportar os riscos e despesas resultantes dessa não realização atempada.

Dentro das modalidades do não cumprimento assume interesse especial o cumprimento defeituoso, caso em que existe a realização de uma prestação, mas em termos tais que não permitem uma adequada satisfação do credor. Nesse caso, as consequências podem ser de vária ordem, o que não permite uma fácil integração da figura entre as modalidades do não cumprimento. Efectivamente, se ocorrer a restituição da prestação realizada e a realização de outra em termos adequados, a situação aproximar-se-á do cumprimento retardado. Se, no entanto, a realização da prestação nestas condições levar a uma perda definitiva do interesse do credor na prestação, estaremos perante uma situação idêntica à do incumprimento definitivo.

Nas páginas seguintes far-se-á referência detalhada a estas diversas formas de violação do vínculo obrigacional e suas consequências.

Secção II
O não cumprimento temporário

1. A mora do devedor
1.1. Pressupostos da constituição do devedor em mora
De acordo com o disposto no art. 804º, nº 2, a mora do devedor consiste na situação em que a prestação, embora ainda possível, não foi realizada no tempo devido, por facto imputável ao devedor. Exige-se para que ocorra mora que a prestação ainda seja possível, senão teríamos antes uma situação de impossibilidade definitiva de cumprimento (arts. 790º ou 801º) ou de incumprimento definitivo (art. 798º) e que a não realização da prestação seja imputável ao devedor, caso contrário a hipótese é antes de impossibilidade temporária (art. 792º).

Para poder ocorrer uma situação de mora, é necessário que ainda seja possível realizar a prestação em data futura. Por esse motivo, em certo tipo de obrigações não se admite a ocorrência de mora, levando a violação do vínculo obrigacional directamente ao incumprimento definitivo. Estão nesta situação as obrigações de conteúdo negativo, que são definitivamente violadas com a realização de qualquer acção proibida e as obrigações, em relação às quais seja estipulado um prazo essencial de cumprimento, que não possa ser ultrapassado sem perda de interesse do credor. Nesses casos, a não realização da prestação no momento aprazado torna-a inútil para o credor e acarreta, por isso, o incumprimento definitivo da obrigação (cfr. art. 808º)[495].

[495] Imagine-se, por exemplo, a situação do especialista contratado para uma conferência a realizar em certo local a certa hora. É manifesto que a sua não comparência na hora aprazada impede qualquer futura realização da prestação.

A mora do devedor depende, por outro lado, de a prestação não ter sido realizada no tempo devido. Teremos, assim, que recorrer às regras de determinação do tempo do cumprimento, para averiguar se o devedor está ou não em situação de mora (arts. 777º e ss.).

Ora, como se viu anteriormente, a regra é a de que as obrigação são puras, ou seja, que não têm prazo certo estipulado, cabendo então a qualquer das partes determinar o momento do cumprimento (art. 777º, nº 1). Nesse tipo de obrigações, o devedor só fica constituído em mora depois de ter sido judicial ou extrajudicialmente interpelado para cumprir (art. 805º, nº 1). A interpelação consiste precisamente na comunicação pelo credor ao devedor da sua decisão de lhe exigir o cumprimento da obrigação, a qual, de acordo com as regras gerais, pode ser expressa ou tácita (art. 217º). A lei admite que essa comunicação possa ser efectuada por via judicial ou extrajudicial[496], tendo como efeito constituir o devedor em mora, partir da sua recepção. É a denominada *mora ex persona*, na medida em que depende de um acto jurídico de natureza não negocial (a interpelação) a praticar pelo credor.

Há, porém, casos em que a mora do devedor depende apenas de factores objectivos, tornando-se irrelevante a existência ou não de interpelação pelo credor. Denomina-se neste caso a situação de *mora ex re*, que se encontra referida no art. 805º, nº 2.

São estes os casos referidos:

- a obrigação ter prazo certo;
- a obrigação provier de facto ilícito;
- o devedor impedir a interpelação;
- o devedor declarar que não tenciona cumprir a obrigação.

Se a obrigação tiver prazo certo, a interpelação torna-se desnecessária, uma vez que, nos termos do art. 805º, nº 2 *a)*, o decurso do prazo acarreta, só

[496] Podem ser utilizadas para uma interpelação judicial as notificações judiciais avulsas (arts. 219º, nº 2 e 256º-257º CPC). No caso de se decidir instaurar logo a acção de cumprimento, a citação para essa acção funciona como interpelação judicial (art. 219º, nº 1 e 610º, nº 2 *b)* CPC). Quanto à interpelação extrajudicial, esta não está sujeita a forma especial, podendo inclusive ser realizada verbalmente. É normal, porém, que seja realizada por uma forma que possa ser adequadamente provada posteriormente (v.g., fax ou carta registada com aviso de recepção), dado que, a não se provar a interpelação, o tribunal não julgará o devedor constituído em mora antes da citação.

por si, o vencimento da obrigação (*dies interpellat pro homine*). Salvo no caso de remuneração de transacções comerciais, a lei não estabelece normalmente um prazo certo para o cumprimento das obrigações, pelo que cabe às partes estipular esse prazo, sob pena de a obrigação se ter que considerar pura. Deve-se, no entanto, salientar que, mesmo tendo sido estipulado prazo certo, se estivermos perante as denominadas obrigações de colocação (*Holschulden, dettes quérables*), o simples decurso desse prazo não basta para constituir o devedor em mora, na medida em que o cumprimento pressupõe uma actividade do credor, que tem que se deslocar ao lugar em que deveria receber a prestação. Apenas nas obrigações de entrega (*Bringschulden, dettes portables*) ou de envio, a simples omissão da prestação pelo devedor no decurso do prazo determina a constituição em mora[497].

Já em relação à remuneração de transacções comerciais, o art. 4º, nº 3, do D.L. 62/2013, de 10 de Fevereiro, vem determinar o débito automático de juros de mora, sempre que do contrato não conste a data ou o prazo de pagamento, após a ultrapassagem dos prazos nele referidos, e que são normalmente de 30 dias após a data em que o devedor tiver recebido a factura (art. 4º, nº 3, *a)* D.L. 62/2013). Se a data da recepção da factura for incerta, o débito automático de juros passa a ocorrer 30 dias após a data de recepção efectiva dos bens ou prestação de serviços (art. 4º, nº 3, *b)* D.L. 62/2013). A mesma situação ocorre se a factura for recebida antes do fornecimento dos bens ou da prestação de serviços (art. 4º, nº 3 *c)* D.L. 62/2013). Se, porém, estiver previsto um processo para determinação da conformidade dos bens e serviços fornecidos, e o devedor receber a factura antes de aceitar o fornecimento, o vencimento automático de juros apenas se verifica 30 dias após a sua aceitação (art. 4º, nº 3 *d)* D.L. 62/2013). A transacção comercial é definida pelo art. 3º, nº 1 *b)* do D.L. 62/2013, de 10 de Maio como "qualquer transacção entre empresas ou entre empresas e entidades públicas, destinada ao fornecimento de bens ou à prestação de serviços contra remuneração", referindo ainda o art. 2º, nº 2, do mesmo diploma que não são abrangidos: *a)* os contratos celebrados com consumidores; *b)* os juros relativos a outros pagamentos que não os efectuados para remunerar transacções comerciais; e *c)* os pagamentos efectuados a título de indemnização por responsabilidade civil, incluindo os efectuados por companhias de seguros.

[497] Cfr. Antunes Varela, *Obrigações*, II, p. 118.

Existe igualmente mora, nos termos do art. 805º, nº 2 *b)*, se a obrigação provier de facto ilícito, uma vez que se o devedor tiver praticado um ilícito a regra é de que deve imediatamente proceder à reparação das suas consequências, independentemente de interpelação, contando-se, por isso, a mora desde a data da prática do facto ilícito. Como se dizia no Direito Romano, se alguém furtou determinado objecto, está desde logo em mora quanto à obrigação da sua restituição (*fur semper in mora*).

Finalmente, pode ocorrer a situação de o devedor impedir a interpelação, evitando por exemplo receber a comunicação que o credor lhe dirige. Nessa altura, para evitar que o devedor beneficie com o seu comportamento incorrecto, o art. 805º, nº 2 *c)* determina que o devedor se considera interpelado na data em que normalmente o teria sido[498].

A estes casos, deve-se acrescentar ainda a situação de o comportamento do devedor ter tornado a interpelação sem sentido. É o que acontece se o devedor declara ao credor que não tenciona cumprir a obrigação. Esta declaração do devedor torna a interpelação pelo credor absolutamente inútil, devendo, por isso, considerar-se que neste caso aquela declaração do devedor acarreta como efeito a sua constituição imediata em mora. Essa constituição em mora ocorrerá mesmo que a obrigação tenha prazo certo, já que se deve considerar que uma declaração do devedor desse teor também acarreta logo a perda do benefício do prazo[499].

[498] Esta norma suscita alguma perplexidade, uma vez que não se trata, propriamente de uma situação de mora *ex re*. Conforme refere GALVÃO TELLES, *Obrigações*, p. 258, nota (1), a obrigação neste caso depende da interpelação, ainda que se ficcione a sua ocorrência. Mas, sendo, assim cabe perguntar se, neste caso, não se está afinal perante a solução do art. 224º, nº 2, naturalmente aplicável à interpelação por força do art. 295º, o que tornaria desnecessária esta norma.

[499] Cfr. GALVÃO TELLES, *Obrigações*, pp. 255 e 258, ALMEIDA COSTA, *Obrigações*, pp. 1008-1009, nota (3), MENEZES CORDEIRO, "Violação positiva do contrato", na *ROA* 1981, pp. 123-152 (143, nota 39) e em ANTÓNIO MENEZES CORDEIRO, *Estudos de Direito Civil*, Coimbra, Almedina, 1987, pp. 121-142 (134, nota 39), e "A declaração de não-cumprimento da obrigação", em *O Direito* 138º (2006), I, pp. 25-38, e e *Tratado*, IX, pp. 254 e ss., e RIBEIRO DE FARIA, *Obrigações*, II, p. 447. Em sentido contrário, PESSOA JORGE, *Obrigações*, 1º, pp. 278 e ss., com o argumento de que esta situação não se encontra prevista no art. 805º, nem se justifica, em termos de política legislativa, que a declaração do devedor dispense o credor da interpelação ou de aguardar pelo fim do prazo.
Alguma doutrina considera ainda que, perante esta declaração, o credor pode considerar logo o contrato definitivamente incumprido. Esta era a posição inicial de MENEZES CORDEIRO, *Obrigações*, 2º, p. 457, a qual foi igualmente perfilhada por CALVÃO DA SILVA, *Sinal e contrato-*

Em qualquer das situações anteriores, o art. 805º, nº 3, exige, no entanto, para que ocorra uma situação de mora que a obrigação seja líquida, ou seja, que o seu quantitativo já se encontre determinado, uma vez que enquanto tal não suceder, a mora não se verifica (*in illiquidis non fit mora*). Esta solução só é quebrada em duas circunstâncias:

- a falta de liquidez ser imputável ao devedor, caso em que não deixa de se considerar verificada a mora para evitar que o devedor beneficie de uma situação pela qual ele próprio é responsável[500].
- tratar-se de uma situação de responsabilidade por facto ilícito ou pelo risco, caso em que, apesar da iliquidez, se considera ocorrer mora a partir da citação para a acção de responsabilidade, a menos que já ocorra mora com base na situação anterior (alteração introduzida pelo D.L. 262/83, de 16 de Junho)[501].

promessa, 8ª ed., Coimbra, Almedina, 2001, pp. 127 e ss. Em sentido próximo, CARLOS FERREIRA DE ALMEIDA, "Recusa de cumprimento declarada antes do vencimento (Estudo de Direito Comparado e de Direito Civil Português)", em FACULDADE DE DIREITO DA UNIVERSIDADE DE LISBOA (org.), *Estudos em Memória do Professor Doutor João de Castro Mendes*, Lisboa, Lex, s.d., pp. 291-317 (317) considera que, se a recusa declarada antes do vencimento não constitui incumprimento definitivo, permite, no entanto, ao credor utilizar imediatamente os direitos correspondentes ao incumprimento definitivo. Também JOSÉ CARLOS BRANDÃO PROENÇA, "A hipótese da declaração (*lato sensu*) antecipada de incumprimento por parte do devedor", em FACULDADE DE DIREITO DA UNIVERSIDADE DO PORTO / FACULDADE DE ECONOMIA DA UNIVERSIDADE DO PORTO (org.), *Estudos em Homenagem ao Professor Doutor Jorge Ribeiro de Faria*, Coimbra, Coimbra Editora, 2003, pp. 358-401 (395) considera que, após a declaração antecipada, o credor fica dispensado de recorrer à intimação admonitória prevista no art. 808º, para resolver o contrato ou exigir a indemnização, Parece-nos, no entanto, que esta solução se apresenta como uma excessiva penalização para o devedor, uma vez que é desproporcionado que o credor, perante esta declaração, recorra imediatamente à resolução do contrato ou à indemnização por incumprimento definitivo.

500 Assim, por exemplo, se o devedor não efectuou o apuramento das importâncias que devia ao credor, quando tal lhe competia, como sucede na gestão de negócios e no mandato, não deixa de se verificar mora da sua parte.

501 A solução que resulta do D.L. 262/83, de 16 de Junho levanta algumas questões. A primeira é a de que o art. 566º, nº 2, manda calcular a situação patrimonial do lesado com base na data mais recente que possa ser considerada pelo tribunal, o que implica considerar também os prejuízos causados ao lesado com o atraso na liquidação da indemnização (eventuais juros compensatórios). Cumulando-se essa solução com a contagem de juros de mora a partir da citação ocorre uma duplicação, o que redunda num enriquecimento do lesado, que se tem por dificilmente justificável. Cfr. ANTUNES VARELA, *Obrigações*, II, pp. 119 e ss. e RIBEIRO

1.2. Consequências da mora do devedor.

Relativamente às consequências da mora do devedor, elas são as seguintes:

a) obrigação de indemnizar os danos causados ao credor;
b) inversão do risco pela perda ou deterioração da coisa devida.

A primeira consequência da mora do devedor é a obrigação de indemnizar pelos danos que o atraso da prestação causa ao credor (art. 804º, nº 1). Trata-se, neste caso, de uma hipótese de responsabilidade obrigacional que, no entanto, concorre com o dever de prestar, em virtude de o credor conservar o direito à prestação originária. O credor tem assim direito a uma indemnização pelos danos sofridos com o atraso na prestação. Esses danos poderão consistir, por exemplo, em *despesas*, que o credor teve que suportar durante o período da mora para satisfazer as utilidades que lhe seriam proporcionadas pela prestação; em *lucros cessantes*, como na hipótese de o credor tencionar revender a coisa devida e, em virtude da mora,

DE FARIA, *Obrigações*, II, p. 449. É esta também a posição da maioria da nossa jurisprudência, a qual tem defendido a insusceptibilidade de cumulação da actualização monetária da indemnização com o pagamento de juros de mora, com o argumento de que al constituiria um enriquecimento sem causa para o lesado e em consequência limita a contagem de juros de mora à data da prolação da sentença de 1ª instância. Cfr. Ac. STJ /11/1987 (MENÉRES PIMENTEL), no *BMJ* 370 (1987), pp. 505-510, Ac. *STJ* 20/12/1990 (PEREIRA DA SILVA), no *BMJ* 402 (1991), pp. 558-564, Ac. STJ 12/5/1992 (EDUARDO MARTINS), no *BMJ* 417 (1992), pp. 683-692, Ac. STJ 21/9/1993 (FERNANDO FABIÃO) na *CJ-ASTJ* 1 (1993), 3, pp. 13 a 15, Ac. STJ 9/12/1993 (MIRANDA GUSMÃO), na *CJ-ASTJ* 1 (1993), 3, pp. 174-178. Mas já no Ac. STJ 13/1/2000 (SOUSA INÊS), publicado no *BMJ* 493 (2000), pp. 354-360, se considerou pelo contrário, que a cumulação das duas situações não envolveria enriquecimento sem causa, uma vez que a indemnização moratória visaria compensar um prejuízo distinto do que é compensado com a actualização monetária da indemnização. Esta visaria manter actualizado o valor da indemnização, enquanto aquela se destinaria a compensar o lesado pela demora na reparação dos prejuízos sofridos. Esta posição foi seguida no Ac. STJ 11/5/2000 (MIRANDA GUSMÃO) no *BMJ* 497 (2000), pp. 350-356 e no Ac. STJ 6/12/2001 (AZEVEDO RAMOS) na *CJ-ASTJ* 9 (2001), 3, pp. 135-137.

A jurisprudência ficou, no entanto, uniformizada através do AUJ 4/2002, de 9/5/2002, publicado no D.R. I Série-A, de 27/6/2002, que fixou o seguinte entendimento: "Sempre que a indemnização pecuniária por facto ilícito ou pelo risco tiver sido objecto de cálculo actualizado, nos termos do nº 2 do artigo 566º do Código Civil, vence juros de mora, por efeito do disposto nos artigos 805º, nº 3 (interpretado restritivamente), e 806º, nº 1, também do Código Civil, a partir da decisão actualizadora, e não a partir da citação". Este acórdão tem anotação concordante de NUNO PINTO OLIVEIRA, em *CDP* 1 (2003), pp. 41-51.

só o ter podido fazer por um valor inferior; e nos *prejuízos* que não teriam ocorrido se a obrigação tivesse sido cumprida em tempo[502].

Nos termos gerais, a concessão de uma indemnização moratória depende da demonstração de que a não realização da prestação no tempo devido causou efectivamente prejuízos ao credor. Caberá, por isso, ao credor demonstrar que suportou danos com a não realização pontual da prestação. No entanto, tratando-se de obrigações pecuniárias, a lei resolve fixar legalmente uma tarifa indemnizatória por considerar o dano como necessariamente equivalente à perda da remuneração habitual do capital durante esse período, ou seja, o juro. Daí que o art. 806º venha prever que, no caso das obrigações pecuniárias, a indemnização corresponde aos juros desde a data da constituição em mora (juros moratórios), não se permitindo ao credor a exigência de qualquer outra indemnização, e dispensando-o da prova dos requisitos do dano e do nexo de causalidade entre o facto e o dano[503]. Estes juros correspondem aos juros legais, fixados por portaria ministerial, os quais variam consoante se trate de créditos civis, ou de créditos de que sejam titulares empresas comerciais, ou correspondam a transacções comerciais, nos termos, respectivamente, dos arts. 559º e 102º §§ 4º e 5º CCom (redacção do D.L. 62/2013, de 10 de Maio)[504]. No entanto, as partes podem ter estipulado como remuneração do capital um juro mais elevado ou um juro moratório diferente do legal, sendo essa nesse caso a taxa aplicável (art. 806º, nº 1)[505]. No caso, porém, de responsabilidade por facto ilícito ou pelo risco, concede-se ao credor a possibilidade de provar que a mora lhe causou dano superior a estes juros

502 Cfr. LARENZ, *Schuldrecht*, § 23 II, pp. 352 e ss.

503 Cfr. ANTUNES VARELA, *Obrigações*, II, p. 122, nota.

504 De acordo com a Portaria 291/2003, de 8 de Abril, a taxa de juros legais civis é de 4%. Já a taxa de juros comerciais, nos termos da Portaria 277/2013, de 26 de Agosto, corresponde ao valor da taxa de juro aplicável pelo Banco Central Europeu à sua mais recente operação principal de refinanciamento, efectuada antes do primeiro dia de Janeiro ou de Julho, consoante se esteja, respectivamente no primeiro ou no segundo semestre do ano civil, acrescida de 7 pontos percentuais, sendo objecto de aviso da Direcção-Geral do Tesouro, publicado até 15 de Janeiro e 15 de Julho de cada ano. Exceptuam-se as transacções comerciais em que o acréscimo é antes de 8 pontos percentuais. De notar que essas taxas correspondem às mínimas permitidas pelo art. 102º, §§ 4º e 5º CCom, na redacção do D.L. 62/2013, de 17 de Fevereiro.

505 A estipulação de juros deve conter-se dentro dos limites referidos no art. 1146º.

e exigir a indemnização correspondente (art. 806º, nº 3, na redacção do D.L. 262/83, de 16 de Junho)[506].

A segunda consequência da mora do devedor é a inversão do risco pela impossibilidade superveniente da prestação resultante de causa não imputável ao devedor. Conforme se salientou, a impossibilidade casual da prestação provoca a extinção da obrigação (art. 790º), pelo que o devedor fica liberado com a sua verificação, cujo risco corre em princípio por conta do credor. Nos contratos reais, o risco pela perda ou deterioração da coisa por causa não imputável ao alienante corre por conta do adquirente (art. 796º, nº 1), pelo que o devedor, em caso de prestações de coisa, fica exonerado se se verificar a sua perda ou deterioração, mantendo o credor o dever de efectuar a contraprestação.

No entanto, se o devedor estiver em mora quando se verifica a impossibilidade superveniente da obrigação corre por sua conta o correspondente risco. No direito romano esta situação era denominada como a perpetuação da obrigação (*perpetuatio obligationis*), uma vez que a mora faz a obrigação sobreviver a um facto que tem normalmente uma eficácia extintiva desta (a impossibilidade de cumprimento). No direito actual esta situação encontra-se contemplada no art. 807º, nº 1, a propósito das prestações de coisa, onde a lei prevê que "pelo facto de estar em mora, o devedor torna-se responsável pela perda ou deterioração daquilo que deveria entregar, mesmo que tais factos lhe não sejam imputáveis", concedendo-se, porém, ainda ao devedor "a possibilidade de provar que o credor teria sofrido igualmente os danos se a obrigação tivesse sido cumprida em tempo".

Assim, no caso de venda de determinado objecto, a lei faz correr o risco por conta do comprador a partir da data da celebração do contrato (art. 796º, nº 1 e 408º, nº 1), pelo que, se a coisa perecer ou se deteriorar casualmente, o vendedor fica exonerado de proceder à sua entrega e o comprador continua a ter que pagar o preço correspondente. Estando, porém, o vendedor em mora, o risco inverte-se, pelo que ele terá que indemnizar o credor caso se verifique a perda ou deterioração do objecto que deveria entregar (art. 807º, nº 1), a menos que demonstre que o dano se teria continuado a verificar, mesmo que a obrigação tivesse sido cumprida em tempo (art. 807º, nº 2). Neste caso, a responsabilidade resulta da consideração de

[506] GALVÃO TELLES, *Obrigações*, p. 306 critica esta solução por não considerar razoável a divergência em relação ao regime das obrigações pecuniárias.

que a mora do devedor funcionou como causa indirecta dos danos sofridos pelo credor, pelo que, embora se trate de um caso de responsabilidade objectiva, esta pressupõe uma culpa anterior do devedor na verificação da mora (*casus culpa determinatus*). Como é comum nos casos de responsabilidade agravada, admite-se, porém, a possibilidade de exoneração dessa responsabilidade com base na relevância negativa da causa virtual. Daqui resulta que a responsabilidade do devedor pela perda ou deterioração da coisa prescinde de qualquer juízo de adequação no nexo de causalidade (cfr. art. 563º), bastando-se com qualquer conexão causal entre a mora e os danos para estabelecer a responsabilidade do devedor, que só poderá ser quebrada caso o devedor consiga demonstrar que o credor continuaria a sofrer os danos se a obrigação tivesse sido cumprida em tempo (art. 807º, nº 2)[507].

1.3. Extinção da mora do devedor

A situação de mora do devedor pode ser extinta em virtude da verificação de uma das seguintes três hipóteses:

a) acordo das partes;
b) purgação da mora;
c) transformação da mora em incumprimento definitivo.

A primeira situação em que se pode verificar a extinção da mora do devedor é o acordo das partes. Efectivamente, as partes podem acordar em diferir para momento posterior o vencimento da obrigação, com a correspondente extinção da mora. Este acordo tem a designação de moratória, podendo ser ou não estabelecido com eficácia retroactiva. No primeiro caso, a mora considera-se retroactivamente como não verificada. No segundo caso, a extinção da mora apenas vigora apenas para o futuro, conservando o credor o direito à indemnização moratória devida até esse momento.

A segunda situação em que se pode verificar a extinção da mora do devedor é a denominada purgação da mora (*purgatio morae*). Consiste esta

[507] Cfr. LARENZ, *Schuldrecht*, § 23 II, pp. 354 e ss. O exemplo de escola é o da mercadoria que, em virtude da mora do devedor, é colocada num comboio que vem a sofrer um acidente, acabando por perecer. O devedor é sempre responsável pela perda ou deterioração da mercadoria, uma vez que se a tivesse enviado a tempo ela não pereceria, independentemente de o acidente ferroviário ser um fenómeno excepcional em termos de causalidade.

na situação em que o devedor se apresenta tardiamente a oferecer ao credor a prestação devida e a correspondente indemnização moratória. Esta oferta extingue para o futuro a situação de mora do devedor, mesmo que se verifique a sua não aceitação pelo credor. Efectivamente, essa recusa do credor produz uma inversão da mora que deixa *ex nunc* de ser considerada mora do devedor para passar a ser qualificada como mora do credor.

Finalmente, a terceira hipótese de extinção da mora consiste na sua transformação em incumprimento definitivo, o que sucede nas hipóteses referidas no art. 808º, nº 1, ou seja, quando o credor vem objectivamente a perder o interesse na prestação, ou quando esta não é realizada num prazo suplementar que razoavelmente seja fixado pelo credor.

No primeiro caso, o atraso verificado na prestação implica que esta deixe de ter interesse para o credor, hipótese que deve ser apreciada em termos objectivos (art. 808º, nº 2). Será, por exemplo, o caso de se contratar um transporte para determinada zona, onde vai ter lugar um evento em que o credor necessita de estar presente, e o devedor atrasa-se por forma a que já não é possível chegar ao local do destino em tempo útil. Nesse caso, é óbvio que não é admissível a purgação da mora pela realização tardia do transporte, podendo o credor legitimamente recusar a prestação e solicitar uma indemnização por incumprimento definitivo.

No segundo caso, o credor mantém o interesse na prestação, não obstante a mora, mas apesar disso não se considera justificado admitir a possibilidade de eternização da situação. O credor tem, por isso, a faculdade de determinar a transformação da mora em incumprimento definitivo, através da fixação, em termos razoáveis, de um prazo suplementar de cumprimento, com a advertência de que a obrigação se terá por definitivamente incumprida após o decurso deste (intimação admonitória). Caso este aviso não seja respeitado pelo devedor, importará então o incumprimento definitivo da obrigação[508].

[508] Uma vez verificado, naturalmente que o credor deixa de poder exigir o cumprimento, podendo optar, nos contratos sinalagmáticos, entre a resolução e a indemnização. Neste sentido, cfr. BAPTISTA MACHADO, "Pressupostos da resolução por incumprimento", em AAVV, *Estudos em Homenagem ao Prof. Doutor J. J. Teixeira Ribeiro,* II- *Iuridica.* Coimbra, 1979, pp. 343-411 (392 e ss.) e em ID, *Obra dispersa*, I, Braga, Scientia Iuridica, 1991, pp. 125-193 (164 e ss.), RIBEIRO DE FARIA, *Obrigações*, II, p. 458, nota (1), CALVÃO DA SILVA, *Sinal*, p. 121. Em sentido contrário, defendendo que se mantém o direito a exigir o cumprimento, veja-se, porém, NUNO MANUEL PINTO OLIVEIRA, "Contributo para a interpretação do artigo 808º

2. A mora do credor

2.1. Pressupostos da mora do credor

A lei estabelece no art. 813º, que o credor incorre em mora, sempre que, sem motivo justificado, não aceita a prestação que lhe é oferecida nos termos legais ou não pratica os actos necessários ao cumprimento da obrigação[509].

A mora do credor tem assim os seguintes pressupostos:

a) Recusa ou não realização pelo credor da colaboração necessária para o cumprimento.

b) Ausência de motivo justificado para essa recusa ou omissão.

Deve salientar-se que pode ser desnecessária uma intervenção do credor para a verificação do cumprimento da obrigação, como sucede nas prestações de facto negativo e em certas prestações de facto positivo. Na maioria dos casos, no entanto, a realização da prestação não é possível sem que ocorra uma colaboração do credor. Assim, nas prestações de coisa, o credor tem sempre que aceitar a prestação, podendo mesmo ter que ir ou mandar recebê-la, quando esta não é efectuada no seu domicílio[510]. Em certos casos de prestações de facto positivo, o credor pode ter que fornecer ao devedor os meios necessários para que o devedor preste o serviço[511]. Noutras situações, pode-lhe ser atribuída a faculdade de determinar a prestação (art. 400º). Se o devedor assim o solicitar, é obrigado a prestar quitação no momento da recepção da prestação (art. 787º, nº 2). Ora, nessas situações em que o cumprimento da obrigação pressupõe a colaboração do credor, a não realização dessa colaboração por parte dele importa a constituição do credor em mora (art. 813º), uma vez que a não realização da prestação pelo devedor nessas circunstâncias não lhe pode ser imputada.

A mora do credor pressupõe, no entanto, que a recusa da colaboração devida ocorra sem motivo justificado. Efectivamente, em certos casos o credor pode ter motivo justificado para recusar a prestação, como sucede quando esta não coincida plenamente com a obrigação a que o devedor

do Código Civil", em *CDP* 5 (2004), pp. 10-16, e PAULO MOTA PINTO, *Interesse contratual negativo*, II, pp. 1477 e ss., nota (4197).

509 Cfr. VAZ SERRA "Mora do credor", no *BMJ* número especial (1955), pp. 375-467.

510 Nas obrigações de entrega a mora do credor apenas ocorre quando o credor recusa a prestação que lhe é oferecida. Já nas obrigações de colocação, o simples facto de o credor não se deslocar ao lugar de cumprimento importa a sua constituição em mora.

511 Assim poderá suceder, por exemplo, nos contratos de mandato ou de empreitada.

se vinculou. Assim, por exemplo, nos casos de prestação parcial (cfr. art. 763º, nº 1) ou de prestação defeituosa, o credor pode recusar a prestação sem incorrer em mora. Igualmente nos casos em que o devedor se oponha ao cumprimento por terceiro não interessado directamente no cumprimento, o credor pode recusar a prestação deste sem incorrer em mora (art. 768º, nº 1). Sempre que falte, porém, um motivo justificado, a recusa da colaboração pelo credor importa a constituição deste em mora.

A lei já não exige, no entanto, que a mora do credor seja devida a culpa deste[512]. Efectivamente, ao contrário do que sucede com a mora do devedor (art. 804º), os efeitos da mora do credor são independentes de culpa, já que, uma vez que, se não se impõe ao credor um dever de colaborar no cumprimento, também não se exige que a sua omissão da colaboração seja censurável, de acordo com um juízo de culpa, bastando-se a lei com a circunstância de ela não ter ocorrido. Em consequência, caso se torne impossível ao credor prestar a colaboração necessária para o cumprimento, não deverá ser aplicado o regime da impossibilidade da prestação (arts. 790º e ss.), mas antes o da mora do credor (arts. 813º e ss.).

A fronteira entre a impossibilidade da prestação e a mora do credor constitui uma das questões jurídicas mais controversas actualmente[513]. Tradicionalmente entendia-se que, quando o credor estava impedido por uma causa estranha de colaborar no cumprimento, se estaria perante uma situação de impossibilidade, com a consequente exoneração do credor em relação à realização da contraprestação (cfr. art. 795º, nº 1). Posteriormente, passou-se, porém, a entender que o impedimento do credor para aceitar a prestação ou colaborar no cumprimento não constitui impossibilidade, mas antes mora, não ficando assim o credor exonerado do dever de efectuar a contraprestação. Só haveria assim impossibilidade se, mesmo com a colaboração do credor, fosse impossível para o devedor realizar a contraprestação. Se a razão da não realização da prestação reside apenas na falta da colaboração do credor, seja qual for o motivo porque esta não ocorreu, há mora do credor, tendo este que continuar a realizar a contraprestação[514].

[512] Cfr. VAZ SERRA, *BMJ* número especial (1955), p. 376, ANTUNES VARELA, *Obrigações*, II, p. 162 e RIBEIRO DE FARIA, *Obrigações*, II, p. 479. Em sentido contrário, MENEZES CORDEIRO, *Obrigações*, 2º, p. 455, posição que no essencial mantém em *Tratado*, IX, p. 251.

[513] Cfr. VAZ SERRA, *BMJ* número especial (1955), pp. 382 e ss., KÖHLER, *Unmöglichkeit*, pp. 18 e ss., BEUTHIEN, *Zweckerreichung*, pp. 17 e ss. e 230 e ss.

[514] No exemplo de LARENZ, se alguém contrata um guia de montanha para realizar uma escalada e esta não se pode realizar devido ao mau tempo, a situação é de impossibilidade

ANTUNES VARELA considera que este tipo de situações não se reconduz à impossibilidade, mas também não constitui mora, sendo antes uma situação de perda do direito pelo não exercício dele, ou por virtude de risco a cargo do credor, aos quais manda, porém, aplicar o regime da mora por analogia[515]. Já BAPTISTA MACHADO, embora considere que a inutilização da prestação por motivo atinente ao credor gravita na mesma esfera de problemas da mora do credor, não considera que esses casos se possam integrar sem mais neste instituto, atento o pressuposto da "ausência de motivo justificado" para a recusa da prestação[516].

Parece-nos que efectivamente deverá ser aplicado o regime da mora do credor e não o da impossibilidade a todos os casos em que o credor omita a prática dos actos necessários ao cumprimento, independentemente do motivo por que o faz. Efectivamente, o devedor, ao se obrigar a prestar, não assume o risco de a sua prestação não se realizar por ausência de colaboração do credor, mesmo que não derivada de culpa deste. Não se justificaria por isso exonerar nestas situações o credor do dever de efectuar a contraprestação, como resultaria da aplicação do regime da impossibilidade.

2.2. Efeitos da mora do credor

A mora do credor tem os seguintes efeitos:

a) Obrigação de indemnização por parte do credor
b) Atenuação da responsabilidade do devedor;
c) Inversão do risco pela perda ou deterioração da coisa.

O primeiro efeito da mora do credor é que esta o obriga a indemnizar o devedor das maiores despesas que este seja obrigado a fazer com o ofe-

da prestação. Se, porém, a não realização se dever ao facto de o credor adoecer e não poder realizar a escalada, a situação já será de mora do credor. Esta posição vem a ser aceite entre nós por MARIA DE LURDES PEREIRA, *Conceito*, pp. 141 e ss., e 267 e ss. que restringe a expressão "motivo justificado" à recusa de cumprimento, enquadrando na mora todos os casos em que o credor não pratica os actos necessários ao cumprimento, seja qual for o motivo porque o faz. Mais restritivo é FERNANDO CUNHA DE SÁ, *Direito ao cumprimento e direito a cumprir*, Separata da RDES XX, nºs 2/3/4, Abril-Dezembro 1973, reimp. Coimbra, Almedina, 1997, p. 47, em nota, que, embora considere só haver impossibilidade quando o devedor não possa realizar a prestação, ainda que o credor colaborasse com ele no cumprimento, entende haver "motivo justificado", sempre que a ausência de colaboração seja devida a caso fortuito ou de força maior.

515 Cfr. ANTUNES VARELA, *Obrigações*, II, p. 163.

516 Cfr. BAPTISTA MACHADO, *Obra dispersa*, I, pp. 302 e 315 e ss.

recimento infrutífero da prestação e a guarda e conservação do respectivo objecto (art. 816º). Uma vez que não se pode considerar que o credor tenha o dever de aceitar a prestação[517], esta obrigação de indemnização não tem por fonte um facto ilícito por este praticado, seja ele de natureza contratual ou extracontratual. Trata-se antes de uma responsabilidade por acto lícito ou pelo sacrifício[518], uma vez que ao entrar em mora o credor provoca o sacrifício de interesses do devedor, sujeitando-o a maiores despesas de que aquelas que se vinculou a suportar ao assumir a obrigação[519]. Justifica-se, por isso, que o credor indemnize o devedor por essas despesas[520].

O segundo efeito da mora do credor é a atenuação da responsabilidade do devedor. Efectivamente, nos termos do art. 798º, o devedor responde, verificando-se a falta culposa de cumprimento da obrigação, pelos danos causados ao credor, presumindo-se a sua culpa no incumprimento (art. 799º, nº 1). Simplesmente, a partir do momento em que o credor entra

[517] É maioritário na doutrina o entendimento de que em princípio o credor não se encontra vinculado à colaboração com o devedor, pelo que essa colaboração apenas pode revestir a natureza de ónus. Apenas em certos casos existirá uma efectiva obrigação de o credor colaborar no cumprimento, como sucederá no caso de a realização da prestação ser estipulada também no interesse do devedor (ex: participação de um artista num espectáculo público importante para a sua carreira); no contrato de trabalho, com o dever de ocupação efectiva a cargo do empregador (art. 129º, nº 1, *b)*, CT); e no contrato de mandato, com a obrigação prevista no art. 1167º *a)*. A colaboração do credor pode ainda impor-se como dever acessório, resultante do princípio da boa fé, ao abrigo do art. 762º, nº 2. Cfr. Galvão Telles, *Obrigações*, pp. 14 e 314-315, Antunes Varela, *Obrigações*, II, p. 162, nota (1), Pessoa Jorge, *Obrigações*, 1º, pp. 349 e ss., Ribeiro de Faria, *Obrigações*, II, p. 478 e 479, nota (1), e, principalmente, Calvão da Silva, *Cumprimento*, pp. 116 e ss. e 132 e ss.
Há, porém, quem sustente que o devedor tem um efectivo direito a cumprir. É o caso de Fernando Cunha de Sá, *Direito ao cumprimento*, pp. 31 e ss., que argumenta com o interesse do devedor na realização da prestação e as consequências desfavoráveis que podem resultar da manutenção da sua vinculação, considerando ainda que não há obstáculos lógicos ao reconhecimento desse direito, em virtude da complexidade do vínculo obrigacional. Em sentido próximo, Menezes Cordeiro, *Obrigações*, 2º, p. 455, e *Tratado*, IX, pp. 250 e ss., embora não reconheça um direito do devedor a cumprir, considera que o credor está obrigado a colaborar no cumprimento e, se não o fizer, actua ilicitamente.

[518] Cfr., neste sentido, Galvão Telles, *Obrigações*, p. 322.

[519] Isto porque a lei não permite ao devedor considerar-se automaticamente exonerado logo que o credor entra em mora.

[520] No Ac. STJ 19/10/2016 (António Piçarra), processo 468/06.1TBLSD.T2.S1, na *CJ-ASTJ* 24 (2016), 3, pp. 86-87, considerou-se assim que uma seguradora deixa de ter que suportar os custos de um veículo de substituição a partir do momento em que se oferece para reparar o automóvel e o credor não aceita, entrando assim em mora.

em mora, a responsabilidade do devedor atenua-se, determinando a lei que este passa, em relação ao objecto da prestação, apenas a responder pelo seu dolo (ou seja, só é responsável se intencionalmente destruir ou deteriorar o objecto da prestação) e, em relação aos proventos da coisa, apenas responde pelos que efectivamente tenha percebido (art. 814º, nº 1), excluindo-se assim quaisquer frutos percipiendos, sejam aqueles que o próprio devedor poderia perceber, sejam aqueles que um proprietário diligente poderia ter obtido (art. 1271º)[521]. Para além disso, durante a mora do credor, a dívida deixa de vencer juros, quer legais, quer convencionados (art. 814º, nº 2)[522].

A lei estabelece assim um padrão de diligência quase nulo do devedor, em caso de mora do credor, estabelecendo que ele não responde por negligência, mas apenas pela sua actuação intencional[523]. Parece, por outro lado, que não se aplicará neste caso a presunção do art. 799º, cabendo antes ao

[521] Cfr. ANTUNES VARELA, *Obrigações*, II, p. 174.

[522] Esta disposição não deixa de representar alguma contradição com a disposição anterior. Efectivamente, os juros são frutos civis (art. 212º), pelo que embora aceitando-se que a mora do credor implique que a dívida deixe de vencer juros, se o devedor conseguir durante o período da mora perceber efectivamente juros em virtude de outra aplicação do capital, não se vê porque não deverá entregá-los com fundamento no art. 814º, nº 1. Esta é, aliás, a solução defendida no direito alemão, perante os §§ 301 e 302 BGB (cfr. LARENZ, *Schuldrecht* I, § 25 II, p. 395). Entre nós, ANTUNES VARELA, *Obrigações*, II, pp. 164-165, justifica, porém, a solução com o argumento da "dificuldade que muitas vezes suscitará entre a soma com que o devedor pagaria o débito e as somas restantes que ele tenha ou possa colocar a render".

[523] GALVÃO TELLES, *Obrigações*, p. 318, sustenta, no entanto, uma interpretação restritiva desta disposição, referindo que, com base no brocardo *culpa lata dolo aequiparatur*, deveria estabelecer-se a equiparação da culpa grave ao dolo, responsabilizando o devedor quando a deterioração ou perecimento da coisa ocorra por grave negligência deste, tanto mais que o devedor tem a faculdade da consignação em depósito (art. 841º) e o credor é obrigado à indemnização das maiores despesas por ele suportadas (art. 816º).
Apesar de ser essa a solução expressamente consagrada no Código alemão (§ 300 BGB), não nos parece que, entre nós, esse entendimento seja procedente. Efectivamente, o brocardo *culpa lata dolo aequiparatur* não se encontra consagrado no nosso Direito actual e o regime do art. 814º, nº 1, é explicável como sanção para a falta de colaboração do credor, já que, se este tivesse aceite a prestação, os danos não se teriam verificado. Não se justifica, por isso, continuar a responsabilizar o devedor, ainda que ele tenha actuado com negligência grave na deterioração da coisa, uma vez que previamente já tinha realizado a oferta da prestação a que se vinculara. Aliás, a solução proposta seria incompatível com a responsabilização do devedor apenas pelos proventos percebidos (art. 814º, nº 1 *in fine*), uma vez que a omissão da sua percepção seria sempre considerada negligência grave.

credor em mora demonstrar que o devedor actuou intencionalmente na destruição ou deterioração do objecto da prestação.

O terceiro efeito da mora do credor é a inversão do risco pela impossibilidade superveniente da prestação, quando esse risco resulte de facto não imputável a dolo do devedor (art. 815º). Regra geral, o risco da impossibilidade superveniente da prestação já é atribuído ao credor, ficando o devedor exonerado se a prestação se impossibilitar por causa que lhe não seja imputável (art. 790º, nº 1). Em certos casos, no entanto, a lei atribui esse risco ao devedor (cfr. v.g., art. 796º, nº 2), continuando assim este vinculado à obrigação, apesar de se verificar a impossibilidade superveniente da prestação por causa que não lhe seja imputável. Por outro lado, o devedor é responsável perante o credor se a impossibilidade da prestação resultar de causa que lhe seja imputável (art. 801º, nº 1).

Ocorrendo a situação da mora do credor, o risco da prestação inverte-se, passando a correr sempre por conta do credor, mesmo que a lei anteriormente o atribuísse ao devedor. Mas, para além disso, o risco da prestação alarga-se, na medida em que, por força da atenuação da responsabilidade do devedor anteriormente referida, passa a ser considerado como risco da prestação, a correr por conta do credor, as situações em que a impossibilidade superveniente da prestação resulta da negligência do devedor (art. 815º, nº 1). Por esse motivo, tratando-se de contrato bilateral, a perda do crédito pelo credor em mora, em virtude da impossibilidade superveniente da prestação, não o exonera da contraprestação, embora, caso o devedor tenha algum benefício com a extinção da sua obrigação, possa o valor desse benefício ser descontado na contraprestação (art. 815º, nº 2)[524].

2.3. Extinção da mora do credor

A mora do credor pode extinguir-se por o credor, ainda que tardiamente, vir a prestar a colaboração necessária para o cumprimento. Nesse caso, o devedor deve realizar imediatamente a prestação, sem o que se verificará uma inversão da mora, que deixará *ex nunc* de ser mora do credor para passar a representar mora do devedor.

Uma outra possibilidade de extinção da mora do credor verifica-se através da consignação em depósito. Efectivamente, conforme já se referiu,

[524] É assim equiparada a situação da perda do crédito pelo credor em mora (art. 815º, nº 2), à situação em que o próprio credor impossibilita a prestação (art. 795º, nº 2).

em caso de prestações de coisa, a lei prevê que o devedor possa exonerar-se através da consignação em depósito da coisa devida (art. 841º), através do processo regulado nos arts. 916º e ss. do CPC. Nesse caso, a obrigação considera-se extinta a partir da data do depósito se este não for impugnado ou o tribunal julgar improcedente a impugnação.

Cabe, porém, ainda perguntar se, não sendo possível a consignação em depósito (por, por exemplo, se tratar de uma prestação de facto) e não dando o credor indícios de alterar a sua posição de não realização da colaboração necessária ao cumprimento, ficará o devedor eternamente vinculado à prestação? A nosso ver, por analogia com o art. 808º e, especialmente com o art. 411º, deve-se admitir que o devedor possa requerer ao tribunal que fixe um prazo para o credor colaborar no cumprimento, sob pena de a obrigação se considerar extinta.

Nos casos, porém, em que a realização da prestação está determinada impreterivelmente para uma certa localização temporal – por exemplo, o professor que se comprometeu a ir a casa do credor dar uma lição numa data e hora certa, sem que ele compareça à lição, ou o titular do bilhete para uma sessão de cinema que a ela não comparece – parece que a mora do credor deve acarretar a automática extinção da obrigação. Efectivamente, ao se limitar a prestação temporalmente a um certo momento, atribui-se ao credor o risco da sua não utilização naquele momento, pelo que a mora do credor acarreta automaticamente a extinção do seu direito, mantendo naturalmente o devedor o seu direito à contraprestação ao abrigo do artigo 815º, nº 2, ainda que possa nela ser eventualmente descontado um benefício obtido com a exoneração (ex: prestação de actividade durante essa hora pelo devedor noutro local ou venda do lugar a outra pessoa)[525].

[525] Cfr. Baptista Machado, *RLJ* 116 (1984), pp. 293 e ss. = *Obra dispersa*, I, pp. 288 e ss., Antunes Varela, *Obrigações*, II, p. 163 e Ribeiro de Faria, *Obrigações*, II, pp. 481 e ss. e notas. Para estes autores, as situações descritas situam-se a um meio caminho entre a impossibilidade e a mora. Efectivamente, a limitação temporal da prestação torna difícil a dissociação entre as duas situações já que nestes casos quando o credor entra em mora, decorre o único momento acordado para a realização da prestação, pelo que esta deixa imediatamente de ser possível.

Secção III
O incumprimento definitivo e seus efeitos. A responsabilidade obrigacional

1. Incumprimento e responsabilidade obrigacional
1.1. Generalidades

Verifica-se o incumprimento definitivo da obrigação quando o devedor não a realiza no tempo devido por facto que lhe é imputável, mas já não lhe é permitida a sua realização posterior, em virtude de o credor ter perdido o interesse na prestação ou ter fixado, após a mora, um prazo suplementar de cumprimento que o devedor desrespeitou (art. 808º).

O incumprimento definitivo tem como consequência a constituição do devedor em responsabilidade obrigacional pelos danos causados ao credor (art. 798º). Verifica-se, nesse caso, a extinção superveniente do dever de prestar, mas ocorrendo essa extinção em virtude de uma conduta ilícita e culposa do devedor, ele é obrigado a indemnizar o credor pelos danos que lhe causou a não realização da prestação. Constitui-se, assim, uma nova obrigação, a obrigação de indemnização, que tem como fonte a responsabilidade obrigacional.

Tal como resulta do art. 798º do Código Civil, a responsabilidade obrigacional tem pressupostos semelhantes aos da responsabilidade delitual, sendo que o facto ilícito corresponde neste caso, não à violação de um dever genérico de respeito, mas antes à violação de uma obrigação, através da não execução pelo devedor da prestação a que estava obrigado. No entanto, essa não execução da prestação debitória tem ainda que ser imputável ao devedor, acrescendo assim à ilicitude o requisito da culpa, como pressuposto da responsabilidade obrigacional. Como sucede em toda a responsabilidade civil, não há constituição da obrigação de indemnização se não se verificar um dano. Exige-se assim que o credor tenha sofrido prejuízos em virtude da não realização da prestação a que o devedor se tenha vinculado. É necessário, finalmente que os danos sofridos pelo credor tenham sido consequência da falta de cumprimento por parte do devedor, exigindo--se, desta forma, o nexo de causalidade entre o facto e o dano. Daí que se deva considerar que são reduzidas as diferenças entre a responsabilidade obrigacional e a responsabilidade delitual, uma vez que entre ambas existe uma única fonte: a responsabilidade civil[526].

[526] Esta posição, que tinha vindo a fazer carreira na escola de Lisboa, foi, no entanto, posteriormente contraditada por MENEZES CORDEIRO *Da Responsabilidade Civil dos Administradores das Sociedades Comerciais*, Lisboa, Lex, 1997, pp 469-470, reiterada em *Tratado de Direito Civil Português*, VIII – *Direito das Obrigações. Gestão de Negócios. Enriquecimento sem Causa. Responsabilidade Civil*, Coimbra, Almedina, 2016, pp. 379 e ss., e IX, pp. 389 e ss. Para este Professor, o Código Civil teria adoptado um sistema divergente na responsabilidade obrigacional e na responsabilidade delitual. Enquanto na responsabilidade delitual existiria um sistema de culpa estrita, distinta da ilicitude, correspondendo à *Schuld* do § 823 do Código Civil Alemão, na responsabilidade obrigacional a culpa dos arts. 798º e 799º seria um sistema de culpa ampla, que abrange a ilicitude e o nexo de causalidade, correspondendo à *faute* do art. 1382 do Código Civil francês.
Salvo o devido respeito, não podemos concordar com esta posição. A *faute* do art. 1382 do Código Civil francês é um sistema delitual de grande cláusula geral, exigindo apenas a mera censura ao agente pelos danos causados a outrem como pressuposto genérico da responsabilidade civil, deixando-se ao tribunal a faculdade de determinar as posições jurídicas protegidas pelo instituto. Em matéria de responsabilidade contratual, o sistema francês não assenta na *faute* mas antes no conceito de *inexécution* (arts. 1136º e 1142º), a qual implica a condenação do devedor pelos danos daí resultantes, excepto se este provar que a inexecução resulta de uma causa estranha que não lhe possa ser imputada (art. 1147º), onde se inclui a impossibilidade resultante de caso fortuito ou de força maior (art. 1148º). Há, por outro lado, uma definição legal rigorosa dos danos a indemnizar, variável em função da inexistência ou não de dolo na inexecução (cfr. arts. 1149º e ss.).
Ora, o sistema português não assenta nem numa *faute* ampla, nem na *inexécution*, havendo, quer no art. 483º, quer no art. 798º, uma clara distinção entre a ilicitude e a culpa, sendo esta última apreciada de forma comum às duas responsabilidades (art. 799º, nº 2). Na responsabilidade obrigacional, o art. 799º distingue claramente a violação da obrigação ("a falta de cumprimento ou o cumprimento defeituoso") da sua imputação ao devedor (a "culpa sua"). Não existe, por outro lado, nesta sede, qualquer presunção de nexo de causalidade, uma vez que o que apenas se presume no art. 799º é a censurabilidade do comportamento do devedor em relação à falta de cumprimento ou cumprimento defeituoso da obrigação e não que os danos sofridos pelo credor resultaram dessa situação.
Mantemos, por isso, a posição que temos vindo a sustentar da unidade de toda a responsabilidade civil.

1.2. A ilicitude na responsabilidade obrigacional

Na responsabilidade obrigacional, a ilicitude consiste na inexecução da obrigação, que o art. 798º define como a falta de cumprimento. Consistindo o cumprimento na realização pelo devedor da prestação a que está vinculado (art. 762º, nº 1), este actuará ilicitamente sempre que se verifique qualquer situação de desconformidade entre a sua conduta e o conteúdo do programa obrigacional.

À semelhança do que também se verifica na responsabilidade civil delitual, a ilicitude obrigacional pode ser excluída através de uma causa de exclusão da ilicitude. A doutrina tem apontado como causas de exclusão da ilicitude no âmbito da responsabilidade obrigacional a excepção de não cumprimento do contrato (arts. 428º e ss.) e o direito de retenção (arts. 754º e ss.), já que nesses casos a lei confere ao devedor uma causa legítima para não cumprir a sua obrigação, excluindo assim a ilicitude que resultaria do não cumprimento[527].

1.3. A culpa na responsabilidade obrigacional

Relativamente à culpa, também esta aparece como exigida na responsabilidade contratual, uma vez que para que o devedor se constitua em responsabilidade, a sua falta de cumprimento tem que ser culposa (art. 798º), ainda que, conforme adiante se desenvolverá, a culpa do devedor se presuma (art. 799º, nº 1). Caberá, portanto, ao devedor demonstrar que não teve culpa na violação do vínculo obrigacional, ou seja, que não lhe possa ser pessoalmente censurável o facto de não ter adoptado o comportamento devido, o que sucederá sempre que esse não cumprimento seja devido a facto do credor, de terceiro, ou a caso fortuito ou de força maior.

Também aqui a culpa poderá revestir as modalidades de dolo ou de negligência. Assim, haverá dolo se o devedor visar intencionalmente o incumprimento (dolo directo), como no exemplo do motorista de táxi que se recusa a transportar o cliente que o tinha chamado. Haverá também dolo se o devedor não visar directamente o incumprimento, mas souber que ele será uma consequência necessária da sua conduta (dolo necessário), como no caso de o mesmo motorista de táxi aceitar dois serviços para a mesma hora, só tendo a possibilidade de cumprir um deles. Finalmente, haverá

[527] Cfr. Galvão Telles, *Obrigações*, pp. 342 e ss., Antunes Varela, *Obrigações*, II, pp. 94 e ss. e Ribeiro de Faria, *Obrigações*, II, pp. 399-400.

ainda dolo no caso de o devedor actuar, conformando-se com a possibilidade da verificação do incumprimento (dolo eventual), como será o caso de o referido motorista de táxi optar por partir mais tarde, sabendo do elevado risco de não chegar a tempo para realizar o serviço encomendado. Já quanto à negligência, ela ocorrerá sempre que o devedor represente a possibilidade de ocorrência do incumprimento, mas actue sem se conformar com a sua verificação (negligência consciente), como será o caso se o motorista de táxi acreditar que, apesar da partida tardia, chegará a tempo para realizar o serviço, ou nem sequer chegue a representar essa possibilidade (negligência inconsciente)[528].

Tanto o dolo como a negligência são regra geral susceptíveis de gerar a responsabilidade do devedor. No entanto, em certos casos a lei limita a responsabilidade do devedor ao dolo, como sucede na hipótese de ocorrência de mora do credor (arts. 814º e 815º), ou no âmbito dos contratos gratuitos, de que são exemplos o regime da responsabilidade do doador (arts. 956º e 957º), do comodante (art. 1134º) ou do mutuante a título gratuito (art. 1151º).

No domínio do § 3º do art. 717º do Código de Seabra entendia-se que a culpa do devedor deveria ser apreciada em concreto, de acordo com a diligência que ele habitualmente usava ou de que é capaz, já que se o credor conhece as capacidades do devedor, não se justificava aplicar-lhe o padrão geral de conduta que vigora para a responsabilidade delitual. Actualmente, no entanto, a lei vem também impor na responsabilidade contratual a apreciação da culpa segundo a diligência do bom pai de família (art. 487º, 2º, em virtude da remissão constante do art. 799º, nº 2).

1.4. O dano na responsabilidade obrigacional

Para existir responsabilidade obrigacional é necessário que o incumprimento da obrigação provoque danos ao credor. Assim, se o devedor incumpriu o comando obrigacional, mas tal incumprimento não provocou danos ao credor, não fica sujeito a responsabilidade[529]. Em virtude do regime unitário da obrigação de indemnização (arts. 562º e ss.), onde

[528] Cfr. ANTUNES VARELA, *Obrigações*, II, pp. 97-98.

[529] No exemplo referido por GUILHERME MOREIRA, *Instituições*, II, p. 154, se alguém determinou que um mandatário inscrevesse no registo predial a hipoteca sobre um prédio e este não cumpriu a sua obrigação, mas já existiam à data inscritas no registo outras hipotecas superiores ao valor total do prédio, o credor não sofre prejuízos com o incumprimento do mandato, pelo que não tem direito a indemnização.

se encontra prevista a forma de cálculo dos danos, verifica-se que também na responsabilidade obrigacional se deve efectuar primariamente a reconstituição natural (art. 562º), apenas se realizando a indemnização em dinheiro quando a reconstituição natural não seja possível, não repare integralmente os danos ou seja excessivamente onerosa para o devedor (art. 566º). Para além disso, no âmbito dos danos compreender-se-ão tanto os danos emergentes como os lucros cessantes (art. 564º, nº 1), bem como os danos futuros, se forem previsíveis, devendo o tribunal remeter a fixação da indemnização para decisão ulterior sempre que não sejam determináveis (art. 564º, nº 2). Diferentemente em relação à responsabilidade delitual – e também em relação à denominada "terceira via" da responsabilidade civil – na responsabilidade obrigacional a indemnização abrange o chamado interesse contratual positivo ou de cumprimento, ou seja todas as utilidades que se frustaram em virtude da não realização da prestação, devendo a indemnização colocar o credor na situação em que estaria se a obrigação tivesse sido voluntariamente cumprida[530].

Tem-se discutido, no entanto, se serão igualmente extensíveis à responsabilidade contratual disposições referentes ao cálculo dos danos colocadas em sede de responsabilidade delitual como a limitação da indemnização no caso de mera culpa (art. 494º) ou a ressarcibilidade dos danos morais (art. 496º).

Relativamente à limitação da indemnização com base na mera culpa, a maioria da doutrina tem considerado que esta não deve ser transposta para a responsabilidade contratual, uma vez que o preceito se encontra colocado em sede delitual, e se afigurar pouco adequado às legítimas expectativas do credor em relação à satisfação do seu direito de crédito admitir a limitação da responsabilidade do devedor com base no art. 494º[531]. Contra

[530] Conforme bem escreve PAULO MOTA PINTO, *Interesse contratual negativo*, II, p. 1474, "não se trata, assim, apenas de atribuir ao credor, por exemplo, o valor *objectivo* da prestação, mas de o colocar na *situação patrimonial em que ele estaria* sem o não cumprimento, incluindo todas as consequências patrimoniais que o não cumprimento teve, desde as despesas com o contrato, os gastos tornados inúteis para a celebração do negócio e preparação do cumprimento, a oneração com deveres de ressarcir terceiros (por exemplo, clientes), o lucro cessante do negócio, bem como outros danos concomitantes ou consequenciais, e, por exemplo, as vantagens concretas que se teria retirado da prestação (tal como o uso da coisa) recebida (desde que, evidentemente, o mesmo prejuízo não seja indemnizado mais do que uma vez)".

[531] Cfr. ANTUNES VARELA, *Obrigações*, II, p. 106, RIBEIRO DE FARIA, *Obrigações*, II, p. 422 e PINTO MONTEIRO, *Cláusulas de exclusão e limitação da responsabilidade contratual*, Coimbra,

esta posição, manifestou-se, porém, PESSOA JORGE com o argumento de que não há distinção essencial entre as duas responsabilidades, e não se vê razão que leve a tratar menos favoravelmente o devedor em relação ao comum lesante, apenas porque o dever violado consiste numa obrigação, sendo ainda de salientar que em muitos casos a responsabilidade delitual será concorrente com a obrigacional[532]. À posição de PESSOA JORGE vieram posteriomente a aderir ANA PRATA, BRANDÃO PROENÇA e PAULO MOTA PINTO[533].

A nosso ver, o art. 494º contraria um dos princípios fundamentais da responsabilidade civil subjectiva, que é o princípio do ressarcimento integral dos danos sofridos pelo lesado. Por esse motivo, a faculdade concedida por essa disposição só deve ser utilizada em situações excepcionais, quando o grau de culpabilidade do agente, a condição económica deste e do lesado e as demais circunstâncias do caso justifiquem que, em homenagem a valores superiores, se deva prescindir da reparação integral dos danos. Nesse entendimento, serão raros os casos de aplicação desta disposição, mas não há dúvida que a possibilidade de a ela recorrer deve ocorrer igualmente no âmbito da responsabilidade contratual. Efectivamente, não só não se justifica tratar de forma diferente o lesante apenas porque violou uma obrigação e não um dever geral de respeito, como também não se compreende porque razão as legítimas expectativas do lesado em obter o ressarcimento integral dos danos hão-de obter menor consideração em sede delitual do que em sede contratual. Daí que, embora defendamos uma aplicação parcimoniosa desta disposição, entendemos que a sua aplicação tanto se pode justificar no âmbito contratual como no âmbito delitual.

Relativamente à ressarcibilidade dos danos morais no campo contratual, têm-se pronunciado contra ela PIRES DE LIMA e ANTUNES VARELA, com o argumento de que ela introduziria no âmbito da responsabilidade contra-

Separata do *BFD* 28, 1985, p. 82 (sustentando, porém, na nota (182) a possibilidade de alguma atenuação da responsabilidade com base no princípio da boa fé) e MENEZES CORDEIRO, *Da responsabilidade civil dos administradores*, p. 524 e *Tratado*, IX, p. 440.

532 Cfr. PESSOA JORGE, *Ensaio sobre os pressupostos da responsabilidade civil*, 1968, reimp., Coimbra, Almedina, 1995, pp. 364-365.

533 Cfr. ANA PRATA, *Notas sobre Responsabilidade pré-contratual*, Lisboa, Separata da *RB* 16 (1990) e 17 (1991), reimp., Coimbra, Almedina, 2002, p. 213, BRANDÃO PROENÇA, *A conduta do lesado como pressuposto e critério de imputação do dano extracontratual*, Coimbra, Almedina, 1997, pp. 169-170, e nota (522), e PAULO MOTA PINTO, *Interesse contratual negativo*, II, pp. 938-939, nota (2630).

tual um factor de incerteza e insegurança no comércio jurídico, levando à tentativa de converter em dinheiro muitos prejuízos relativamente insignificantes, o que redundaria num aumento inglório da litigiosidade nos tribunais[534]. A maioria da doutrina, bem como a actual jurisprudência é, porém, claramente favorável à ressarcibilidade do dano moral no âmbito da responsabilidade contratual[535], posição que nos parece igualmente de perfilhar.

Também não há quaisquer obstáculos à admissão dos danos resultantes da perda de oportunidade na responsabilidade contratual, nos mesmos termos que na responsabilidade delitual[536].

1.5. O nexo de causalidade na responsabilidade obrigacional

À semelhança do que sucede na responsabilidade delitual, o art. 798º vem exigir um nexo de causalidade entre o facto e o dano na responsabilidade obrigacional, ao referir que o devedor só responde pelos danos que causa ao credor. As regras para o estabelecimento do nexo de causalidade são exactamente as mesmas que vigoram no âmbito da responsabilidade delitual, uma vez que o art. 563º é igualmente aplicável nesta sede.

1.6. O ónus da prova na responsabilidade obrigacional

Sendo assim comuns os pressupostos da responsabilidade delitual e obrigacional, sucede, porém, que vigoram regras diferentes para a prova desses mesmos pressupostos. Efectivamente, o art. 799º vem referir que incumbe

[534] Cfr. Pires de Lima/Antunes Varela, *op. cit.*, I, p. 502, Antunes Varela, *Obrigações*, II, p. 106 e "Anotação Ac. STJ 17/6/1982", na *RLJ* 119 (1986), pp. 120-128 (p. 127, nota (1)).

[535] Defendendo a ressarcibilidade dos danos morais no campo contratual, cfr. na doutrina, Cunha Gonçalves, *op. cit.*, IV, pp. 510 e ss., Vaz Serra, "Anotação Ac. STJ 24/4/1962", na *RLJ* 95 (1963), pp. 361-366 (365), "Anotação Ac. STJ 22/12/1964", na *RLJ* 98 (1966), pp. 265-267 e 276-277 (276), e "Anotação Ac. STJ 4/6/1974" na *RLJ* 108 (1975), pp. 221-224 e 227-235 (222), Galvão Telles, *Obrigações*, p. 386, Gomes da Silva, *O dever de prestar e o dever de indemnizar*, I, Lisboa, 1944, pp. 200 e ss., Almeida Costa, *Obrigações*, p. 603, Ribeiro de Faria, *Obrigações*, II, p. 423, Pinto Monteiro, *Cláusulas*, pp. 72 e ss. (em nota) e principalmente Rui Soares Pereira, *A responsabilidade por danos não patrimoniais do incumprimento das obrigações no Direito Civil Português*, Coimbra, Coimbra Editora, 2009. Na jurisprudência, cfr. Ac. RE 2/7/1988 (Fonseca Ramos), em *CJ* 23 (1998), 4, pp. 255-257, Ac. RP 5/2/2001 (Mário Cruz) na *CJ* 26 (2001), 1, pp. 204-208 e Ac. RL. 1/4/2009 (Maria Manuela Gomes), em *CJ* 34 (2009), 2, pp. 109-113.

[536] Neste sentido, cfr. o Ac. RL. 14/7/2015 (Manuel Marques), em *CJ* 40 (2015), 3, pp. 130-136, relativo a um caso em que o não funcionamento de um alarme contra roubo impediu que a polícia fosse chamada, com a perda da oportunidade de evitar o assalto.

ao devedor provar que a falta de cumprimento ou o cumprimento defeituoso da obrigação não procede de culpa sua, o que implica o estabelecimento de uma presunção de culpa em relação ao devedor de que o incumprimento lhe é imputável, dispensando-se assim o credor de efectuar a prova correspondente (art. 351º, nº 1).

Relativamente aos outros pressupostos da responsabilidade obrigacional como o facto ilícito, o dano e o nexo de causalidade entre o facto e o dano, eles não se encontram referidos na presunção do art. 799º, o que levaria, em princípio, à aplicação do regime geral do art. 342º, nº 1, já que sendo os restantes pressupostos da responsabilidade obrigacional factos constitutivos do direito à indemnização, teriam que ser provados pelo credor para que o tribunal julgue a acção procedente.

No entanto, tendo a responsabilidade obrigacional como pressuposto a violação de uma obrigação, esta não se pode constituir sem a existência prévia de um direito de crédito, cuja existência tem assim que ser provada pelo credor, nos termos do art. 342º, nº 1. Ora, o cumprimento da obrigação aparece como facto extintivo desse direito de crédito, o que nos termos do art. 342º, nº 2, leva a que tenha que ser provado pelo devedor.

Mas, nestes termos, se o credor provar a existência do direito de crédito, parece que ficará dispensado de provar a inexecução da obrigação, uma vez que é o devedor que tem que provar o seu cumprimento. Se, no entanto, o facto ilícito não for a mera inexecução da obrigação, resultante da abstenção do devedor, mas antes uma sua conduta positiva, como o cumprimento defeituoso da obrigação, ou a violação de uma obrigação de prestação de facto negativo, já será o credor a ter que provar essa conduta, uma vez que nesses casos a prova da inexecução da obrigação não pode ser dispensada através da regra do art. 342º, nº 2[537].

Relativamente ao dano, parece claro que ele tem que ser demonstrado pelo credor, sem o que não poderá obter judicialmente qualquer indemnização.

Já relativamente ao nexo de causalidade, tem havido algum controvérsia na doutrina. Enquanto a maioria dos autores propugna que a sua prova

[537] Cfr. GALVÃO TELLES, *Obrigações*, pp. 333 e ss. Defendendo igualmente que no cumprimento defeituoso cabe ao credor a prova do defeito verificado, veja-se ANTUNES VARELA, *Obrigações*, II, p. 101 e, na jurisprudência, Ac. STJ 23/11/2000 (DIONÍSIO CORREIA), em *CJ-ASTJ*, 8 (2000), 3, p. 139-142.

deve caber ao credor, à semelhança do que sucede com o lesado na responsabilidade delitual[538], alguma doutrina tem vindo a propugnar antes a sua atribuição do devedor. É o caso de MENEZES CORDEIRO que considerou que o art. 799º, nº 1, estabeleceria na responsabilidade obrigacional uma presunção de *faute*, a qual não consistiria numa simples presunção de culpa, mas antes numa presunção simultânea de ilicitude, culpa e nexo de causalidade entre o facto e os danos, cabendo assim ao devedor a demonstração de que não foi por sua causa que o credor suportou os danos que alega ter sofrido[539]. Entendemos, no entanto, que o art. 799º, nº 1, consagra não uma presunção de *faute*, mas uma presunção de culpa nos termos gerais, pelo que a prova do nexo de causalidade deverá caber naturalmente ao credor.

1.7. A responsabilidade do devedor pelos actos dos seus auxiliares ou representantes

Conforme se referiu *supra*, em princípio a responsabilidade do devedor cessa sempre que este demonstrar que o facto é imputável a terceiro, uma vez que nesse caso não se pode considerar que ele tenha actuado com culpa na violação da sua obrigação (art. 799º, nº 1). Não seria, no entanto, correcto que essa regra se aplicasse sempre que o terceiro fosse um representante legal do devedor ou alguém por este utilizado para o cumprimento da obrigação, uma vez que nestes casos a actuação do terceiro se exerce em benefício ou debaixo do controle do devedor, podendo aquele ser visto como uma *longa manus* deste. Justamente por esse motivo, o art. 800º, nº 1, estabelece que "o devedor é responsável perante o credor pelos actos dos seus representantes legais ou das pessoas que utilize para o cumprimento da obrigação, como se tais actos fossem praticados pelo próprio devedor". Temos aqui, portanto, uma situação de responsabilidade objectiva do devedor que assenta numa equiparação da conduta do auxiliar ou

[538] Cfr. ANTUNES VARELA, *Obrigações*, II, p. 106, ALMEIDA COSTA, *Obrigações*, pp. 543 e ss., Para CARNEIRO DA FRADA, *Contrato*, pp. 191 e ss., a presunção de culpa abrange não apenas a presunção de censurabilidade, mas também a própria existência de um comportamento faltoso do devedor ou dos seus auxiliares e causalidade entre esse comportamento e a falta de cumprimento ou o cumprimento defeituoso verificados, mas continua a caber ao credor a prova do nexo de causalidade entre o incumprimento verificado e os danos concretamente sofridos.

[539] Cfr. MENEZES CORDEIRO, *Da Responsabilidade*, pp. 469-470 e 485 e ss. (491) e *Tratado*, IX, pp. 389 e ss.

representante legal à conduta do próprio devedor, por forma a evitar que este se pudesse exonerar da sua responsabilidade, imputando àqueles o comportamento que conduziu à violação da obrigação. O risco resultante da actuação dos representantes legais ou dos auxiliares do cumprimento é assim atribuído ao próprio devedor, em lugar de ficar a cargo do credor.

Apesar da equiparação efectuada no art. 800º, a doutrina não tem deixado de distinguir a situação do representante legal em relação à do auxiliar do cumprimento, em relação à justificação da atribuição da responsabilidade pelo risco. Efectivamente, a representação legal é estabelecida em função da incapacidade do devedor, e apenas abrange actividades lícitas, como o exercício dos direitos e o cumprimento das obrigações, não ocorrendo a representação legal em relação a actuações ilícitas como seja o incumprimento das obrigações[540]. Só que, ao não se estender a representação ao incumprimento das obrigações, admitir-se-ia que o incumprimento das obrigações determinado pelo representante legal viesse a beneficiar o devedor ou o seu património, sem que, no entanto, o credor pudesse exigir qualquer indemnização do património do devedor, podendo contar apenas com o património do próprio representante (pais ou tutor) para execução pelo crédito à indemnização. Através da norma do art. 800º, pretende-se precisamente estabelecer que os actos de incumprimento determinados pelo representante legal equivalem a actos determinados pelo próprio devedor, respondendo assim o património deste pelo incumprimento destas obrigações[541].

Já relativamente à situação das pessoas utilizadas para o cumprimento da obrigação, corresponde ela, ao contrário da situação previamente referida, a casos em que o devedor recorre por determinação própria a terceiros, os quais podem ser ou não investidos de poderes de representação, mas que são em qualquer caso utilizados na realização da prestação devida, dilatando-se assim, através desse concurso, a capacidade fáctica de prestar. Ora, essa extensão da capacidade de cumprimento por parte do devedor através da utilização dos auxiliares deve ser igualmente acompanhada por uma extensão da responsabilidade do devedor pelos actos por eles praticados, sem o que a posição do credor ficaria consideravelmente enfraquecida. Efectivamente, os auxiliares do cumprimento não são devedores pelo que

[540] Vide, neste sentido, o art. 1881º.
[541] Cfr. LARENZ, *Schuldrecht*, § 20 VII, pp. 295 e ss.

não poderiam ser responsabilizados pelo credor pelo incumprimento das obrigações do devedor, a menos que tivessem concomitantemente praticado um ilícito delitual. Daí que se se admitisse que o devedor pudesse exonerar-se da sua obrigação invocando o comportamento do auxiliar, a negligência deste repercutir-se-ia sempre sobre o credor, que não poderia pedir indemnização nem ao devedor nem ao auxiliar. A lei estabelece, por isso, no art. 800º a responsabilidade objectiva do devedor pelos actos praticados pelo auxiliar. O fundamento dessa responsabilização é que a utilização de auxiliares estende a capacidade de prestação por parte do devedor e deve, por isso mesmo, ser considerada como um risco dessa actividade. Justifica-se, por isso, o estabelecimento de um dever de garantia por parte do devedor em relação à actividade dos auxiliares de cumprimento [542].

Os pressupostos de aplicação do art. 800º são bastante diferentes dos pressupostos do art. 500º[543].

Assim, em primeiro lugar, não se exige uma relação de comissão entre o devedor e o representante legal ou auxiliar, bastando o próprio vínculo da representação legal (que pode, v.g., resultar do poder paternal, da tutela ou da administração da massa insolvente) ou a mera utilização do terceiro para realização da prestação debitória[544].

Para além disso, exige-se que a actuação do representante legal ou auxiliar represente uma violação do vínculo obrigacional[545], tendo a doutrina discutido se nesta sede se abrange apenas a violação do dever de prestar principal ou também os deveres acessórios que acompanham o vínculo obrigacional. Parece que, visando esta norma evitar a irresponsabilização do devedor com base na alegação da responsabilidade do representante legal ou auxiliar, faria sentido admitir que ela abrangesse todas as situa-

[542] Cfr. LARENZ, *Schuldrecht*, § 20 VIII, pp. 296 e ss.

[543] Para uma comparação das duas situações, cfr. PEDRO FERREIRA MÚRIAS, "A responsabilidade por actos de auxiliares e o entendimento dualista da responsabilidade civil" em *RFDUL* 37 (1996), pp. 171-217.

[544] No Ac. STJ 24/2/2011 (LÁZARO FARIA), em *CJ-ASTJ* 19 (2011), 1, pp. 93-95, considerou-se uma instituição financeira responsável perante os seus clientes com base no art. 800º pelo facto de um seu funcionário ter aplicado em proveito próprio quantias recebidas de terceiros àquela destinadas.

[545] São excluídas da aplicação do art. 800º as situações em que, em relação ao comportamento do auxiliar ou representante legal, se possa considerar ocorrer uma justificação para o incumprimento, estendendo-se assim essa justificação ao devedor. Cfr. PESSOA JORGE, *Ensaio*, p. 145 e CUNHA DE SÁ, *Direito ao cumprimento*, p. 16, nota (1).

ções em que ocorra essa responsabilidade do devedor, incluindo a violação dos deveres acessórios de conduta. No entanto, uma vez que a violação dos deveres acessórios pode corresponder à tutela de situações jurídicas variadas, enquadráveis na denominada "terceira via da responsabilidade civil", e uma vez que, entre nós, o art. 500º, ao contrário do que sucede no direito alemão, permite igualmente estabelecer uma responsabilidade objectiva por facto de terceiro, parece preferível considerar estar-se perante uma lacuna a integrar caso a caso, consoante o que pareça mais adequado à situação em questão[546].

À semelhança do que fazem outros ordenamentos (§ 278 BGB *in fine*, art. 101, 2 do CO suíço e art. 1129 do Código italiano), a nossa lei vem admitir no art. 800º, nº 2, que a responsabilidade do devedor por actos dos seus representantes legais ou auxiliares possa ser convencionalmente limitada ou excluída mediante acordo prévio dos interessados, desde que a exclusão ou limitação não compreenda actos que representem a violação de deveres impostos por normas de ordem pública. Esta exclusão, que se estende a qualquer comportamento do auxiliar, mesmo que doloso, é admissível uma vez que não confere ao devedor a irresponsabilidade por factos próprios seus[547]. No entanto, a exclusão da responsabilidade por actos dos auxiliares não pode representar a violação de deveres impostos por normas de ordem pública, como será o caso sempre que a actuação do auxiliar possa implicar a lesão do direito à vida ou à integridade física ou psicológica do credor[548].

2. O não cumprimento nas obrigações de prestações recíprocas

2.1. Generalidades

Nos contratos sinalagmáticos verifica-se reciprocidade entre as prestações de ambas as partes, o que implica que, por força do sinalagma funcional,

546 Defendemos já esta solução em *A Responsabilidade do Gestor perante o Dono do Negócio no Direito Civil Português*, Lisboa, C.E.F., 1991, reimp., Coimbra, Almedina, 2005, pp. 299 e ss. Contra, defendendo a aplicação genérica do art. 800º à violação de deveres de protecção, veja-se Carneiro da Frada, *Contrato*, pp. 203 e ss.

547 A exclusão da responsabilidade por factos próprios traduzir-se-ia numa verdadeira autorização para não cumprir a obrigação, a qual é legalmente excluída (art. 809º).

548 Cfr. Antunes Varela, *Obrigações*, II, p. 105 e Ribeiro de Faria, *Obrigações*, II, p. 419. Não seria assim lícito por exemplo que um hospital celebrasse uma cláusula a estabelecer a sua irresponsabilidade pelos danos causados pelos seus médicos nos pacientes, ou que um jardim infantil estabelecesse a sua irresponsabilidade pela conduta dos educadores de infância.

não deva permitir-se a execução de uma das prestações sem que a outra também o seja. Essa situação implica que o não cumprimento das obrigações de prestações recíprocas seja sujeito a um regime especial, admitindo-se ser lícita a recusa de cumprimento, enquanto a outra parte não realizar a sua prestação (excepção de não cumprimento do contrato) e que o incumprimento definitivo de uma das prestações permite à outra parte a resolução do contrato (resolução por incumprimento). Para além disso, questiona-se se a existência do sinalagma contratual não deve importar um diferente funcionamento da obrigação de indemnização.

2.2. Excepção de não cumprimento do contrato

A excepção de não cumprimento do contrato (*exceptio non adimpleti contractus*)[549] encontra-se prevista no art. 428º, cujo nº 1 dispõe o seguinte:

> "Se nos contratos bilaterais não houver prazos diferentes para o cumprimento das prestações, cada um dos contraentes tem a faculdade de recusar a sua prestação enquanto o outro não efectuar a que lhe cabe ou não oferecer o seu cumprimento simultâneo"

Assim, nos contratos sinalagmáticos, a lei permite a qualquer dos contraentes recusar a realização da sua prestação enquanto não ocorrer a prévia realização da prestação da contraparte, ou a oferta do seu cumprimento simultâneo. É, assim, lícita neste caso a recusa do cumprimento, o que impede a aplicação do regime da mora (arts. 804º e ss.) e, naturalmente, o do incumprimento definitivo (art. 808º), mesmo que tenha havido interpelação da outra parte. Se as duas obrigações forem puras a excepção de não cumprimento é, assim, sempre invocável, nem sequer podendo ser afastada mediante a prestação de garantias (art. 428º, nº 2).

Tendo havido, porém, estipulação de prazos certos diferentes para o cumprimento das prestações, um dos contraentes obriga-se a cumprir em primeiro lugar, o que implica uma renúncia da sua parte à excepção de não cumprimento do contrato e a consequente constituição em mora pelo decurso do prazo (art. 805º, nº 2 *a*)). Apesar da redacção do art. 428º,

[549] Cfr., sobre ela, GERNHUBER, *Das Schulverhältnis.*, § 14, pp. 328 e ss. e, entre nós, RIBEIRO DE FARIA, *Obrigações*, I, pp. 230 e ss., MENEZES CORDEIRO, *Tratado*, IX, pp. 273 e ss., e JOSÉ JOÃO ABRANTES, *A excepção de não cumprimento do contrato no Direito Civil Portugês. Conceito e fundamento*, Coimbra, Almedina, 1986.

nº 1, naturalmente que nesta hipótese o contraente que esteja obrigado a cumprir em segundo lugar continua a poder usar da excepção de não cumprimento, não entrando em mora se não realizar a sua prestação enquanto a contraprestação não for realizada[550]. Também nesta hipótese, a excepção não pode ser afastada mediante a prestação de garantias. A limitação constante da parte inicial do art. 428º, nº 1, aplica-se, por isso, apenas ao contraente que esteja obrigado a cumprir em primeiro lugar, continuando a ser admissível para o outro o recurso à excepção de não cumprimento.

Há, porém, uma situação em que, apesar de existirem prazos diferentes, a lei permite a utilização da excepção de não cumprimento do contrato, mesmo ao contraente que esteja obrigado a cumprir em primeiro lugar. A situação encontra-se prevista no art. 429º e refere-se à hipótese de se verificar, em relação à outra parte, alguma das circunstâncias que importem a perda do benefício do prazo. Essas circunstâncias constam do art. 780º e referem-se – conforme aliás menciona a epígrafe do art. 429º – à insolvência da outra parte, mesmo que não judicialmente declarada, e à diminuição das garantias do crédito ou não prestação das garantias prometidas. Neste caso, porém, a excepção pode ser afastada mediante a prestação de garantias de cumprimento.

Uma outra questão é a de averiguar se a excepção de não cumprimento do contrato pode ser utilizada quando a outra parte cumpre a obrigação, mas o faz defeituosamente (*exceptio non rite adimpleti contractus*). A solução deverá ser a de que a aceitação da prestação não deve precludir o recurso à *exceptio*, se os defeitos de que a prestação padece prejudicam a integral satisfação do interesse do credor[551]. Já não será, no entanto, de admitir

[550] Assim, se alguém vender um quadro a outrem, comprometendo-se o vendedor a entregar o quadro no dia 15 de Novembro e o comprador a pagar o preço no dia 15 de Dezembro, naturalmente que, se o vendedor se atrasar mais de um mês a entregar o quadro, é permitido ao comprador invocar a excepção de não cumprimento do contrato, recusando o pagamento do preço na data do seu vencimento.

[551] No sentido de que a excepção de não cumprimento do contrato é aplicável ao cumprimento defeituoso, cfr., Antunes Varela, "Cumprimento imperfeito do contrato de compra e venda. A excepção de contrato não cumprido" em *CJ* 12 (1987), 4, pp. 21-35 (33), e *Obrigações*, I, p. 400, Menezes Cordeiro, "Cumprimento imperfeito do contrato de compra e venda. A compensação entre direitos líquidos e ilíquidos. A excepção do contrato não cumprido" em *CJ* 12 (1987), 4, pp. 37-48 (46) e *Tratado*, IX, pp. 294 e ss., e Calvão da Silva, *Cumprimento*, p. 337. Na jurisprudência, veja-se Ac. STJ 30/11/2000 (Miranda Gusmão), *em CJ-ASTJ*, 8 (2000), 3, p. 150-154.

o recurso à *exceptio* se os defeitos da prestação, atendendo ao interesse do credor tiverem escassa importância (art. 802º, por analogia)[552]. O problema que normalmente se colocará diz, porém, respeito à determinação de quem compete o ónus da prova da relevância ou não dos defeitos para a adequada satisfação do interesse do credor. Parece que a aceitação da prestação constituirá presunção da inexistência de defeitos, pelo que caberá à parte que pretende utilizar a *exceptio* perante o cumprimento defeituoso a demonstração de que os defeitos existentes tornam inadequada a prestação, em termos de justificarem o recurso à *exceptio*[553].

Tem-se entendido que, para a excepção de não cumprimento do contrato poder ser invocada sem que haja contrariedade à boa fé, se exige uma tripla relação entre o não cumprimento do outro contraente e a recusa de cumprir por parte de quem invoca a excepção, em termos de *sucessão, causalidade* e *proporcionalidade* entre uma e outra. A *relação de sucessão* pressupõe que quem invoca a excepção não tenha sido o primeiro a cair em incumprimento, uma vez que a recusa em cumprir deve ser posterior e não anterior ao incumprimento da outra parte. A *relação de causalidade* pressupõe que a invocação da excepção vise exclusivamente compelir a outra parte à realização da sua prestação, sendo essa invocação ilegítima quando seja determinada por outros fins. Finalmente, a *relação de proporcionalidade* pressupõe que a invocação da excepção seja proporcional ao incumprimento que a legitima, não sendo admitido o recurso à excepção sempre que esse incumprimento for de escassa importância[554].

2.3. Resolução por incumprimento

A outra consequência do não cumprimento das obrigações de prestações recíprocas é a possibilidade de resolução do contrato por incumprimento (a anteriormente denominada "condição resolutiva tácita"), situação que se encontra prevista no art. 801º, nº 2, relativo à impossibilidade culposa da prestação, mas que é naturalmente igualmente aplicável ao incumprimento definitivo.

552 Cfr. ANTUNES VARELA, *Obrigações*, I, p. 410.

553 Cfr. RIBEIRO DE FARIA, *Obrigações*, I, p. 233.

554 Cfr. JOSÉ JOÃO ABRANTES, *A excepção*, p. 124 e ss.. Na jurisprudência, cfr. Ac. RP 10/3/2008 (FERNANDES DO VALE), em *CJ* 33 (2008), pp. 173-176 e em *CDP* nº 25 (Janeiro/Março 2009), pp. 51-56, com anotação favorável de JÚLIO GOMES, "Da excepção de não cumprimento parcial e da sua invocação de acordo com a boa fé", *ibid*, pp. 56-67, e o Ac. STJ 4/2/2010 (OLIVEIRA ROCHA), em *CJ-ASTJ* 18 (2010), 1, pp. 51-55.

Dispõe essa norma:

"Tendo a obrigação por fonte um contrato bilateral, o credor, independentemente do direito à indemnização, pode resolver o contrato e, se já tiver realizado a sua prestação, exigir a restituição dela por inteiro".

Aparecendo esta norma na sequência do art. 801º, nº 1, que prevê a constituição do devedor em responsabilidade obrigacional, parece claro que a resolução por incumprimento se apresenta como uma alternativa existente no contrato bilateral à exigência dessa mesma responsabilidade. No entanto, e uma vez que o nosso legislador determinou que a resolução não prejudica o direito à indemnização, surge a necessidade de averiguar que situações podem ser abrangidas pela indemnização, caso o credor recorra ou não recorra à resolução do contrato.

De acordo com a posição da doutrina tradicional, onde se incluíram os nomes de GALVÃO TELLES, ANTUNES VARELA, ALMEIDA COSTA, CARLOS MOTA PINTO, PESSOA JORGE, BRANDÃO PROENÇA, e CALVÃO DA SILVA[555], a função do art. 801º, nº 2 é, perante o incumprimento de uma das partes num contrato sinalagmático, proporcionar à outra parte uma opção entre duas alternativas:

- exigir simplesmente uma indemnização por incumprimento, que naturalmente abrangerá todos os danos suportados em virtude da não realização da prestação pela outra parte (interesse contratual positivo), mantendo-se, porém, a sua própria obrigação;
- obter a resolução do contrato, cuja eficácia retroactiva lhe permite liberar-se da sua obrigação, pedindo eventualmente a restituição da sua prestação já realizada, acrescida de uma indemnização, que, neste caso, se limita aos danos derivados da não conclusão do contrato (interesse contratual negativo).

[555] Cfr. GALVÃO TELLES, *Obrigações*, pp. 80 e 463-464, ANTUNES VARELA, *Obrigações*, II, p. 109, ALMEIDA COSTA, *Obrigações*, pp. 1045 e ss., CARLOS MOTA PINTO, *Cessão*, p. 412, nota (1), PESSOA JORGE, *Obrigações*, 1º, p. 634, e *Ensaio*, p. 380, BRANDÃO PROENÇA, *A resolução do contrato no direito civil. Do enquadramento e do regime*, Coimbra, Coimbra Editora, 1996 (mas 1980), pp. 183 e ss., e CALVÃO DA SILVA, *Responsabilidade civil do produtor*, Coimbra, Almedina, 1990, p. 248.

O argumento a favor desta solução reside em que, destruído retroactivamente o contrato, não faria sentido em termos lógicos que a indemnização pudesse continuar a abranger os danos resultantes da não realização da prestação, sendo que por outro lado os arts. 898º e 908º do Código Civil estabelecem, no âmbito do cumprimento defeituoso do contrato de compra e venda, uma clara distinção entre a indemnização referida ao interesse contratual positivo e a indemnização referida ao interesse contratual negativo.

Contra esta posição colocaram-se, porém, sucessivamente VAZ SERRA, BAPTISTA MACHADO, ANA PRATA, RIBEIRO DE FARIA, ROMANO MARTINEZ, PAULO MOTA PINTO e MENEZES CORDEIRO. A posição destes autores assenta na ideia de que, se a resolução do contrato libera o seu autor do dever de efectuar a contraprestação, não pode, porém, prejudicá-lo em termos de indemnização, pelo que ela deve continuar a abranger o interesse contratual positivo. Por essa razão, estes autores acabam por contestar o carácter retroactivo da resolução por incumprimento que é, no fundo, o argumento fundamental da tese que limita a indemnização ao interesse contratual negativo. Assim, VAZ SERRA vem defender que a resolução por incumprimento apenas obriga o contraente faltoso à restituição da prestação recebida, devendo o contraente fiel ficar sujeito apenas à restituição por enriquecimento, que naturalmente poderá compensar com a indemnização pelo interesse contratual positivo[556]. BAPTISTA MACHADO chega a defender que não constitui o art. 801º, nº 2, um caso de resolução do contrato, mas antes a concessão ao credor nos contratos sinalagmáticos da alternativa entre uma grande indemnização pelo não cumprimento, ou uma indemnização pelo não cumprimento onde seria descontado o valor da própria prestação, caso o credor optasse por não a fazer ou pedisse a sua restituição. Não haveria assim nunca uma destruição retroactiva do contrato com alteração do montante da indemnização, mas apenas uma compensação nela da própria prestação caso o credor tivesse interesse na sua recuperação ou não realização[557]. O autor baseia-se essencialmente no regime do art. 802º, onde considera que a tese que entende

[556] Cfr. VAZ SERRA, "Anotação Ac. 30/6/1970", em *RLJ* 104 (1971), pp. 204-208 (207).

[557] Cfr. BAPTISTA MACHADO, "A resolução por não cumprimento e a indemnização" em *Lições do Direito das Obrigações*, Aditamento I, Porto. UCP, polic. 1982, recolhido em *Obra dispersa* I, Braga, Scientia Iuridica, 1991, pp. 195-213.

que a indemnização pela resolução se limita ao dano de confiança colocaria o credor que opta pela resolução numa situação pior do que o que opta pela redução do contrato[558]. Já ANA PRATA veio defender que na resolução por incumprimento a indemnização abrangeria o interesse contratual positivo, com base em argumentos de cariz exegético, sendo um o de que, quer no art. 801º, nº 2, quer no artigo 802º, nº 1, a lei não estabeleceria qualquer distinção entre o conteúdo do direito de indemnização, que só poderia, por isso, referir-se aos danos positivos; e outro o de que a disposição do art. 801º, nº 2, só se compreenderia no intuito de excepcionar o carácter retroactivo da resolução, que nesse caso só poderia abranger o direito de indemnização[559]. Posteriormente, RIBEIRO DE FARIA viria a aderir a esta concepção, revendo posição anterior[560]. O autor sustenta que, atenta a sinalagmaticidade do contrato, a mesma não pode ser posta em causa com a resolução, como sucederia inevitavelmente se a mesma não abrangesse o interesse contratual positivo. O autor considera, por isso, que o sentido de resolução adoptado nos arts. 801º e 802º "não tem a ver com a resolução propriamente dita (isto é, com o aniquilamento contratual), ou, dito de outro modo, que do que se cuida neles é da indemnização pelo interesse positivo (a validade do sinalagma adoptado)"[561]. ROMANO MARTINEZ, também viria a aderir a esta concepção, considerando que "não obstante o credor resolvido o contrato, deverá ser indemnizado de todos os danos", sendo que a devolução da contraprestação realizada deveria ser descontada na indemnização com base na *compensatio lucri cum damno*[562]. PAULO MOTA PINTO também viria a aderir a esta concepção, com argumentos retirados do Direito Comparado, sustentando que "*nada obsta* entre nós (e já *de jure constituto*) a que o credor que resolve o contrato *reclame igualmente uma indemnização pelo interesse positivo, no cumprimento,* numa posição que constitui também um incentivo à protecção do credor e à circulação,

[558] Cfr. BAPTISTA MACHADO, "Pressupostos da resolução por incumprimento", em AAVV *Estudos em Homenagem ao Prof. Doutor J. J. Teixeira Ribeiro,* II- *Iuridica.* Coimbra, 1979, pp. 343-411 (393 e ss.) e em ID, *Obra dispersa,* I, Braga, Scientia Iuridica, 1991, pp. 125-193 (175 e ss.).

[559] Cfr. ANA PRATA, *Cláusulas de exclusão e limitação da responsabilidade contratual,* Coimbra, Almedina, 1985, pp. 479 e ss.

[560] Efectivamente, RIBEIRO DE FARIA, em *Obrigações,* II, pp. 434-435, tinha, com alguma hesitação, aderido à tese tradicional,

[561] Cfr. RIBEIRO DE FARIA, "A natureza do direito de indemnização cumulável com o direito de resolução dos arts. 801º e 802º do Código Civil", em *DJ* 8 (1994), 1, pp. 57-89 (88-89).

[562] Cfr. ROMANO MARTINEZ, *Da cessação,* pp. 203 e ss. (214 e ss.).

permitindo àquele *libertar-se do contrato* sem ter para tal que *renunciar aos lucros* frustados pelo não cumprimento"[563]. Finalmente esta posição seria ainda adoptada por MENEZES CORDEIRO[564].

Cabe tomar posição neste debate. Em primeiro lugar, começaríamos por salientar que a tese que sustenta que a indemnização abrange o interesse contratual positivo vem efectuar uma certa quebra no regime da resolução por incumprimento, cuja função principal é precisamente libertar o credor do dever de efectuar a sua contraprestação ou permitir-lhe obter a sua restituição. Nesse enquadramento, a resolução implicaria um desequilíbrio na estrutura sinalagmática do contrato, já que o contraente fiel obteria a exoneração da sua obrigação ou a restituição da prestação anteriormente realizada, enquanto o contraente faltoso continuaria a responder integralmente pelo interesse de cumprimento da outra parte. É claro que a tese referida permite o desconto da contraprestação na indemnização pelo interesse contratual positivo, mas essa solução não deixa de representar um desequilíbrio na estrutura sinalagmática do contrato na medida em que atribui ao contraente fiel simultaneamente uma pretensão restitutória da sua própria prestação e uma pretensão indemnizatória pelo interesse de cumprimento, quando superior a esta, enquanto o contraente faltoso perde qualquer pretensão em relação à outra parte.

Nesse enquadramento, a resolução por incumprimento praticamente transformaria o contrato de sinalagmático em unilateral, uma vez que determinaria uma sua liquidação num só sentido. Ora, parece que não é seguramente essa a solução do nosso direito, que estabelece o carácter retroactivo da resolução (arts. 433º, 289º, e 434º), determinando a existência de duas pretensões recíprocas de restituição no caso de esta ocorrer no âmbito de um contrato sinalagmático (art. 433º e 290º). Assim sendo, parece seguro que a indemnização terá que ser limitada ao interesse contratual negativo[565], na medida em que não pode abranger os danos resultantes da frustração das utilidades proporcionadas pela própria prestação[566].

[563] Cfr. PAULO MOTA PINTO, *Interesse contratual negativo*, II, pp. 1604 e ss. (1655).

[564] Cfr. MENEZES CORDEIRO, *Tratado*, IX, pp. 944 e ss.

[565] Neste sentido, vide na jurisprudência Ac. RL 6/11/2001 (SALAZAR CASANOVA), em *CJ* 26 (2001), 5, pp. 81-83 e Ac. RP 6/4/2006 (TELES DE MENEZES), na *CJ* 31 (2006), 2, pp. 181-184.

[566] Conforme refere LARENZ, *Schuldrecht* I, § 22 II, p. 339, quem reclama a indemnização por incumprimento pretende para si as vantagens proporcionadas pelo contrato e consequentemente não se pode libertar dele. A resolução do contrato significa, pelo contrário,

Tal não significa, porém, que não possa ocorrer uma indemnização por lucros cessantes, bastando ao credor demonstrar que a celebração daquele contrato o impediu de celebrar outro que lhe teria proporcionado benefícios que assim deixou de obter (art. 564º, nº 1).

Por esse motivo, aderimos à tese tradicional, de que, exercida a resolução do contrato, a indemnização fica limitada ao interesse contratual negativo. Caso o contraente fiel quiser optar pela indemnização pelo interesse contratual positivo é manifesto que não pode resolver o contrato.

2.4. A indemnização por incumprimento nos contratos sinalagmáticos

No ponto anterior, chegámos à conclusão que a alternativa conferida nos contratos sinalagmáticos pelo art. 801º, nº 2, consiste em, perante o incumprimento da outra parte, o contraente fiel poder optar entre obter uma indemnização pelo interesse contratual positivo ou resolver o contrato, a qual determinará uma sua liquidação integral com efeitos retroactivos, implicando a restituição das prestações já realizadas ou a liberação das que ainda não o foram, subsistindo a indemnização que, no entanto, será limitada ao interesse contratual negativo.

Neste ponto examinar-se-á o conteúdo da indemnização por incumprimento nos contratos sinalagmáticos[567]. A indemnização por incumprimento significa, conforme se sabe, e perante o art. 562º que o credor deve ser colocado na mesma situação que existiria se não se tivesse verificado o evento que obriga à reparação, ou seja, se, em lugar do não cumprimento, tivesse ocorrido o cumprimento do contrato.

É, porém, questionável se, no caso de o credor ainda não tiver realizado a sua própria prestação, o facto de este pretender ser indemnizado pelo interesse contratual positivo o obriga a realizar essa mesma prestação. Efectivamente, a indemnização ao credor pode ser proporcionada por duas vias: uma corresponde a substituir a prestação não realizada pelo seu valor integral, mantendo-se, porém, o credor obrigado a realizar a sua prestação. Outra consiste em determinar o pagamento ao credor apenas

que o credor se exonera da sua própria obrigação, mas que também não pode ter qualquer pretensão baseada no contrato, seja relativa ao seu cumprimento seja com base no não cumprimento.

[567] Cfr. Vaz Serra, *BMJ* 47 (1955), pp. 32 e ss., Antunes Varela, *Obrigações*, II, p. 111, Ribeiro de Faria, *Obrigações*, II, pp. 392 e ss., Lurdes Pereira, *Conceito*, pp. 135 e ss., e Paulo Mota Pinto, *Interesse contratual negativo*, II, pp. 1504 e ss.

da diferença de valor entre a prestação não cumprida e a prestação devida pelo credor, exonerando-se este da sua própria prestação.

Estas duas soluções tem sido apresentadas na doutrina alemã, sob o cognome de *teoria da sub-rogação* e *teoria da diferença*[568].

De acordo com os defensores da *teoria da sub-rogação*, o nexo de correspectividade entre as prestações que caracteriza o sinalagma mantém-se, apesar da impossibilidade culposa ou incumprimento definitivo da prestação, ocorrendo apenas uma substituição desta pelo seu equivalente pecuniário, que o credor só pode exigir se realizar a sua própria prestação. Assim, neste enquadramento, o não cumprimento de uma das prestações nos contratos sinalagmáticos obriga o faltoso a indemnizar a outra parte pela não realização da sua prestação, mas não prejudica o seu próprio direito à contraprestação.

Pelo contrário, de acordo com os defensores da *teoria da diferença*, a indemnização por incumprimento nos contratos sinalagmáticos corresponde a uma indemnização pela frustração do próprio sinalagma contratual. Por isso, o credor não tem que realizar a sua própria prestação, uma vez que as obrigações recíprocas de ambas as partes se convertem num único crédito à indemnização pelo montante da diferença de valor entre ambas as prestações. A indemnização é assim fixada tomando em consideração o valor da prestação não cumprida, deduzido do montante correspondente à poupança de despesas pela não realização da própria prestação.

A posição defendida pela doutrina alemã maioritária corresponde ao que se denomina a *teoria da diferença atenuada*. Essa doutrina considera que na grande maioria dos casos, o credor tem vantagem em não realizar a sua própria prestação e limitar-se a reclamar a indemnização pela diferença de valor entre as duas, pelo que deverá ser essa a solução prevalecente. Em certos casos, porém, pode haver vantagem para o credor em continuar a realizar a sua prestação[569], pelo que se deveria admitir a possibilidade de ser o credor a escolher entre reclamar apenas a diferença ou o valor da prestação incumprida, caso em que teria de realizar a sua própria prestação. O devedor é que não teria qualquer direito a essa prestação, a menos que o credor optasse por esta última solução. A teoria da diferença só é,

[568] Cfr. a referência em LARENZ, *Schuldrecht* I, § 22 II, pp. 340 e ss.

[569] Por exemplo, na hipótese de o credor ter adquirido a coisa para efeitos de cumprimento da obrigação e não ter possibilidade de a aplicar a qualquer outro fim.

porém, defendida para a hipótese em que o credor não realizou a sua própria prestação, já que, se o tiver feito, o credor só pode obter a restituição desta se requerer a resolução do contrato. Se optar pela indemnização pelo incumprimento, o devedor conservará a prestação realizada, sendo assim aplicável neste caso a doutrina da sub-rogação[570].

No nosso ordenamento, a opção por qualquer destas soluções levanta dificuldades. A favor da teoria da diferença poderia invocar-se que, estabelecendo o art. 795º, nº 1, a liberação do credor da contraprestação, quando a impossibilidade da prestação não é imputável ao devedor, não se veria razão para obrigar o credor a realizar a sua própria prestação quando a impossibilidade seja imputável ao devedor (art. 801º, nº 2). Mas a verdade é que também há argumentos ponderosos a favor da teoria da sub-rogação. Efectivamente, basta verificar que o art. 801º, nº 2, permite ao credor optar pela resolução do contrato, mesmo que não tenha ainda realizado a sua prestação, enquanto que, no quadro da teoria da diferença, a opção pela resolução do contrato só apresenta vantagens para o credor na hipótese contrária, uma vez que, se ele nunca tem que realizar a prestação, a opção pela resolução do contrato apenas alteraria, em prejuízo do credor, os critérios de fixação da indemnização. Para além disso, o facto de a lei prever expressamente que a indemnização é *reduzida* na hipótese de o credor exercer o direito ao *commodum* de representação (art. 803º, nº 2) aponta no sentido de que a opção do credor se faz em relação a uma grande indemnização e não apenas em relação à diferença de montante entre a prestação incumprida e a sua própria prestação.

Apesar de tudo, somos de opinião que a teoria da diferença se apresenta como preferível na medida em que considerar o credor obrigatoriamente vinculado à contraprestação perante a falta ou impossibilidade culposa da prestação que lhe era devida implica estabelecer uma desarmonia muito grande entre o regime do art. 795º e o art. 801º, nº 2 – no primeiro caso o credor veria extinta a sua obrigação, enquanto no segundo caso, ela continuaria a ser devida – quando, no lugar paralelo da impossibilidade parcial, a diferença de regime entre os arts. 793º e 802º baseia-se apenas no acrescer da indemnização, sendo o regime idêntico em relação à exoneração do credor. Assim, defenderíamos igualmente entre nós a teoria atenuada da diferença, o que implica considerar que o credor, quando não realizou

570 Cfr. LARENZ, *Schuldrecht* I, § 22 II, pp. 340 e ss.

ainda a sua prestação, pode optar pela sua não realização, descontando-a na indemnização por incumprimento, ou pela sua realização nos casos em que tenha interesse em o fazer, reclamando nesse caso a totalidade da indemnização.

3. A impossibilidade culposa da prestação e sua equiparação ao incumprimento

3.1. A indemnização por incumprimento

Examinámos já a situação em que a impossibilidade da prestação ocorre por facto não imputável ao devedor. Nesse caso, verifica-se a extinção da sua obrigação, sem que o devedor incorra em responsabilidade (art. 790º). Se, porém, a impossibilidade da obrigação é devida a facto imputável ao devedor, a extinção da obrigação em virtude da impossibilidade constitui o devedor na obrigação de indemnizar o credor pelos danos causados, como se ele faltasse culposamente ao cumprimento da obrigação (art. 801º, nº 1)[571]. Efectivamente, nessa hipótese, a situação assemelha-se à do incumprimento da obrigação, uma vez que o devedor continua a não realizar a prestação por facto que lhe é imputável, com a diferença que o nexo de imputação neste caso se coloca não em relação à conduta de não realização da prestação, mas antes em relação à conduta de impossibilitar a prestação. Efectivamente, em termos de responsabilidade é idêntico o devedor não realizar culposamente uma prestação possível ou não realizar uma prestação que culposamente tornou impossível.

[571] Alguma doutrina contesta que se verifique neste caso a extinção da obrigação, que reserva para a hipótese de a impossibilidade não ser imputável ao devedor (art. 790º, nº 1), por considerar que na impossibilidade culposa a obrigação de indemnização corresponde a uma mera modificação da prestação primitiva. Neste sentido, cfr. VAZ SERRA, *BMJ* 46 (1955), pp. 12 e ss., ANTUNES VARELA, *Obrigações* I, p. 155, nota (3), CARLOS MOTA PINTO, *Cessão*, pp. 426 e ss., CALVÃO DA SILVA, *Cumprimento*, pp. 144 e ss. e PAULO MOTA PINTO, *Interesse contratual negativo*, II, pp. 1492 e ss. (1499). Seguindo MENEZES CORDEIRO, *Obrigações*, 2º, pp. 171 e ss. (o autor viria a rever a sua posição em *Tratado*, IX, pp. 392-393) temos vindo a considerar que também na impossibilidade imputável ao devedor se verifica a extinção da obrigação, uma vez que a obrigação de indemnização que se constitui por força da impossibilidade é uma nova obrigação, com objecto e regime distinto. Esta solução veio a ser expressamente consagrada no Direito Alemão após a Reforma do Direito das Obrigações de 2001, prevendo agora o § 275 BGB a extinção da obrigação em qualquer caso de impossibilidade, ao contrário do que sucedia na redacção anterior, e referindo os §§ 281 e ss. BGB, que a violação definitiva da obrigação origina uma "indemnização em substituição da prestação" (*Schadensersatz statt der Leistung*).

Sendo assim, a consequência da impossibilidade culposa da prestação é que o devedor fica da mesma forma obrigado a indemnizar o credor pelos danos correspondentes à frustração das utilidades proporcionadas com a prestação, desde que naturalmente se verifiquem todos os pressupostos da responsabilidade obrigacional.

3.2. O *commodum* de representação

A impossibilidade da prestação por facto imputável ao devedor pode implicar igualmente que o devedor venha a obter um direito sobre certa coisa ou contra terceiro em substituição do objecto da prestação. Assim, por exemplo, se um agricultor por culpa sua não conseguiu a colheita dos frutos necessários ao cumprimento da obrigação pode mesmo assim ter direito ao seguro de colheitas. Daí que o art. 803º, nº 2, venha igualmente a determinar que o credor pode também nesses casos exercer o *commodum* de representação, ou seja, exigir a prestação da coisa ou do direito que o devedor obteve contra terceiro em substituição do objecto da prestação.

Caso o credor venha a exercer o direito ao *commodum* de representação terá igualmente que manter a sua própria contraprestação, uma vez que a opção pelo *commodum* de representação é manifestamente incompatível com a extinção da mesma[572]. No entanto, conforme se viu, a impossibilidade culposa da prestação permite ao credor exigir igualmente do devedor a indemnização pelo seu interesse contratual positivo que, em virtude dessa manutenção se exercerá de acordo com a teoria da sub-rogação[573]. Ora, é manifesto que não seria possível ao credor cumular esses dois direitos, já que tal geraria um verdadeiro enriquecimento seu à custa do devedor. Daí que a solução legal tenha sido o permitir ao credor a opção pelo *commodum* da representação, mas que, caso ele venha exercer essa opção, a indemnização será reduzida na medida correspondente ao valor do *commodum* (art. 803º, nº 2)

3.3. O regime da impossibilidade parcial

No caso das obrigações divisíveis admite-se, porém, que a impossibilidade da prestação possa ser apenas parcial, o que acontecerá, por exemplo, na

[572] E isto mesmo no caso de a impossibilidade da prestação não ser imputável ao devedor. Cfr. *supra*.

[573] Neste sentido, vide LARENZ, *Schuldrecht* I § 22 II, p. 342.

hipótese de alguém se obrigar a entregar as duas peças de porcelana raras que possui e, culposamente, partir uma delas. Nesse caso, o art. 802º, nº 1, determina que ao credor cabe a alternativa entre resolver o negócio ou exigir o cumprimento do que for possível, reduzindo nesse caso a sua contraprestação, se for devida. Em qualquer das situações o credor manterá o seu direito à indemnização, mas a opção pela resolução do negócio não poderá ser exercida se o não cumprimento parcial, atendendo ao interesse do credor, tiver escassa importância (art. 801º, nº 2).

A solução que parece mais coerente perante a impossibilidade parcial é que esta apenas determine uma extinção parcial do direito à prestação, não sendo assim a prestação integralmente substituída por uma indemnização. Caso o contrato seja sinalagmático, o nexo de reciprocidade entre as prestações implicará que a extinção parcial de uma das prestações acarrete a correspondente redução da outra, sem que o credor perca o direito à indemnização que abrangerá o interesse contratual positivo, ou seja, todos os benefícios que o credor obteria caso a prestação fosse integralmente realizada, naturalmente com o desconto correspondente à redução proporcional da sua própria prestação[574].

O credor pode, perante a impossibilidade parcial, optar pela não realização de qualquer parte da sua própria prestação, para o que tem que recorrer à resolução do contrato. Esta destrói retroactivamente o negócio (art. 433º), pelo que ambas as partes ficam liberadas de qualquer prestação, ficando apenas o credor com o direito de exigir indemnização pelo interesse contratual negativo. Esta opção não será, no entanto, permitida, caso o não cumprimento parcial, atendendo ao interesse do credor, tiver escassa importância, caso em que será antes tutelado o interesse do devedor em realizar a parte não impossibilitada da prestação.

4. Cumprimento defeituoso da obrigação: a violação positiva do contrato

Verifica-se uma situação de cumprimento defeituoso quando o devedor, embora realizando uma prestação, essa prestação não corresponde integralmente à obrigação a que se vinculou, não permitindo assim a satisfação adequada do interesse do credor. É o caso, por exemplo, de alguém entregar um bem com defeitos, ou prestar um serviço em termos inadequados.

[574] Há assim uma clara opção pela teoria da diferença no regime da impossibilidade parcial. Cfr. LARENZ, *Schuldrecht* I § 22 II, p. 343.

Nesse caso, não se poderá considerar existir cumprimento da obrigação (art. 762º, nº 1), pelo que o devedor não ficará liberado com a realização dessa prestação.

Não se verificando, assim, a liberação do devedor, podem ocorrer as seguintes situações: ou o devedor se constitui em mora (art. 804º) ou se verifica o incumprimento definitivo da obrigação (art. 808º). No primeiro caso, o credor conserva interesse na prestação, pelo que caberá ao devedor reparar o defeito, ou substituir a prestação defeituosa por outra em condições. No segundo caso, o credor perde definitivamente o interesse na prestação, pelo que a obrigação se terá por definitivamente incumprida, cabendo então ao devedor pagar ao credor a indemnização por incumprimento definitivo. Pode, porém, suceder que não ocorra sequer qualquer destas situações, quando o cumprimento defeituoso se verifique antes do vencimento da obrigação e o devedor repare os defeitos ou substitua a prestação, antes desse vencimento.

Em qualquer caso, o cumprimento defeituoso é susceptível de causar ao credor danos distintos daqueles que resultem da mora ou do incumprimento definitivo da obrigação, pelo que adquire autonomia em relação às outras formas de violação do vínculo obrigacional. É, no entanto, de referir a sua tradicional omissão nos Códigos Civis, que levou STAUB em 1904 a proclamar que o Código Civil Alemão tinha estabelecido uma lacuna, já que, limitando-se a prever a responsabilidade por impossibilidade de cumprimento (§ 280 BGB, redacção original) ou pela mora na execução da prestação (§ 326 BGB, redacção original), omitiria a referência à execução da prestação com defeitos, o que o autor considerava como uma hipótese de violação positiva do contrato, por oposição à violação negativa, que seria representada pela inexecução da obrigação, propugnando em consequência a integração dessa lacuna, a partir do § 326 BGB (redacção original), relativo ao regime da mora[575]. Essa doutrina foi posteriormente amplamente acolhida na doutrina alemã, ainda que a formulação do conceito não tivesse deixado de merecer críticas de alguns autores[576]. Depois

[575] Cfr. HERMANN STAUB, "Die positiven Vertragsverletzungen" (1904), recolhido em RUDOLF VON JHERING, Culpa in contrahendo / HERMANN STAUB, Die positiven Vertragsverletzungen, com posfácio de Eike Schmidt, Berlin/Zürich Gehlen/Bad Hoburg, 1969, pp. 93-130.

[576] Cfr. HEINRICH STOLL, "Abschied von der Lehre von der positiven Vertragsverletzung", em *AcP* 136 (1932), pp. 257-320 (maxime 314 ss.) e JAKOBS, *Unmöglichkeit*, pp. 58 e ss. As críticas

da reforma do Direito das Obrigações alemão, instituída pela *Schuldrechtsmodernisierungsgesetz*, o actual § 281 BGB refere expressamente que a violação da obrigação tanto pode consistir na não realização da prestação como na sua realização em desconformidade com o conteúdo do dever.

O nosso Código Civil, à semelhança da versão original do Código alemão, também não contemplou na parte das obrigações em geral, a situação do cumprimento defeituoso, limitando-se a fazer-lhe uma referência passageira no art. 799º, nº 1, a propósito do ónus da prova que incumbe ao devedor. Essa matéria é, no entanto, regulada nos diversos contratos em especial, tratando-se sucessivamente, em sede de compra e venda, a venda de bens alheios (arts. 892º e ss.), venda de bens onerados (arts. 905º e ss.) e venda de coisas defeituosas (arts. 913º); em sede de doação, a doação de bens alheios (art. 956º) e os ónus ou vícios do direito ou da coisa doada (art. 957º); em sede de locação, os vícios da coisa locada (arts. 1032º e ss.); em sede de comodato, o regime da responsabilidade do comodante pelos vícios ou limitações do direito ou pelos vícios da coisa (art. 1134º), aplicável também ao mútuo gratuito (art. 1151º); e em sede de empreitada o regime dos defeitos da obra (arts. 1218º e ss.).

Não há, porém, obstáculos a que, a partir desses regimes, se tente estabelecer uma doutrina geral do cumprimento defeituoso, integrando assim a lacuna da parte geral[577].

Assim, em primeiro lugar, verifica-se que no cumprimento defeituoso a ilicitude resulta ou da violação de deveres secundários de prestação ou de deveres acessórios de conduta, que acompanham o dever de prestação principal, enquadrando-se, por isso, no quadro da violação da obrigação, entendida esta como relação obrigacional complexa. A ilicitude por violação de deveres secundários de prestação ocorrerá, por exemplo, em caso de entrega de uma coisa sem os documentos a ela relativos (cfr. art. 882º,

referem-se essencialmente à heterogeneidade de situações abrangidas pela construção, o que lhe retiraria unidade dogmática.

577 Cfr., neste âmbito, MANUEL DE ANDRADE, *Obrigações*, pp. 326-327, ANTUNES VARELA, *Obrigações*, II, pp. 126 e ss., ALMEIDA COSTA, *Obrigações*, pp. 1058 e ss., MENEZES CORDEIRO, "Violação positiva do contrato", na *ROA* 41 (1981), pp. 123-152 = ID, *Estudos de Direito Civil*, Coimbra, Almedina, 1987, pp. 115-142., *Da Boa Fé*, pp. 594 e ss., e *Tratado*, IX, pp. 409 e ss., e 420 e ss., e CALVÃO DA SILVA, *Responsabilidade civil do produtor*, pp. 181 e ss., e CARNEIRO DA FRADA, *Contrato*, pp. 28 e ss.
Essa construção foi ensaiada entre nós por PEDRO ROMANO MARTINEZ, *Cumprimento defeituoso, em especial na compra e venda e na empreitada*, Coimbra, Almedina, 1994, *passim*.

nº 2). Já a ilicitude por violação de deveres acessórios de conduta, ocorrerá, por exemplo, quando a prestação seja realizada em desrespeito das regras de segurança exigidas, com o risco de serem causados danos ao credor[578].

Em segundo lugar, ao cumprimento defeituoso é aplicável a presunção de culpa do art. 799º, nº 1, o que obriga o devedor a demonstrar que ele não procede de culpa sua. Esta solução, que não deixa de suscitar alguma controvérsia[579], é explicável pelo facto de não se justificar distinguir o regime probatório relativamente a danos derivados da violação do dever de prestar principal ou da violação de outros deveres.

Relativamente aos danos causados pelo cumprimento defeituoso, eles poderão corresponder à frustração das utilidades causadas pela prestação (interesse de cumprimento) ou extravasar desse âmbito (danos exteriores, ou *Begleitschaden*). No primeiro caso, o credor terá direito a uma indemnização por incumprimento, podendo, no caso de se tratar de um

[578] Cfr. a este propósito, o Ac. STJ 8/9/2009 (URBANO DIAS), em *CJ-ASTJ* 17 (2009), 3, pp. 39-43, relativo à colocação de pneus num veículo contra as instruções do fabricante em relação à sua localização.

[579] A aplicação da presunção de culpa da responsabilidade obrigacional ao cumprimento defeituoso suscita efectivamente amplo debate na doutrina alemã, documentado entre nós por RIBEIRO DE FARIA, *Obrigações*, II, pp. 460, nota (3). Efectivamente, enquanto LEO RAAPE, "Die Beweislast bei positiver Vertragsverletzung. Zugleich ein Beitrag zur Überlassung von Sachen von gefahrdrohender Beschaffenheit" em *AcP* 147 (1941), pp. 217-289 entende que a presunção de culpa é integralmente aplicável a qualquer dever oriundo da relação obrigacional, HANS STOLL, "Die Beweislastverteilung bei positiven Vertragsverletzungen", em JOSEF ESSER/HANS THIEME, *Festschrift für Fritz von Hippel zum 70. Geburtstag*, Tübingen, Mohr, 1967, p. 517-559 (535) sustenta que a violação de deveres de protecção deve ser equiparada em termos de ónus da prova à violação de direitos, cabendo ao lesado provar a culpa do responsável. Já HEINRICH STOLL, *AcP* 136, pp. 311 e ss. defendia que quando estivesse em causa o interesse de prestação do credor, bastar-lhe-ia provar a violação do vínculo obrigacional, tendo, porém, ainda que provar a culpa do devedor se estivesse antes em causa o interesse de protecção. Posição intermédia é defendida por LARENZ, *Schuldrecht*, § 24 I, pp. 372 e ss. que considera a presunção de culpa da responsabilidade obrigacional como um dos aspectos da garantia de cumprimento prestada pelo devedor, que não pode sem mais estender-se à violação positiva do contrato. Efectivamente, nesta não estaria em causa a liberação excepcional do devedor pela ocorrência de um facto que não lhe seja imputável, que este teria que demonstrar, mas antes a falta de cuidado na realização da prestação ou a violação de determinado dever de protecção, que não poderia sem mais ser presumida. Daí que o autor apenas admita a aplicação da presunção de culpa ao cumprimento defeituoso quando a prevenção contra danos aparece como conteúdo parcial do dever de prestar (como, por exemplo, nos contratos de depósito e transporte) ou quando o dano ocorre no âmbito de uma esfera de domínio ou de risco do devedor (por exemplo, os defeitos da obra na empreitada).

contrato sinalagmático, exercer ainda as alternativas conferidas ao credor nesses contratos (excepção de não cumprimento do contrato e resolução por incumprimento). No segundo caso, a indemnização por esses danos é completamente exterior ao dever de efectuar a prestação, pelo que parece que poderá ser cumulada com a acção de cumprimento[580].

Para além da indemnização ou da resolução do contrato, o cumprimento defeituoso pode ainda atribuir outros direitos específicos ao credor. Assim, por exemplo, pode o credor ter direito à reparação ou eliminação dos defeitos da prestação ou a nova realização da prestação em conformidade com o contrato, quando tal não seja possível (cfr. arts. 914º e 1121º) ou ainda à redução da contraprestação (art. 911º)[581].

[580] Neste sentido, *vide* Ribeiro de Faria, *Obrigações*, II, p. 464.

[581] A garantia do comprador na venda de bens de consumo foi objecto de harmonização comunitária, pela Directiva 1999/44/CE, tranposta entre nós, pelo Decreto-Lei 67/2003, de 8 de Abril, alterado pelo Decreto-Lei 84/2008, de 31 de Maio. O art. 4º desse diploma vem admitir que perante a falta de conformidade do bem adquirido o consumidor tenha direito à sua reparação, substituição, redução do preço ou resolução do contrato. Cfr., o volume III desta obra, Secção I, nº 7.4.8.4., pp. 156 e ss.

Secção IV
A realização coactiva da prestação

1. A acção de cumprimento e a execução

Qualquer credor tem, em caso de não realização da prestação, uma garantia judiciária da obrigação, consistente na possibilidade de exigir judicialmente o seu cumprimento e de executar o património do devedor (art. 817º)[582].

Esta exigência judicial de cumprimento efectua-se normalmente através da acção de condenação onde, com base no pressuposto ou previsão da violação do direito, se exige a prestação de uma coisa ou de um facto (art. 10º, nº 3, *b)* CPC).

Caso a condenação do devedor ao cumprimento não seja por este observada, a realização coactiva do direito do credor exige a instauração de uma acção executiva (art. 10º, nº 4, CPC). A acção executiva tem sempre como pressuposto um título executivo, através do qual se determinam o fim e os limites da acção executiva (art. 10º, nº 5, CPC), ou seja em que termos pode ser executado o património do devedor.

Um dos títulos executivos é precisamente a sentença condenatória (CPC, art. 703º *a)*), funcionando assim a decisão proferida na acção de condenação como permissão ao credor para executar o património do devedor dentro dos limites em que este foi condenado. Assim, quando o credor não disponha de outro título executivo, terá que instaurar contra o

[582] Cfr. Gomes da Silva, *Conceito e estrutura da obrigação*, Lisboa, s.e., 1943, pp. 43 e ss., Antunes Varela, *Obrigações*, II, pp. 149 e ss.

devedor uma acção de condenação, só podendo executar o seu património após a obtenção da correspondente sentença condenatória[583].

Existem, porém, títulos executivos de cariz extrajudicial, cujo elenco foi aliás consideravelmente alargado após a Reforma do nosso processo civil de 1995/1996, no intuito de reduzir o número de acções declarativas, o que veio a ser, no entanto, algo atenuado com a Reforma de 2013. São assim igualmente títulos executivos:

- os documentos exarados ou autenticados pelo notário que importem constituição ou reconhecimento de qualquer obrigação (CPC, art. 703º, nº 1, *b)*)[584];
- os títulos de crédito, ainda que meros quirógrafos, desde que, neste caso, os factos constitutivos da relação subjacente constem do próprio documento ou sejam alegados no requerimento executivo (CPC., art. 703º, nº 1, *c)*)
- os documentos a que por disposição especial seja reconhecida força executiva (CPC, art. 703º, nº 1, *d)*).

A acção executiva pode ter três fins distintos: o pagamento de quantia certa, a entrega de coisa certa, e a prestação de facto (art. 10º, nº 6 CPC). No primeiro caso, o credor exige a prestação de uma quantia em dinheiro. No segundo caso, exige uma coisa determinada. No terceiro caso exige que o devedor pratique um facto, positivo ou negativo. A todos estes três fins da acção executiva correspondem formas de processo específicas, previstas respectivamente nos arts. 712º e ss., 859º e ss. e 868º e ss. do CPC.

A forma de processo mais comum é, no entanto, a da execução para pagamento de quantia certa. Nesta efectua-se a penhora de bens do executado (arts. 735º e ss. CPC), que consiste numa apreensão desses bens para, mediante eles, vir a ser satisfeito o direito do credor. A satisfação desse direito pode ocorrer mediante a entrega de dinheiro, adjudicação dos bens penhorados, consignação dos seus rendimentos ou pelo produto

[583] Salienta-se ainda que, nos termos do art. 704º, nº 1, CPC a sentença só constitui título executivo, se dela não tiver sido interposto recurso com efeito suspensivo.

[584] No caso, porém, de convenção de prestações futuras ou de constituição de obrigações futuras, exige-se ainda que, por documento com força executiva própria, ou passado em conformidade com as cláusulas do referido documento autêntico ou autenticado, se prove que alguma prestação foi realizada para conclusão do negócio ou que alguma obrigação foi constituída na sequência da previsão das partes (CPC, art. 707º).

da respectiva venda (art. 795º CPC). Normalmente, procede-se à venda dos bens do devedor (art. 811º e ss. CPC), para, com o produto dessa venda, vir o credor a ser pago. A venda é, porém, dispensada, no caso de a penhora ter abrangido quantias em dinheiro, caso em que se efectua a sua entrega ao credor (art. 798º CPC); no caso de o próprio credor requerer que lhe sejam atribuídos os próprios bens penhorados (arts. 799º e ss. CPC); e no caso, tratando-se de bens imóveis ou móveis sujeitos a registo, o credor requerer que lhe sejam afectos os rendimentos desses bens (CPC, art. 879º e ss.).

Na execução para entrega de coisa certa, se esta é encontrada, faz-se a sua entrega ao credor (CPC., arts. 861º e ss.), havendo, no entanto, algumas especialidades para protecção do devedor no caso de coisa imóvel arrendada (CPC, arts. 862º e ss.). Se a coisa não é encontrada, o credor tem que exigir em seu lugar uma indemnização, convertendo-se neste caso o processo em execução para pagamento de quantia certa (CPC, art. 867º).

Na execução para prestação de facto, tratando-se de facto positivo, o credor pode requerer a prestação por outrem, se o facto for fungível, bem como a indemnização moratória a que tenha direito, ou indemnização do dano sofrido com a não realização da prestação e a quantia eventualmente devida a título de sanção pecuniária compulsória (CPC, art. 868º). No caso de o credor optar pela indemnização, a execução é convertida em execução para pagamento de quantia certa (CPC, arts. 869º e 867º). Se se tratar de um facto negativo, o credor pode requerer, em caso de violação, a demolição da obra, a indemnização do pagamento sofrido e a quantia devida a título de sanção pecuniária compulsória (CPC, art. 876º). O juiz decidirá entre a demolição da obra e indemnização ao exequente, ou apenas pela concessão de uma indemnização, quando não haja lugar a demolição (art. 877º, nº 1, CPC). Neste último caso, o processo converter-se-á igualmente em execução para pagamento de quantia certa (arts. 877º, nº 2, 869º e 867º CPC).

2. A execução específica das obrigações

Conforme se pode concluir da exposição anterior, na acção executiva a satisfação do direito do credor faz-se normalmente através da atribuição de uma indemnização em dinheiro. Fala-se então em *execução por equivalente* ou por *sucedâneo*. Mas também pode suceder que o credor venha obter a satisfação, por via judicial, do seu crédito na forma originária, através da produção do mesmo resultado que lhe proporcionaria o cumprimento voluntário da obrigação. Fala-se, então, em *execução específica*. Há uma grande diferença de pressupostos entre as duas situações, uma vez que, conforme se explicou, a obtenção de uma indemnização pressupõe a extinção do direito à prestação e a sua substituição por um direito à indemnização. O pressuposto da execução por equivalente é, por isso, o incumprimento definitivo da obrigação (cfr. art. 808º). Já a execução específica pressupõe a manutenção, na esfera do credor, do seu direito à prestação original. O seu pressuposto é, por isso, apenas a simples mora (art. 804º).

A execução específica encontra-se prevista nos arts. 827º e ss. do Código, abrangendo os casos da entrega de coisa determinada, da prestação de facto positivo fungível, da não realização de determinada obra e da obrigação de contratar.

O primeiro caso referido é o de a obrigação consistir na entrega de coisa determinada. Neste caso, o art. 827º, na redacção do D.L. 38/2003, de 8 de Março, prevê que o credor pode requerer, em tribunal, que a entrega lhe seja feita, aplicando-se o processo de execução para entrega de coisa certa (CPC, arts. 859º e ss.). De notar, no entanto, que esta faculdade só pode ser utilizada em caso de a coisa se encontrar determinada, não se aplicando assim a coisas genéricas, onde o credor não pode suprir a faculdade de escolha que compete ao devedor[585].

O segundo caso referido é o de obrigação consistir na prestação de facto fungível, onde o credor pode requerer que o facto seja prestado por outrem à custa do devedor (art. 828º). Nesse caso, o tribunal procederá à venda em execução dos bens do devedor para com o produto dessa venda contratar a realização da prestação por terceiro (CPC art. 870º).

A obrigação de não realização de determinada obra permite ao credor, em caso de incumprimento, requerer em tribunal a sua demolição (art. 829º, nº 1), mas essa faculdade compreensivelmente cessa se os prejuízos causados pela demolição para o devedor forem consideravelmente superiores ao prejuízo sofrido pelo credor, havendo então apenas lugar a indemnização (art. 829º, nº 2). Aplica-se neste caso o processo de execução para prestação de facto negativo (CPC, arts. 876º e ss.).

Finalmente, temos a obrigação de contratar, prevista no art. 830º, que permite ao credor requerer em tribunal a emissão de uma sentença que

[585] O art. 861º, nº 2 CPC, refere-se antes a coisas determinadas sujeitas a contagem, pesagem ou medição, como as previstas nos arts. 887º e ss.

produza os efeitos de contrato que o devedor se obrigara a celebrar. Neste caso, a execução específica realiza-se, não através do processo executivo, mas por via de uma acção declarativa constitutiva (art. 10º, nº 3, *c)* CPC).

3. A sanção pecuniária compulsória

Nos casos em que não é possível o recurso à execução específica, a lei admite ainda a possibilidade de coagir o devedor ao cumprimento, através da denominada sanção pecuniária compulsória[586], inspirada nas *astreintes* do modelo francês[587]. Esta figura encontra-se prevista no art. 829º-A do Código que a permite, em relação às prestações de facto infungível, positivo ou negativo, salvo nas que exigem especiais qualidades científicas ou artísticas do obrigado. Nesses casos, a requerimento do credor pode o tribunal condenar o devedor no pagamento de uma quantia pecuniária por cada dia de atraso no cumprimento ou por cada infracção, conforme for mais adequado às circunstâncias do caso (art. 829º-A, nº 1). Daqui resulta que o legislador admite a sanção pecuniária compulsória em termos extremamente limitados, já que esta não pode ser decretada oficiosamente pelo tribunal, exigindo-se o requerimento do credor[588], e só é permitida em relação a obrigações de prestação de facto infungível, positivo ou negativo, delas se excluindo, porém, as prestações que exigem especiais qualidades científicas ou artísticas do obrigado, talvez a situação mais frequente.

O art. 829º-A, nº 2, determina que a sanção pecuniária será fixada segundo critérios de razoabilidade, sem prejuízo da indemnização a que

586 Cfr., sobre ela ALMEIDA COSTA, *Obrigações*, pp. 1063 e ss., CALVÃO DA SILVA, *Cumprimento*, pp. 353 e ss. e PEDRO DE ALBUQUERQUE, "O direito ao cumprimento de prestação de facto, o dever de a cumprir e o princípio *nemo ad factum cogi potest*. Providência cautelar, sanção pecuniária compulsória e caução", na *ROA* 65 (2005), 2, pp. 435-485 (457 e ss.), também publicado em JORGE MIRANDA (org.), *Estudos em Honra de Ruy de Albuquerque*, II, Lisboa, Faculdade de Direito da Universidade de Lisboa/Coimbra Editora, 2006, pp. 499-540 (517 e ss.)..

587 As *astreintes* consistem no Direito Francês numa condenação do devedor a pagar ao credor, a título de pena privada, determinada soma de dinheiro fixada pelo juiz, de forma global, ou mais frequentemente em função do tempo de atraso na realização de uma prestação de *facere* ou por cada infracção verificada em relação a uma prestação de *non facere*. Cfr. TERRÉ/SIMMLER/LEQUETTE, *op. cit.*, pp. 935 e ss., nº 1023 e ss.

588 Requerimento esse que não pode ser indeferido pelo tribunal com base na inoportunidade da medida, nem se admite uma sua posterior modificação com base na alteração das circunstâncias em que foi decretado. Neste sentido, CALVÃO DA SILVA, *Cumprimento*, pp. 429 e ss.

houver lugar. Desta norma resulta a independência da sanção pecuniária compulsória em relação à indemnização, e a sua consequente cumulabilidade com esta, mesmo que tenha sido fixada através de cláusula penal[589].

Os beneficiários da sanção pecuniária compulsória são o credor o Estado, em partes iguais (art. 829º-A, nº 3), solução que aparece justificada pelo facto de ela tutelar não apenas o interesse particular de compelir à satisfação do crédito, mas também o interesse colectivo de as obrigações serem regularmente cumpridas.

À sanção pecuniária compulsória prevista nos arts. 829º-A, nºs 1, 2 e 3, veio o art. 829º-A, nº 4, acrescentar uma figura algo diferente, ao determinar que "quando for estipulado ou judicialmente determinado qualquer pagamento em dinheiro corrente são automaticamente devidos juros à taxa de 5% ao ano, desde a data em que a sentença de condenação transitar em julgado, os quais acrescerão aos juros de mora, se estes forem também devidos, ou à indemnização a que houver lugar". Salienta-se, em primeiro lugar, que nesta norma estão em causa obrigações pecuniárias e que a sanção pecuniária compulsória aqui presente, que se reconduz a um adicional de juros à taxa de 5%, resulta automaticamente da lei, não sendo necessária qualquer decisão judicial a estabelecê-la[590], sendo a taxa automaticamente devida desde a data da sentença. Tem sido equacionada na doutrina a possibilidade de aplicar analogicamente o art. 829º-A, nº 4, a títulos executivos extrajudiciais[591], mas não nos parece essa solução adequada, uma vez que a gravidade dessa sanção só se justifica em caso de desrespeito de uma decisão judicial, e já não no âmbito de outros títulos executivos.

[589] Cfr. CALVÃO DA SILVA, *Cumprimento*, pp. 410 e ss.

[590] Precisamente por esse motivo, quando a sentença não condene nessa sanção, o art. 868º CPC admite a fixação da mesma no processo executivo.

[591] Neste sentido, MENEZES CORDEIRO, *Tratado*, IX, pp. 529-530, defendendo nestes casos a contagem automática dos juros do art. 829º-A, nº 4, a partir do momento da citação para a execução.

Secção V
As cláusulas de limitação e exclusão de responsabilidade e a cláusula penal

1. Generalidades

A indemnização em caso de incumprimento pode ser regulada pelas partes antecipadamente à sua verificação. Nesta situação podem ser distinguidas as seguintes cláusulas:

- Cláusulas de exclusão de responsabilidade.
- Cláusulas de limitação de responsabilidade.
- Cláusulas de fixação de responsabilidade, ou cláusula penal.

Examinemos sucessivamente estas cláusulas:

2. Cláusulas de exclusão de responsabilidade

Relativamente às cláusulas de exclusão de responsabilidade, o art. 809º vem proibir a sua estipulação, ao determinar que "é nula a cláusula pelo qual o credor renuncia antecipadamente a qualquer dos direitos que lhe são conferidos nas divisões anteriores em caso de não cumprimento ou mora do devedor, salvo o disposto no nº 2 do art. 800º". Ao credor é assim vedado renunciar antecipadamente à indemnização por incumprimento da obrigação (arts. 798º), pela impossibilidade culposa de cumprimento (arts. 801º) ou pela mora no cumprimento (art. 804º), à resolução por incumprimento (art. 801º, nº 2) ou ao *commodum* de representação (art. 803º). Apesar de a lei não o referir expressamente, parece claro que esta proibição abrange igualmente a renúncia ao direito de exigir o cumprimento (arts. 817º e ss.), a execução específica da obrigação (arts. 827º e ss., com a excepção do art. 830º, nºs 1 e 2)[592], e ainda os direitos conferidos em caso de cumprimento defeituoso.

Não pode assim o credor renunciar antecipadamente à indemnização resultante do não cumprimento imputável ao devedor, podendo apenas, nos termos do art. 800º, nº 2, ser afastada a responsabilidade objectiva do devedor pelos actos dos seus auxiliares, desde que tal exclusão não represente a violação de deveres impostos por normas de ordem pública. É uma solução que bem se compreende, uma vez que a renúncia antecipada à indemnização por incumprimento se apresentaria como contrária à própria natureza da obrigação, praticamente a convertendo numa obrigação natural.

Na nossa doutrina, tem vindo, porém, a ser defendida por ANTÓNIO PINTO MONTEIRO uma interpretação que restringe a aplicação do art. 809º aos casos de exclusão da responsabilidade por dolo ou culpa grave, admitindo, porém, as cláusulas de exclusão da responsabilidade por culpa leve[593], posição que suscitou a adesão posterior de CARLOS MOTA PINTO e de ALMEIDA COSTA[594]. Esta posição sustenta que a celebração de convenções de exclusão da responsabilidade com base na culpa leve corresponde a um interesse legítimo, no âmbito da autonomia privada, não se justificando impedir a sua celebração, invocando ainda o argumento de estas cláusulas não serem proibidas pelo art. 18º *c)* LCCG.

A essa interpretação opuseram-se, porém, ANTUNES VARELA e RIBEIRO DE FARIA, que continuam a defender a proibição geral das cláusulas de exclusão da responsabilidade, com a única excepção da responsabilidade do devedor por actos dos seus auxiliares[595].

[592] No sentido de que a proibição de renúncia constante do art. 809º abrange a acção de cumprimento e a execução específica da obrigação, cfr. PIRES DE LIMA / ANTUNES VARELA, *op. cit.*, II, sub art. 809º, nº 1, p. 72, CALVÃO DA SILVA, *Cumprimento*, pp. 177 e ss., e ANA PRATA, *Cláusulas*, pp. 599 e ss. Em sentido contrário, veja-se, porém, PAULO MOTA PINTO, *Interesse contratual negativo e interesse contratual positivo*, I, Coimbra, Coimbra Editora, 2008, pp. 377 e ss., nota (1139).

[593] Cfr. PINTO MONTEIRO, *Cláusulas*, pp. 210 e ss. A posição de que as cláusulas de exclusão de responsabilidade apenas seriam proibidas em relação à responsabilidade por dolo correspondia igualmente ao entendimento da doutrina mais antiga. Cfr. GUILHERME MOREIRA, *Instituições*, II, p. 118 e MANUEL DE ANDRADE, *Obrigações*, p. 346.

[594] Cfr. MOTA PINTO, *Teoria*, p. 595 e ALMEIDA COSTA, *Obrigações*, pp. 789 e ss.

[595] Cfr. ANTUNES VARELA, *Obrigações*, II, p. 137 e nota (2), e RIBEIRO DE FARIA, *Obrigações*, II, p. 404 e nota (2).

Pensamos que é esta última a melhor posição. Efectivamente, a função do art. 809º é precisamente a de limitar a autonomia privada, por forma a evitar a renúncia prévia aos direitos do credor. Ora, se se admitisse uma convenção de exclusão da responsabilidade do devedor pela culpa leve, a posição jurídica do credor ficaria extremamente debilitada, ao mesmo tempo que se permitiria ao devedor actuar com incúria no cumprimento das suas obrigações, só o responsabilizando em caso de comportamentos intencionais ou gravemente negligentes. Ora, essa situação apresentar-se-ia como contraditória com o fim que preside ao vínculo obrigacional, enfraquecendo gravemente os direitos do credor, pelo que se justifica que a lei venha afastar a possibilidade de o credor renunciar a esse direito. Por outro lado, o art. 18º *c)* LCCG não pode servir de argumento, uma vez que sendo essa norma especial das cláusulas contratuais gerais, não faz sentido que pudesse permitir nessa sede o que é proibido nos contratos singulares.

Propendemos assim a considerar que o art. 809º proíbe qualquer cláusula de exclusão antecipada de responsabilidade, com excepção da responsabilidade do devedor pelos actos dos seus auxiliares. As partes podem celebrar cláusulas de renúncia a uma indemnização que já tenham adquirido mas não podem efectuar essa renúncia antecipadamente, tornando lícito o comportamento do devedor que representasse uma infracção da obrigação.

3. Cláusulas de limitação de responsabilidade

Relativamente às cláusulas de limitação de responsabilidade, parece-nos que será admitida a sua estipulação, ao abrigo do princípio da autonomia privada (art. 405º), e por argumento *a contrario* do art. 809º. Efectivamente, a limitação convencional da indemnização a um limite máximo não se identifica com uma renúncia a ela e consiste numa cláusula que desempenha funções relevantes para efeitos de segurança na contratação. Parece, por isso, que genericamente deverá ser admitida a estipulação das cláusulas de limitação de responsabilidade. A lei admite aliás no art. 602º, uma hipótese específica, referente à limitação convencional da responsabilidade do devedor a alguns dos seus bens, a qual é admissível, salvo quando se trate de matéria subtraída à disponibilidade das partes (como, por exemplo, as obrigações de alimentos)[596].

[596] Cfr. ANTUNES VARELA, *Obrigações*, II, pp. 426 e ss.

4. Cláusulas de fixação de responsabilidade: a cláusula penal

Já as cláusulas de fixação de responsabilidade são amplamente admitidas pelo art. 810º que nos refere que "as partes podem, porém, fixar por acordo o montante da indemnização exigível: é o que se chama cláusula penal"[597]. A utilização da expressão "porém" indica que esta permissão funciona como limitação à proibição do art. 809º, não sendo, por isso, possível fixar cláusulas penais de montante meramente simbólico, uma vez que elas funcionariam na prática como uma derrogação dessa proibição[598].

A cláusula penal tem que ser estipulada num determinado montante pecuniário. Caso este não se encontre fixado, a cláusula será nula por indeterminabilidade do objecto (art. 280º, nº 1), sendo igualmente nula por contrariedade aos bons costumes a cláusula penal em que a determinação do seu montante ficasse na disponibilidade de algumas das partes (art. 280º, nº 2)[599].

A estipulação desse montante pecuniário destina-se a determinar as consequências do incumprimento ou da mora no cumprimento de determinada obrigação. Daí que a cláusula penal pressuponha a existência de uma obrigação principal, sendo acessória em relação a esta. Essa acessoriedade exprime-se em virtude de a cláusula penal ter que seguir a forma estabelecida para a obrigação principal e ser nula, se nula for essa obrigação (art. 810º, nº 2). Para além disso, há que acrescentar que a cláusula penal é transmissível para o adquirente do crédito ou da dívida principal (arts. 582º, 594º e 599º) e se extinguirá se ocorrer a extinção da obrigação principal.

597 Sobre a cláusula penal, veja-se ANTÓNIO PINTO MONTEIRO, *Cláusula penal e indemnização*, Coimbra, Almedina, 1990, MENEZES CORDEIRO, *Tratado*, IX, pp. 442 e ss., JOSÉ MARQUES ESTACA, "A cláusula penal e a responsabilidade civil", em ANTÓNIO MENEZES CORDEIRO/ LUÍS MENEZES LEITÃO/JANUÁRIO DA COSTA GOMES (org.), *Estudos em Homenagem ao Professor Doutor Inocêncio Galvão Telles*, IV- *Novos Estudos de Direito privado*, Coimbra, Almedina, 2003, pp. 291-325 e NUNO PINTO OLIVEIRA, *Ensaio sobre o sinal*, Coimbra, Coimbra Editora, 2008, pp. 73 e ss. Na doutrina italiana, veja-se MASSIMILIANO DE LUCA, *La clausola penale*, Milano, Giuffrè, 1998, passim.

598 Cfr. GALVÃO TELLES, *Obrigações*, p. 438. No Ac. STJ 27/4/1999 (LOPES PINTO) em *BMJ* 486 (1999), pp. 291-295 foi considerada ilegal por violação do art. 19º *c)* da LCCG e 809º do Código Civil a denominada "cláusula Kodak", através da qual uma empresa de revelação de fotografias limitava a sua responsabilidade pelo extravio dos negativos à entrega de filmes de película virgem.

599 Cfr. LARENZ, *Schuldrecht* I, § 24 II *a)*, pp. 377 e ss. e GERNHUBER, *Das Schuldverhältnis*, § 34 I 1, p. 756

De acordo com as soluções do Direito Comparado, admitem-se dois tipos de cláusula penal: uma que se destina a estabelecer uma penalização por incumprimento, visando assim incentivar o devedor a cumprir (a denominada *penalty clause*) e outra que visa apenas liquidar antecipadamente os danos exigíveis em caso de incumprimento (a denominada *liquidated damages clause* ou *Schadensersatzpauschalierung*). A diferença essencial entre as duas é que, enquanto a primeira pretende estabelecer uma efectiva penalidade para o comportamento do devedor, que pode não ter relação com o montante dos danos sofridos pelo credor, a segunda visa, por razões de facilitação da prova, determinar previamente o montante desses danos ou o seu limite mínimo[600].

O actual art. 811º, na redacção do D.L. 262/83, de 16/6, parece aproximar-se de uma concepção exclusiva da cláusula penal como *liquidated damages clause*, na medida em que no nº 1 proíbe o credor de exigir cumulativamente com base no contrato o cumprimento da obrigação principal e o pagamento da cláusula penal, excepto quando esta tenha sido estabelecida para o atraso da prestação – a denominada cláusula penal moratória, que funciona como uma liquidação de danos para o caso de mora – e no nº 3 refere-se que o credor não pode em caso algum exigir uma indemnização que exceda o valor do prejuízo resultante do incumprimento da obrigação principal.

A doutrina tem vindo, no entanto, a afastar-se dessa solução. GALVÃO TELLES sustenta que o art. 811º, nº 3, não pode ser entendido nem como a exigência de que o credor tenha que provar os danos, já que tal representaria um menosprezo da cláusula penal, nem como a admissão da possibilidade de o devedor demonstrar que o credor não teve prejuízos equivalentes aos da cláusula penal, para evitar a sua exigência integral, uma vez que isso equivaleria a transformar a cláusula penal numa convenção de inversão do ónus da prova. Defende, por isso, que o art. 811º, nº 3 apenas se refere à convenção de indemnização pelo prejuízo excedente à cláusula penal, referida no art. 811º, nº 2, impedindo que essa convenção pudesse incluir um montante indemnizatório superior ao incumprimento da obrigação principal[601]. Posteriormente, vieram a aderir a esta posição CALVÃO DA

[600] Cfr. LARENZ, *Schuldrecht* I, § 24 II *c)*, pp. 383 e ss. e GERNHUBER, *Das Schuldverhältnis*, § 34 I 7, pp. 761 e ss.

[601] Cfr. GALVÃO TELLES, *Obrigações*, pp. 446 e ss.

Silva e Ana Prata[602]. Já Antunes Varela defende que esta disposição não pode ser aplicada exclusivamente à convenção de ressarcibilidade do prejuízo excedente, sob pena de se colocar em melhor posição o devedor que tivesse aceite essa convenção, sendo antes aplicável genericamente, sempre que o credor se limite a exigir a cláusula penal, para permitir ao devedor a demonstração de que o valor dela excede o valor real dos danos. Essa restrição não seria, porém, aplicável à cláusula penal moratória, referida no art. 811º, nº 1[603]. Pinto Monteiro considera possível, de acordo com a vontade das partes, que estas estipulem quer uma cláusula penal estrita, quer uma convenção de liquidação antecipada dos danos, ficando o regime aplicável dependente desta opção[604]. Posteriormente esta posição veio a ser seguida por Menezes Cordeiro[605].

Pensamos que efectivamente o art. 811º, nº 3, é inaplicável à cláusula penal estrita, sob pena de o art. 812º não fazer qualquer sentido. Há assim que fazer uma interpretação restritiva e considerar aquela disposição como limitada aos casos em que as partes tenham estipulado uma cláusula de liquidação de danos e não uma cláusula penal estrita.

É possível estabelecer face ao art. 811º, nº 1, uma contraposição entre a cláusula penal compensatória e a cláusula penal moratória[606]. Enquanto a primeira é estabelecida para o incumprimento definitivo da obrigação, a segunda é prevista para a simples mora no cumprimento. Daí que a cláusula penal compensatória não seja cumulável com a exigência de cumprimento da obrigação principal, já que o credor não pode exigir cumulativamente do devedor o cumprimento da obrigação e a penalização estipulada para a falta definitiva de cumprimento. Pelo contrário, na cláusula penal moratória, essa cumulação é possível, uma vez que a penalização não toma como referência a não realização da obrigação principal, mas antes a sua não realização no tempo devido[607].

[602] Cfr. Calvão da Silva, *Cumprimento*, p. 268, nota, e Ana Prata, *Cláusulas*, p. 630, n. (1142).

[603] Cfr. Antunes Varela, *Obrigações*, II, p. 147 e nota (1).

[604] Cfr. António Pinto Monteiro, *Cláusula penal*, maxime, pp. 419 e ss. e 577 e ss.

[605] Cfr. Menezes Cordeiro, *Tratado*, IX, pp. 481 e ss.

[606] Cfr. Galvão Telles, *Obrigações*, p. 444.

[607] Constituem exemplo de cláusula penal moratória as "multas" aplicadas aos empreiteiros pelos atrasos na execução da obra. Naturalmente que a aplicação dessas penalidades não impede o dono da obra de continuar a exigir a execução da empreitada.

Refere o art. 811º, nº 2, que a estipulação da cláusula penal obsta a que o credor exija indemnização pelo prejuízo excedente, salvo se outra for a convenção das partes. Resulta desta norma que a estipulação da cláusula penal vincula ambas as partes ao montante acordado não podendo o devedor pretender a fixação da indemnização em montante inferior, nem o credor reclamar uma indemnização de valor superior, mesmo que os seus danos sejam mais elevados. A lei admite, porém, que as partes convencionem que a cláusula penal não prejudique a possibilidade de o credor reclamar indemnização pelo dano excedente, ocorrendo neste caso a fixação da responsabilidade do devedor apenas como uma indemnização mínima[608].

O art. 812º vem consagrar injuntivamente a possibilidade de a cláusula penal ser reduzida pelo tribunal de acordo com a equidade em duas situações: quando for manifestamente excessiva, ainda que por causa superveniente (nº 1) ou quando a obrigação tiver sido parcialmente cumprida (nº 2). Trata-se de uma norma estabelecida por razões de tutela da parte mais fraca, destinando-se a evitar que esta possa ser constrangida a ter de liquidar uma cláusula penal que se encontre em manifesta desproporção com o prejuízo sofrido pelo credor. No entanto, para que a redução judicial seja decretada não basta qualquer desproporção entre o montante estipulado e os prejuízos efectivamente sofridos, exigindo-se uma desproporção manifesta, o que naturalmente terá que ser alegado e provado pelo devedor[609]. Efectivamente, e em paralelo com o que se prevê nos arts. 282º e 437º, não parece concebível que o tribunal se pudesse substituir às partes, decretando oficiosamente a redução da cláusula penal sem que tal lhe seja solicitado[610].

608 Para Galvão Telles, *Obrigações*, p. 441, e Pessoa Jorge, *Obrigações*, p. 606, a fixação de um limite mínimo de indemnização não consistiria numa cláusula penal, sendo antes uma cláusula de agravamento de responsabilidade. No entanto, conforme demonstraram Ana Prata, *Cláusulas*, pp. 636 e ss. e António Pinto Monteiro, *Cláusula penal*, p. 451, a convenção de ressarcibilidade do prejuízo excedente não se destina a agravar a responsabilidade do devedor, mas antes em permitir ao credor a opção entre exigir a cláusula penal ou exigir uma indemnização por incumprimento nos termos gerais, tendo neste último caso naturalmente que alegar e provar o montante efectivo dos danos sofridos.

609 Cfr. Ac. RP 12/2/2001 (Ribeiro de Almeida) na *CJ* 26 (2001), 1, pp. 208-210

610 No sentido de que a redução equitativa da cláusula penal pressupõe o pedido do devedor, cfr. Galvão Telles, *Obrigações*, p. 441, Pires de Lima / Antunes Varela, *op. cit.*, II, sub art. 812º, nº 4, p. 81, Almeida Costa, *Obrigações*, p. 801 e nota (2) e António Pinto Monteiro, *Cláusula penal*, pp. 735 e ss. e “Sobre o controlo da cláusula penal”, em

No âmbito das cláusulas contratuais gerais, existe, porém, uma disposição específica, o art. 19º *c)* LCCG, que considera proibidas, consoante o quadro negocial padronizado, as cláusulas contratuais gerais que consagrem cláusulas penais desproporcionadas em relação aos danos a ressarcir. Neste caso, a lei permite considerar nulas as cláusulas contratuais gerais que estabeleçam cláusulas penais desproporcionadas em relação aos danos sofridos pela parte lesada, dispensando assim a *reductio ad aequitatem*, prevista no art. 812º, no caso de os danos serem muito inferiores à cláusula penal, e funcionando como derrogação da limitação do art. 811º, nº 2, quando os danos sejam muito superiores.

FACULDADE DE DIREITO DA UNIVERSIDADE DE COIMBRA (org.), *Comemorações dos 35 anos do Código Civil e dos 25 anos da Reforma de 1977*, III – *Direito das Obrigações*, Coimbra, Coimbra Editora, 2007, pp. 189-208 (203). Esta é também a posição prevalecente na doutrina italiana, conforme refere DE LUCA, *op. cit.*, pp. 132 e ss. Em sentido contrário, admitindo a possibilidade de o tribunal decretar oficiosamente essa redução, cfr. ANA PRATA, *Cláusulas*, p. 642, nota (1157) e NUNO MANUEL PINTO OLIVEIRA, "Em tema de redução oficiosa da pena convencional", em ANTÓNIO CÂNDIDO DE OLIVEIRA (org.), *Estudos em comemoração do 10º aniversário da licenciatura em direito da Universidade do Minho*, Coimbra, Almedina, 2004, pp. 729-763.

PARTE V
DA GARANTIA DAS OBRIGAÇÕES

Secção I
A garantia geral das obrigações

1. Conteúdo da garantia geral

O direito de crédito, enquanto realidade jurídica, recebe a protecção do direito. Esta protecção denomina-se a garantia das obrigações e consiste em a ordem jurídica assegurar ao credor os meios necessários para realizar o seu direito, em caso de incumprimento por parte do devedor[611].

No âmbito da garantia das obrigações é usual estabelecer-se uma distinção entre a garantia geral e as garantias especiais das obrigações. A garantia geral é representada pelo património do devedor. As garantias especiais consistem num reforço dessa garantia que pode consistir ou na atribuição a outra pessoa da responsabilidade pela dívida (garantias pessoais) ou na atribuição a um dos credores de preferência na satisfação do seu crédito sobre determinado bem, que pode pertencer ou não ao património do devedor (garantias reais).

A garantia geral é comum a todos os credores e consiste na possibilidade de estes se pagarem, em pé de igualdade, à custa do património do devedor (cfr. art. 601º). Na ausência de garantias especiais, todos os credores desfrutam nos mesmos termos do património do devedor como sua garantia comum, pelo que, se este não chegar para todos se pagarem, terá que ser rateado, recebendo cada um dos credores uma parte proporcional ao montante do seu crédito (art. 604º, nº 1). Pode assim dizer-se que *a garantia geral das obrigações consiste no património do devedor.* Efectivamente, regra geral os credores contam apenas para satisfação dos seus créditos

611 Cfr. ANTUNES VARELA, *Obrigações*, II, pp. 419 e ss.

com a possibilidade de executar o património do devedor e proceder à venda judicial dos seus bens para se pagarem com o produto dessa venda. E, por isso mesmo, a posição dos credores comuns é a de plena igualdade entre si (*par condicio creditorum*), na medida em que verificando-se a insuficiência do património do devedor, ela repercute-se proporcionalmente em cada um dos créditos, através do correspondente rateio.

Quando algum dos credores beneficiar de uma causa legítima de preferência, que lhe dê o direito de ser pago antes dos outros (cfr. art. 604º, nº 2) a sua posição já extravasará da garantia geral, por isso se referindo a sua situação como a de titular de uma garantia especial das obrigações. Entre essas garantias especiais inclui-se a penhora (arts. 735º e ss. CPC), o que permite ao exequente, a partir do momento em que ela é declarada, adquirir prioridade em relação a outros credores que não disponham de garantia real sobre os bens penhorados (art. 822º, nº 1)[612]. A penhora, no entanto, deixa de constituir preferência no caso de ser declarada a falência do devedor (art. 140º, nº 3, CIRE).

Sendo a garantia geral das obrigações representada pelo património do devedor, cabe lembrar que ele constitui uma grandeza variável pelo que pode aumentar ou diminuir com o decurso do tempo. Ora, qualquer diminuição do património do devedor envolve prejuízo para os seus credores, uma vez que estes apenas poderão executar os bens que ainda subsistam no momento em que requerem a execução. Por esse motivo, a lei atribui aos credores diversos instrumentos destinados a evitar qualquer diminuição do património do devedor. São os denominados meios de conservação da garantia geral e abrangem a declaração de nulidade, a sub-rogação do credor ao devedor, a impugnação pauliana e o arresto.

Examinaremos em seguida esses diversos meios de conservação da garantia geral.

2. Meios de conservação da garantia geral

2.1. A declaração de nulidade

O primeiro dos meios de conservação da garantia patrimonial que a lei atribui aos credores é a declaração de nulidade (art. 605º)[613], que consiste

[612] Os credores que disponham de garantia real são inclusivamente citados para a acção executiva, a fim de nela poderem reclamar os seus créditos. Cfr. art. 786º, nº 1 *b)* CPC.

[613] Cfr., sobre esta, MENEZES LEITÃO, *Garantias*, pp. 60 e ss.

na faculdade de os credores, se nisso tiverem interesse, poderem vir invocar em tribunal a nulidade dos actos praticados pelo devedor (como, por exemplo, no caso de negócios simulados celebrados no intuito de defraudar os credores, art. 240º). Em bom rigor, esta norma nem seria necessária, já que, conforme se sabe, a nulidade é invocável a todo o tempo por qualquer interessado e até pode ser declarada oficiosamente pelo tribunal (art. 286º), o que legitimaria sempre os credores interessados a requerer a declaração de nulidade.

O legislador procurou, porém, através do art. 605º resolver duas questões debatidas na doutrina no âmbito do Código Civil de 1867, em virtude de este associar a declaração de nulidade à simulação (arts. 1031-1032º). A primeira dizia respeito a saber se a declaração de nulidade poderia abranger actos anteriores ao crédito, respondendo agora o legislador afirmativamente. Não se exige assim uma efectiva intenção fraudatória do devedor em relação a determinados credores, aquando da celebração do negócio, sendo permitida a invocação da nulidade pelos credores, mesmo em relação a negócios celebrados antes da constituição do crédito. A segunda dizia respeito a saber se a legitimidade para requerem a nulidade do acto por parte dos credores dependia da circunstância de o acto produzir a insolvência do devedor (tese defendida por Guilherme Moreira e Cunha Gonçalves[614]), ou se bastaria que do acto resultasse qualquer prejuízo dos credores, como o risco de desaparecimento ou diminuição da segurança constituída pelos bens do devedor (tese de Gomes da Silva[615]). Actualmente, a lei vem dispor que a legitimidade dos credores para a invocação da nulidade dos actos do devedor depende do simples interesse nessa declaração, não se exigindo que esses actos venham produzir ou agravar a insolvência do devedor.

Fica assim esclarecido que o art. 605º atribui aos credores legitimidade para invocar a nulidade de qualquer acto praticado pelo devedor que os possa prejudicar, independentemente do momento em que esse acto ocorreu ou das suas consequências para o património do devedor. A solução é correcta, uma vez que, face à gravidade que normalmente revestem as causas de nulidade dos negócios, não se justificaria estabelecer qualquer

[614] Cfr. Guilherme Moreira, *Instituições*, II, pp. 187, e Cunha Gonçalves, *Tratado*, V, pp. 762 e ss.

[615] Cfr. Gomes da Silva, *Conceito*, p. 57.

requisito suplementar (para além do normal interesse em agir) para permitir que estas possam ser invocadas por qualquer credor.

A lei esclarece que a declaração de nulidade aproveita, não apenas ao credor que a haja invocado, mas também a todos os demais (art. 605º, nº 2). Efectivamente, a declaração de nulidade tem efeito retroactivo pelo que determina a restituição de tudo o que tiver sido prestado ou, se a restituição em espécie não for possível, do valor correspondente (art. 289º, nº 1). Essa restituição far-se-á naturalmente ao património do devedor, em benefício de todos os credores, pelo que o credor que invocou a nulidade não adquire, por esse motivo, qualquer preferência no pagamento.

2.2. A acção sub-rogatória

2.2.1. Modalidades de acção sub-rogatória

No art. 606º e ss. do Código encontra-se prevista a sub-rogação do credor ao devedor, que a doutrina tradicionalmente denomina de acção sub-rogatória[616].

A acção sub-rogatória tem sido classificada como acção sub-rogatória directa ou indirecta. A acção referida nos arts. 606º e ss. é a acção sub-rogatória *indirecta*. Consiste esta num meio de conservação da garantia geral, representado pela possibilidade que os credores têm de exercerem contra terceiro os direitos de conteúdo patrimonial que competem ao devedor, mas que não atribui qualquer preferência no pagamento aos credores que a ela recorram, uma vez que é exercida em proveito de todos os credores (cfr. art. 609º). Já a acção sub-rogatória *directa* tem natureza diferente, consistindo na possibilidade conferida a algum ou alguns credores de exercerem em proveito próprio os direitos que competem ao devedor, para obterem imediatamente a satisfação dos seus créditos, o que lhes atribui preferência no pagamento sobre os restantes credores. Não se trata, por isso, de um meio de conservação da garantia geral, sendo apenas conferida em situações particulares (como no mandato sem representação, art. 1181º, nº 2).

A lei qualifica, porém, ainda como sub-rogação do credor ao devedor a situação prevista no art. 2067º, referente ao caso em que o devedor, em prejuízo dos seus credores, procede ao repúdio de uma herança que lhe tinha sido atribuída. A lei atribui neste caso aos credores do repudiante a possibilidade de aceitarem a herança em nome deste nos termos previstos

[616] Cfr. MENEZES LEITÃO, *Garantias*, pp. 62 e ss.

nos arts. 606ºe ss. No entanto, e apesar desta remissão, a verdade é que se verificam substanciais diferenças entre esta figura e o regime geral da sub-rogação. A primeira é a de que não se está perante uma substituição pelo credor num acto cuja prática o devedor omitiu, mas antes na destruição dos efeitos de um acto (o repúdio) que o devedor praticou. A segunda é a de que a sub-rogação neste caso não produz a reversão dos bens ao património do devedor, já que a lei determina que, pagos os credores do repudiante, o remanescente da herança não aproveita a ele, mas aos herdeiros imediatos (art. 2067º, nº 3).

2.2.2. Pressupostos da acção sub-rogatória

A lei estabelece no artigo 606º os seguintes pressupostos para o exercício da sub-rogação do credor ao devedor (acção sub-rogatória indirecta):

1) Omissão pelo devedor de exercer os seus direitos contra terceiros;
2) Conteúdo patrimonial desses direitos e não atribuição do seu exercício exclusivo, por natureza ou disposição da lei, ao seu titular;
3) Essencialidade do exercício desses direitos para a satisfação ou garantia do direito do credor.

O primeiro requisito da acção sub-rogatória é a omissão pelo devedor de exercer os seus direitos. Efectivamente, a acção sub-rogatória caracteriza-se por ser uma reacção do credor contra uma conduta omissiva do devedor, pelo que, se o devedor vir a actuar positivamente em ordem a prejudicar o credor, a via adequada para este reagir já não será a da acção sub-rogatória, mas antes a da impugnação pauliana ou do arresto. Para além disso, essa omissão do devedor tem que ser relativa ao exercício de direitos subjectivos que este já adquiriu, pelo que estará naturalmente excluída a acção sub-rogatória relativamente a simples expectativas de aquisição de direitos (ex: a celebração de um contrato ou a publicação de uma obra já elaborada)[617]. Já é, porém, permitido o exercício da sub-rogação em relação a direitos sujeitos a condição ou a prazo, desde que o credor se encontre em condições de demonstrar que tem interesse em não aguardar pela verificação da condição ou pelo vencimento do crédito (art. 607º)[618]. Admite-se,

617 Cfr. Antunes Varela, *Obrigações*, II, p. 440.

618 Efectivamente, em certos casos pode suceder que essa dilação prejudicasse a possibilidade de sub-rogação.

por outro lado, o exercício da sub-rogação em relação à própria faculdade de sub-rogação, através da denominada acção sub-rogatória de segundo grau, nos termos da qual o credor substituindo-se ao devedor, exerce os direitos que o devedor deste tem perante terceiro[619].

O segundo requisito da sub-rogação é que os direitos, cujo exercício se omitiu, tenham conteúdo patrimonial, não estando esse exercício reservado, por natureza ou por disposição da lei, ao respectivo titular. Excluem-se assim da acção sub-rogatória, quer os direitos de natureza pessoal (ex: o direito de requerer o divórcio ou a separação judicial de pessoas e bens, bem como as acções de investigação de maternidade ou paternidade), quer mesmo aqueles que, não sendo daquela natureza, a lei reserve o seu exercício ao respectivo titular (ex: a revogação da doação por ingratidão do donatário ou a simples separação judicial de bens).

O terceiro requisito da sub-rogação é o de que o exercício desses direitos se apresente como essencial à satisfação ou garantia do direito do credor (art. 606º, nº 2). Efectivamente, e ao contrário do que sucede na declaração de nulidade (art. 605º, nº 2), não basta qualquer interesse do credor para que a sub-rogação possa ser decretada, exigindo-se a sua essencialidade para a satisfação ou garantia do direito do credor. Tal pressupõe a demonstração de que sem o exercício daqueles direitos se verifica a impossibilidade de satisfação da obrigação (porque, por exemplo, o devedor não chega a adquirir a coisa infungível necessária para tal), ou de que o património do devedor se encontra insolvente, permitindo a sub-rogação eliminar ou reduzir essa situação.

2.2.3. Regime da acção sub-rogatória

Conforme se deduz *a contrario* do art. 608º, a acção sub-rogatória pode ser exercida tanto judicial como extrajudicialmente. No caso, porém, de ser exercida judicialmente é necessária a citação do devedor para a acção, verificando-se assim uma situação de litisconsórcio necessário passivo (art. 33º CPC), cuja preterição acarreta a ilegitimidade do réu.

[619] Cfr. ANTUNES VARELA, *Obrigações*, II, p. 442 e MENEZES CORDEIRO, *Obrigações*, 2º, p. 485, e *Tratado de Direito Civil, X- Direito das Obrigações. Garantias*, Coimbra, Almedina, 2015, p. 305. Assim, se por exemplo, A é credor de B, que por sua vez tem um crédito sobre C e este um crédito sobre D, pode A exercer a sub-rogação em relação ao crédito de B sobre C (sub-rogação de primeiro grau) e em relação à possibilidade de aquele se sub-rogar no exercício do direito sobre D (sub-rogação de segundo grau).

Em relação aos meios de defesa que o terceiro demandado tem perante a acção sub-rogatória, parece que eles se limitarão àqueles que ele possui contra o devedor, que é o efectivo titular do direito, não podendo assim ser opostos meios de defesa que o terceiro possua contra o próprio credor, uma vez que este se limita a exercer o direito em substituição do seu verdadeiro titular[620].

Exercida a sub-rogação, o art. 609º determina que esta aproveita a todos os credores, o que implica ter a lei consagrado a modalidade da acção sub-rogatória indirecta, que não atribui qualquer preferência no pagamento ao credor que a ela recorre, mas antes determina o ingresso dos bens obtidos no património do devedor, ficando aí sujeitos ao poder de execução de todos os credores. Assim, o autor da sub-rogação não adquire qualquer vantagem especial pelo facto de a ela ter recorrido, sendo a sua actuação exercida em benefício de todos os outros credores.

2.3. A impugnação pauliana

2.3.1. Generalidades

A lei prevê nos arts. 610º e ss. a impugnação pauliana pelo credor dos actos do devedor que o possam prejudicar[621]. É assim prevista no Código actual a velha *actio pauliana*, assim denominada por ter sido criada por um édito do pretor romano PAULUS.

O instituto da impugnação pauliana tem origem na circunstância de o pretor ter considerado um delito (*fraus creditorum*) o acto pelo qual o devedor cria ou aumenta conscientemente a sua insolvência (cfr. D.42.8.), atribuindo para a sua repressão uma *actio poenalis* (a *actio pauliana*) com um prévio *arbitratus de restituendo* (D.22.1.38.4.). A natureza penal da *actio* não punha em causa assim a exigência de restituição dos bens pelos credores, a qual poderia ser também exercitada através de um *interdictum fraudatorium* (D.42.8.10.pr.), procedimento administrativo através do qual um magistrado determinava a restituição de um bem saído do património do devedor, e de uma *in integrum restitutio* (D.42.8.6.7. e 10.16.), onde, por via judicial, os credores ou o *curator bonorum* tutelavam, após a *missio in bona*,

[620] Cfr. ANTUNES VARELA, *Obrigações*, II, p. 445. Assim, se A se apresenta a cobrar em substituição de B, um crédito de 1000 euros que este tem sobre C, não pode C invocar como meio de defesa a compensação com um crédito idêntico que tenha sobre A.

[621] Cfr. MENEZES LEITÃO, *Garantias*, pp. 65 e ss.

a *par conditio creditorum*, procedendo, mediante de um *iudicium rescisorium*, à recuperação dos bens do devedor alienados a terceiro. Não existia assim no direito romano clássico uma única acção pauliana, correspondendo esta a três figuras: a *actio pauliana poenalis*, o *interdictum fraudatorium* administrativo e a *in integrum restitutio* judicial.

O direito justinianeu procedeu, porém, a uma fusão destes três remédios, procurando eliminar, tanto quanto possível, o carácter penal da *actio* e acentuar a sua função restitutória, embora mantivesse expressamente o delito (fraude aos credores) como pressuposto da restituição[622]. Essa configuração delitual conduzia a que os terceiros beneficiários só pudessem ser demandados se fossem cúmplices do acto, exigindo-se assim que tivessem conhecimento da fraude (cfr. D.42.8.6.8.). O desenvolvimento do instituto levou, porém, a que se estabelecesse uma distinção, mantendo-se apenas a exigência da cumplicidade se o acto fosse a título oneroso, mas dispensando-a em caso de aquisição gratuita, atendendo a que nessa hipótese ocorreria um enriquecimento sem causa do adquirente à custa do credor (cfr. D.42.8.6.11.)[623].

Com essa origem remota, a impugnação pauliana tem-se mantido nos diversos direitos, como meio de conservação da garantia geral, destinada a permitir aos credores reagir contra os actos do devedor que se apresentam como lesivos dessa garantia. Essa reacção dos credores é admissível quer em relação à primeira alienação pelo devedor (arts. 610º e ss.), quer em relação a alienações subsequentes efectuadas pelo adquirente dos bens (art. 613º).

2.3.2. Pressupostos da impugnação pauliana em relação à primeira alienação

2.3.2.1. Generalidades

Nos termos dos arts. 610º e ss. a impugnação pauliana tem os seguintes pressupostos:

a) a realização pelo devedor de um acto que diminua a garantia patrimonial do crédito e não seja de natureza pessoal;

[622] Cfr. Emilio Betti, *Teoria Generale delle Obbligazioni*, III-2- *Vicende dell'obbligazione*, IV – *Difesa preventiva e successiva dell'obbligazione*, Milano, Giuffrè, 1955, p. 181, Antunes Varela, *Obrigações*, II, p. 446 e Menezes Cordeiro, *Obrigações*, 2º, p. 489, e *Tratado*, X, pp. 313-314.

[623] Cfr. Menezes Leitão, *O enriquecimento*, p. 853, nota (3), reed., pp. 822-823, nota (2198).

b) que o crédito seja anterior ao acto, ou sendo posterior, ter sido ele dolosamente praticado com o fim de impedir a satisfação do direito do futuro credor;
c) que o acto seja de natureza gratuita ou, sendo oneroso, ocorra má fé tanto do alienante como do adquirente;
d) que resulte do acto a impossibilidade de o credor obter a satisfação integral do crédito ou agravamento dessa impossibilidade.

Examinemos sucessivamente estes pressupostos:

2.3.2.2. Realização pelo devedor de um acto que diminua a garantia patrimonial do crédito e não seja de natureza pessoal

O primeiro pressuposto da impugnação pauliana é a realização pelo devedor de actos que impliquem diminuição da garantia patrimonial do crédito. Efectivamente, ao contrário da acção sub-rogatória, que permite ao credor reagir contra as omissões do devedor, a impugnação pauliana é dirigida contra os actos praticados por ele, destinando-se a impedir que esses actos possam afectar a garantia patrimonial do crédito. Estão assim em causa actos que se repercutam em termos negativos no património do devedor, quer em virtude da diminuição do seu activo (doação de um imóvel, remissão de uma dívida), quer em virtude do aumento do seu passivo (assunção de uma dívida de outrem, prestação de garantias).

Não estão, porém, sujeitos à impugnação os actos do devedor que tenham natureza pessoal, mesmo que deles resulte eventualmente uma diminuição do seu património. Assim, se o devedor decide casar em comunhão geral de bens, ou efectuar a perfilhação de uma criança, ou requerer o divórcio ou a separação judicial de bens, os credores não poderão reagir contra estes actos através da impugnação pauliana.

Pode, porém, colocar-se algumas dúvidas sobre a sujeição à impugnação pauliana de certas categorias de actos praticados pelo devedor, sendo alguma dessas dúvidas resolvidas por lei.

A primeira diz respeito aos actos nulos, como por exemplo os negócios simulados (arts. 240º e ss.), uma vez que acarretando a nulidade a não produção de efeitos jurídicos do acto, poderia questionar-se se dele resultaria efectivamente a diminuição da garantia patrimonial do crédito. No entanto, a verdade é que a lei expressamente admite a impugnação pauliana em relação a esses actos (art. 615º, nº 1), o que bem se compreende, uma vez que conhecidas as dificuldades de prova de certos fundamentos da nulidade, como no caso da simulação, seria incorrecto sujeitar o credor aos riscos da improcedência de uma acção de nulidade que, em qualquer caso, até se revelaria menos benéfica para o credor do que a impugnação pauliana.

Outra situação diz respeito ao cumprimento das obrigações vencidas, que a lei considera estar excluído da impugnação pauliana, sendo esta, porém, admissível, quer em relação ao cumprimento de obrigações ainda não exigíveis, quer em relação ao cumprimento de obrigações naturais (art. 615º). Esta norma carece de alguma explicação. Efectivamente, encontrando-se o devedor numa situação patrimonial deficitária, não há dúvida que o facto de ele efectuar o pagamento a apenas um deles implica vir este a ser beneficiado em relação aos restantes, o que se poderia considerar como atentatório do princípio do tratamento igualitário dos credores, resultante do art. 604º, nº 1[624]. Mas a verdade é que, não se encontrando o devedor na iminência de insolvência[625], cabe-lhe a faculdade de gerir livremente o seu património, o que pode passar por dar prioridade a alguns credores (v.g., fornecedores principais), cuja reacção ao não cumprimento lhe poderia acarretar mais prejuízos, quer para os seus próprios interesses, quer mesmo para os restantes credores[626]. Por outro lado, o credor recebe aquilo a que tem direito, pelo que não se vê como obrigá-lo à restituição da prestação que lhe era efectivamente devida e exigível (*"nullam videtur fraudem facere qui suum recepit"*)[627].

Esta exclusão da aplicação da impugnação pauliana ao cumprimento das obrigações não é, porém, extensível ao cumprimento de obrigações ainda não exigíveis, nem ao cumprimento de obrigações naturais (art. 615º, nº 2). Efectivamente, ao satisfazer créditos ainda não exigíveis, o deve-

[624] Sobre este princípio, veja-se MENEZES CORDEIRO, "A 'impossibilidade moral': do tratamento igualitário no cumprimento das obrigações" na *TJ* 18 (1986), pp. 5-7 e 19 (1986), pp. 1-5, recolhido em ID, *Estudos de Direito Civil*, I, Coimbra, Almedina, 1987, pp. 97-113, e *Tratado*, X, pp. 243 e ss.

[625] A iminência de insolvência reforça para o devedor o seu dever de tratamento igualitário dos credores. Assim, o art. 121º *f)* e *g)* do CIRE permitem a resolução incondicionada do pagamento ou outra forma de extinção de obrigações "cujo vencimento fosse posterior à data do início do processo de insolvência, ocorridos nos seis meses anteriores à data do início do processo de insolvência, ou depois desta, mas anteriormente ao vencimento", ou que sejam "efectuados dentro dos seis meses anteriores à data do início do processo de insolvência em termos não usuais no comércio jurídico e que o credor não pudesse exigir".

[626] Cfr. ALMEIDA COSTA, *Obrigações*, pp. 859-860.

[627] Cfr. ANTUNES VARELA, *Obrigações*, II, p. 454.

dor beneficiaria indiscutivelmente o titular desse crédito em relação aos demais credores, não se justificando que o faça nas situações em que tal diminua a garantia patrimonial dos restantes. Da mesma forma, não será permitido ao devedor satisfazer créditos naturais em detrimento dos seus créditos civis, uma vez que, apesar de o cumprimento da obrigação natural corresponder a um dever de justiça, não se admite que esse dever possa ser satisfeito à custa da lesão da garantia patrimonial dos credores civis.

Se em lugar de efectuar o cumprimento, o devedor vier a extinguir a dívida através de outras causas de extinção, como a dação em cumprimento, a dação *pro solvendo* ou a novação, naturalmente que os restantes credores poderão recorrer à impugnação pauliana, uma vez que essas causas de extinção beneficiam aquele credor em relação aos restantes.

2.3.2.3. Anterioridade do crédito em relação ao acto ou, sendo ele posterior, prática do acto dolosamente com o fim de impedir a satisfação do direito do futuro credor

O segundo requisito da impugnação pauliana é a anterioridade do crédito em relação ao acto. Efectivamente, aquando da constituição do crédito, o credor toma normalmente em consideração a situação patrimonial do devedor, pelo que é com essa situação que deve poder contar para efeitos da garantia geral. Por esse motivo, se se admite que o credor possa reagir contra posteriores actos do devedor que afectem essa garantia, já dificilmente se compreenderia que a sua reacção se estendesse aos actos anteriores à constituição do crédito, uma vez que tal implicaria fazer abranger na garantia patrimonial bens que já não pertenciam ao património do devedor no momento em que o crédito se constituiu e com os quais o credor portanto não contava.

A lei admite, porém, uma excepção a essa regra, que consiste na circunstância de o acto ter sido realizado dolosamente com o fim de prejudicar a satisfação do direito do futuro credor. Efectivamente, se apesar de anterior ao crédito, se puder concluir que o devedor visou dolosamente com o acto impedir a satisfação do direito do futuro credor, justifica-se a concessão da impugnação pauliana, para reprimir a fraude ao credor. Será, por exemplo, o caso de o devedor solicitar a concessão de um mútuo, que lhe é deferida atendendo à sua situação patrimonial mas, antes da efectiva celebração do contrato, proceder à alienação de todos os seus bens. Neste caso, apesar da prioridade temporal do acto em relação ao crédito, é manifesto que o acto teve em vista precisamente defraudar a garantia com que contava o credor, sendo, por isso, justificado que o credor nesse caso possa reagir através da impugnação pauliana.

A lei resolve expressamente a questão da anterioridade em relação aos créditos ainda não exigíveis ou sujeitos a condição suspensiva, no momento em que o acto é praticado (art. 614º). Relativamente à circunstância de o crédito ainda não ser exigível, a lei estabelece que tal não obsta ao exercício da impugnação (art. 614º, nº 1), sendo assim a questão da anterioridade do crédito considerada como dizendo respeito à sua constituição e não à sua exigibilidade. Mas já relativamente ao crédito sujeito a condição suspensiva exclui-se a impugnação, admitindo-se apenas que, verificados os seus requisitos, o credor possa exigir a prestação de caução (art. 614º, nº 2).

2.3.2.4. Natureza gratuita do acto ou, sendo ele oneroso, ocorrência de má fé tanto do alienante como do adquirente

Sendo o acto de natureza gratuita, a lei não exige um específico *consilium fraudis* por parte do alienante e do adquirente, por entender que os interesses que estão em causa num acto gratuito, não podem prevalecer contra os direitos do credor. Assim, relativamente aos actos gratuitos, a impugnação pauliana procede, mesmo que o devedor e o terceiro tenham agido de boa fé. Entre os actos gratuitos incluir-se-ão naturalmente as doações modais ou onerosas, uma vez que, estas apesarem de imporem encargos ao beneficiário, não deixam de constituir verdadeiras liberalidades, representando o modo ou encargo não uma contraprestação, mas uma restrição da liberalidade[628].

Quando a alienação é a título oneroso, a impugnação pauliana só pode proceder, se o devedor e o terceiro adquirente tiverem agido de má fé (*consilium fraudis*), considerando a lei como má fé a consciência do prejuízo que o acto causa ao credor (art. 612º, nº 2). Tem vindo a constituir objecto de ampla controvérsia na doutrina a forma como deve ser definida a má fé, para efeitos da impugnação pauliana[629], mas parece-nos que este conceito deve abranger tanto os casos de dolo como de negligência consciente em

[628] Cfr. ANTUNES VARELA, *Ensaio sobre o conceito do modo*, Lisboa, Atlântida, 1955, pp. 82 e ss., e *Obrigações*, II, p. 456.

[629] O art. 1036º do Código Civil de 1867 definia a má fé como o conhecimento do estado de insolvência do devedor. Mas já GUILHERME MOREIRA, *Instituições*, II, pp. 170 e ss., entendia não bastar o conhecimento do estado de insolvência exigindo-se antes a consciência do

relação à verificação do prejuízo. Já os casos de negligência inconsciente – as partes celebram o negócio sem ter consciência da possibilidade de lesar o credor, quando poderiam, se actuassem diligentemente, ter adquirido essa consciência – não poderão, a nosso ver, integrar o conceito de má fé, referido no art. 612º, nº 2. Relativamente ao tipo de prejuízo em questão, ele deve ser entendido como a impossibilidade prática de satisfação do crédito, admitindo-se assim a existência de má fé, sempre que haja intenção ou consciência dessa impossibilidade.

Quer a má fé do alienante, quer a do adquirente, terão que ser provadas pelo credor, para que a impugnação pauliana possa ser julgada procedente.

2.3.2.5. Impossibilidade de o credor obter a satisfação integral do crédito ou agravamento dessa impossibilidade

O último dos requisitos da impugnação pauliana é a de que do acto impugnado resulte para o credor a impossibilidade de satisfação parcial do crédito ou agravamento dessa impossibilidade (art. 610º *b)*). No âmbito do Código

prejuízo causado ao credor, a qual não teria, porém, que corresponder a uma intenção de prejudicar, tese igualmente seguida por Cunha Gonçalves, *Tratado*, V, p. 773.
No âmbito dos trabalhos preparatórios, Vaz Serra, "Responsabilidade patrimonial", no *BMJ* 75 (1958), pp. 5-410 (p. 215, nota (302) e art. 8º, nº 2 do anteprojecto, a p. 220) defendeu expressamente a solução de que se deveria incluir na má fé a ignorância por negligência do prejuízo causado ao credor, posição que continuaria a defender em "Anotação Ac. STJ 30/1/1968" na *RLJ* 102 (1970), pp. 5-10. Esta posição foi depois expressamente sufragada por Menezes Cordeiro, *Boa Fé*, pp. 492 e ss., e *Tratado*, X, p. 373. Já para Almeida Costa, "Anotação Ac. STJ 23/1/1992", na *RLJ* 127 (1995), pp. 274-278, o conceito de má fé abrange tanto o dolo como a negligência consciente, mas não pode abranger a negligência inconsciente, posição que parece merecer igualmente a adesão de Antunes Varela, *Obrigações*, II, p. 452..
A jurisprudência também tem andado dividida sobre esta questão. No Ac. STJ 23/1/1992 (Ricardo Velha) em *BMJ* 413 (1992), pp. 548-553 = *RLJ* 127 (1995), pp. 270-274, sustentou-se que a má fé aqui referida apenas poderia abranger casos de dolo. No Ac. STJ 11/1/2000 (Martins da Costa), no *BMJ* 493 (2000), pp. 351-353 entende-se que a má fé prevista no art. 612º, nº 2, exigiria pelo menos a negligência consciente, posição igualmente seguida no Ac. STJ 3/5/2000 (Silva Paixão), no *BMJ* 497 (2000), pp. 315-319, no Ac. RP 14/7/2008 (Pinto de Almeida), em *CJ* 33 (2008), 3, pp. 196-201, e no Ac. STJ 23/2/2010 (Cardoso de Albuquerque), em *CJ-ASTJ* 18 (2010), 1, pp. 67-71. Já no Ac. STJ 15/2/2000 (Torres Paulo), no *BMJ* 494 (2000), pp. 302-311 manifesta-se adesão à tese de Menezes Cordeiro, mas a decisão a que se chega dificilmente pode ser vista como aplicação dessa doutrina.
A nosso ver, a solução preferível é a que exige a negligência consciente, já que não se afigura correcto sujeitar o terceiro a ver frustrada uma aquisição que efectuou a título oneroso, se ele ignorava, ainda que por negligência, os danos causados ao credor.

de 1867, o art. 1033º exigia expressamente que do acto resultasse insolvência do devedor. Actualmente, a lei vai mais longe, exigindo apenas a mera impossibilidade de satisfação do crédito. Parece assim que esta fórmula poderá abranger, não apenas os casos em que o acto implique a colocação do devedor numa situação de insolvência ou agrave essa situação, se ela já se verificava, mas também os casos em que, embora não ocorrendo essa insolvência, o acto produza ou agrave a impossibilidade fáctica de o credor obter a execução judicial do crédito (como na hipótese de o devedor resolver alienar todos os imóveis que possui, ficando, porém, com o dinheiro da sua venda, que facilmente poderá depois ocultar ou dissipar)[630].

Cabe, porém, salientar que a demonstração deste requisito não tem que ser realizada pelo credor, uma vez que é ao devedor ou a terceiro interessado na manutenção do acto que cabe a prova de que o obrigado possui bens penhoráveis de igual ou maior valor (art. 611º). Assim, se o credor provar o montante das dívidas e não for feita pelo devedor ou por terceiro a prova da existência de bens penhoráveis no património do devedor, a impugnação pauliana será naturalmente julgada procedente.

2.3.3. Pressupostos da impugnação pauliana em relação às transmissões posteriores

Conforme se referiu, o facto de o adquirente dos bens ter procedido a uma nova alienação não prejudica a possibilidade de os credores impugnarem igualmente esta transmissão através da impugnação pauliana. O art. 613º, nº 1, exige apenas para admitir essa nova impugnação que se verifiquem os seguintes pressupostos:

a) que relativamente à primeira transmissão se verifiquem os requisitos de impugnabilidade acima referidos;

b) que, no caso de a nova transmissão ser a título oneroso, ocorra má fé, tanto do alienante como do posterior adquirente.

Daqui resulta que, uma vez verificada a impugnabilidade da primeira transmissão, fica facilitada a impugnação de posteriores transmissões, uma vez que a lei basta-se nesse caso com a demonstração da má fé do alienante e do posterior adquirente, se a transmissão for a título oneroso. Se ela for realizada a título gratuito, nem sequer se exige qualquer outro requisito.

[630] Cfr. ANTUNES VARELA, *Obrigações*, II, p. 448. Em sentido diverso, MENEZES CORDEIRO, *Obrigações*, 2º, p. 490, e *Tratado*, X, pp. 358-359.

O art. 613º, nº 2, acrescenta ainda que a mesma solução "é aplicável, com as necessárias adaptações, à constituição de direitos sobre os bens transmitidos, em benefício de terceiro".

Tem sido, porém, controvertido na doutrina se, no caso de a impugnação pauliana respeitar a bens sujeitos a registo, se poderá efectuar o correspondente registo da acção, em ordem a permitir que o direito do credor impugnante prevaleça contra quaisquer transmissões posteriores. Tivemos anteriormente ocasião de defender, que, sendo a impugnação pauliana uma acção pessoal, não se incluiria entre as acções sujeitas a registo[631]. Actualmente, no entanto, o D.L. 116/2008, de 4 de Julho, veio alterar o art. 3º, nº 1, *a)* do CRP, passando a sujeitar a registo as acções de impugnação pauliana. Em consequência, o impugnante deixa de ter que demonstrar os pressupostos do art. 613º para ter que recorrer a uma segunda impugnação pauliana, produzindo a sentença efeitos em relação a qualquer adquirente dos bens, salvo se este registar a sua aquisição antes do registo da acção (art. 263º, nº 3, CPC).

2.3.4. Regime da impugnação pauliana

2.3.4.1. Efeitos da impugnação pauliana em relação ao credor

Os efeitos da impugnação pauliana em relação ao credor encontram-se referidos no art. 616º. Um aspecto importante do regime da impugnação pauliana é o de que *os seus efeitos aproveitam apenas ao credor que a tenha requerido* (art. 616º, nº 4) e que, consequentemente, com a impugnação pauliana, não há qualquer retorno dos bens ao património do devedor. No âmbito do Código de Seabra, o art. 1044º determinava que "rescindido o acto ou contrato, revertem os valores alienados ao cúmulo dos bens do devedor, em benefício dos seus credores", mas desde cedo a doutrina questionou essa regra. GUILHERME MOREIRA chamava a atenção para o facto de essa disposição ser incoerente com a circunstância de a impugnação pauliana cessar logo que o devedor ou o adquirente demandado satisfazem a dívida (art. 1040º-1041º C.C. 1867), defendendo que, quando não esti-

[631] Em sentido contrário, veja-se, porém, LUÍS CARVALHO FERNANDES, "O regime registal da impugnação pauliana", em RUI MANUEL DA MOURA RAMOS / CARLOS FERREIRA DE ALMEIDA / ANTÓNIO MARQUES DOS SANTOS / PEDRO PAIS DE VASCONCELOS / LUÍS DE LIMA PINHEIRO / MARIA HELENA BRITO / DÁRIO MOURA VICENTE, *Estudos em Homenagem à Professora Doutora Isabel de Magalhães Collaço*, II, Coimbra, Almedina, 2002, pp. 25-47.

vesse em causa uma alienação de valores, os efeitos da impugnação pauliana aproveitassem apenas ao credor que a tivesse requerido[632]. Também Cunha Gonçalves veio defender que a impugnação pauliana não deveria importar em caso algum a reversão dos bens alienados ao património do devedor[633]. Pelo contrário, Gomes da Silva, qualificando a impugnação pauliana, como uma acção de anulação da transmissão, generalizava o art. 1044º, considerando que a reversão ao património do devedor respeitava não apenas em relação aos credores, mas também em relação ao devedor e adquirente[634]. Actualmente, em face do art. 616º, nº 4, é manifesto que esta acção tem natureza individual, beneficiando apenas o credor (ou os credores) que dela fazem uso. Anteriormente, no caso de falência, admitia-se uma impugnação pauliana colectiva, a exercer pelo administrador de falência, cujos efeitos são extensivos a todos os credores da massa falida (arts. 157º e ss. CPEREF), mas mesmo esta veio a ser abolida pelo novo CIRE.

Julgada procedente a impugnação pauliana, o art. 616º, nº 2, determina que o credor que a ela recorre tem direito à restituição dos bens na medida do seu interesse, podendo executá-los no património do obrigado à restituição (cfr. art. 818º, *in fine*) e praticar os actos de conservação da garantia patrimonial autorizados por lei. O seu direito tem, no entanto, um conteúdo distinto, consoante o adquirente esteja de boa ou de má fé[635]. Se o adquirente estiver de boa fé "responde só na medida do seu enriquecimento" (art. 616º, nº 3). Se o adquirente estiver de má fé é responsável pelo valor dos bens que tenha alienado, bem como dos que tenham perecido ou se hajam deteriorado por caso fortuito, salvo se provar que a perda ou deterioração se teriam igualmente verificado no caso de os bens se encontrarem no poder do devedor (616º, nº 2).

O direito do credor contra o adquirente não se destina meramente a permitir a conservação do património do devedor, afectado pela alienação, uma vez que nessa hipótese ficaria naturalmente sujeita ao regime do concurso de credores nesse património, o que, conforme se verificou

[632] Cfr. Guilherme Moreira *Instituições*, II, pp. 179 e ss.
[633] Cfr. Cunha Gonçalves, *Tratado*, V, pp. 793.
[634] Cfr. Gomes da Silva, *Conceito*, p. 60.
[635] Cfr. Menezes Leitão, *O enriquecimento*, pp. 852 e ss., reed., pp. 821 e ss., que seguiremos nas páginas seguintes.

não acontece (cfr. art. 616º, nº 4)[636]. A impugnação pauliana atribui pelo contrário ao credor uma pretensão directa contra terceiro, fundada na aquisição de bens por este ao devedor e no prejuízo que essa aquisição representou para o credor em virtude da consequente diminuição da sua garantia patrimonial. Ora, entendida nestes termos parece claro que essa pretensão tem por fonte o enriquecimento sem causa do terceiro à custa do credor, sendo um enriquecimento por desconsideração de património semelhante às hipóteses previstas no art. 481º e no art. 289º, nº 2. A qualificação desta pretensão como resultante de enriquecimento sem causa é, aliás, natural em face do paralelismo de regime do art. 616º, nºs 1 a 3 com os arts. 479º e 480º, uma vez que em ambos os casos se prevê a restituição do obtido à custa de outrem, ou da restituição do valor em caso de impossibilidade, sendo que essa restituição, em caso de boa fé, é limitada ao enriquecimento.

[636] Daí que não seja exacta a afirmação de ANTUNES VARELA, *Obrigações*, II, p. 457, seguida inicialmente por MENEZES CORDEIRO, *Direitos reais*, p. 310 e *Obrigações*, 1º, p. 268, de que a impugnação pauliana permite ao credor exigir de terceiro a restituição, ao devedor, dos meios necessários para efectivar o seu crédito. Efectivamente, a impugnação pauliana dirige-se directamente contra o terceiro, que deve restituir ao credor os bens adquiridos na medida do seu interesse, não tendo os bens que sair do património daquele. Neste sentido, vide ALMEIDA COSTA, *Obrigações*, p. 869, e actualmente também MENEZES CORDEIRO, *Tratado*, X, p. 388. Tem, suscitado alguma controvérsia na doutrina a questão de saber se o credor que recorre à impugnação pauliana se encontra sujeito a concorrer com os credores do adquirente. Em sentido negativo, se pronuncia ANTUNES VARELA, *Obrigações*, II, p. 457, interpretando o art. 616º, nº 1, como instituindo uma preferência legal. Também em sentido negativo, ARMINDO RIBEIRO MENDES, "Exercício da impugnação pauliana e a concorrência entre credores", em RUI MANUEL DA MOURA RAMOS / CARLOS FERREIRA DE ALMEIDA / ANTÓNIO MARQUES DOS SANTOS / PEDRO PAIS DE VASCONCELOS / LUÍS DE LIMA PINHEIRO / MARIA HELENA BRITO / DÁRIO MOURA VICENTE, *Estudos em Homenagem à Professora Doutora Isabel de Magalhães Collaço*, II, Coimbra, Almedina, 2002, pp. 417-455, com o argumento de que a impugnação pauliana instituiria um património separado e especial, que responderia por certos créditos do alienante. A solução correcta parece ser, porém, a afirmativa, já que como sustenta ALMEIDA COSTA, *Obrigações*, pp. 869 e ss., o beneficiário da impugnação pauliana é um credor do adquirente como qualquer outro, não havendo motivo para o privilegiar em relação aos demais credores, sendo certo ainda que ele pode reforçar a sua posição, solicitando o arresto dos bens em questão (cfr. 392º, nº 2 CPC e art. 622º). Neste sentido, cfr. Ac. RL 27/6/2002 (URBANO DIAS), em CJ 27 (2002), 3, pp. 120-121.

2.3.4.2. Efeitos da impugnação pauliana na relação entre o devedor e terceiro

O art. 617º ocupa-se dos efeitos da impugnação pauliana nas relações entre o devedor e o terceiro. Uma vez que a impugnação pauliana não constitui uma acção de anulação, mantém-se válido e eficaz o acto celebrado entre o devedor e o terceiro, ocorrendo apenas uma situação de responsabilidade do devedor perante o terceiro, em virtude de o credor ter, em consequência da acção do devedor lesiva da garantia patrimonial, adquirido sobre o terceiro um direito à restituição dos bens na medida do seu interesse.

O art. 617º, nº 1, determina que essa responsabilidade varia consoante o acto seja gratuito ou oneroso. Se o acto for gratuito, o devedor só é responsável perante o terceiro nos termos do disposto em matéria de doações, ou seja, nos termos do art. 957º, se o devedor se tiver expressamente responsabilizado ou houver procedido com dolo. Se o acto for oneroso, o terceiro tem direito de exigir do devedor aquilo com que este se enriqueceu. Trata-se, neste caso, de uma situação de enriquecimento por pagamento de dívidas alheias, uma categoria de enriquecimento por despesas, tendo o devedor que restituir ao terceiro o enriquecimento obtido, com a exoneração da sua dívida perante o credor.

O art. 617º, nº 2, determina que os direitos que o terceiro adquira contra o devedor não prejudicam a satisfação dos direitos do credor sobre os bens que são objecto da restituição. Desta norma resulta que a responsabilidade do devedor perante o terceiro não pode ser invocada por este como excepção para não satisfazer os direitos do credor. Efectivamente, a lei determina que a satisfação do direito do credor tem primazia sobre a satisfação do direito do terceiro contra o devedor, pelo que, só após a satisfação daquele é que poderá vir a ser exercido este.

2.3.4.3. Extinção do direito à impugnação pauliana

No âmbito do Código Civil de 1867 previa-se a extinção da impugnação pauliana, "logo que o devedor satisfaz a dívida, ou adquire bens com que possa desempenhar-se" (art. 1040º C. C. 1867), podendo também o adquirente "fazer cessar a acção, pagando a importância em dívida" (art. 1041º C.C. 1867), estabelecendo ainda que "esta acção prescreve, não sendo intentada dentro de um ano, contado desde o dia em que a insolvência do devedor haja sido judicialmente verificada" (art. 1045 C.C. 1867).

O Código actual não repetiu as duas primeiras disposições, mas é óbvio que a sua doutrina se mantém. Efectivamente, se vem a ocorrer a satisfação do direito de crédito, seja por cumprimento, seja por outra causa de extinção das obrigações, quer resulte do devedor, quer de terceiro, é manifesto que o credor perde o direito à impugnação pauliana. Esse direito também se perderá se o devedor vier a adquirir novos bens, suficientes para assegurar a garantia patrimonial do crédito, uma vez que neste caso qualquer dos réus estará em condições de efectuar a prova a que se refere o art. 611º.

Onde se verificou uma significativa alteração de regime foi em relação ao prazo de exercício da impugnação pauliana. Efectivamente, enquanto o art. 1045º do Código anterior estabelecia um prazo de prescrição de um ano, a contar da data da verificação judicial da insolvência do devedor, o art. 618º estabelece antes um prazo de caducidade de cinco anos, contados da data do acto impugnável. A alteração é justificada uma vez que a solução anterior poderia prolongar por tempo excessivo a incerteza sobre o acto sujeito a impugnação. Trata-se de um prazo relativamente longo, mas tal justifica-se uma vez que o seu início é fixado na data do acto impugnável (e não do seu conhecimento pelo credor) e, sendo o actual prazo de caducidade, em princípio não se suspende nem interrompe (art. 328º).

2.3.5. Natureza da impugnação pauliana

É controvertida na doutrina a natureza da impugnação pauliana, tendo havido opiniões a qualificá-la como uma acção de indemnização, uma acção de declaração de nulidade, uma acção de anulação, ou uma acção de declaração de ineficácia dos actos em relação ao credor[637]. Nenhuma destas opiniões parece correcta. Não se trata de uma acção de indemnização, pois não é atribuída reparação dos danos sofridos pelo credor. Não se trata de uma acção de declaração de nulidade, uma vez que os actos impugnados são em princípio válidos, não sendo, porém, a sua validade sequer apreciada na acção (art. 615º, nº 1). Também não se trata de uma acção de anulação da transmissão, uma vez que a procedência da acção não faz reverter os bens alienados ao património do devedor, mas apenas permite ao credor exigir do adquirente a restituição dos bens na medida do seu interesse (art. 616º, nº 1)[638].

[637] Cfr. Gomes da Silva, *Conceito*, p. 61.

[638] A multiplicidade de acções de impugnação pauliana em que erradamente se solicitava a anulação da transmissão, levou a que se discutisse na jurisprudência se o tribunal poderia

Finalmente, não se trata de uma simples declaração de ineficácia dos actos em relação ao credor, na medida em que o credor adquire, por via da impugnação pauliana pretensões próprias contra o terceiro adquirente, cujo conteúdo varia consoante a sua boa ou má fé (art. 616º, nºs 1 e 2).

A impugnação pauliana consiste assim numa acção pessoal[639], que visa restituir ao credor, na medida do seu interesse, os bens com que ele contava para garantia do seu crédito. Nesse âmbito, a procedência da impugnação pauliana constitui um direito de crédito à restituição, que em relação ao adquirente tem por objecto os bens em espécie ou o seu valor, se estiver de má fé, ou o seu enriquecimento se estiver de boa fé. Nessa medida, a impugnação pauliana faz surgir uma pretensão à restituição do enriquecimento por desconsideração de património.

A fundamentação dogmática para a atribuição neste caso de uma pretensão de enriquecimento contra terceiro parece residir assim na consideração de que a aquisição pelo terceiro não constitui uma legítima *causa retentionis*, a partir do momento em que se verifica a impugnação pauliana do negócio, o que permite ao credor o uso da acção de enriquecimento por desconsideração de património[640]. Caso a aquisição do terceiro seja gratuita a situação é paralela às do art. 289º, nº 2 e 481º, uma vez que, face à lei, a aquisição gratuita é considerada uma *causa minor* de aquisição, que não constitui uma legítima *causa retentionis*, quando se processa à custa de outrem que não o próprio doador, justificando-se por isso a restituição do enriquecimento, mesmo em caso de boa fé do terceiro adquirente (art. 612º, nº 1). Mais complicada é a explicação dogmática da restituição em virtude da aquisição onerosa, uma vez que esta constitui em princípio uma causa legítima de aquisição que, conforme se verificou, em princípio exclui a aplicação do enriquecimento sem causa. A explicação parece residir no novo pressuposto da impugnação pauliana que este caso exige:

corrigir oficiosamente o erro, e decretar o verdadeiro efeito da pauliana. A questão veio a ser resolvida pelo AUJ 3/2001 de 23 de Janeiro de 2001, *D.R.*, I-A, nº 34 de 9 de Fevereiro de 2001, que firmou a seguinte doutrina: "Tendo o autor, em acção de impugnação pauliana, pedido a declaração de nulidade ou a anulação do acto jurídico impugnado, tratando-se de erro na qualificação jurídica do efeito pretendido, que é a ineficácia do acto em relação ao autor (nº 1 do art. 616º), o juiz deve corrigir oficiosamente tal erro, e declarar tal ineficácia, como é permitido pelo art. 664º do CPC [hoje art. 5º, nº 3, CPC]".

639 Cfr. Ribeiro de Faria, *Obrigações*, I, p. 242, nota (1).

640 Seguimos Menezes Leitão, *O enriquecimento*, pp. 854 e ss., reed., pp. 823 e ss.

a má fé simultânea do devedor e do terceiro, consistente na consciência do prejuízo causado ao credor (o denominado *consilium fraudis*; cfr. art. 612º), que leva a que essa aquisição não se possa considerar fundada numa causa legítima[641]. A consciência de que essa aquisição se efectua à custa do credor, implicando a diminuição da sua garantia patrimonial e a impossibilidade de satisfação do seu crédito, obriga o terceiro à restituição dessa garantia patrimonial, independentemente do carácter oneroso da aquisição (art. 616º, 1 e 818º), embora este posteriormente possa exigir do devedor aquilo com que este se enriqueceu (art. 617º, nº 1 *in fine*). Essa restituição tem por base um enriquecimento injustificado do terceiro à custa dos credores, já que, embora a título oneroso, aquele celebrou um negócio de aquisição que implicou um desvio de bens de uma função que legalmente lhes é atribuída: a de servirem de garantia patrimonial dos créditos. Não sendo lícita a celebração desse negócio, a aquisição não tem causa justificativa, pelo que, uma vez paulianamente impugnada, deve ser reposta essa garantia patrimonial obtida à custa de outrem (art. 479º, nº 1) e não se aplicando a limitação do enriquecimento em virtude da má fé (cfr. art. 479º, nº 2).

1.2.4. O arresto

O último dos meios de conservação da garantia geral é o arresto de bens do devedor (arts. 619º e ss. do Código Civil e 391º e ss. do Código de Processo Civil), o qual consiste numa apreensão judicial de bens, semelhante à da penhora, e sujeita, aliás às mesmas regras (art. 391º, nº 2 CPC)[642].

O arresto pode ser requerido sempre que o credor tenha justo receio de perda da garantia patrimonial do seu crédito (art. 619º, nº 1). Basta, por isso, que exista um risco de o devedor ir proceder à ocultação, alienação ou dissipação dos seus bens ou que se verifiquem quaisquer outras circunstâncias que indiciem a possibilidade de futuro desaparecimento

[641] JACQUES MAURY, *Essai sur le rôle de la notiond'équivalence en droit civil français*, II- *La notion d'équivalence en matière extra-contractuelle*, Paris, Jouve, 1920, p. 76 refere, a este propósito, que a má fé do terceiro, no âmbito da impugnação pauliana, implica a supressão da causa jurídica, mesmo em caso de aquisição onerosa. Também RAMÓN ROCA SASTRE, "La causa en el negócio jurídico" em RAMÓN ROCA SASTRE, *Estudios de derecho privado*, com a colaboração de José Puig Brutau, Madrid, Editorial Revista de Derecho Privado, 1948, pp. 48-93 (52-53) entende que o *consilium fraudis* gera a ilicitude da causa, falando a este propósito em "causa com motivação ilícita".

[642] Cfr. MENEZES LEITÃO, *Garantias*, pp. 89 e ss.

dos bens que constituem a garantia patrimonial do crédito. Nesse caso, o credor pode requerer judicialmente que seja decretado, sem audiência do devedor (art. 393º, nº 1 CPC), arresto sobre bens deste que sejam suficientes para garantia do crédito. Se tiver sido requerido em mais bens do que os suficientes para segurança normal do crédito reduzir-se-á a garantia aos justos limites (art. 393º, nº 2 CPC), não podendo em caso algum o devedor ser privado dos rendimentos estritamente indispensáveis aos seus rendimentos e da sua família (art. 393º, nº 3 CPC).

O arresto pode ainda ser decretado em relação ao adquirente dos bens do devedor, exigindo-se nesse caso que tenha sido judicialmente impugnada a transmissão (art. 619º, nº 2), por exemplo, através da declaração de nulidade ou da impugnação pauliana, ou, não o tendo ainda sido, que se demonstrem factos que tornem provável a procedência dessa impugnação (art. 392º, nº 2 CPC).

Se o arresto for julgado injustificado ou caducar[643], o requerente é responsável pelos danos causados ao arrestado, quando não tenha agido com a prudência normal (art. 621º). Admite-se, aliás, que o requerente do arresto seja logo obrigado a prestar caução, se tal lhe for exigido pelo tribunal (art. 620º).

Decretado o arresto, os bens ficam apreendidos para garantia do cumprimento da obrigação, como se tivessem sido penhorados, o que implica a ineficácia em relação ao requerente dos actos de disposição dos bens arrestados (art. 622º, nº 1 e 819º) e a atribuição de preferência sobre os mesmos bens, a partir da data do arresto (art. 622º, nº 2 e 822º, nº 2), que é convertido em penhora na execução do crédito de que constitui garantia (art. 762º CPC). Essa preferência fica, porém, sem efeito no caso de vir a ser decretada a falência do devedor (art. 140º, nº 3 do CIRE), por forma a assegurar a igualdade entre os credores (*par conditio creditorum*).

643 O arresto está sujeito à causas gerais de caducidade dos procedimentos cautelares, referidas no art. 373º CPC e ainda ao caso especial de caducidade referido no art. 395º CPC.

Secção II
As garantias especiais das obrigações

1. Generalidades

1.1. Tipos de garantias especiais

As garantias especiais consistem em situações em que a posição do credor aparece reforçada para além do que resultaria simplesmente da responsabilidade patrimonial do devedor. Esse reforço pode ter carácter meramente quantitativo, como sucede quando a garantia vai implicar, através da constituição de uma nova obrigação, que outros patrimónios para além do património do devedor sejam sujeitos ao poder de execução do credor (caso das garantias pessoais) ou ter carácter qualitativo, quando o credor adquire o direito de ser pago com preferência sobre outros credores, em relação a bens determinados ou rendimentos desses bens (caso das garantias reais, que também proporcionam um reforço quantitativo quando são constituídas por terceiro, da separação de patrimónios e ainda da cessão de bens aos credores)[644].

Em termos genéricos existe uma garantia especial sempre que exista algum reforço da posição jurídica do credor, em confronto com a posição de outros credores. Esse reforço pode passar pela atribuição de um direito subjectivo com fins de garantia, o que ocorrerá sempre que a garantia consista num bem determinado, que será uma prestação no caso das garantias pessoais, ou uma coisa no caso de garantias reais. A garantia especial pode, porém, nem sequer passar pela atribuição de um direito subjectivo, como sucede com a separação de patrimónios e os privilégios gerais[645].

644 Cfr. ALMEIDA COSTA, *Obrigações*, pp. 881 e ss.

645 Cfr. MENEZES CORDEIRO, *Obrigações*, 2º, p. 498, e *Tratado*, X, p. 801.

Efectivamente, o que é essencial à garantia especial é apenas que um dos credores se encontre, em comparação com os outros, numa posição de benefício, assim se quebrando a normal igualdade entre os credores (*par condicio creditorum*).

As garantias pessoais caracterizam-se assim por sujeitar um terceiro à possibilidade de execução do seu património, em caso de não cumprimento pelo devedor. Para esse efeito, os terceiros assumem uma obrigação própria, através da qual ficam subsidiária ou solidariamente responsáveis pelo cumprimento da obrigação do principal devedor. Como exemplos, temos a fiança (incluindo a subfiança e o mandato de crédito) e o aval.

As garantias reais caracterizam-se por possibilitarem ao credor obter o pagamento preferencial do seu crédito pelo produto da venda de bens determinados ou de rendimentos desses bens, ainda que eles venham a ser transmitidos para terceiro. Constituem por isso categorias de direitos reais, mais precisamente de direitos reais de garantia, uma vez que oneram bens determinados, independentemente da titularidade dos mesmos. Como exemplos temos a consignação de rendimentos, o penhor, a hipoteca, o privilégio e o direito de retenção.

Os credores titulares de garantias reais dizem-se credores preferenciais por oposição aos outros credores, denominados credores comuns ou quirografários. A lei atribui-lhes o direito de se fazerem pagar em primeiro lugar sobre os bens objecto da garantia, passando assim à frente dos credores comuns, que só se podem fazer pagar pelo remanescente desses bens, após o pagamento aos credores preferenciais.

Há certos casos especiais de garantias que não se deixam, porém, reconduzir a qualquer uma dessas modalidades. Entre elas encontramos a separação de patrimónios, a prestação de caução e a cessão de bens aos credores.

1.2. Separação de patrimónios

Falámos já da separação de patrimónios, como constituindo a situação em que a lei prevê a sujeição de certos bens do devedor a um regime próprio de responsabilidade por dívidas[646], de que são exemplos a situação dos bens adquiridos pelo mandatário no mandato sem representação (art. 1184º), a meação nos bens comuns do casal, em relação aos bens próprios

[646] Cfr. ANTUNES VARELA, *Obrigações*, II, pp. 423 e ss., MENEZES CORDEIRO, *Obrigações*, 2º, pp. 501-502, e *Tratado*, X, pp. 257 e ss., e MENEZES LEITÃO, *Garantias*, pp. 291-292.

dos cônjuges (arts. 1695º-1696º) e o património da herança em relação ao herdeiro (arts. 2070º-2071º). Nessas situações, conforme se referiu, estabelece-se um património autónomo na esfera jurídica do devedor, cujas relações com o património principal podem passar pela atribuição de preferência aos credores do património autónomo sobre os outros credores do devedor (ex: art. 2070º); ou pela exigência da prévia excussão dos bens do património autónomo antes da execução de outros bens do devedor (ex: 1695º); ou ainda pela restrição de responsabilidade dos bens do devedor pertencentes ao património autónomo pelas obrigações que sobre este recaiam (ex. art. 1184º)[647].

Pode discutir-se se na separação de patrimónios existe uma efectiva garantia especial, na medida em que considerada cada massa patrimonial de per si, verifica-se que os credores por créditos respeitantes a esse património são admitidos à execução dos bens a ele pertencentes em pé de igualdade. Mas a verdade é que, analisada a questão sob o prisma dos credores que dela beneficiam, surge nítida a sua situação de garantia, uma vez que, além de concorrerem genericamente com os outros credores no âmbito do património geral do obrigado, beneficiam de um reforço específico dessa garantia que lhes advém da circunstância de o património autónomo aparecer primordialmente afecto à satisfação dos seus créditos.

1.3. Caução

A prestação de caução, referida nos arts. 623º e ss. do Código Civil, resulta de uma obrigação ou autorização conferida por lei, decisão judicial ou negócio jurídico e tanto pode concretizar-se através de garantias pessoais como através de garantias reais[648]. A caução consiste assim em toda e qualquer garantia que, por lei, decisão judicial ou negócio jurídico, é imposta ou autorizada para assegurar o cumprimento de obrigações eventuais ou de amplitude indeterminada[649]. Em termos processuais, a prestação de

[647] Cfr. GUILHERME MOREIRA, no *BFD* 7 (1921-1923), pp. 47-64 (50), e GOMES DA SILVA, *Conceito*, pp. 51-52.

[648] Cfr. ANTUNES VARELA, *Obrigações*, II, pp. 471 e ss., ALMEIDA COSTA, *Obrigações*, pp. 884 e ss., MENEZES CORDEIRO, *Obrigações*, pp. 502-503 e *Tratado*, vol. II, t. 4, pp. 537-538, MENEZES LEITÃO, *Garantias*, pp. 99 e ss., PEDRO ROMANO MARTINEZ/PEDRO FUZETA DA PONTE, *Garantias de Cumprimento*, 5ª ed., Coimbra, Almedina, 2006, pp. 73 e ss., JANUÁRIO GOMES, *Assunção*, pp. 44-45, nota (166).

[649] Cfr. ALMEIDA COSTA, *Obrigações*, p. 884.

caução corresponde a um processo especial regulado nos arts. 906º e ss. do CPC, aplicável quer a prestação de caução seja exigida (art. 906º CPC), quer seja espontaneamente oferecida (art. 913º CPC).

A autorização ou obrigação de prestação de caução pode ter origem legal, judicial ou negocial.

Relativamente à caução de fonte legal constituem casos de autorização legal de exigir a prestação de caução as hipóteses dos arts. 614º, nº 2, 648º, 673º, e 1468º *b)*. Constituem casos de obrigação legal de prestar caução as hipóteses dos arts. 93º CC e 704º, nº 3, e 733º, nº 1 *a)* CPC, em que a caução aparece como condição para exercício de determinados direitos. Relativamente à caução imposta ou autorizada por lei, sempre que esta não especifique a espécie que ela deve revestir, o art. 623º, nº 1, determina que a garantia pode ser prestada por meio de depósito de dinheiro, títulos de crédito, pedras ou metais preciosos ou por penhor, hipoteca ou fiança bancária. Apenas se nenhum destes meios puder ser utilizado é lícita a prestação de outra espécie de fiança, desde que o fiador renuncie ao benefício a excussão (art. 623º, nº 2), cabendo ao tribunal apreciar a idoneidade da caução, sempre que não haja acordo dos interessados (art. 623º, nº 3).

Relativamente à caução de fonte judicial ela aparece-nos referida nos arts. 107º, 620º, 707º, 1898º, 2236º e 2246º, surgindo a caução de fonte negocial sempre que as partes a estipulem, ao abrigo da sua autonomia privada. Estas duas formas de caução obedecem, porém, a requisitos menos exigentes do que a anterior, já que o art. 624º, nº 1, admite a sua prestação por meio de qualquer garantia, real ou pessoal[650], continuando, porém, o tribunal a apreciar da idoneidade da caução sempre que não haja acordo dos interessados (arts. 624º, nº 2 e 623º, nº 3).

Caso a pessoa obrigada à caução não a venha efectivamente a prestar, o credor tem o direito de requerer o registo de hipoteca sobre os bens do devedor, ou outra cautela idónea (designadamente, a apreensão de coisas móveis ou direitos não susceptíveis de hipoteca, que é havida como penhor, nos termos do art. 912º, nº 2 CPC), salvo de for diferente a solução especialmente fixada na lei[651], limitando-se, no entanto, a garantia aos bens suficientes para assegurar o direito do credor (art. 625º C.C. e 912º, nº 3, CPC).

[650] Incluindo, portanto, a fiança, mesmo que ela não seja bancária e o devedor não renuncie ao benefício da excussão.

[651] Efectivamente, por vezes a lei estabelece outras sanções para a não prestação de caução, como sucede nos arts. 1470º e 2238º, nº 2.

Pode, porém, ocorrer ainda que a caução, após prestada, se torne insuficiente ou imprópria, por causa não imputável ao credor. Neste caso, a lei atribui-lhe o direito de exigir que esta seja reforçada, ou que seja prestada outra forma de caução (art. 626º).

1.4. Cessão de bens aos credores

1.4.1. Generalidades

Uma vez que reforça a posição dos credores que nela são envolvidos, constitui igualmente uma garantia especial das obrigações a denominada "cessão de bens aos credores", prevista nos arts. 831º e ss. do Código Civil[652]. Trata-se de uma figura com antecedentes históricos no correspondente instituto da *cessio bonorum* do Direito Romano[653], embora actualmente revista pouca importância prática. A cessão de bens aos credores representa um exercício consensual da responsabilidade patrimonial do devedor, já que através dela o devedor permite aos credores o exercício de poderes de administração e disposição do seu património por forma a obterem o pagamento dos seus créditos, sem terem que recorrer à acção executiva.

1.4.2. Forma

Em virtude dos poderes que concede aos credores, a cessão de bens aos credores é sujeita a forma especial, já que o art. 832º, nº 1, determina que ela seja realizada por escrito, esclarecendo ainda que está sujeita à forma exigida para a validade da transmissão dos bens nela compreendidos. Assim, se a cessão envolver bens imóveis deverá necessariamente constar de escritura pública (art. 80º, nº 1, do Código do Notariado). Para além disso, a cessão deve ser registada sempre que envolva bens sujeitos a registo (art. 832º, nº 2). Como é regra geral, o registo terá apenas natureza consolida-

[652] Cfr. Antunes Varela, *Obrigações*, II, pp. 155 e ss., Almeida Costa, *Obrigações*, pp. 1084 e ss., Menezes Cordeiro, *Obrigações*, 2º, pp. 503 e ss., e *Tratado*, vol. II, t. 4, pp. 538 e ss., Romano Martinez/Fuzeta da Ponte, *op. cit.*, pp. 52 e ss. e Menezes Leitão, *A cessão de bens aos credores*, Lisboa, AAFDL, 1987, e *Garantias*, pp. 296 e ss.

[653] A *cessio bonorum* surge no Direito Romano por razões humanitárias, visando evitar as gravosas consequências da responsabilidade patrimonial. É controvertido o momento da sua origem, julgando-se que derivaria de um costume antigo, a que a *Lex Poetelia Papiria de nexis*, do ano 326 a. C., já faria referência ao admitir a libertação do devedor que jurasse pôr à disposição dos credores o seu património. O instituto só vem, porém, a ser disciplinado com a *Lex Iulia de bonis cedendis*, surgida por volta do ano 17 a. C. Cfr. o nosso *A cessão*, p. 23.

tiva do contrato, permitindo opor a cessão a terceiros, e não condicionante de eficácia absoluta[654].

1.4.3. Objecto

Em relação ao objecto da cessão de bens aos credores, o art. 831º refere que ele pode consistir em todo o património do devedor ou apenas em parte dele, o que implica que o objecto do negócio terá que corresponder a uma universalidade patrimonial, e não a bens determinados. Efectivamente, se o negócio for limitado a bens considerados individualmente, a situação corresponderá a uma dação *pro solvendo* e não a uma cessão de bens aos credores[655].

1.4.4. Efeitos

A cessão de bens aos credores tem dois efeitos principais. Em primeiro lugar, transmite para os cessionários os poderes de administração e disposição dos bens objecto da cessão (art. 834º, nº 1), ficando o devedor apenas com a possibilidade de fiscalizar a gestão e exigir a prestação de contas (art. 834º, nº 2). Em segundo lugar, restringe a possibilidade de se instaurarem execuções sobre esses bens, uma vez que, a partir do momento em que a cessão é celebrada, apenas os titulares de créditos anteriores podem executar esses bens até à data da sua alienação. Nem os cessionários nem os credores posteriores à cessão podem instaurar qualquer execução sobre os bens cedidos (art. 833º). Estranhamente, no entanto, a lei não vedou aos cessionários a possibilidade de executar outros bens do devedor[656].

No entanto, sendo declarada a insolvência do devedor, os bens objecto de cessão são igualmente apreendidos no processo de insolvência (art. 149º, nº 2, *b)* CIRE).

1.4.5. Extinção

A cessão de bens aos credores pode extinguir-se pelas formas gerais de extinção dos contratos. Nesta sede, aparecem no entanto reguladas especificamente o cumprimento e a possibilidade de desistência unilateral.

654 Cfr. MENEZES CORDEIRO, *Obrigações*, 2º, p. 505, nota (58), e *Tratado*, vol. II, t. 4, p. 539 e nota (1279).

655 Cfr. ALMEIDA COSTA, *Obrigações*, p. 1086. Revemos, assim, a posição que defendemos em MENEZES LEITÃO, *A Cessão de bens*, pp. 75 e ss.

656 Ao contrário do que fez o Código italiano (art. 1980, III). Cfr. MENEZES LEITÃO, *A Cessão de bens*, p. 98.

Em relação ao cumprimento, ele naturalmente apenas ocorrerá com a liquidação do património e pagamento aos credores, só nessa altura se verificando a liberação do devedor. Efectivamente, o art. 835º refere que o devedor só fica liberado em face dos credores, a partir do recebimento da parte que a estes compete no produto da liquidação, e na medida do que receberam. Daqui resulta que na cessão de bens aos credores, à semelhança do que sucede na dação *pro solvendo*, se verifica um efeito liberatório diferido, apenas ocorrendo a extinção dos débitos correspondentes a partir do momento em que os cessionários recebem o montante que lhes é devido em resultado da liquidação do património do devedor.

À semelhança do que sucede noutros contratos, a lei prevê ainda a possibilidade de o devedor desistir a todo o tempo da cessão, mas apenas se cumprir as obrigações a que está adstrito para com os cessionários, esclarecendo, no entanto, que essa desistência não tem efeito retroactivo (art. 836º). Daqui resulta que a desistência da cessão de bens aos credores se apresenta condicionada à satisfação do interesse de cumprimento em relação aos cessionários e a sua verificação não afecta quaisquer actos de administração ou disposição dos bens cedidos, que entretanto estes tenham praticado.

1.4.6. Natureza jurídica

Tem sido bastante controvertida na doutrina a natureza da cessão de bens aos credores[657]. Alguns autores pretenderam atribuir-lhe natureza processual[658]. Para outros, a cessão de bens aos credores constituiria um caso particular de dação em cumprimento ou de dação *pro solvendo*[659]. Para outros, estar-se-ia perante um contrato real, em que se verificaria a transmissão

[657] Cfr., para mais desenvolvimentos, MENEZES LEITÃO, *A cessão*, pp. 39 e ss. Recentemente, veja-se ainda ROSANNA DE MEO, *La cessione dei beni ai creditori*, Milano, Giuffrè, 1999, pp. 53 e ss.

[658] Foi esta designadamente a tese de NICOLO BALZANO, "*Cessio bonorum* e figura giuridica dei creditori cessionari nei giudizi contro i terzi relativi ai beni ceduti", na *RDProc* 6 (1951), II, pp. 117-127 que entende que a circunstância de os cessionários exercerem *ex lege* poderes de representação do devedor é explicável em virtude de ele se substituirem aos orgãos processuais na execução do património do devedor.

[659] As afinidades entre a cessão de bens aos credores e a dação *pro solvendo* foram entre nós salientadas por GALVÃO TELLES, *Direito das Obrigações. Súmula*, II (com a colaboração de Fernando Cunha de Sá), Lisboa, Serviços Sociais da Universidade de Lisboa, 1974, pp. 6 e 33 e ss. e FERNANDO PESSOA JORGE, *Obrigações*, 1º, p. 436.

para os cessionários das faculdades de administração e disposição dos bens[660]. Para outros tratar-se-ia de um negócio fiduciário em garantia[661]. Para outros a cessão de bens aos credores consistiria num caso particular de mandato[662]. Finalmente, existem ainda concepções mistas[663].

A nosso ver a cessão de bens aos credores consiste num caso particular de mandato sem representação para alienar no interesse comum de ambas das partes[664]. Efectivamente, trata-se em primeiro lugar de um mandato, porque estão presentes na cessão todos os traços desta figura, já que os credores são encarregados de praticar actos jurídicos (cfr. arts. 831º e 1157º) e o devedor pode fiscalizar a gestão e exigir a prestação de contas (art. 834º, nº 2 e art. 1161º *b)* e *d)*). Trata-se de um mandato sem representação para alienar, uma vez que no caso contrário os actos dos credores seriam qualificados como actos do devedor, pelo que não precisariam que a lei os investisse formalmente em poderes de administração e disposição, deles excluindo o devedor (art. 834º, nº 1). Finalmente, trata-se de um mandato

660 Esta tese deve-se a ARISTIDE FOÀ, "Cessione di beni ai creditori" na *RDComm* 32 (1934), I, pp. 40-75. Para este autor, a cessão seria um contrato de natureza real, já que, embora não transfira integralmente a propriedade, transfere uma faculdade que faz parte desse direito, a faculdade de dispor dos bens. Também entre nós MENEZES CORDEIRO, *Obrigações*, 2º, p. 506, e *Tratado*, vol. II, t. 4, p. 541, sustenta que a cessão consistiria numa "garantia especial, conseguida através da transmissão, para os credores garantidos das faculdades de administração e disposição de certos bens, com fins de ressarcimento".

661 Cfr. INOCÊNCIO GALVÃO TELLES, *Manual dos contratos em geral*, 4ª ed., Coimbra, Coimbra Editora, 2002, p. 194, para quem a cessão de bens aos credores seria um acto abstracto, ou mesmo um contrato fiduciário de garantia, com alienação dos bens aos credores para estes obterem a satisfação dos seus créditos à custa deles.

662 É esta claramente a tese dominante na doutrina, aparecendo defendida com formulações diversas, designadamente por EMILIO BETTI, "Natura giuridica della cessione di beni ai creditori" na *RDComm* 33 (1935), II, 304-327 (que entende existir além do mandato um negócio autorizativo de autotutela), ANGELO DE MARTINI, "La cessione dei beni ai creditori" na *RDComm* 40 (1942), I, pp. 310-333 (que entende existir na cessão um mandato com representação, acrescido de um vínculo de indisponibilidade), SERGIO SOTGIA, "Cessione dei beni ai creditori", no *NovissDI* III (1959), pp. 140-146 (para quem a cessão de bens constitui um mandato irrevogável com implícitos poderes representantivos).

663 É designadamente o caso de FERDINANDO SALVI, *La cessione dei beni ai creditori*, Milano, Giuffrè, 1947, maxime 323-324, para quem na cessão de bens aos credores, além de um mandato sem representação, existe uma garantia conseguida através da transmissão da faculdade de disposição dos bens.

664 Defendemos já esta tese em MENEZES LEITÃO, *A cessão*, pp. 62 e ss. Posteriormente, veja-se JANUÁRIO GOMES, *Em tema de revogação*, pp. 175 e ss. e . ROMANO MARTINEZ/FUZETA DA PONTE, *op. cit.*, p. 54.

no interesse de ambas as partes, uma vez que a liquidação tanto visa a extinção dos débitos do devedor, como o pagamento aos credores, existindo por isso na cessão de bens as mesmas restrições à revogação do contrato que ocorrem no mandato de interesse comum (cfr. art. 835º e 1170º, nº 2).

2. As garantias pessoais

2.1. A fiança

2.1.1. Generalidades

A fiança apresenta-se como a garantia pessoal típica, sendo regulada nos arts. 627º a 655º do Código Civil[665]. No art. 627º, nº 1, refere-se que "o fiador garante a satisfação do direito de crédito, ficando pessoalmente obrigado perante o credor". A situação do fiador é, assim, a de garante da obrigação com o seu património pessoal, tendo sido discutido na doutrina se esta situação envolve constituição de uma obrigação própria do fiador[666]. A nosso ver, a resposta deve ser afirmativa, uma vez que o fiador tem um dever de prestar perante o credor, ainda que a sua função seja apenas a de assegurar a realização do pagamento pelo devedor. Daí que se o fiador efectuar a prestação, tal seja considerado como um caso de prestação por um terceiro que garantiu a obrigação, ainda que sujeita por esse mesmo motivo à sub-rogação legal (cfr. art. 644º).

A fiança é, por isso, uma garantia pessoal das obrigações, através da qual um terceiro assegura a realização de uma obrigação do devedor, responsabilizando-se pessoalmente com o seu património por esse cumpri-

[665] Cfr. Vaz Serra, "Fiança e figuras análogas", no *BMJ* 71 (1957), pp. 19-331, Antunes Varela, *Obrigações*, II, pp. 477 e ss., Almeida Costa, *Obrigações*, pp. 888 e ss., Menezes Cordeiro, *Obrigações*, 2º, pp. 545 e ss., Menezes Leitão, *Garantias*, pp. 103 e ss., Romano Martinez/Fuzeta da Ponte, *op. cit.*, pp. 86 e ss., e principalmente Januário Gomes, *Assunção, passim*.

[666] A negação de que a fiança implique a constituição de uma obrigação para o fiador é típica da doutrina da *Schuld und Haftung*, que considera que o fiador não é objecto da relação debitória, mas da relação de responsabilidade, já que não deve, mas apenas responde, sendo essa situação que distingue a fiança da assunção cumulativa de dívida. Cfr. Hermann Jsay "Schuldverhältnis und Haftungsverhältnis im heutigen Recht", em *JhJb* 48 (1904), pp. 187-208 (194). Entre nós, também Gomes da Silva, *Conceito*, p. 66, considera que apesar de as garantias pessoais serem obrigações impostas ou assumidas por terceiros, estes não se poderiam considerar verdadeiros devedores. Mas já Antunes Varela, *Obrigações*, II, p. 479, Menezes Cordeiro, *Obrigações*, 1º, p. 201, e Januário Gomes, *Assunção*, pp. 115 e ss., qualificam o fiador como um verdadeiro devedor, ainda que acessório, considerando, por isso, que a sua situação compreenderá, forçosamente, o *quid* obrigacional em toda a sua plenitude.

mento perante o credor. O valor da fiança como garantia encontra-se, por isso, dependente do valor do património do fiador. Normalmente, a fiança abrange todo o património do fiador, embora possa por limitação convencional ser restringida a alguns dos seus bens (art. 602º)[667]. Normalmente, a fiança restringe-se a algumas ou algumas dívidas do devedor, embora possa abranger todas as suas dívidas presentes e, eventualmente, futuras, desde que determináveis. Se não for estabelecido qualquer critério para a determinação das obrigações futuras a afiançar, o negócio não poderá deixar de ser considerado nulo por indeterminabilidade do objecto (art. 280º).

> Tem sido muito discutida a admissibilidade de a fiança abranger todas as dívidas do devedor para com determinada entidade, prática que no comércio bancário se vulgarizou com a designação de fiança *omnibus*. A questão coloca-se em saber se um negócio com essas características preenche o requisito da determinabilidade constante do art. 280º, já que, conforme se salientou, não é possível a aplicação do art. 400º quando não seja fornecido qualquer critério para a determinação do objecto da obrigação[668].
>
> Se a fiança se limitar às obrigações existentes no momento da sua constituição, mesmo que não lhes seja feita referência expressa no negócio celebrado, parece existir um critério suficiente para a sua determinação, uma vez que pode ser averiguado em concreto o montante das dívidas objecto da garantia, pelo que o negócio não pode considerar-se nulo por indeterminabilidade do objecto (art. 280º, nº 1)[669]. Abrangendo, porém, a fiança todas as obrigações futuras do devedor, sem que seja estabelecido um critério que as permita determinar, tem prevalecido na doutrina e na jurisprudência a opinião de que nesse caso a fiança será nula por constituir um negócio de objecto indeterminável[670], posição que igualmente perfilhamos.

667 Cfr. neste sentido, Almeida Costa, *Obrigações*, p. 889.

668 Cfr. o volume I desta obra, a pp. 111.

669 Caso o fiador desconhecesse o montante real das dívidas, o negócio poderá eventualmente ser anulável por outro vício, como nos casos de erro (art. 251º), dolo (art. 253º) ou usura (art. 282º).

670 Cfr. na doutrina, Vaz Serra, "Anotação Ac. STJ 2/11/1973" em RLJ 107 (1974), pp. 254-255 e 259-262 (255), Pires de Lima/Antunes Varela, *op. cit.*, I, p. 646, Menezes Cordeiro, "Impugnação pauliana. Fiança de conteúdo indeterminável", na *CJ* 17 (1992), 3, pp. 55-64 e "Impugnação pauliana de actos anteriores ao crédito – Nulidade da fiança por débitos futuros indetermináveis – Efeitos da impugnação / Anotação a STJ 19-Fev-1991", na *ROA* 51 (1991), pp. 525-572, Romano Martinez / Fuzeta da Ponte, *op. cit.*, pp. 96 e ss. e Januário Gomes, *Assunção*, pp. 672 e ss. Na jurisprudência, veja-se Ac. STJ 15/6/1994 (Martins da Fonseca),

Apesar de a lei não o dizer expressamente parece claro que o negócio que dá origem à fiança tem carácter necessariamente bilateral[671]. Não parece efectivamente razoável que alguém fique irrevogavelmente vinculado à prestação de uma garantia com base num negócio unilateral, até porque a isso se oporia o princípio da tipicidade dos negócios unilaterais. Pode, por isso, dizer-se que a fiança resulta sempre ou de um contrato entre o fiador e o credor, ou de um contrato entre o fiador e o devedor que, nesse caso, revestirá a natureza de um contrato a favor de terceiro[672]. Poderá eventualmente também resultar de um contrato plurilateral entre estas três partes.

Apesar de a fiança ser originada num contrato entre duas partes, ela é sempre elemento de uma relação trilateral entre o fiador, o credor e o devedor. Daí que a lei sinta necessidade de regular especificamente o regime das relações entre o fiador e o credor, e entre o fiador e o devedor.

no *BMJ* 438 (Julho 1994), pp. 471-476 e Ac. STJ 22/6/1999 (Francisco Lourenço), no *BMJ* 488 (Julho 1999), pp. 337-345 e finalmente o AUJ 4/2001 de 23 de Janeiro de 2001, *D.R.*, I-A, nº 57 de 8 de Março de 2001, que estabeleceu: "É nula, por indeterminabilidade do seu objecto, a fiança de obrigações futuras, quando o fiador se constitua garante de qualquer operação em direito consentida, sem menção expressa da sua origem ou natureza e independentemente da qualidade em que o afiançado intervenha". Para uma anotação a este importante acórdão, cfr. Januário Gomes, "O mandamento da determinabilidade da fiança *omnibus* e o AUJ nº 4/2001", em Rui Manuel da Moura Ramos / Carlos Ferreira de Almeida / António Marques dos Santos / Pedro Pais de Vasconcelos / Luís de Lima Pinheiro / Maria Helena Brito / Dário Moura Vicente, *Estudos em Homenagem à Professora Doutora Isabel de Magalhães Collaço*, II, Coimbra, Almedina, 2002, pp. 49-78.

671 No mesmo sentido, Antunes Varela, *Obrigações*, II, p. 484, Almeida Costa, *Obrigações*, p. 889, e nota (3) e Januário Gomes, "A estrutura negocial da fiança e a jurisprudência recente", em FACULDADE DE DIREITO DA UNIVERSIDADE DE LISBOA (org.), *Estudos em Memória do Professor Doutor João de Castro Mendes*, Lisboa, Lex, s.d., pp. 323-369 (341 e ss.) e *Assunção*, p. 388. Apenas Vaz Serra, no *BMJ* 71 (1957), p. 26, defendeu que a fiança poderia ser constituída por negócio unilateral. Esta última posição é, no entanto, acolhida no Ac. RG 11/5/2005 (António Gonçalves), na *CJ* 30 (2005), 3, pp. 277-281.

672 O fiador compromete-se, perante o devedor a realizar uma prestação ao credor, o que preenche os requisitos do art. 443º. Salienta-se, porém, algumas especialidades, já que na fiança o fiador não poderá opor ao credor as excepções derivadas da relação de cobertura, por tal se apresentar contrário ao fim da garantia. Nesse sentido, pode-se dizer que a declaração de fiança tem carácter abstracto. Cfr. Larenz/Canaris, *Lehrbuch des Schuldrechts*, II- *Besonderer Teil*, 2, 13ª ed., München, Beck, 1994, p. 3.

2.1.2. Forma da fiança

O art. 628º, nº 1, vem estabelecer que a forma da declaração de prestação de fiança é a da forma exigida para a obrigação principal, ainda que se exija declaração expressa do fiador. Esta forma vem a ser estabelecida apenas para a declaração do fiador, já que não fazendo a lei exigência semelhante relativamente à declaração da outra parte no contrato de fiança, seja ela o devedor ou o credor, estas estarão naturalmente sujeitas ao regime da consensualidade (art. 219º)[673].

Ao fazer depender a forma da fiança apenas da forma exigida para a obrigação principal, parece claro que a lei não exige genericamente que a fiança seja prestada por escrito, podendo esta revestir forma consensual sempre que a obrigação principal não esteja sujeita a qualquer forma (ex: o pagamento do preço da compra de uma jóia). Neste caso, a fiança poderá ser provada por qualquer meio, não podendo o fiador elidir a sua responsabilidade com o argumento de que não celebrou qualquer declaração escrita. Pelo contrário, se a obrigação principal exigir forma superior à escrita para a sua constituição (ex: a obrigação do mutuário superior a 25.000 euros, em relação à qual o art. 1143º do Código Civil, na redacção do D.L. 116/2008, de 4 de Julho, exige escritura pública ou documento particular autenticado) a fiança não será válida se não adoptar essa mesma forma, mesmo que seja prestada por escrito.

2.1.3. Principais características da fiança

A fiança tem como características principais a acessoriedade e a subsidiariedade. A acessoriedade aparece referida no art. 627º, nº 2, que nos diz que "a obrigação do fiador é acessória da que recai sobre o principal devedor". Esta característica significa que a obrigação do fiador se apresenta na dependência estrutural e funcional da obrigação do devedor, sendo determinada por essa obrigação em termos genéticos, funcionais e extintivos.

A dependência da obrigação do fiador em relação à obrigação do devedor começa na forma da declaração da prestação de fiança, que é a da forma exigida para a obrigação principal, ainda que seja exigida declaração expressa do fiador (art. 628º, nº 1). Estende-se também ao âmbito da fiança, já que no art. 631º, nº 1, se refere que a fiança não pode exceder a

[673] Cfr. JANUÁRIO GOMES, *Assunção*, p. 388. Em sentido contrário, ANTUNES VARELA, *Obrigações*, II, p. 487.

dívida principal nem ser contraída em condições mais onerosas, ficando sujeita à redução caso tal venha a suceder (art. 631º, nº 2).

Uma outra manifestação da acessoriedade é a de que a invalidade da obrigação principal, seja ela nulidade ou mera anulabilidade, acarreta também a invalidade da fiança, por força do art. 632º, nº 1. No caso, porém de mera anulabilidade, o facto constitutivo da obrigação principal tem que ser efectivamente anulado, para que a obrigação do fiador deixe de subsistir. No entanto, a fiança mantém-se como válida se, anulada a obrigação principal, por incapacidade ou por falta ou vício da vontade do devedor, o fiador conhecia a causa da anulabilidade ao tempo em que a obrigação foi prestada. A razão para essa solução reside na circunstância de uma declaração de fiança com conhecimento da anulabilidade da obrigação principal por esse motivos dever valer também como garantia, prestada pelo fiador, de que a obrigação principal não será anulada, respondendo este por incumprimento da garantia, caso tal venha a suceder[674].

É também manifestação da acessoriedade da fiança a possibilidade que o fiador tem de opor ao credor os meios de defesa próprios do devedor, salvo se forem incompatíveis com a obrigação do fiador (art. 637º).

Finalmente, é manifestação da acessoriedade da fiança, a circunstância de a extinção da obrigação principal acarretar também a extinção da fiança (art. 651º).

A subsidiariedade reconduz-se à possibilidade de o fiador invocar o benefício da excussão, conforme resulta do art. 638º, impedindo o credor de executar o património do fiador enquanto não tiver tentado sem sucesso a execução através do património do devedor (cfr. art. 745º CPC). Para além disso, o art. 639º refere que a subsidiariedade da fiança opera mesmo existindo garantias reais constituídas por terceiro antes da fiança, já que o fiador tem igualmente o direito de exigir a execução prévia das coisas sobre que recai a garantia real.

A subsidiariedade da fiança constitui, porém, uma característica não essencial, uma vez que o fiador pode renunciar a ela, conforme se prevê no

[674] Daí que discordemos das opiniões de Galvão Telles, "Garantia bancária autónoma", em *Dir* 120 (1988), pp. 275-293 (279) e de Almeida Costa, *Obrigações*, p. 894, nota (2), quando consideram que neste caso a fiança passa a valer apenas para a obrigação de restituição por invalidade (art. 289º). A nosso ver, este regime destina-se a permitir ao credor a execução do património do fiador, pelo montante da obrigação principal e não pela restituição resultante da invalidade. Neste sentido, ao que julgamos, Antunes Varela, *Obrigações*, II, p. 495.

art. 640º *a)*. Para além disso, a subsidiariedade é excluída quando o devedor ou o dono dos bens onerados com a garantia não puder, em virtude de facto posterior à constituição da garantia ser demandado no território do continente ou ilhas adjacentes (art. 640º *b)*) ou quando a fiança respeitar a obrigação comercial (art. 101º CCom).

2.1.4. Relações entre credor e fiador

Conforme acima se referiu, por força da regra da acessoriedade, "a fiança tem o conteúdo da obrigação principal e cobre as consequências legais e contratuais da mora ou culpa do devedor" (art. 634º). Daqui resulta que o credor pode exercer perante o fiador os mesmos direitos que tem perante o devedor, quer estes respeitem à acção de cumprimento, quer à indemnização por incumprimento, mora ou cumprimento defeituoso.

Em relação aos meios de defesa, dispõe o art. 637º que o fiador pode exercer perante o credor, além dos meios de defesa que lhe são próprios, as excepções que competem ao devedor, salvo se forem incompatíveis com a sua obrigação. O fiador pode assim utilizar perante o credor tanto as excepções respeitantes à relação de fiança (por exemplo, a invalidade do contrato de fiança ou a extinção da sua obrigação por qualquer causa), como as excepções relativas à própria obrigação do devedor, não produzindo a renúncia deste a essas excepções qualquer efeito em relação ao fiador (art. 637º, nº 2). Já não se admite, porém, que o fiador possa invocar excepções relativas ao devedor que se mostrem incompatíveis com a sua obrigação, uma vez que tal representaria um *venire contra factum proprium*.

Uma questão especialmente regulada na lei, em termos semelhantes ao que sucede com os devedores solidários (arts. 522º e 531º), diz respeita à eficácia perante o fiador do caso julgado entre o credor e o devedor. Determina-se que esse caso julgado não é oponível ao fiador, mas pode ser invocado por este em seu benefício, salvo se respeitar a circunstâncias pessoais do devedor, que não excluam a responsabilidade do fiador (art. 635º, nº 1). Já quanto ao caso julgado entre credor e fiador, este aproveita ao devedor, mas não o prejudica o caso julgado desfavorável (art. 635º, nº 2).

Outra questão especialmente regulada na lei diz respeito à prescrição, e em que termos a interrupção, suspensão e renúncia à prescrição relativamente à obrigação principal se estende à obrigação do fiador (art. 637º). A lei neste caso não adopta o princípio da acessoriedade, estabelecendo antes a independência da prescrição das duas obrigações, o que implica que as causas de interrupção, suspensão ou a renúncia à prescrição de uma das obrigações não se estendem à outra. No entanto, em relação à interrupção, admite-se que se o credor interromper a prescrição contra o devedor e der conhecimento do facto ao fiador, se considere a prescrição interrompida contra este na data da comunicação (art. 636º, nº 1).

Conforme acima se referiu, o fiador pode ainda gozar do benefício da excussão, quer em relação ao património do devedor (art. 638º), quer em relação a bens onerados com garantia real anterior à fiança (art. 639º). O benefício da excussão visa evitar a execução judicial dos bens do fiador enquanto a garantia concedida pelo património do devedor ou por outras garantias reais prestadas por terceiro anteriormente à fiança não se mostre insuficiente para assegurar o cumprimento da obrigação. Efectivamente, a fiança apresenta-se normalmente como uma garantia subsidiária, a exercer apenas em caso de o património do devedor e as garantias reais anteriores à fiança não bastarem para assegurar a satisfação do crédito[675]. No caso da existência de subfiança, o subfiador goza do benefício da excussão, tanto em relação ao fiador com em relação ao devedor (art. 643º).

O benefício é, porém, excluído se o devedor a ele tiver renunciado, o que acontece designadamente se assumir a obrigação de principal pagador (art. 640º *a)*) ou se, posteriormente à constituição de fiança, o devedor ou o dono dos bens onerados com a garantia não puder ser demandado no território continental ou das ilhas adjacentes (art. 640º *b)*) e ainda se a fiança respeitar a obrigação comercial (art. 101º CCom). Efectivamente, embora estabelecido no interesse do fiador, o benefício da excussão não é instituído em termos imperativos, pelo que pode ser afastado pelas partes, o que ocorre frequentemente, bastando para o efeito que o fiador declare que igualmente se responsabiliza como principal pagador. Para além disso, e por razões de tutela dos interesses do credor, se posteriormente à declaração de fiança se verifica a impossibilidade de demandar o devedor ou o proprietário dos bens onerados com a garantia no território do Continente ou das Regiões Autónomas, justifica-se que o fiador deixe de poder invocar o benefício da excussão. Esse só poderá continuar a ser invocado

[675] Conforme salienta ANTUNES VARELA, *Obrigações*, II, p. 491, a concessão do benefício da excussão em relação a garantias reais anteriores à fiança ocorre porque o fiador, ao prestar fiança, já contou com a existência dessas garantias, o que implica que apenas deva responder pelo saldo negativo delas. Já não se estende, porém, esse benefício às garantias posteriores à fiança, uma vez que o devedor não contou com elas aquando da avaliação do risco fidejussório.

se essa impossibilidade já existia ao tempo da fiança, uma vez que nesse caso esse condicionalismo esteve subjacente à prestação da mesma. Finalmente, a lei afasta mesmo o benefício da excussão, se a fiança disser respeito a obrigação comercial, na medida em que o art. 101º CCom estabelece que "todo o fiador de obrigação mercantil, ainda que não seja comerciante, será solidário com o respectivo afiançado". Trata-se, neste caso, de um regime mais benéfico, para o credor de obrigação comercial, a qual estabelece uma solidariedade imprópria entre fiador e devedor principal, que se caracteriza precisamente por não admitir a invocação por aquele do benefício da excussão.

Por ser relativo apenas à fase executiva, o benefício da excussão não impede que o credor instaure imediatamente acção judicial contra o fiador. Efectivamente, determina o art. 641º, nº 1, que, mesmo havendo benefício da excussão, o credor tem sempre a possibilidade de demandar o fiador isolada ou conjuntamente com o devedor, por forma a obter um título executivo contra qualquer dos dois. Caso seja demandado sozinho, o fiador tem sempre a possibilidade de chamar o devedor à demanda – actualmente através do incidente de intervenção principal provocada passiva; cfr. arts. 316º e 317º CPC – ainda que não goze do benefício da excussão. Salvo declaração em contrário no processo, o não chamamento do devedor à demanda importa para o fiador renúncia ao benefício (art. 641º, nº 2).

Para além do benefício da excussão, o art. 642º atribui ainda outros meios de defesa ao fiador. Assim, é permitido ao fiador recusar o cumprimento enquanto o direito do credor puder ser satisfeito por compensação com um crédito do devedor ou este tiver a possibilidade de se valer da compensação com uma dívida do credor (art. 642º, nº 1). Para além disso, é ainda lícito ao fiador recusar o cumprimento, enquanto o devedor tiver a possibilidade de impugnar o negócio (art. 642º, nº 2).

2.1.5. Relações entre devedor e fiador

A lei ocupa-se das relações entre o devedor e o fiador nos arts. 644º e ss., referindo logo o art. 644º a possibilidade de sub-rogação, ao determinar que "o fiador que cumprir a obrigação fica sub-rogado nos direitos do credor, na medida em que estes foram por ele satisfeitos". Desta norma resulta que, apesar da existência de uma obrigação do fiador perante o credor (art. 627º, nº 1) o cumprimento da obrigação pelo fiador não é equiparado ao cumprimento pelo devedor solidário, na medida em que não confere apenas um direito de regresso, mas antes implica, por via da sub-rogação legal (art. 592º, nº 1), uma verdadeira transmissão do crédito para o fiador, com todos os seus acessórios e garantias. Por esse motivo, podem continuar a ser opostas ao fiador que cumpriu a obrigação as mesmas excepções que poderiam ser invocadas perante o credor. Se, porém, o devedor tiver consentido no cumprimento pelo fiador ou, avisado por este, não lhe tiver dado conhecimento, injustificadamente, dos meios de defesa que poderia opor ao credor fica impedido de opor esses meios contra o fiador (art. 647º). Esta solução justifica-se por razões de tutela da boa fé do fiador, evitando-se assim que este seja surpreendido com a invocação pelo devedor de excepções com que não contava quando decidiu cumprir a obrigação.

A lei prevê, aliás, também por razões de tutela da boa fé, deveres específicos de aviso entre devedor e fiador, por forma a evitar que o cumprimento por um acabe por lesar o outro. Assim, em relação ao fiador, o art. 645º, nº 1, dispõe que "o fiador que cumprir a obrigação deve avisar do cumprimento o devedor, sob pena de perder o seu direito contra este no caso de o devedor, por erro, efectuar de novo a prestação". Nesse caso, no entanto, o fiador poderá repetir do credor a prestação realizada, como se fosse indevida (art. 645º, nº 2)[676]. Da mesma forma, em relação ao devedor, a lei determina que "o devedor que cumprir a obrigação deve avisar do cumprimento o fiador, sob pena de responder pelo prejuízo que causar se culposamente o não fizer" (art. 646º).

A lei admite ainda que o fiador possa, em certos casos, exigir a sua liberação ou a prestação de caução. Esses casos constam do art. 648º e correspondem aos seguintes:

a) Se o credor obtiver contra o fiador sentença exequível;
b) Se os riscos da fiança se agravarem sensivelmente;
c) se, após a assunção da fiança, o devedor se colocar na situação de não poder ser demandado ou executado no território continental ou das ilhas adjacentes;

[676] Não se trata neste caso de um enriquecimento por prestação, mas antes de um enriquecimento por intervenção, uma vez que o pagamento pelo fiador era devido quando foi realizado, passando este a ser o titular do crédito por via da sub-rogação, o qual é objecto de uma intervenção pelo primitivo credor, ao receber o pagamento do devedor. Cfr. MENEZES LEITÃO, *O enriquecimento*, pp. 621 e 787, reed., pp. 598 e 759.

d) Se o devedor se houver comprometido a desonerar o fiador dentro de certo prazo ou verificado certo evento e já tiver decorrido o prazo ou se tiver verificado o evento previsto;
e) Se houverem decorrido cinco anos, não tendo a obrigação principal um termo, ou se, tendo-o, houver prorrogação legal imposta a qualquer das partes.

Conforme se pode verificar as hipóteses legalmente previstas correspondem a situações em que o fiador vê aumentarem os riscos de ser demandado em virtude da prestação de fiança (alíneas *a)* e *b)*), ou se torna mais difícil o exercício da sub-rogação contra o devedor (alínea *c)*) ou a vinculação do fiador se tornar excessiva, ou por ultrapassar o evento ou estender-se para além do prazo em que o devedor deveria proceder à sua exoneração (alínea *d)*[677]) ou ainda por vigorar em termos indefinidos ou muito prolongados (alínea *e)*). Nestes casos, torna-se razoável que o fiador adquira contra o devedor[678] o direito a obter a sua liberação ou a prestação de caução, para garantia do seu direito à eventual sub-rogação. A liberação do fiador ocorrerá naturalmente com o cumprimento da obrigação do devedor perante o credor ou com qualquer outra forma alternativa de satisfação do direito deste. Já a prestação de caução pode ocorrer por qualquer das formas referidas no art. 623º.

2.1.6. Pluralidade de fiadores

Nos arts. 649º e 650º, a lei ocupa-se da questão da pluralidade de fiadores. Neste caso, coloca-se o problema de saber se a responsabilidade de cada fiador abrange a satisfação integral do crédito ou se, pelo contrário, cada um deve responder por uma parte da obrigação, respondendo o outro ou os outros fiadores pelo restante. A questão é resolvida nos seguintes termos:

Se cada fiador decidiu isoladamente afiançar o devedor, então em princípio responde cada um pela satisfação integral da dívida, sendo aplicável o regime das obrigações solidárias, com as necessárias adaptações. Tal só

[677] O prazo ou o evento surgem neste caso apenas como pressuposto de uma obrigação de o devedor exonerar o fiador, não respeitando ao negócio de fiança em si, pois neste último caso ela caducaria automaticamente, de acordo com as regras gerais.

[678] Este direito só se adquire perante o devedor e não perante o credor, pelo que sendo constituída sem o acordo do devedor não surgirá este direito. Cfr. Almeida Costa, *Obrigações*, p. 901.

não ocorrerá se tiver sido convencionado entre as partes o benefício da divisão (art. 649º, nº 1).

Se os fiadores se obrigaram conjuntamente, ainda que em momentos diferentes, então cada um deles poderá invocar o benefício da divisão respondendo apenas pela sua parte na obrigação. Se porém, um dos fiadores se encontrar insolvente, ou não puder ser demandado no Continente ou nas Regiões Autónomas, responderão os outros fiadores proporcionalmente pela quota daquele (arts. 649º, nºs 2 e 3).

No caso de cada um dos fiadores ser responsável pelo cumprimento integral da obrigação, o facto de um deles vir a efectuar esse cumprimento não apenas o investe no direitos do credor contra o devedor por via de sub-rogação[679], mas também no direito de regresso sobre os outros fiadores, de harmonia com as regras das obrigações solidárias[680] (art. 650º, nº 1). No entanto, é manifesto que o fiador não pode exercer simultaneamente os dois direitos, pelo que, se, invocando a sub-rogação, conseguir receber do devedor o que pagou, nada pode exigir dos restantes fiadores com fundamento no direito de regresso. Da mesma forma, se o fiador optar por exercer primeiramente o direito de regresso sobre os outros fiadores, a sub-rogação nos direitos do credor ficará limitada à parte do crédito, em relação à qual não tenha exercido o direito de regresso[681].

Se os fiadores gozarem do benefício da divisão, qualquer deles pode recusar-se a cumprir a sua obrigação para além da parte que lhe compete. Se, no entanto, o fiador, judicialmente demandado, decidir cumprir integralmente a sua obrigação ou uma parte superior à que lhe competia, goza, além do direito de sub-rogação sobre o credor (art. 644º), do direito de regresso sobre os outros fiadores, pela parte que lhes compete, ainda que o devedor não esteja insolvente (art. 650º, nº 2). Se, porém, esse pagamento ocorrer sem que o fiador tenha sido judicialmente demandado, ele já não terá direito de exercer o direito de regresso sobre os outros fiadores, sem antes estar previamente excutido o património do devedor (art. 650º, nº 3)[682].

[679] Cfr. o art. 644º.

[680] Cfr. o art. 524º.

[681] Cfr. Antunes Varela, *Obrigações*, II, p. 506.

[682] Conforme refere Antunes Varela, *Obrigações*, II, p. 507, trata-se neste caso de um benefício da excussão concedido pela lei aos outros fiadores, perante a exigência do regresso pelo fiador que cumpriu a obrigação.

2.1.7. Extinção da fiança

Vimos já que, por força do princípio da acessoriedade, a fiança extingue-se quando se extinguir a obrigação principal (art. 651º). Trata-se de uma solução óbvia, uma vez que, se a função da obrigação do fiador é assegurar o cumprimento pelo devedor da sua obrigação, naturalmente que a fiança fica sem objecto, a partir do momento em que se extingue a obrigação principal, devendo consequentemente extinguir-se também.

Para além desta causa específica, a lei admite ainda a possibilidade de se extinguir a obrigação do fiador por certas causas referentes ao credor. Assim, se a obrigação principal for a prazo e o fiador gozar do benefício da excussão pode exigir, vencida a obrigação, que o credor proceda contra o devedor no prazo de dois meses, a contar do vencimento, sob pena de a fiança caducar, não terminando, no entanto, esse prazo sem que tenha decorrido um mês sobre a notificação (art. 652º, nº 1). Se a obrigação principal for pura, o fiador que goza do benefício da excussão tem a possibilidade, sob a mesma cominação, de exigir a interpelação do devedor, a partir do momento em que haja decorrido mais de um ano sobre a assunção de fiança (art. 652º, nº 2). Com a atribuição dessa faculdade, a lei pretende evitar que, tendo o fiador a possibilidade de obter a excussão do património do devedor, possa ver no futuro prejudicada essa possibilidade pela inacção do credor em proceder atempadamente contra o devedor.

Para além disso, a lei prevê ainda que o fiador fique exonerado pelo facto de, em virtude da conduta do credor, ter perdido a possibilidade de sub-rogação nos direitos do credor contra o devedor, ocorrendo essa exoneração mesmo que se verifique a solidariedade entre fiadores (art. 653º)[683]. Efectivamente, também neste caso, a conduta do credor (activa ou omissiva) vem a traduzir-se num prejuízo para o exercício dos direitos do fiador, situação que a lei considera incompatível com a manutenção da obrigação de fiança. Se, no entanto, a impossibilidade de sub-rogação for apenas parcial a fiança não se extingue, ocorrendo apenas a redução da obrigação do fiador[684].

Por último, a fiança pode ainda extinguir-se se surgir em relação a ela qualquer causa geral de extinção das obrigações, independentemente da

[683] Entre esses direitos compreendem-se naturalmente as garantias reais de beneficiava o credor, conforme era expressamente referido na correspondente disposição do art. 853º C.C. 1867. Cfr. ANTUNES VARELA, *Obrigações*, II, p. 510.

[684] Cfr. ANTUNES VARELA, *Obrigações*, II, p. 510 e ALMEIDA COSTA, *Obrigações*, p. 904.

subsistência ou não da obrigação principal[685]. Uma causa geral de extinção muito comum no âmbito da fiança é a caducidade por decurso do prazo. Efectivamente, se o fiador se obrigar apenas durante certo prazo, a fiança caduca quando o prazo chega ao termo.

A lei tem, aliás, o cuidado de instituir um prazos supletivo para a obrigação do fiador no caso da fiança para garantia de obrigação futura (art. 654º), Nesse caso, além de se admitir ao fiador, enquanto a obrigação não se constituir, a possibilidade de se liberar da garantia se a situação patrimonial do devedor se agravar em termos de pôr em risco os seus direitos contra este, admite-se também que essa liberação ocorra se tiverem decorridos cinco anos sobre a prestação de fiança, quando outro prazo não resulte de convenção (art. 654º).

2.2. A subfiança

A subfiança[686], denominada de abonação no art. 827º do Código Civil de 1867, encontra-se actualmente prevista no art. 630º, que qualifica como subfiador "aquele que afiança o fiador perante o credor". A subfiança consiste assim numa segunda fiança que é prestada para garantia da obrigação do fiador, estabelecendo-se um segundo nível de garantia: da mesma forma que o fiador garante a obrigação do devedor principal, o subfiador garante perante o credor a obrigação do fiador.

Consistindo a subfiança numa fiança como qualquer outra, são-lhe integralmente aplicáveis as disposições que acima referimos relativas à fiança. A lei não deixa, no entanto, de contemplar a situação da subfiança em disposições particulares. Assim, em relação ao benefício da excussão, estabelece-se que o subfiador beneficia deste, tanto em relação ao fiador como em relação ao devedor (art. 643º), tendo assim um duplo benefício, o qual, no entanto, pode ser excluído nos termos gerais (art. 640º e art. 101º CCom.). Igualmente, no caso de a subfiança ser prestada numa situação de pluralidade de fiadores, o art. 650º, nº 4, dispõe que o subfiador "não responde, perante os outros fiadores, pela quota do seu afiançado que

[685] Assim, por exemplo, a fiança pode prescrever sem que se verifique a prescrição da obrigação principal, em virtude da ineficácia em relação ao fiador da suspensão e interrupção da obrigação principal. Cfr. o art. 636º.

[686] Cfr. ANTUNES VARELA, *Obrigações*, II, p. 477, nota (2), ALMEIDA COSTA, *Obrigações*, pp. 906 e ss., MENEZES LEITÃO, *Garantias*, pp. 116 e ss., ROMANO MARTINEZ/FUZETA DA PONTE, *op. cit.*, pp. 111-112, e JANUÁRIO GOMES, *Assunção*, pp. 871 e ss., 915 e ss. e 1100 e ss..

se mostre insolvente, salvo se o contrário resultar do acto de subfiança". Efectivamente, resulta da subfiança que o subfiador apenas afiança o fiador perante o credor (art. 630º), pelo que se entende que a sua garantia não se deve considerar extensiva a outros fiador, salvo quando tal seja estipulado.

2.3. A retrofiança

A retrofiança[687] consiste numa fiança destinada a garantir o eventual crédito que o fiador venha a adquirir sobre o devedor em consequência da sub-rogação legal que se opera, caso venha a satisfazer essa obrigação (arta. 644º e 592º). Efectivamente, o fiador pode, para prestar fiança, exigir que lhe seja prestada uma garantia adicional relativa ao crédito em que ficará investido no caso de vir ser chamado a cumprir a sua obrigação. A retrofiança desempenha essa função, vindo um terceiro a prestar ao fiador uma fiança relativa à obrigação do devedor resultante da sub-rogação. Assim, o retrofiador não assume qualquer vinculação perante o primitivo credor, mas apenas perante o fiador, e apenas na hipótese de ele vir a ser sub-rogado no crédito sobre o devedor.

Sendo a retrofiança uma fiança como qualquer outra, é naturalmente sujeita ao regime geral dos art. 627º e ss., não prevendo a lei qualquer disposição especial a regular esta situação.

2.4. O mandato de crédito

O mandato de crédito[688], encontra-se previsto no art. 629º do Código Civil, cujo nº 1 nos refere que "aquele que encarrega outrem de dar crédito a um terceiro, em nome e por conta do encarregado, responde como fiador se o encargo for aceite". Trata-se, assim, de um contrato em que uma das partes (o encarregado) assume perante outra (o autor do encargo) a obrigação de conferir crédito a um terceiro, em nome e por conta própria, passando o autor do encargo a garantir esse crédito como fiador.

Sendo quem determina a concessão do crédito, o autor do encargo tem a possibilidade de revogar o mandato enquanto o crédito não for conce-

[687] Cfr. Antunes Varela, *Obrigações*, II, p. 477, nota (2), Almeida Costa, *Obrigações*, p. 906, nota (2), Menezes Leitão, *Garantias*, pp. 118 e ss., Romano Martinez / Fuzeta da Ponte, *op. cit.*, p. 112, e Januário Gomes, *Assunção*, pp. 1103 e ss.

[688] Cfr. Almeida Costa, *Obrigações*, pp. 907 e ss., Menezes Leitão, *Garantias*, pp. 123 e ss., Romano Martinez / Fuzeta da Ponte, *op. cit.*, pp. 113 e ss., e Januário Gomes, *Assunção*, pp. 478 e ss. Na doutrina alemã, veja-se Larenz/Canaris, *op. cit.*, § 60 VI, pp. 21 e ss.

dido, podendo igualmente denunciá-lo a todo o tempo, sem prejuízo da responsabilidade pelos danos que haja causado (art. 629º, nº 2). A lei admite assim que o autor do encargo possa sempre livremente pôr termo ao mandato, qualificando essa situação como revogação se o crédito ainda tivesse sido concedido e como denúncia se tal já tiver ocorrido. Neste último caso, no entanto, a denúncia não libera o autor do encargo da responsabilidade pelos danos causados.

Pelo contrário, o encarregado, a partir do momento em que aceita o encargo, deixa de poder renunciar ao mandato. A lei admite, no entanto que ele possa "recusar o cumprimento do encargo, sempre que a situação patrimonial dos outros contraentes ponha em risco o seu futuro direito" (art. 629º, nº 3). Assim, se as situação patrimonial do autor do encargo ou do terceiro vier a sofrer alteração que coloque em risco a futura satisfação do crédito do encarregado pode ele legitimamente recusar o cumprimento do encargo.

Apesar de qualificado legalmente como um mandato, o mandato de crédito não se reconduz rigorosamente ao contrato regulado nos arts. 1157º e ss. do Código Civil, na medida em que, apesar de existir uma obrigação de praticar actos jurídicos, falta o elemento da actuação do mandatário por conta do mandante, uma vez que o encarregado concede o crédito em nome e por conta própria. Mas o mandato de crédito também não se reconduz uma mera fiança para garantia de obrigação futura (art. 654º), uma vez que neste caso o encarregante não apenas responde como fiador, mas é ele próprio que determina o surgimento da obrigação principal. Justifica-se assim que se considere o mandato de crédito como um negócio típico, que recolhe elementos dessas duas figuras, o que permite recorrer ao seu regime, em tudo o que não esteja especificamente regulado[689]. Há, no entanto, obviamente soluções destes contratos que são incompatíveis com o regime do mandato de crédito. Assim, não lhe são aplicáveis as disposições dos arts. 1181º e ss., dado que nem o encarregado tem a obrigação de transferir para o autor do encargo os direitos que adquire em sua execução nem o autor do encargo se vincula a assumir as obrigações correspondentes, sendo a sua responsabilidade apenas de fiador (art. 629º, nº 1). Por outro lado, como essa responsabilidade é estabelecida pela lei em vir-

[689] Neste sentido, Almeida Costa, *Obrigações*, p. 907.

tude da simples aceitação do encargo, não está o mandato de crédito sujeito à mesma forma da fiança (art. 628º, nº 1)[690].

2.5. A garantia autónoma

2.5.1. Generalidades

No âmbito dos negócios de garantia pessoal, tem vindo a assumir desenvolvimento especial a garantia autónoma[691], por vezes igualmente designada por garantia bancária autónoma, em virtude de ser frequentemente prestada por bancos. Esta garantia ocorre quando determinada entidade (normalmente uma instituição bancária ou financeira) vem garantir pessoalmente a satisfação de uma obrigação assumida por terceiro, independentemente da validade ou eficácia desta obrigação e dos meios de defesa que a ela possam ser opostos. Não se encontrando prevista na lei, a sua admissibilidade resulta do princípio da autonomia privada (art. 405º), uma vez que se verificou que uma simples fiança era insuficiente para as necessidades do tráfego comercial, em face da elevada protecção que o princípio da acessoriedade confere ao fiador, na medida em que permite a invocação contra o credor de toda e qualquer meio de defesa oriundo da obrigação principal. Tornou-se, por isso, frequente, especialmente no âmbito dos contratos internacionais[692], a estipulação de uma garantia que, em lugar de acessória fosse autónoma, ou seja, que não tivesse a sua prestação dependente da obrigação principal. Essa estipulação não viola qualquer regra de ordem pública, já que corresponde a um legítimo interesse do credor o de assegurar a subsistência da obrigação do garante, mesmo nos casos em que não pode por qualquer razão demandar o devedor principal.

[690] Neste sentido, ROMANO MARTINEZ / FUZETA DA PONTE, *op. cit.*, p. 113 e CARVALHO FERNANDES, *A conversão dos negócios jurídicos civis*, Lisboa, Quid Juris, 1993, pp. 815 e ss. Em sentido contrário, JANUÁRIO GOMES, *Assunção*, pp. 486 e ss.

[691] Cfr. GALVÃO TELLES, "Garantia bancária autónoma", em *Dir.* 120 (1988), pp. 275-293, "Garantia bancária autónoma (Parecer)", em *Dir.* 120 (1988), pp. 581-604 e *Contratos*, pp. 503 e ss., ANTUNES VARELA, *Obrigações*, II, pp. 512 e ss., MENEZES LEITÃO, *Garantias*, pp. 135 e ss., ROMANO MARTINEZ/FUZETA DA PONTE, *op. cit.*, pp. 124 e ss., JANUÁRIO GOMES, *Assunção*, pp. 66 e ss., JOSÉ SIMÕES PATRÍCIO, "Preliminares sobre a garantia "on first demand"", na *ROA* 43 (1983), pp. 677-718, JORGE DUARTE PINHEIRO, "Garantia bancária autónoma", em *ROA* 52 (1992), pp. 417-465, FRANCISCO CORTEZ, "A garantia bancária autónoma – alguns problemas", em *ROA* 52 (1992), pp. 513-610, FÁTIMA GOMES, "Garantia bancária autónoma à primeira solicitação" em *DJ* 8 (1994), 2, pp. 119-210 e MÓNICA JARDIM, *A garantia autónoma*, Coimbra, Almedina, 2002. Para o direito alemão, cfr. LARENZ/CANARIS, § 64 III, pp. 73 e ss.

[692] Cfr. JORGE DUARTE PINHEIRO, *ROA* 52 (1992), pp. 427 e ss..

À semelhança da fiança, a garantia autónoma tem natureza contratual[693], sendo um negócio causal na medida em que comporta em si uma função económico-social própria: a função de garantia[694]. Efectivamente, à semelhança do que acontece na fiança o garante não promete o resultado da prestação a título primário, mas antes para a hipótese de não se verificar o cumprimento por parte do devedor principal[695]. No entanto, a garantia bancária autónoma distingue-se da fiança, na medida em que a obrigação do garante não se molda sobre a obrigação principal, quer quanto ao seu objecto, quer quanto aos pressupostos da sua exigibilidade, instituindo antes uma obrigação própria e autónoma, em tudo distinta da do devedor[696].

A garantia autónoma é assim um negócio causal não acessório, cuja distinção da fiança reside precisamente na ausência da acessoriedade. Por esse motivo, saber se num caso concreto as partes pretenderam celebrar uma garantia autónoma ou antes uma fiança será normalmente uma questão de interpretação negocial: a de averiguar se as partes pretenderam que a obrigação do garante ficasse ou não dependente das excepções oponíveis à obrigação principal devendo, em caso de dúvida presumir-se pela mera estipulação de fiança [697].

2.5.2. Modalidades: a garantia autónoma simples e a garantia autónoma à primeira solicitação

A garantia autónoma admite duas modalidades: a garantia autónoma simples e a garantia à primeira solicitação.

Quando a garantia é simplesmente estabelecida como autónoma, as partes limitam-se a prever a autonomia da obrigação do garante em rela-

[693] Cfr. Galvão Telles, *Dir.* 120 (1988), pp. 287 e *Contratos*, p. 512, e Jorge Pinheiro, *ROA* 52 (1992), pp. 430 e ss.

[694] Cfr. Galvão Telles, *Dir.* 120 (1988), pp. 287-288 e *Contratos*, p. 512 e Romano Martinez/Fuzeta da Ponte, *op. cit.*, pp. 125 e 134. Pronuncia-se, pelo contrário, no sentido da sua qualificação como negócio abstracto Simões Patrício, *ROA* 43 (1983), pp. 688 e ss. Hesitante quanto à qualificação Jorge Pinheiro, *ROA* 52 (1992), pp. 438 e ss..

[695] Neste sentido, Gernhuber, *Das Schuldverhältnis*, § 18 II-2, p. 439 e Larenz/Canaris, § 64 III, p. 76. Em sentido contrário, Galvão Telles, *Dir.* 120 (1988), pp. 285 e 599 e Romano Martinez/Fuzeta da Ponte, *op. cit.*, p. 125, posição que não nos parece compatível com a natureza causal que atribuem ao negócio de garantia.

[696] Cfr. Francisco Cortez, *ROA* 52 (1992), p. 556.

[697] Cfr. Larenz/Canaris, § 64 III, p. 76.

ção à existência, validade ou excepções oponíveis ao crédito garantido, admitindo apenas a oponibilidade de excepções próprias da relação de garantia. Este tipo de garantia limita-se, por isso, à derrogação da regra da acessoriedade existente na fiança. Assim, ao contrário da fiança, que se caracteriza pela acessoriedade, permitindo a fiador recusar a prestação em caso de invalidade da obrigação principal (art. 632º, nº 1), ou em caso de existirem meios de defesa oponíveis a essa obrigação (art. 637º), a garantia autónoma não depende da obrigação principal, podendo ser exercida logo que se verifiquem os seus pressupostos, e mesmo em caso de invalidade desta ou da existência de excepções a esta.

Já na garantia à primeira solicitação, as partes estipulam ainda que o garante não oporá qualquer excepção à exigência da garantia, mas antes a satisfará imediatamente sem discussão logo que tal seja solicitado pelo credor. Neste caso, ainda se distingue entre a garantia com ou sem justificação documental, consoante o pedido de pagamento tenha que ser acompanhado de documentação comprovativa do evento que desencadeia a garantia ou possa ser realizado independentemente da junção de qualquer documentação. Em qualquer caso, verificados os pressupostos do accionamento da garantia, o garante terá que satisfazer imediatamente a correspondente obrigação, sendo extremamente limitadas as excepções que pode invocar, que praticamente se reconduzem à extinção da garantia por cumprimento, resolução ou caducidade, e ainda à existência de fraude manifesta e abuso de direito por parte do credor.

2.5.3. Forma

Tratando-se de um negócio atípico, o contrato de garantia autónoma não tem exigências de forma legalmente estabelecida. Entre nós, e ao contrário do que sucede no Direito alemão[698], não parece de equacionar a aplicação analógica da forma da fiança (art. 628º), uma vez que esta é estabelecida em função da regra da acessoriedade que, conforme se sabe, não existe na garantia autónoma. No entanto, parece que a mera aplicação da regra da liberdade de forma do art. 219º chocaria em relação a um contrato com o risco que envolve a garantia autónoma, em que a elaboração de um docu-

[698] É controvertida na ordem jurídica alemã a aplicação à garantia autónoma da forma da fiança, que o § 766 sujeita à exigência de forma escrita. LARENZ/CANARIS, § 64 III, p. 77, entendem que a analogia é de estabelecer.

mento escrito parece essencial para assegurar a ponderação da decisão do garante. Pronunciamo-nos, por isso, no sentido de que deverá ser exigida a forma escrita para a declaração do vinculado à garantia autónoma. Já relativamente à declaração de aceitação por parte do beneficiário não será de exigir forma especial (art. 219º), podendo inclusivamente a aceitação ser meramente tácita (art. 217º e 234º)[699].

2.5.4. Regime

À semelhança do que sucede com a fiança, a garantia autónoma institui uma relação triangular, em que é possível distinguir uma *relação de cobertura*, entre o garantido, dador de ordem, e o garante, no âmbito da qual este se compromete, normalmente mediante remuneração, a prestar a garantia; uma *relação de atribuição*, entre o dador de ordem e o beneficiário da garantia, que justifica a sua concessão, e finalmente, uma *relação de execução*, entre o garante e o beneficiário da garantia, que consiste precisamente na prestação da garantia.

No âmbito da relação de cobertura, há um compromisso entre o garante e o garantido pelo qual aquele se compromete a emitir uma garantia a favor da pessoa que venha a ser designada por este, exigindo como contrapartida o pagamento de uma comissão, ao mesmo tempo que o garantido se compromete, além de pagar essa comissão, a reembolsar imediatamente o garante, caso este venha a ter que efectivamente que efectuar ao beneficiário da garantia a prestação a que se comprometeu[700].

No âmbito da relação de atribuição, existe um negócio específico entre o dador de ordem e o beneficiário da garantia, que justifica que a garantia venha a ser prestada.

Já na relação de execução, o garante vincula-se a prestar ao beneficiário a garantia nos termos exactos em que se obrigou perante o dador da ordem. Estamos aqui perante um verdadeiro contrato, uma vez que se exige a aceitação do beneficiário, ainda que esta possa ser tácita nos termos gerais (art. 217º). O contrato é, no entanto, de cariz unilateral ou não sinalagmático por criar apenas obrigações para o garante[701].

699 Cfr. Galvão Telles, *Dir.* 120 (1988), p. 291, nota (2).

700 Cfr. Jorge Duarte Pinheiro, *ROA* 52 (1992), p. 420.

701 Cfr. Francisco Cortez, *ROA* 52 (1992), pp. 529.

No âmbito da relação de execução torna-se necessário, conforme se referiu, distinguir entre a garantia autónoma simples e a garantia à primeira solicitação.

Na garantia autónoma simples, o garante compromete-se a realizar ao beneficiário a prestação pecuniária objecto da garantia, independentemente das vicissitudes da obrigação principal e das excepções que a esta pudessem ser opostas. Ao garante é assim vedado opor ao beneficiário os meios de defesa próprios do devedor e quaisquer objecções relativas à subsistência ou validade do crédito sobre este. Assim, a não constituição da obrigação em relação ao devedor, a invalidade desse contrato por vício de fundo ou forma, a sua extinção por impossibilidade de cumprimento, ou por compensação não impedirão o beneficiário de accionar a garantia[702]. Mas também é vedado ao garante opor ao beneficiário excepções oriundas da relação de cobertura, designadamente o facto de o dador deixar de pagar a retribuição acordada pela prestação da garantia, ou ter ordenado ao garante que não prestasse a garantia. Mas já se torna necessário, para poder exigir o cumprimento da obrigação do garante, que o beneficiário faça perante este prova de que ocorreu o facto constitutivo do seu direito, sem o que o garante poderá legitimamente recusar o cumprimento.

Na garantia autónoma à primeira solicitação, a obrigação do garante é estabelecida automaticamente perante a primeira exigência de cumprimento (*on* ou *upon first demand, auf erstes Anfordern, à premiére demande, alla prima richiesta*) por parte do beneficiário, sendo vedado ao garante opor quaisquer excepções a essa exigência de cumprimento, a qual deve satisfazer de imediato[703], desde que naturalmente estejam a ser respeitados os termos estipulados para a exigência da garantia. Neste âmbito, é que se estabelece a distinção entre garantia autónoma à primeira solicitação *com* ou *sem justificação documental*. Efectivamente, se a garantia autónoma à primeira solicitação é estabelecida com justificação documental, não basta que o credor formule ao garante a exigência da garantia, sendo necessário que essa exigência seja comprovada documentalmente com a demonstração

[702] Cfr. Francisco Cortez, *ROA* 52 (1992), pp. 532.

[703] Conforme afirma Galvão Telles, *Dir.* 120 (1988), pp. 598, "o devedor dá ordem a um banco para prestar ao credor uma garantia que funcione automaticamente, isto é, que o banco efective imediatamente, ao primeiro pedido do credor, sem que este tenha que justificar esse pedido e sem que o banco possa opor-lhe objecções, alegando a pretensa inexistência da dívida garantida. O banco, digamos, paga «de olhos fechados»".

de que ocorreu o facto que determina a exigência da garantia. Se, pelo contrário, a garantia autónoma é estabelecida sem justificação documental, basta ao credor formular pura e simplesmente a exigência da garantia, devendo o garante, independentemente de qualquer prova, liquidá-la imediatamente sem discussão. Neste último caso, a obrigação do garante é imediatamente exigível com a simples interpelação do beneficiário da garantia, não podendo o garante exigir sequer qualquer justificação ou fundamentação para esse pedido, que deve ser automaticamente satisfeito[704].

No entanto, e conforme se referiu, mesmo neste último caso, o pagamento poderá ser recusado em determinadas hipóteses típicas, como sejam a extinção da garantia por cumprimento, resolução ou caducidade, sendo ainda de acrescentar a estas a existência de manifesta fraude ou abuso de direito por parte do credor[705]. Reconhece-se, aliás, a faculdade de o ordenante instaurar acção ou providência cautelar em ordem a evitar que a garantia seja exigida nessa situação[706]. A providência cautelar só poderá, porém, ser decretada se existir uma prova clara e indubitável da existência da fraude ou for evidente o abuso manifesto. não bastando um mero juízo de probabilidade resultante de uma prova sumária[707].

Em alternativa à realização do cumprimento, o credor pode contentar-se com uma prorrogação do prazo de vigência inicial da garantia. Trata-se da denominada interpelação *extend or pay*, que normalmente se destina a evitar a caducidade da garantia pelo decurso do prazo inicial de vigência, sem que o interesse do credor se encontre satisfeito. Neste caso, o pedido de prorrogação da garantia, se não vier a ser concedido pelo garante, é qualificado como exigência de pagamento[708].

[704] Conforme salienta FRANCISCO CORTEZ, *ROA* 52 (1992), p. 536 visa-se neste caso evitar o risco de o beneficiário ter de provar o facto que determinou a exigência da garantia, evitando-se qualquer litigância sobre este aspecto.

[705] Neste sentido, cfr. GALVÃO TELLES, *Dir.* 120 (1988), pp. 289- 290 e 600. Sobre esta excepção, cfr. MÓNICA JARDIM, *op. cit.*, pp. 288 e ss.

[706] Cfr. MÓNICA JARDIM, *op. cit.*, pp. 327 e ss., e, na jurisprudência, Ac. STJ 14/10/2004 (OLIVEIRA BARROS), em *CJ-ASTJ* 12 (2004), 3, pp. 55-61.

[707] Neste sentido, MÓNICA JARDIM, *op. cit.*, p. 337, e, na jurisprudência, os Ac. RL 21/1/2010 (ROQUE NOGUEIRA), e RL 23/2/2010 (ABRANTES GERALDES), ambos em *CJ* 35 (2010), 1, respectivamente a pp. 80-83 e 118-123, e Ac. RL 16/6/2011 (ONDINA CARMO ALVES), em *CJ* 36 (2011), 3, pp. 116-122.

[708] Cfr. FRANCO BONELLI, *Le garanzie bancarie a prima domanda nel commercio internazionale*, Milano, Giuffrè, 1991, pp. 122 e ss., BOZZI, *Le garanzie*, I, pp. 13 e 78. Entre nós, veja-se JANUÁRIO GOMES, *Assunção*, pp. 712-713, nota (503) e MÓNICA JARDIM, *op. cit.*, pp. 250 e ss.

Após a efectivação da garantia, fica naturalmente o garante sub-rogado nos direitos que o beneficiário tinha contra o garantido, nos termos do art. 592º[709]. É, no entanto de referir que, caso a garantia seja à primeira solicitação, um dos termos do negócio é que o reembolso do garante seja também efectuado à primeira solicitação, o que exclui que o devedor possa opor ao garante as excepções relativas ao crédito que sobre ele tinha o beneficiário, devendo efectuar também automaticamente o pagamento[710] e reclamar posteriormente do beneficiário, o que ele obteve do garante, caso tenha accionado indevidamente a garantia[711]. Aliás, normalmente para assegurar o reembolso o garante exige a entrega de letras aceites ou livranças assinadas em branco por parte do dador da ordem[712] ou permite ao garante obter o reembolso por levantamentos em depósitos que o dador da ordem tenha no próprio banco[713].

[709] Neste sentido, cfr. Romano Martinez/Fuzeta da Ponte, *op. cit.*, p. 125. Em sentido contrário, veja-se, porém, Jorge Duarte Pinheiro, *ROA* 52 (1992), p. 443 e Fátima Gomes, *DJ* 8 (1994), 2, pp. 197 e ss. e, na jurisprudência, Ac. RP 13/11/1990 (Miranda Gusmão), na *CJ* 15 (1990), 5, pp. 187-193.

[710] O pagamento deve neste caso ser efectuado pelo devedor, mesmo que ele tenha comunicado ao garante a sua oposição a que ele satisfizesse a garantia. Cfr. Ac. RC 11/12/1990 (Santos Monteiro, na *CJ* 15 (1990), 5, pp. 135-137

[711] Cfr. Galvão Telles, *Dir.* 120 (1988), pp. 283, e nota (4) e 599.

[712] Cfr. Jorge Duarte Pinheiro, *ROA* 52 (1992), p. 432.

[713] Cfr. Francisco Cortez, *ROA* 52 (1992), p. 525.

BIBLIOGRAFIA

ABRANTES, JOSÉ JOÃO, *A excepção de não cumprimento do contrato no Direito Civil Portugês. Conceito e fundamento*, Coimbra, Almedina, 1986.

ALBUQUERQUE, PEDRO DE, "O direito ao cumprimento de prestação de facto, o dever de a cumprir e o princípio *nemo ad factum cogi potest*. Providência cautelar, sanção pecuniária compulsória e caução", na *ROA* 65 (2005), 2, pp. 435-485, também publicado em JORGE MIRANDA (org.), *Estudos em Honra de Ruy de Albuquerque*, II, Lisboa, Faculdade de Direito da Universidade de Lisboa/ Coimbra Editora, 2006, pp. 499-540

ALMEIDA, CARLOS FERREIRA DE, "Recusa de cumprimento declarada antes do vencimento (Estudo de Direito Comparado e de Direito Civil Português)", em FACULDADE DE DIREITO DA UNIVERSIDADE DE LISBOA (org.), *Estudos em Memória do Professor Doutor João de Castro Mendes*, Lisboa, Lex, s.d., pp. 291-317

ALMEIDA, MANUEL MARQUES DA SILVA, "Sub-rogação por pagamento", na *ROA* 14-16 (1954-1956), pp. 210-239

ALVES, HUGO RAMOS, *Dação em cumprimento*, Coimbra, Almedina, 2017

ANDRADE, MANUEL A. DOMINGUES DE, *Teoria Geral das Obrigações*, com a colaboração de Rui de Alarcão, Coimbra, Almedina, 1966

— *Teoria Geral da Relação Jurídica*, II- *Facto Jurídico, em especial Negócio Jurídico*, reimp., Coimbra, Almedina, 1974

ASCENSÃO, JOSÉ DE OLIVEIRA, *Direito Civil. Teoria Geral*, II – *Acções e Factos Jurídicos*, 2ª ed., Coimbra, Coimbra Editora, 2001,

— *Direito Civil. Teoria Geral*, III – *Relações e Situações Jurídicas*, Coimbra, Coimbra Editora, 2002

— "Onerosidade excessiva por «alteração das circunstâncias»", na *ROA* 65 (2005), 3, pp. 625-648 = RUY DE ALBUQUERQUE / ANTÓNIO MENEZES CORDEIRO (org.), *Estudos em memória do Professor Doutor José Dias Marques*, Coimbra, Almedina, 2007, pp. 515-536

AURELIANO, NUNO, *O risco nos contratos de alienação. Contributo para o estudo do Direito Privado Português*, Coimbra, Almedina, 2009

BALZANO, NICOLO, "*Cessio bonorum* e figura giuridica dei creditori cessionari nei giudizi contro i terzi relativi ai beni ceduti", na *RDProc* 6 (1951), II, pp. 117-127

BENEDETTI, ALBERTO MARIA, *La cessione del contratto*, Milano, Giuffrè, 1998

BESSONE, MARIO, *Adempimento e rischio contratuale*, Milano, Giuffrè, 1975

BETTI, EMILIO, "Natura giuridica della cessione di beni ai creditori" na *RDComm* 33 (1935), II, 304-327

— *Teoria generale delle obbligazioni.* III,2- *Vicende dell'obbligazione.* IV- *Difesa preventiva e successiva dell'obbligazione*, Milano, Giuffrè, 1955

BEUTHIEN, VOLKER, *Zweckerreichung und Zweckstörung im Schuldverhältnis*, Tübingen, Mohr, 1969

BOEHMER, GUSTAV, *Die Erfüllungswille*, München, Beck, 1910

BONELLI, FRANCO, *Le garanzie bancarie a prima domanda nel commercio internazionale*, Milano, Giuffrè, 1991

BOZZI, GIUSEPPE, *Le garanzie atipiche*, I- *Garanzie personali*, Milano, Giuffrè, 1999

BRINZ, ALOIS, "Rezension von Buchka, Die Lehre von der Stellvertretung", em ID, *Kristische Blätter*, nº 2, Erlangen, Ferdinand Enke, 1852

BUSCHE, JAN, Comentários em AAVV, *J. von Staudingers Kommentar zum Bürgerlichen Gesetzbuch mit Einführungsgesetz und Nebengesetzen, 2 – Recht der Schuldverhältnisse*, Neubearbeitung, Berlin, Sellier – de Gruyter, 2005

CAROLSFELD, LUDWIG SCHNORR VON, "Zur Schlechterfüllung" em WALTER G. BECKER/LUDWIG SCHNORR VON CAROLSFELD, *Sein und Werden im Recht. Festgabe für Ulrich von Lübtow zum 70. Geburtstag*, Berlin, Duncker & Humblot, 1970, pp. 667-699

CARVALHO, ORLANDO DE, *Conceito e estrutura do estabelecimento comercial*, I – *O problema da empresa como objecto de negócios*, Coimbra, Atlântida Editora, 1967

CICALA, RAFFAELE, "Cessione del contratto", na *ED* VI (1960), pp. 878-900.

— *Il negozio di cessione del contratto*, Napoli, Jovene, 1962

COELHO, JOSÉ GABRIEL PINTO, *Das cláusulas acessórias dos negócios jurídicos, II – Termo. Modo-Pressuposição*, Coimbra, Imprensa da Universidade, 1910

COING, HELMUT, *Europäisches Privatrecht*, II- *19. Jahrhundert*, München, Beck, 1989

CORDEIRO, ANTÓNIO MENEZES, *Direito das Obrigações*, 2 vols., Lisboa, AAFDL, 1980

— "Violação positiva do contrato", na *ROA* 1981, pp. 123-152 (143, nota 39) e em ANTÓNIO MENEZES CORDEIRO, *Estudos de Direito Civil*, Coimbra, Almedina, 1987, pp. 121-142

— *Da Boa Fé no Direito Civil*, Coimbra, Almedina, 1984

— "A 'impossibilidade moral': do tratamento igualitário no cumprimento das obrigações" na *TJ* 18 (1986), pp. 5-7 e 19 (1986), pp. 1-5, recolhido em ID, *Estudos de Direito Civil*, I, Coimbra, Almedina, 1987, pp. 97-113

— *Da alteração das circunstâncias. A concretização do art. 437º do Código Civil à luz da jurisprudência posterior a 1974*, Lisboa, Separata dos Estudos em Memória do Prof. Doutor Paulo Cunha, 1987

— *Manual de Direito do Trabalho*, Coimbra, Almedina, 1991

— *Da cessão financeira (factoring)*, Lisboa, Lex, 1994

— *Da Responsabilidade Civil dos Administradores das Sociedades Comerciais*, Lisboa, Lex, 1997

— "Depósito bancário e compensação", na *CJ-ASTJ* 10 (2002), I, pp. 5-10

— *Da compensação no Direito Civil e no Direito Bancário*, Coimbra, Almedina, 2003

— "A declaração de não-cumprimento da obrigação", em *Dir.* 138º (2006), I, pp. 25-38

— *Manual de Direito Bancário*, 4ª ed., Coimbra, Almedina, 2010

— *Tratado de Direito Civil Português*, II- *Parte Geral. Negócio Jurídico*, 4ª ed., Coimbra, Almedina, 2017, VIII- *Direito das Obriga-*

ções. Gestão de Negócios. Enriquecimento sem Causa. Responsabilidade Civil, Coimbra, Almedina, 2016, IX – *Direito das Obrigações. Cumprimento e não cumprimento, transmissão, modificação e extinção*, 3ª ed., Coimbra, Almedina, 2017 e X – *Direito das Obrigações. Garantias*, Coimbra, Almedina, 2015

CORTEZ, FRANCISCO, "A garantia bancária autónoma – alguns problemas", em *ROA* 52 (1992), pp. 513-610

COSTA, MÁRIO JÚLIO DE ALMEIDA, "Anotação Ac. STJ 23/1/1992", na *RLJ* 127 (1995), pp. 274-278

— *Direito das Obrigações*, 12ª ed., Coimbra, Almedina, 2009

COVIELLO, NICOLA, "Della successione ne' debiti a titolo particolare", no *Arch. Giur.* 56 (1895) pp. 287-343 e 57 (1896), pp. 89-200 e 334-386

CRISTAS, MARIA DE ASSUNÇÃO OLIVEIRA, "Dupla venda de um direito de crédito", em *Dir.* 132 (2000), I-II, pp. 197-254

— *Transmissão Contratual do Direito de Crédito. Do carácter real do direito de crédito*, Coimbra, Almedina, 2005

— "Anotação Acs. STJ 9/11/2000 e 3/6/2004", em *CDP* nº 14 (Abril/Junho 2006), pp. 62-65.

CRUZ, SEBASTIÃO, *Da «Solutio». Terminologia, conceito e caracterísiticas e análise de vários institutos afins*, I- *Épocas arcaica e clássica*, Coimbra, s.e., 1962

DANZ, ERICH, *Die Forderungsüberweisung, Schuldüberweisung un die Verträge zugunsten Dritter nach gemeinem Recht*, Leipzig, Breitkopf und Härtel, 1886

DELBRÜCK, BERTHOLD, *Die Uebernahme fremder Schulden nach gemeinen und preussischem Rechte*, Berlin, Dümmler, 1853

EHMANN, HORST, "Die Funktion der Zweckvereinbarung bei der Erfüllung. Ein Beitrag zur causa solvendi" em *JZ* 1968, pp. 549-556

ENNECCERUS, LUDWIG / LEHMANN, HEINRICH, *Recht der Schuldverhältnisse. Ein Lehrbuch* (vol. II do *Lehrbuch des Bürgerlichen Rechts*, de LUDWIG ENNECCERUS / THEODOR KIPP / MARTIN WOLFF), 15ª ed., Tübingen, Mohr, 1958,

— *Derecho de Obligaciones trad. esp.* de Blas Perez Gonzalez e José Alguer, Barcelona, Bosch, 1966

ESSER, JOSEF / SCHMIDT, EIKE, *Schuldrecht.* I- *Allgemeiner Teil*, 1, 8ª ed., Heidelberg, Müller, 1995

ESTACA, JOSÉ MARQUES, "A cláusula penal e a responsabilidade civil", em ANTÓNIO MENEZES CORDEIRO/LUÍS MENEZES LEITÃO/JANUÁRIO DA COSTA GOMES (org.), *Estudos em Homenagem ao Professor Doutor Inocêncio Galvão Telles*, IV – *Novos Estudos de Direito privado*, Coimbra, Almedina, 2003, pp. 291-325

FARIA, JORGE LEITE AREIAS RIBEIRO DE, *Direito das Obrigações*, I e II, Coimbra, Almedina, s.d. (mas 1987)

— "A natureza do direito de indemnização cumulável com o direito de resolução dos arts. 801º e 802º do Código Civil", em *DJ* 8 (1994), 1, pp. 57-89

FEHRE, ANDREA, *Unmöglichkeit und Unzumutbarkeit der Leistung. Voraussetzung und Rechtsfolgen nach Inkrafttreten des Sculdrechtsmodernisierungsgesetz*, Berlin, Duncker & Humblot, 2005

FERNANDES, LUÍS A. CARVALHO, *A teoria da imprevisão no Direito Civil Português*, 1963, reimpressão com notas de actualização, Lisboa, Quid Juris, 2001

— *A conversão dos negócios jurídicos civis*, Lisboa, Quid Juris, 1993

— "O regime registal da impugnação pauliana", em RUI MANUEL DA MOURA RAMOS / CARLOS FERREIRA DE ALMEIDA / ANTÓNIO MARQUES DOS SANTOS / PEDRO PAIS DE VASCONCELOS / LUÍS DE LIMA PINHEIRO

/ MARIA HELENA BRITO / DÁRIO MOURA VICENTE, *Estudos em Homenagem à Professora Doutora Isabel de Magalhães Collaço*, II, Coimbra, Almedina, 2002, pp. 25-47

FERNANDEZ RODRIGUEZ, CARLOS R. "Naturaleza jurídica de la dación en pago", em *ADC* 10 (1957), pp. 753-797

FERRARA, FRANCESCO, *Teoria dei contratti*, Napoli, Jovene, 1940

FERREIRA, JOSÉ CARLOS NEY, *Da Assunção de dívidas*, Lourenço Marques, Minerva Central, 1973

FERREIRA, VASCO TABORDA, *Do conceito de causa nos actos jurídicos*, Lisboa, s.e., 1946

FICKER, HANS CLAUDIUS, "Vertragsübernahme und droits relatifs au bien (Ein Beitrag zur Lehre von der Relativität des Schuldverhältnisses)", em *AcP* 165 (1965), pp. 31-45

FIKENTSCHER, WOLFGANG, *Die Geschäftsgrundlage als Frage des Vertragsrisikos*, München, Beck, 1971

— *Schuldrecht*, 9ª ed., Berlin/New York, De Gruyter, 1997

FIKENTSCHER, WOLFGANG / HEINEMANN, ANDREAS, *Schuldrecht*, 10ª ed., Berlin, De Gruyter, 2006, § 11, nr. 59, p. 41

FINZI, ENRICO, "La riassicurazione e la cessione del portafoglio (A proposito di recenti sentenze)" em *RDComm* 30 (1932), I, pp. 656-684

FOÀ, ARISTIDE, "Cessione di beni ai creditori" na *RDComm* 32 (1934), I, pp. 40-75

FONTANA, GIOVANNI "Cessione di contratto", em *RDComm* 32 (1934), I, pp. 173-216

FRADA, MANUEL CARNEIRO DA, *Contrato e Deveres de Protecção*, Coimbra, Separata do *BFD*, Suplemento 38, 1994

GAUDEMET, EUGÈNE, *Étude sur le transport des dettes à titre particulier*, Paris, Arthur Rousseau, 1898

GERNHUBER, JOACHIM, *Die Erfüllung und ihre Surrogate*, 2ª ed., Tübingen, Mohr, 1994

— *Das Schuldverhältnis*

GIERKE, OTTO VON, *Deutsches Privatrecht*, III- *Schuldrecht*, München und Leipzig, Duncker & Humblot, 1917

GOMES, FÁTIMA, "Garantia bancária autónoma à primeira solicitação" em *DJ* 8 (1994), 2, pp. 119-210

GOMES, LUIZ ROLDÃO DE FREITAS, *Da Assunção de Dívida e sua Estrutura Negocial*, 2ª ed., Rio de Janeiro, Lumen Juris, 1998G

GOMES, JÚLIO MANUEL VIEIRA, "Do pagamento com sub-rogação, mormente na modalidade da sub-rogação voluntária", em ANTÓNIO MENEZES CORDEIRO/LUÍS MENEZES LEITÃO/ JANUÁRIO DA COSTA GOMES (org.), *Estudos em Homenagem ao Professor Doutor Inocêncio Galvão Telles*, I – *Direito privado e vária*, Coimbra, Almedina, 2002, pp. 107-169

— *Direito do Trabalho*, I – *Relações Individuais de Trabalho*, Coimbra, Coimbra Editora, 2007

— "Da excepção de não cumprimento parcial e da sua invocaçao de acordo com a boa fé", em *CDP* nº 25 (Janeiro/Março 2009), pp. 56-67.

GOMES, MANUEL JANUÁRIO DA COSTA, *Em tema de revogação do mandato civil*, Coimbra, Almedina, 1989

— "A estrutura negocial da fiança e a jurisprudência recente", em FACULDADE DE DIREITO DA UNIVERSIDADE DE LISBOA (org.), *Estudos em Memória do Professor Doutor João de Castro Mendes*, Lisboa, Lex, s.d., pp. 323-369

— *Assunção fidejussória de dívida. Sobre o sentido e o âmbito da vinculação como fiador*, Coimbra, Almedina, 2000

— "O mandamento da determinabilidade da fiança *omnibus* e o AUJ nº 4/2001", em RUI MANUEL DA MOURA RAMOS

/ CARLOS FERREIRA DE ALMEIDA / ANTÓNIO MARQUES DOS SANTOS / PEDRO PAIS DE VASCONCELOS / LUÍS DE LIMA PINHEIRO / MARIA HELENA BRITO / DÁRIO MOURA VICENTE, *Estudos em Homenagem à Professora Doutora Isabel de Magalhães Collaço*, II, Coimbra, Almedina, 2002, pp. 49-78

GONÇALVES, LUÍS DA CUNHA, *Tratado de Direito Civil em Comentário ao Código Civil Português*, IV e V, Coimbra, Coimbra Editora, 1931-1932

GOUVEIA, ALFREDO JOSÉ RODRIGUES ROCHA DE, *Da teoria da imprevisão nos contratos civis*, Lisboa, Faculdade de Direito, 1958

HECK, PHILIPP, *Grundriß des Schuldrechts*, Tübingen, Mohr, 1929

HENLE, RUDOLF, *Lehrbuch des Bürgerlichen Rechts, I– Allgemeiner Teil*, Berlin, Vahlen, 1926

HENRIQUES, PAULO ALBERTO VIDEIRA, *A desvinculação unilateral ad nutum nos contratos civis de sociedade e mandato*, Coimbra, Coimbra Editora, 2001

JACKISCH, HANS, "Der Begriff der 'Erfüllung' im heutigen Rechte, insbesondere: die mangelhafte Erfüllung", em *JhJb* 68 (1919), pp. 287-308

JAKOBS, HORST HEINRICH, *Unmöglichkeit und Nichterfüllung*, Bohn, Röhrscheid

JARDIM, MÓNICA, *A garantia autónoma*, Coimbra, Almedina, 2002

JORGE, FERNANDO DE SANDY LOPES PESSOA, *Direito das Obrigações*, 1º, Lisboa, AAFDL, 1975-1976 e 2º, Lisboa, AAFDL, 1968-1969,

— *Ensaio sobre os pressupostos da responsabilidade civil*, 1968, reimp., Coimbra, Almedina, 1995

JOSSERAND, LOUIS, *Cours de Droit Civil Positif Français*, II – *Théorie Générale des Obligations. Les principaux contrats de Droit Civil. Les surétés*, Paris, Sirey, 1930

JSAY, HERMANN, "Schuldverhältnis und Haftungsverhältnis im heutigen Recht", em *JhJb* 48 (1904), pp. 187-208

KÖHLER, HELMUT, *Unmöglichkeit und Gestchäftsgrundlage bei Zweckstörungen im Schuldverhältnis*, München, Beck, 1971

KRESS, HUGO, *Lehrbuch des allgemeinen Schuldrechts*, München, 1929 (reimp. Scientia Verlag Aalen, 1974

KRETSCHMAR, PAUL *Die Erfüllung*, Leipzig, Veit, 1906

LARENZ, KARL, *Geschäftsgrundlage und Vertragserfüllung*, 3ª ed., München/Berlin, Beck, 1963

— *Lehrbuch des Schuldrechts*, I- *Allgemeiner Teil*, 14ª ed., München, Beck, 1987

LARENZ, KARL / CANARIS, CLAUS-WILHELM, *Lehrbuch des Schuldrechts*, II- *Besonderer Teil*, 2, 13ª ed., *München, Beck*, 1994

LEITÃO, ADELAIDE MENEZES, "«Revogação unilateral do mandato», pós-eficácia e responsabilidade pela confiança", em ANTÓNIO MENEZES CORDEIRO / LUÍS MENEZES LEITÃO / JANUÁRIO DA COSTA GOMES (coord.), *Estudos em Homenagem ao Professor Doutor Inocêncio Galvão Telles*, I – *Direito privado e vária*, Coimbra, Almedina, 2002, pp. 305-346

LEITÃO, LUÍS MENEZES, *A cessão de bens aos credores*, Lisboa, AAFDL, 1987

— *A Responsabilidade do Gestor perante o Dono do Negócio no Direito Civil Português*, Lisboa, C.E.F., 1991, reimp., Coimbra, Almedina, 2005

— *O Enriquecimento sem Causa no Direito (Estudo Dogmático sobre a viabilidade de configuração unitária do instituto face à contraposição entre as diferentes categorias de enriquecimento sem causa)*, Lisboa, C.E.F., 1996, reed., Coimbra, Almedina, 2005

— *Cessão de créditos*, Coimbra, Almedina, 2005

— *Garantias das obrigações*, 5ª ed., Coimbra, Almedina, 2016
— *Direito das Obrigações*, I- *Introdução. Da constituição das obrigações*, 9ª ed., Coimbra, Almedina, 2010, III- *Contratos em especial*, 7ª ed., Coimbra, Almedina, 2010
— *Direito do Trabalho*, 5ª ed., Coimbra, Almedina, 2016
LENT, FRIEDRICH, *Die Anweisung als Vollmacht und im Konkurse*, Leipzig, Deichert, 1907
LEONHARD, FRANZ *Allgemeines Schuldrecht des BGB. Das Schuldrecht des BGB*, I, München/Leipzig, Duncker & Humblot, 1931
LIMA, FERNANDO ANDRADE PIRES DE / VARELA, JOÃO ANTUNES, *Código Civil Anotado*, I, 4ª ed., Coimbra, Coimbra Editora, 1987 e II, 4ª ed., Coimbra, Coimbra Editora 1997
LOCHER, EUGEN, "Geschäftsgrundlage und Geschäftszweck" em *AcP* 121, pp. 1-111
LUCA, MASSIMILIANO DE, *La clausola penale*, Milano, Giuffrè, 1998
MACHADO, JOÃO BAPTISTA, "Pressupostos da resolução por incumprimento", em AAVV *Estudos em Homenagem ao Prof. Doutor J. J. Teixeira Ribeiro*, II- *Iuridica*. Coimbra, 1979, pp. 343-411 e em ID, *Obra dispersa*, I, Braga, Scientia Iuridica, 1991, pp. 125-193
— "A resolução por não cumprimento e a indemnização" em *Lições do Direito das Obrigações*, Aditamento I, Porto. UCP, polic. 1982, recolhido em *Obra dispersa* I, Braga, Scientia Iuridica, 1991, pp. 195-213
— "Risco contratual e mora do credor (Risco da perda do valor-utilidade ou do rendimento da prestação e de desperdício da capacidade de prestar vinculada)", na *RLJ* 116 (1983-1984), pp. 166-171, 194-198, 225-227, 258-263, 334-337, 357-360, e 117 (1984-1985), pp. 13-16 e 41-45 e em ID, *Obra dispersa*, I, Braga, Scientia Iuridica, 1991, pp. 257-343
MANCINI, TOMMASO, *La cessione dei crediti futuri a scopo di garantia*, Milano, Giuffrè, 1968
MANIGK, ALFRED, *Das Anwendungsgebiet der Vorschriften für die Rechtsgeschäfte*, Breslau, Marcus, 1901
MARTINEZ, PEDRO ROMANO, *O subcontrato*, Coimbra, Almedina, 1989
— *Cumprimento defeituoso, em especial na compra e venda e na empreitada*, Coimbra, Almedina, 1994
— *Da cessação do contrato*, 2ª ed., Coimbra, Almedina, 2006
— *Direito do Trabalho*, 8ª ed., Coimbra, Almedina, 2017
MARTINEZ, PEDRO ROMANO / PONTE, PEDRO FUZETA DA, *Garantias de Cumprimento*, 5ª ed., Coimbra, Almedina, 2006
MARTINI, ANGELO DE, "La cessione dei beni ai creditori" na *RDComm* 40 (1942), I, pp. 310-333
MAURY, JACQUES, *Essai sur le rôle de la notiond'équivalence en droit civil français*, II – *La notion d'équivalence en matière extra-contractuelle*, Paris, Jouve, 1920
MAZEAUD, HENRI / MAZEAUD, LÉON / MAZEAUD, JEAN / CHABAS, FRANÇOIS, *Léçons de Droit Civil*, II-1- *Obligations. Théorie générale*, 9ª ed., por François Chabas, Paris, Montchrestien, 1998
MENDES, ARMINDO RIBEIRO, "Exercício da impugnação pauliana e a concorrência entre credores", em RUI MANUEL DA MOURA RAMOS / CARLOS FERREIRA DE ALMEIDA / ANTÓNIO MARQUES DOS SANTOS / PEDRO PAIS DE VASCONCELOS / LUÍS DE LIMA PINHEIRO / MARIA HELENA BRITO / DÁRIO MOURA VICENTE, *Estudos em Homenagem à Professora Doutora Isabel de Magalhães Collaço*, II, Coimbra, Almedina, 2002, pp. 417-455

MEO, ROSANNA DE, *La cessione dei beni ai creditori*, Milano, Giuffrè, 1999

MONCADA, LUÍS CABRAL DE, *Lições de Direito Civil*, 4ª ed., Coimbra, Almedina, 1995 (mas 1962)

MONTEIRO, ANTÓNIO PINTO, *Cláusulas de exclusão e limitação da responsabilidade contratual*, Coimbra, Separata do *BFD* 28, 1985

— *Cláusula penal e indemnização*, Coimbra, Almedina, 1990, pp. 457

— "Sobre o controlo da cláusula penal", em FACULDADE DE DIREITO DA UNIVERSIDADE DE COIMBRA (org.), *Comemorações dos 35 anos do Código Civil e dos 25 anos da Reforma de 1977*, III- *Direito das Obrigações*, Coimbra, Coimbra Editora, 2007, pp. 189-208

MOREIRA, GUILHERME, *Instituições do Direito Civil Português*, I - *Parte geral*, Coimbra, Imprensa da Universidade, 1907, II - *Das Obrigações*, Coimbra, s.e., 1911

MOSSA, LORENZO, "Vendita di contratto", na *RDComm*, 26 (1928), II, pp. 633-643

— *Motive zu dem Entwurfe eines Bürgerlichen Gesetzbuches für das Deutsche Reich*, II- *Recht der Schulverhältnisse*, Berlin/Leipzig, Gutentag, 1888

MÚRIAS, PEDRO FERREIRA, "A responsabilidade por actos de auxiliares e o entendimento dualista da responsabilidade civil" em *RFDUL* 37 (1996), pp. 171-217

MÚRIAS, PEDRO / PEREIRA, MARIA DE LURDES, "Prestações de coisa: transferência do risco e obrigações de *reddere*", em *CDP* nº 23 (Julho/Setembro 2008), pp. 3-16

NICOLÓ, ROSARIO, *L'adempimento dell'obbligo altrui*, Milano, Giuffrè, 1936

OLIVEIRA, NUNO MANUEL PINTO, "Anotação AUJ 4/2002", em *CDP* 1 (2003), pp. 41-51

— "Em tema de redução oficiosa da cláusula penal", em ANTÓNIO CÂNDIDO DE OLIVEIRA (org.), *Estudos em comemoração do 10º aniversário da licenciatura em direito da Universidade do Minho*, Coimbra, Almedina, 2004, pp. 729-763

— "Contributo para a interpretação do artigo 808º do Código Civil", em *CDP* 5 (2004), pp. 10-16

— *Direito das Obrigações*, Coimbra, Almedina, 2005

OERTMANN, PAUL, *Die Geschäftsgrundlage, ein neuer Rechtsbegriff*, Leipzig/Erlangen, Deichert/Scholl, 1921

— *Ordenaçoens do Senhor Rey D. Manuel*, IIII, Coimbra, Real Imprensa da Universidade, 1797

PACCHIONI, GIOVANNI,"La Successione Singolare nei Debiti e le Teorie Germanistiche sul Concetto dell'Obbligazione", na *RDComm* IX (1911), 1ª parte, pp. 1045-1050

— "La Successione Singolare nei Debiti", na *RDComm* XI (1913), 1ª parte, pp. 81-85

PACHECO, ANTÓNIO FARIA CARNEIRO, *Da Sucessão singular nas dívidas*, Coimbra, Imprensa da Universidade, 1912

PATRÍCIO, JOSÉ SIMÕES, "Preliminares sobre a garantia "on first demand"", na *ROA* 43 (1983), pp. 677-718

PEREIRA, MARIA DE LURDES, *Conceito de prestação e destino da contraprestação*, Coimbra, Almedina, 2001

PEREIRA, RUI SOARES, *A responsabilidade por danos não patrimoniais do incumprimento das obrigações no Direito Civil Português*, Coimbra, Coimbra Editora, 2009

PINHEIRO, JORGE DUARTE, "Garantia bancária autónoma", em *ROA* 52 (1992), pp. 417-465

PINTO, CARLOS MOTA, *Cessão da Posição Contratual* (reimp.), Coimbra, Almedina, 1982

— *Teoria Geral do Direito Civil*, 3ª ed., Coimbra, Coimbra Editora, 1985

PINTO, PAULO MOTA, *Declaração tácita e comportamento concludente no negócio jurídico*, Coimbra, Almedina, 1995

— *Interesse contratual negativo e interesse contratual positivo*, I e II, Coimbra, Coimbra Editora, 2008

PLEYER, "Rezension Karl Larenz, Lehrbuch des Sculdrechts", no *JZ* 1964, p. 778-779

POTHIER, ROBERT-JOSEPH, *Traité du contrat de vente*, em *Oeuvres de R.-J.* POTHIER *contenant les traités du Droit Français*, nova edição por M. Dupin, I, Bruxelles, J. P. Jonker, Ode et Wodon e H. Tarlier, e Amsterdam, Diederichs, 1831

— *Coutumes des Duché, Bailliage et Prévoté d'Orléans* em *Oeuvres de R.-J.* POTHIER *contenant les traités du Droit Français*, nova edição por M. Dupin, VII, Bruxelles, H. Tarlier, 1833

PRATA, ANA, *Cláusulas de exclusão e limitação da responsabilidade contratual*, Coimbra, Almedina, 1985

— *Notas sobre Responsabilidade pré-contratual*, Lisboa, Separata da *RB* 16 (1990) e 17 (1991), reimp., Coimbra, Almedina, 2002

PROENÇA, JOSÉ CARLOS BRANDÃO, *A resolução do contrato no Direito Civil. Do enquadramento e do regime*, Coimbra, Coimbra Editora, 1996 (reimp. de 1982)

— *A conduta do lesado como pressuposto e critério de imputação do dano extracontratual*, Coimbra, Almedina, 1997

— "A hipótese da declaração (*lato sensu*) antecipada de incumprimento por parte do devedor", em FACULDADE DE DIREITO DA UNIVERSIDADE DO PORTO / FACULDADE DE ECONOMIA DA UNIVERSIDADE DO PORTO (org.), *Estudos em Homenagem ao Professor Doutor Jorge Ribeiro de Faria*, Coimbra, Coimbra Editora, 2003, pp. 358-401

RAAPE, LEO, "Die Beweislast bei positiver Vertragsverletzung. Zugleich ein Beitrag zur Überlassung von Sachen von gefahrdrohender Beschaffenheit" em *AcP* 147 (1941), pp. 217-289

RAMALHO, MARIA DO ROSÁRIO PALMA, *Tratado de Direito do Trabalho*, II – *Situações laborais individuais*, 5ª ed., Coimbra, Almedina, 2014

REDENTI, ENRICO, *Dei contratti nella pratica commerciale*, I – *Dei contratti in generale*, reimp. Padova, CEDAM, 1934

ROCA SASTRE, RAMÓN, "La causa en el negócio jurídico" em RAMÓN ROCA SASTRE, *Estudios de derecho privado*, com a colaboração de José Puig Brutau, Madrid, Editorial Revista de Derecho Privado, 1948, pp. 48-93

ROQUETTE, HERMAN, "Grundstückserwerb und Mietverhältnisse" na *NJW* 1962, pp. 1551-1553

ROSENBERG, LEO, "Der Verzug des Gläubigers" em *JhJb* 43 (1901), pp. 141-298

ROTH, GÜNTHER H., Comentários em AAVV, *Münchener Kommentar zum Bürgerlichen Gesetzbuch*, 2 – *Schuldrecht, Allgemeiner Teil (§§ 241-432)*, 5ª ed., München, Beck, 2007

ROTHER, "Erfüllung durch abstraktes Rechtsgeschäfte" em *AcP* 169 (1969), pp. 1-33

SÁ, FERNANDO AUGUSTO CUNHA DE, *Direito ao cumprimento e direito a cumprir*, Separata da RDES XX, nºs 2/3/4, Abril-Dezembro 1973, reimp. Coimbra, Almedina, 1997

— "Modos de extinção das obrigações", em ANTÓNIO MENEZES CORDEIRO / LUÍS MENEZES LEITÃO / JANUÁRIO DA COSTA GOMES (coord.), *Estudos em Homenagem ao Professor Doutor Inocêncio Galvão Telles*, I- *Direito privado e vária*, Coimbra, Almedina, 2002, pp. 171-262

SALEILLES, RAYMOND, "La cession des dettes", em *Annales de Droit Commercial Français, Étranger et International*, IV (1890), doctrine, pp. 1-47

— *Étude sur la théorie génerale de l'obligation d'aprés le premier projet de Code Civil por l'Empire Alemande*, Paris, 3ª ed., L.G.D.J., 1914

SALVI, FERDINANDO, *La cessione dei beni ai creditori*, Milano, Giuffrè, 1947

SAVIGNY, FRIEDRICH KARL VON, *System des heutigen römischen Rechts*, 3, Berlin, 1840, reimp. Scientia Verlag Aalen, 1981

SCHLESINGER, PIERO, *Il Pagamento al Terzo*, Milano, Giuffrè, 1961

SCHREIBERT, KLAUS, Comentários em HS. TH. SOERGEL (Begr.) / W. SIEBERT (org.), *Bürgerliches Gesetzbuch,, Band 5/3 Schuldrecht 3/3 (§§ 328-432)*, Stuttgart, Kohlhammer, 2010, §§ 398 e ss., pp. 439 e ss.

SEIBERT, ULRICH, *Erfüllung durch finale Leistungsbewirkung*, Hamburg, Buske, 1982

— "Erfüllung und Konvaleszenz" em *JZ* 1991, pp. 380-384

SERRA, ADRIANO VAZ, "Compensação", no *BMJ* 31 (1952), pp. 13-209

— "Sub-rogação nos direitos do credor", em BMJ, nº 37 (1953), pp. 5-66

— "Cessão de créditos ou de outros direitos", no *BMJ* número especial (1955), pp. 5-374 = *BFD* 30 (1954), pp. 191-399 e 31 (1955), pp. 190-365

— "Mora do credor", no *BMJ* número especial (1955), pp. 375-467

— "Do cumprimento como modo de extinção das obrigações", no *BMJ* 34 (1953), pp. 5-212

— "Dação em função do cumprimento e dação em cumprimento", no *BMJ* 39 (1953), pp. 25-37

— "Impossibilidade superveniente por causa não imputável ao devedor e desaparecimento do interesse do credor" em *BMJ* 46 (1955), pp. 5-152

— "Cessão da posição contratual" no *BMJ* 49 (1955), pp. 5-30

— "Obrigações naturais", no *BMJ* 53 (1956), pp. 5-172

— "Resolução ou modificação dos contratos por alteração das circunstâncias", no *BMJ* 68 (1957), pp. 293-385

— "Fiança e figuras análogas", no *BMJ* 71 (1957), pp. 19-331

— "Novação", no *BMJ* 72 (1958), pp. 5-75

— "Delegação", no *BMJ* 72 (1958), pp. 97-187

— "Assunção de dívida (Cessão de dívida - Sucessão singular na dívida)", no *BMJ* 72 (1958), pp. 189-257

— "Responsabilidade patrimonial", no *BMJ* 75 (1958), pp. 5-410

— "Enriquecimento sem causa", no *BMJ* 81 (1958), pp. 5-245

— "Sub-rogação do segurador (a propósito do acórdão do S.T.J. de 8-1-1960)" em *RLJ* 94º (1961), pp. 177-180, 193-196, 209-211, 225-228, 241-245, 257-261, 273-279

— "Anotação Ac. STJ 24/4/1962", na *RLJ* 95 (1963), pp. 361-366

— "Anotação Ac. STJ 22/12/1964", na *RLJ* 98 (1966), pp. 265-267 e 276-277

— "Algumas questão sobre dação em cumprimento", na *RLJ* 99 (1966), pp. 81-82, 97-100, 129-131, 161-163, 177-180, 193-195, 209-212, 225-227, e 241-243

— "Anotação Ac. STJ 30/1/1968" na *RLJ* 102 (1970), pp. 5-10

— "Anotação Ac. 30/6/1970", em *RLJ* 104 (1971), pp. 204-208

— "Anotação Ac. STJ 27/10/1970" na *RLJ* 104 (1971), pp. 214-215

— "Anotação Ac. STJ 2/11/1973" em RLJ 107 (1974), pp. 254-255 e 259-262

— "Anotação Ac. STJ 21/12/1973", na *RLJ* 108 (1975), pp. 7-16

— "Anotação Ac.STJ 25/1/1974", em *RLJ* 108 (1975), pp. 22-29
— "Anotação Ac. STJ 4/6/1974" na *RLJ* 108 (1975), pp. 221-224 e 227-235
— "Anotação Ac. STJ 6/4/1978" na *RLJ* 111 (1979) pp. 345-352 e 354-356
SEUFFERT, JOHANN ADAM, *Lehrbuch des praktischen Pandektenrechts*, II, Wurzburg, Stahelschen, 1825
SIBER, HEINRICH "Die schuldrechtliche Vertragsfreiheit" , no *Jhjb* 70 (1920), pp. 223-299
SILVA, JOÃO CALVÃO DA, *Cumprimento e Sanção Pecuniária Compulsória*, Separata do *BFD* 30, Coimbra, 1987
— *Responsabilidade civil do produtor*, Coimbra, Almedina, 1990
— *Sinal e contrato*-promessa, 8ª ed., Coimbra, Almedina, 2001
SILVA, MANUEL DUARTE GOMES DA, *Conceito e estrutura da obrigação*, Lisboa, s.e., 1943
— *O dever de prestar e o dever de indemnizar*, I, Lisboa, s.e., 1944
SILVA, PAULA COSTA E, *A transmissão da coisa ou direito em litígio. Contributo para o Estudo da Substituição Processual*, Coimbra, Coimbra Editora, 1992
— *Repensando a transmissão da coisa ou direito em litígio. Ainda um contributo para o Estudo da Substituição Processual*, Coimbra, Coimbra Editora, 2009
SIMSHÄUSER, WILHELM, "Windscheids Voraussetzungslehre rediviva", em *AcP* 172 (1972), pp. 19-38
SOTGIA, SERGIO, "Cessione dei beni ai creditori", no *NovissDI* III (1959), pp. 140-146
STAMMLER, RUDOLF, *Das Recht der Schuldverhältnisse in seinen allgemeinen Lehren. Studien zum Bürgerlichen Gesetzbuche für das Deutsche Reich*, Berlin, Guttentag, 1897
STAUB, HERMANN, "Die positiven Vertragsverletzungen" (1904), recolhido em RUDOLF VON JHERING, Culpa in contrahendo / HERMANN STAUB, Die positiven Vertragsverletzungen, com posfácio de Eike Schmidt, Berlin/Zürich Gehlen/Bad Hoburg, 1969, pp. 93-130.
STOBBE, OTTO, *Handbuch des deutschen Privatrechts*, III - *Urheberrecht. Forderungsrecht*, 2ª ed., Berlin, Wilhelm Hertz, 1885
STOLL, HANS, "Die Beweislastverteilung bei positiven Vertragsverletzungen", em JOSEF ESSER/HANS THIEME, *Festschrift für Fritz von Hippel zum 70. Geburtstag*, Tübingen, Mohr, 1967, p. 517-559
STOLL, HEINRICH, "Abschied von der Lehre von der positiven Vertragsverletzung", em *AcP* 136 (1932), pp. 257-320
— *Die Lehre von der Leistungsstörungen*, Tübingen, Mohr, 1936
TAVARES, JOSÉ, *Os princípios fundamentais de Direito Civil*, I, Coimbra, Coimbra Editora, 1922
TEIXEIRA, ASSIS, "Das obrigações a prazo segundo o Código Civil Português", em *O Instituto* 21 (1875), pp. 1-14, 53-65, 101-114, 149-157 e 197-211
TELLES, INOCÊNCIO GALVÃO, "Cessão do contrato", na *RFDUL* 6 (1949), pp. 148-169
— *Direito das Obrigações. Súmula*, II (com a colaboração de Fernando Cunha de Sá), Lisboa, Serviços Sociais da Universidade de Lisboa, 1974
— "Garantia bancária autónoma", em *Dir* 120 (1988), pp. 275-293
— "Garantia bancária autónoma (Parecer)", em *Dir.* 120 (1988), pp. 581-604
— *Direito das Obrigações*, 7ª ed., Coimbra, Coimbra Editora, 1997
— *Manual dos Contratos em Geral*, 4ª ed., Coimbra, Coimbra Editora, 2002
TERRÉ, FRANÇOIS / SIMLER, PHILIPPE / LEQUETTE, YVES, *Droit Civil. Les Obligations*, 7ª ed., Paris, Dalloz, 1999
TOMASSETTI, ALESSANDRO, *L'assunzione del debito altrui*, Milano, Giuffrè, 2001

TUHR, ANDREAS VON, *Der allgemeine Teil des Deutschen Bürgerlichen Rechts*, II-2, 1918, reimp., Berlin, Duncker & Humblot, 1957

VARELA, JOÃO ANTUNES, "Notas breves sobre o conceito de causa no Código civil português" em *RDES 2* (1946-1947), pp. 103-130

— *Ineficácia do Testamento e Vontade Conjectural do Testador*, Coimbra, Coimbra Editora, 1950

— *Ensaio sobre o conceito do modo*, Lisboa, Atlântida, 1955

— "Anotação Ac. STJ 17/6/1982", na *RLJ* 119 (1986), pp. 120-128

— *Sobre o contrato-promessa*, 2ª ed., Coimbra, Coimbra Editora, 1989

— *Das Obrigações em Geral*, I, 10ª ed., Coimbra, Almedina, 2000 e II, 7ª ed. (reimp.), Coimbra, Almedina, 1999

VASCONCELOS, LUÍS MIGUEL D. P. PESTANA DE, *Dos contratos de cessão financeira (factoring)*, Coimbra, Coimbra Editora, 1999

— *A cessão de créditos em garantia e a insolvência. Em particular da posição do cessionário na insolvência do cedente*, Coimbra, Coimbra Editora, 2007

WEITNAUER, HERMANN, "Die Leistung" em AAVV, *Festschrift für Ernst von Caemmerer zum 70. Geburtstag*, Tübingen, Mohr, 1978

WENZEL, JOACHIM, Comentários em AAVV, *Münchener Kommentar zum Bürgerlichen Gesetzbuch, 2- Schuldrecht, Allgemeiner Teil (§§ 241-432)*, 5ª ed., München, Beck, 2007

WIEACKER, FRANZ, "Leistungshandlung und Leistungserfolg im bürgerlichen Schuldrecht", em AAVV, *Festschrift für Hans Carl Nipperdey zum 70. Geburtstag*, I, München/Berlin, Beck, 1965

WINDSCHEID, BERNHARD / KIPP, THEODOR, *Zur Lehre des Code Napoleon von der Ungültigkeit der Rechtsgeschäfte*, Düsseldorf, Buddeus, 1847

— *Die Lehre des römischen Rechts von der Voraussetzung*, Düsseldorf, Julius Buddeus, 1850, reimp. Napoli, Jovene, 1982

— "Die Voraussetzung" em *AcP* 78 (1892), pp. 161-202 = BERNHARD WINDSCHEID, *Gesammelte Reden und Abhandlungen*, Leipzig, Duncker & Humblot, 1904

- *Lehrbuch des Pandektenrechts*, II, 9ª ed., Frankfurt a. M., 1906, reimp. Scientia Verlag Aalen, 1963

ZACCARIA, ALESSIO, "Cessione del contratto e garanzia della sua validità", em *RDC* 31 (1985), I, pp. 241-316

ÍNDICE

PARTE II
DA TRANSMISSÃO DAS OBRIGAÇÕES

PARTE IV
DO NÃO CUMPRIMENTO DAS OBRIGAÇÕES